高职高专“十二五”经济与管理类核心课程系列规划教材

电子商务

项目化教程

主　编　陈　君　桑光淇

副主编　陈　燕　李　鑫　张红祥　崔爱国

西安交通大学出版社
XI'AN JIAOTONG UNIVERSITY PRESS

内 容 提 要

本书首次采用了“以项目为载体，工作任务为驱动，学生为主体，教学一体化”的项目化教学模式。因此在内容安排和组织形式上以工程项目为主线，按照项目教学的特点通过六个部分组织教材内容，以方便学生学习和训练。第一部分项目概要，使学生快速了解项目的基本内容和要求；第二部分项目知识，介绍完成项目任务所需的背景知识点；第三部分项目任务，紧扣每个项目主线创设任务情景；第四部分项目小结，针对学生在完成任务过程中的多发问题进行总结分析；第五、六部分别为基本练习和拓展训练，可巩固和加深学生的理解，有助于掌握基本的应用方法。

本书共分为九个项目，系统地介绍了电子商务理论和实务的基本知识和基础技能，具体为：电子商务概述、电子商务技术、电子商务模式、电子支付、电子商务安全、网络营销、电子商务物流管理、移动商务、电子商务发展前沿技术——物流联网与云计算。

本书既可作为高职高专院校电子商务、市场营销等经济、管理、信息类等专业的基础教材，也可作为企业管理人员的培训教材，以及相关人员的参考读物。

前言

如何将电子商务的理论与实践一体化教学落到实处，是编者多年来一直研究的课题。本书首次将电子商务概论内容以项目化的形式出现，作者对传统的教学内容进行了重构，开展了基于工作过程，以行动为导向的项目化教材设计与改革。

一、教材编写思路

《电子商务项目化教程》教材的编写，在思路上考虑到高职学生的特点，满足其职业所需的知识和技能，直接反映职业岗位或职业角色对从业者的能力要求；以从业中实际应用的经验与策略的获得为主，以适度的概念和原理的理解为辅；依据职业活动体系的规律，采取以工作过程为中心的行动体系，以项目为载体，以工作任务为驱动，以学生为主体，教学一体的项目化教学模式。因此本教材在内容安排和组织形式上作了新的尝试，以工程项目为主线，按照项目教学的特点通过六个部分组织教材内容，以方便学生学习和训练。第一部分项目概要，可以使学生快速了解项目的基本内容和要求；第二部分项目知识，介绍完成项目任务所需的背景知识点，内容选取上注重知识内容的实用性和综合性，将更多的内容重点放在工作过程的阐述上；第三部分项目任务，每个项目任务驱动都创设情景，紧扣主线，更好地贴近了专业实际，有助于学生在最短的学习时间内形成电子商务相关问题的思维方式，提高解决电子商务问题的能力；第四部分项目小结，针对学生在完成任务过程中的多发问题进行总结分析，帮助学生更好地掌握内容；第五、六部分为基本练习和拓展训练，加深学生对教材内容的理解，巩固所学的知识，掌握基本的应用方法。

二、教材编写原则

(1)职业性原则。教材选取的教学训练项目均来自于职业岗位活动和实际的工作流程，是经优选、提炼后的项目，能够涵盖职业岗位相关知识、能力和素养的要求，具有鲜明的职业性。

(2)科学性原则。在项目的序化和工作任务的编排中，按照职业教育的特点，以及学生的认知规律和能力的成长过程科学地设计与安排项目和任务。本教材按照课程体系的逻辑次序，递进式安排了十个项目，每一个教学项目，根据相应的知识、能力和素质要求，按循序渐进、深入浅出的原则和工作逻辑来编排工作任务、设计工作步骤。

(3)操作性原则。项目化教学活动需要围绕职业能力目标的实现，按照职业岗位活动和实际工作流程来组织实施，保证学生在实际学习中的可操作性。

三、教材的编写

本教材由扬州职业大学的陈君、桑光淇担任主编，陕西交通职业技术学院的陈燕、江苏农牧科技职业学院李鑫、泰州学院张红祥、江苏联合职业技术学院苏州建设交通分院（苏州建设交通高等职业技术学校）崔爱国担任副主编，具体的编写分工如下：项目一、项目二、项目三、项目四、项目五、项目六由桑光淇编写，项目四由陈燕编写，项目七由陈君和李鑫编写，项目八由陈君和张红祥编写，项目九由陈君和崔爱国编写，教材的总体设计及最后统稿由陈君负责。

本教材大纲经历了长时间的酝酿和讨论，编写也花费了很长时间，更不用说前期材料的准备了，编者更是下了一定工夫。本教材的结构是一种新的尝试，教材能否得到同行的认可，能否给教学带来新的感受，都要经过实践的检验。由于作者水平有限，错误之处在所难免，恳请各位读者给予指正。

编者

2013 年 7 月

目录

项目一 认识电子商务

项目概要

Internet的出现和迅速普及不仅仅改变着人类信息传输和交流的方式，而且已经引起整个社会组织框架结构和制度安排的深刻变革。一种新型的经济模式——网络经济——正在崛起。Internet的商业化发展推动了电子商务的迅速增长，这种飞速增长所带来的商机是巨大而深远的，因此也就迫切需要人们进一步了解、认识和应用电子商务。

目前就读于浙江省某高职院校电子商务专业的大三学生小王，平时经常上网，对国内方兴未艾的电子商务也十分感兴趣，所以假期学校布置的社会实践调查他就准备以电子商务为调查主题。但他又一时不知从何下手，于是他向老师请教，老师建议他可以从两个方面开展调查：一是从宏观上说明电子商务的内容、性质和目前的发展状况；二是从微观处着眼，重点介绍电子商务有哪些应用领域，尤其是那些和我们日常生活密切相关的领域，它对我们的日常生活产生了怎样的影响，发挥了什么作用，从而使别人能更深刻地了解发展电子商务的意义所在。小王决定按老师的建议开展本次社会实践调查。

导入案例

电子商务：中国经济增长新动力

2011年8月27日的新闻联播首条报道了国内电子商务的发展状况，以下是新闻稿摘录：

"电子商务"，就在我说这四个字的一瞬间，近19万的交易额已经在中国诞生了。可别小看这19万，它让人们的生活方式变了，消费观念变了，让企业的销售渠道变了，发展方式变了。电子商务正在成为我国经济增长新动力。

送快递的丁杰刚刚被提拔为经理，现在他每天指挥着三四百人的队伍，为客户送货。可四年前刚入行时，在他眼里，这个职业看不到什么前景。

快递员丁杰："那时候我们一个月就是说拿一千多块钱，而且件很少，送完这个件，很可能要跑出去五六公里才可能有下一个件。活少、路远，是因为当时我国的电子商务还处于起步阶段。那时，网络零售额只有500多亿元，仅占当年社会消费品零售总额的千分之五。"

科技部现代服务业专家组副组长柴跃廷："仅仅是星星点点的东西，也就是说还没有到了一个井喷式的发展阶段。"

也是在那个时候，我国围绕网络购物、网上交易、支付服务出台了一系列政策、措施，互联网普及率不断攀升，电子商务由此步入了发展的快车道。网络零售额从起步到500亿用了十年左右的时间，而从500亿跃升到5000亿，仅仅用了三年。与此同时，网络购物用户规模日益扩大，到2010年底已达1.61亿人。而快递员丁杰所在的京东商城也以每年200%的速度高速成长。

京东商城董事局主席刘强东："我们上半年接近了100亿销售额，所以全年能销售280亿。"

中国社科院财贸研究所副所长荆林波："去年到今年为止，风险投资公司投资中国的互联网企业多达155个项目，这个数字超越了美国纳斯达克市场上所有的融资额度，所以我想我们欣喜地看到中国的电子商务爆炸式的发展期。"

2011年上半年，我国电子商务交易额近3万亿，网络零售额3500亿左右，相当于社会消费品零售总额的4.7%。虚拟经济也带动了实体经济的飞速发展。2010年，我国社会物流总额增长了1.6倍，快递公司猛增到6500多家，收入570多亿元；第三方电子支付规模增长近60倍，超过了1万亿；随之兴起的电子商务服务业解决了160多万人的就业。电子商务已成我国经济发展的新动力。这一切让快递员丁杰的生活有了新变化。

快递员丁杰："以前这一天下来只送20单左右，但是现在这一天下来我能送一百多单，现在我拿的工资翻了几番。"

目前，我国正在制订《电子商务发展"十二五"规划》，而涉及电子商务的法律法规体系也在逐步完善。据商务部测算，到"十二五"末，我国每十个人中就有一个上网购物，网络零售额超过3万亿，相当于社会消费品零售总额的9%。

资料来源：电子商务：中国经济增长新动力[EB/OL].[2011-8-8]www.e-gov.org.cn/Aritcle/news004/2011-08-28/121909.html.

网络购物：商场在身边　淘宝梦成真

2012年10月16日，正当1111购物狂欢节预热活动如火如荼之时，晚间央视新闻联播以"网络购物：商场在身边 淘宝梦成真"为题长篇幅报道了淘宝网上一个小县城网商创业致富以及网购改变生活的新闻故事。

新闻主角刘玉国是河北省清河县农民，同时也是淘宝网上知名羊绒品牌酷美娇的创办人。央视记者采访他时，刘玉国正在为即将到来的羊绒销售旺季筹备网上的促销活动。

在此之前，刘玉国仅仅是一名走村串户推销羊绒的小生意人，辛苦一年也挣不下多少钱。只有初中学历的刘玉国通过刻苦学习掌握了淘宝网开店技能以及网络营销的窍门。短短四五年内，生意做到一款羊绒纱线一个月就能卖出十万件，并且坐拥一座三层楼商铺还有一个加工厂的大老板。

网络购物同样影响了五十多岁的郝焕芬夫妇，他们已经在网上购物三年了。在他们看来，包括油盐醋在内的全国各地天南海北的东西都能够在网上买到。而令如此潮流时尚的中年夫妇想不到的是，现在连手机都能够购物。

央视女记者白洁现场演示时表示，"只要打开网站的客户端、找到您想要的商品、选择购买、再确认订单，简单几步东西就买到手了"。

据央视报道的数据显示，2011年中国网络购物交易额已经突破7800亿元，有数亿人开始在网上购物。"不跑腿，不动嘴，动动手指就能买遍天下，这种便捷的购物方式，被越来越多的人接受"央视主持人对网络购物解说道。

淘宝网商、酷美娇创办人刘玉国在央视报道结束时表示，要把自己的淘宝网店做成网上最大的羊绒销售企业，还要通过网络走向全世界，把自己的酷美娇品牌做成世界品牌。

资料来源：网络购物：商场在身边　淘宝梦成真[EB/OL].[2012-10-17]www.Chinaz.com/news/2012/1017/278571.shtml.

项目分析

电子商务正在以极快的速度发展,并逐渐进入人们的日常生活。了解电子商务,认识电子商务,应用电子商务,已经成为现代社会人们必须面临的课题。电子商务从产生到现在虽然时间不长,但是发展迅速,影响无所不至。如从网上相互交流需求信息、发布产品广告,到网上查询、网上招标采购、电子订单、电子发票、电子合同、电子签名、电子资金转账等。电子商务对社会经济的影响也是由浅入深、从点到面,如企业应用电子商务是从部分业务环节直至覆盖全部业务环节;从企业电子商务应用到政府电子政务应用,直至覆盖整个社会生活。从具体业务范围来看也是由少到多逐步发展扩大,如从商品交易到教育、医疗卫生、报刊新闻、影视、旅游、游戏娱乐、信息咨询服务等;从电子贸易到电子金融、电子报关、电子报税等。

小王经过认真考虑,准备把老师建议的两个方面的内容通过如下方式完成:首先,通过网络找到一些比较权威的电子商务资讯类网站,利用网站提供的数据资料了解我国电子商务的发展过程和发展现状。经过调查,小王选取了中国互联网络中心和艾瑞网作为主要的资料来源网站,因为前者定期发布的《中国互联网络发展状况统计报告》在我国互联网发展状况方面极具权威性,而互联网的发展、应用是电子商务发展的基础和前提。后者在我国电子商务的发展前沿动态信息方面具有明显优势。然后,小王决定把电子商务在我们日常生活中的典型应用作为调查重点,因为它和我们的生活息息相关,人们的感受更加具体真切,电子商务不止是像很多人认为的只有网购那么简单,它的内涵其实十分丰富,几乎涉及我们日常生活的方方面面。

小王选取了其中两个比较典型的应用作为调查对象,网上保险和网上旅游。

项目知识

一、电子商务概述

(一)电子商务的概念

电子商务是伴随着网络经济的脚步,在20世纪90年代于美国、欧洲等发达国家开始兴起的一个新概念。目前,由于人们对电子商务还没有一个统一的、规范的认识,对电子商务概念存在不同的理解。各国政府、学者、企业界人士等不同行业的人们都根据自己所处的地位和对电子商务的参与程度,从不同的角度按照各自的理解给出了不同的定义。比较这些定义,有助于我们更全面地了解电子商务。

1.国际商会对电子商务的定义

1997年11月6日至7日在法国首都巴黎,国际商会举行了世界电子商务会议。全世界商业、信息技术、法律等领域的专家和政府部门的代表,共同探讨了电子商务的概念问题。对于电子商务作出了比较全面的概念阐述。

电子商务(electronic commerce),是指对整个贸易活动实现电子化。从涵盖范围方面电子商务可以定义为:交易各方以电子交易方式而不是通过当面交换或直接面谈方式进行的任何形式的商业交易;从技术方面电子商务可以定义为:电子商务是一种多技术的集合体,包括交换数据(如电子数据交换、电子邮件)、获得数据(共享数据库、电子公告牌)以及自动捕获数据(条形码)等。

电子商务涵盖的业务包括：信息交换、售前售后服务、销售、电子支付、运输、组建虚拟企业、公司和贸易伙伴可以共同拥有和运营商业方法等。

2. 经合组织对电子商务的定义

电子商务是利用电子化手段从事的商业活动。它基于电子处理和信息技术，如文本、声音和图像等数据传输。其主要是遵循 TCP/IP 协议，通讯传输标准，遵循 Web 信息交换标准，提供安全保密技术。

3. 政府部门对电子商务的定义

电子商务是通过电子方式进行的商务活动。它通过电子方式处理和传输数据，包括文本、声音和图像。它涉及许多方面的活动，包括货物电子贸易和服务、在线数据传递、电子资金划拨、电子证券交易、电子货运单证、商业拍卖、合作设计和工程、在线资料、公共产品获得。

4. 学者对电子商务的定义

美国学者瑞维·卡拉科塔和安德鲁·B. 惠斯顿在他们的专著《电子商务的前沿》中提出：广义地讲，电子商务是一种现代商业方法。这种方法通过改善产品和服务质量，提高服务传递速度，满足政府组织、厂商和消费者降低成本的需求。这一概念也适用于通过计算机网络寻找信息以支持决策。一般地讲，今天的电子商务通过计算机网络将买方和卖方的信息、产品和服务器联系起来，而未来的电子商务则通过构成信息高速公路的无数计算机网络中的一条将买方和卖方联系起来。

5. IT 信息技术行业对电子商务的定义

(1)IBM 提出的电子商务的定义公式为：电子商务＝Web＋IT。它所强调的是在网络计算机环境下的商业化应用，是把买方、卖方、厂商及其合作伙伴在 Intranet(内部网)和 Extranet(外联网)结合起来的应用。

(2)HP 公司对电子商务的定义：电子商务是通过电子化手段来完成商业贸易活动的一种方式，电子商务使我们能够以电子交易为手段完成物品和服务等的交换，是商家和客户之间的联系纽带。它包括两种基本形式：商家之间的电子商务及商界与最终消费者之间的电子商务。

IT 行业是电子商务的直接设计者和设备的直接制造者。很多公司都根据自己的技术特点给出了电子商务的定义。虽然差别很大，但都认同电子商务是利用现有的计算机硬件设备、软件设备和网络基础设施，在通过一定的协议连接起来的电子网络环境下进行各种各样商务活动的方式。

电子商务也是一个不断发展的概念，电子商务的先驱 IBM 公司于 1996 年提出了“electronic commerce”的概念，到了 1997 年该公司又提出了“electronic business”的概念。但我国在引进这些概念的时候都翻译成为电子商务，很多人对这两者的概念产生了混淆。事实上这两个概念及内容是有区别的，E-Commerce 应翻译为电子商业，有些人将 E-Commerce 称为狭义的电子商务，将 E-Business 称为广义的电子商务。

E-Commerce 是指实现整个贸易过程中各阶段贸易活动的电子化。从涵盖范围方面可以定义为：交易各方以电子交易方式而不是通过当面交换或直接面谈方式进行的任何形式的商业交易。

E-Business 是利用网络实现所有商务活动业务流程的电子化，不仅包括了 E-Commerce 面向外部的所有业务流程，如网络营销、电子支付、物流配送、电子数据交换等，还包括了企业内部的业务流程，如企业资源计划、管理信息系统、客户关系管理、供应链管理、人力资源管理、网上市场调研、战略管理及财务管理等。所以，广义的电子商务既包括了企业内部商务活动，如生产、管理、财务等，也包括企业对外的商务活动，将上下游业务合作伙伴企业结合起来进行业务。两者的区别与联系见图1-1和表1-1。

图1-1 广义和狭义的电子商务

表1-1 电子技术和商务活动对 E-Commerce 和 E-Business 的对比

	E-Commerce	E-Business
电子技术	E-Business 技术	Web+其他 IT 技术
商务活动	交易	交易+其他与企业经营有关的活动

(二)电子商务的内涵

1. 电子商务的前提

电子商务是应用现代信息技术在 Internet 上进行的商务活动，从本质上讲电子商务是一组电子工具在商务过程中的应用。而应用的前提和基础是完善的现代通信网络和人们的思想意识的提高以及管理体制的转变。因此，没有现代信息技术及网络技术的产生和发展就不可能有电子商务。

2. 电子商务中“电子”与“商务”的关系

电子商务中的“电子”指电子商务技术，那么是不是只要将电子商务技术与传统商务活动结合就实现电子商务了？答案不是单纯的“是”或者“不是”，问题的关键是怎么结合。看下面两个公式：

$$电子商务 \neq 电子+商务$$

$$电子商务=电子 \times 商务$$

这两个公式的意思是说，电子商务不是电子和商务的简单相加，而是电子和商务的有效融合；电子和商务的结合并不必然地得到具有更高效率和效益的电子商务。相反，如果结合得不好，电子商务的效率和效益甚至更低。因此，电子商务的落脚点是商务，商务是核心，电子是手段和工具。电子商务是基于计算机网络并与之有效融合的商务活动，而不是相反。所以电子商务中的“商务”不再是指原来的商务活动模式，而是指与电子商务技术匹配的进化了的商务模式。一种好的商务模式必然促进社会分工，进而促进社会经济发展。

3. 电子商务的核心

电子商务是一个社会系统，是信息现代化与商贸的有机结合，在电子商务活动中，虽然我们充分强调工具的作用，但归根结底起关键作用的仍是人。因为工具的制造发明、工具的应用、效果的实现都是靠人来完成的，所以，必须强调人在电子商务中的决定性作用。所以一个国家、一个地区能否培养出大批掌握现代信息技术、掌握现代商贸理论与实务的复合型人才就成为该国、该地区成功发展电子商务最关键的因素。

4. 电子商务的工具

电子商务的基础是现代化电子工具的应用。这些现代化电子工具包括：计算机、互联网络、电子支付平台、条形码扫描枪和 POS 机、射频识别系统、银行卡、IC 卡、卫星定位系统、地理信息系统、自动化立体仓库、自动分拣系统等。

5. 电子商务的主要对象

电子商务的对象是指从事商务活动的客观实体，包括商家、中间商、客户、银行、物流配送中心以及政府管理部门等，他们是电子商务活动的实际参与者。

6. 电子商务的目的

电子商务中，商务是核心，电子是手段，因此，电子商务的目的必然是高效率、高效益、低成本地进行产品生产与产品服务，提高整个社会的运行效率和企业的整体竞争能力。

(三)电子商务活动的特点

电子商务是在传统商务的基础上发展起来的，它并不是一种全新的商务活动方式，同样具有传统商务活动所具有的基本要素，为消费者提供有价值的商务或服务，进行促销宣传等。但是基于互联网的电子商务极大提高了传统商务活动的效益与效率，与传统商务体系相比有其自身的独特优点。

1. 全球化

电子商务活动中至少信息的传输是全球化的。企业之间的交易打破了时空界限，把全球市场连接成为一体。在网上，企业将面向全球销售产品，寻找合作伙伴，同时企业也将面临全球的竞争对手。正如海尔的 CEO 张瑞敏所说，上网后企业的优势和劣势同时放大，那些不具备全球意识的企业将不可能发展壮大。

2. 直接经济

互联网缩短了企业与顾客之间的距离，无需中间环节，彼此寻找方便。但是，电子商务并不意味着传统商务的中间渠道的消亡。虽然网络缩短了企业与顾客的信息传输距离，但并没有缩短实物距离，特别是非信息类产品的售后服务，仍然离不开中间渠道的支持。

3. 个性化经济

大规模生产，产品的差别小，满足消费者的需求程度低，于是企业进行市场细分，但细分市场仍要具有一定的规模，企业才能进入，不能满足人们的充分的个性化需求。电子商务时代，使人们的个性化需求得以实现，也给企业提供了个性化营销的手段。利用信息技术，企业可收集和处理消费者个性化的信息，从而为消费者提供个性化的产品（个人定制）、个性化的信息（针对性提供，有目的检索）、个性化的服务（定制）。

4. 协作性

商务活动是一种协调过程，它需要参与交易的各方，如客户、生产商、批发商、零售商、物流商按照一定的规则来协调完成。随着电子商务应用领域的不断拓宽，这种协调范围也不断扩大，过程也更加自动化。在电子商务环境中，它更要求从社会上的银行、交通、通信、保险、政府等多个部门通力协作，到企业内部各个业务部门之间的相互协调、配合，才能实现全过程的电子商务，才能真正体现电子商务的优势与价值。

(四)电子商务的功能

电子商务可提供网上交易和管理等全过程的服务。因此，它具有广告宣传、咨询洽谈、网上定购、网上支付、服务传递、意见征询、交易管理等各项功能。

1. 广告宣传

电子商务可凭借企业的 Web 服务器和客户的浏览，在互联网上发布各类商业信息。客户可借助搜索引擎迅速地找到所需商品信息，而商家可利用网站和其他网络平台在更大范围内作广告宣传。与以往的各类广告相比，网上的广告成本相对低廉，而给顾客的信息却十分丰富、及时。

2. 咨询洽谈

电子商务可借助各种非实时和实时的网络通信工具来了解市场和商品信息、洽谈交易事务、交流意见观点。网上的咨询和洽谈能超越人们面对面洽谈的时空限制、提供多种方便的异地交谈形式。

3. 网上订购

电子商务可借助 Web 中的邮件交互传送实现网上的订购。网上的订购通常都是在产品介绍的页面上提供十分友好的订购提示信息和订购交互表单。当客户填完订购单后，通常系统会回复确认信息单来保证订购信息的收悉。订购信息也可采用加密的方式使客户和商家的商业信息不会泄漏。

4. 网上支付

网上支付是电子商务交易过程中的重要环节，企业在网络银行开设电子账户，客户就可以采用信用卡、电子钱包、电子支票和电子现金等多种电子支付方式进行网上支付。建立网上电子账户采用在网上电子支付的方式，可以提高企业品牌形象，密切客户关系，提高支付效率，降低交易成本。

5. 服务传递

对于已付款的客户应将其订购的货物尽快地传递到他们的手中。而有些货物在本地，有些货物在异地，电子邮件将能在网络中进行物流的调配。而最适合在网上直接传递的货物是信息产品。如软件、电子读物、信息服务等。它能直接从电子仓库中将货物发到用户端。

6. 意见征询

电子商务能十分方便地采用网页上的“选择”、“填空”等格式文件来收集用户对销售服务的反馈意见。这样使企业的市场运营能形成一个有效的信息回路。客户的反馈意见不仅能提高售后服务的水平，更使企业获得改进产品、发现市场的商业机会。

7. 交易管理

整个交易的管理将涉及人、财、物多个方面，企业和企业、企业和客户及企业内部等各方面的协调和管理。因此，交易管理是涉及商务活动全过程的管理。电子商务的发展，将会提供一个良好的交易管理的网络环境及多种多样的应用服务系统。这样,能保障电子商务获得更广泛的应用。

(五)电子商务的概念模型与基本组成要素

1. 电子商务的概念模型

电子商务的概念模型是对现实生活中电子商务活动的抽象描述,它由交易主体、电子市场、交易事务以及信息流、资金流、物流等基本要素构成。电子商务的概念模型如图 1-2 所示。

图 1-2 中的交易主体是指能够从事电子商务活动的经济实体,包括生产企业、流通企业、银行、政府机构、个人以及各种中介机构等。

电子市场是指电子商务交易主体从事商品和服务交换的场所,它由各种各样的商务活动参与者,利用各种通信设备,通过网络连接成一个统一的、拥有各种信息和资源的交易平台。

交易事务是指电子商务交易主体之间所从事的具体商务活动的内容,如询价、报价、转账支付、广告宣传、商品运输等。

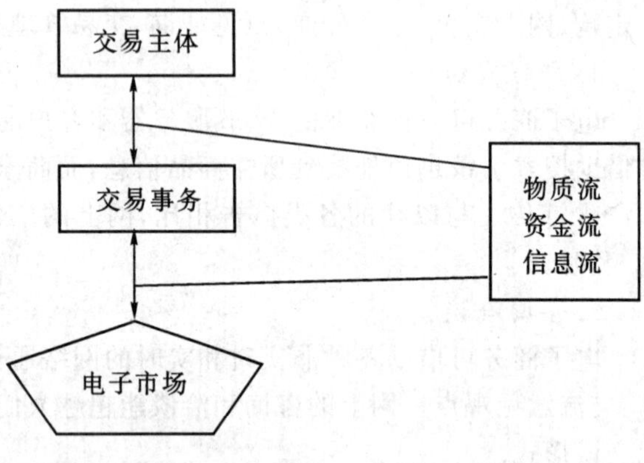

图 1-2　电子商务的概念模型

2. 电子商务的基本组成要素

电子商务的基本组成要素有消费者、企业、银行、物流配送中心、认证中心(CA)和政府等。它们在电子商务活动过程中的联系如图 1-3 所示。

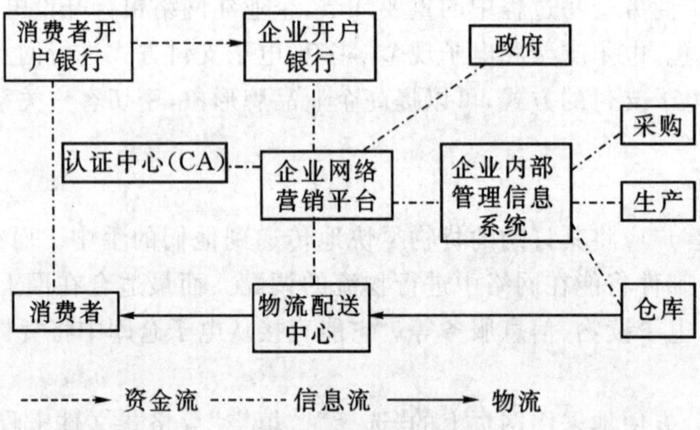

图 1-3　电子商务的基本组成

(1)消费者。消费者可使用多种手段接入 Internet,获取信息、购买商品和服务。

(2)企业。企业通过其网络营销平台向消费者发布信息,展示产品和服务,为消费者提供售前、售中和售后服务。

(3) 认证中心(CA)。认证中心是受法律承认的权威机构,负责发放和管理数字证书,使网上交易的各方能相互确认身份,保证信息传输的安全。

(4)物流配送中心。物流中心按商家的送货要求,组织运送无法从网上直接得到的商品,跟踪产品的流向,将商品送到消费者手中。

(5)网上银行。网上银行在 Internet 上实现传统银行的业务,为用户提供 24 小时服务;提供网上支付手段,为电子商务中的用户和商家服务。

(6)政府。政府相关职能部门主要行使对电子商务活动的监管职能,如为了保证企业营销网站的合法性,政府管理部门需要对企业网站进行备案、监管,如果企业从事外贸业务,还需要向政府管理部门申请电子报关。

在电子商务交易过程中,信息流、资金流和物流被分离了,它们通过不同的渠道来协同完成其任务。消费者登录到企业的网站了解商品信息,进行询价属于双向互动的信息流。消费者付款时通过其开户行将货款汇给企业的开户行,这是反向流动的资金流。企业通知物流配送中心将货物配送给消费者,这是正向的物流。

(六)电子商务的盈利模式

1. 会员费

企业通过第三方电子商务平台参与电子商务交易,必须注册为 B2B 网站的会员,每年要交纳一定的会员费,才能享受网站提供的各种服务,目前会员费已成为我国 B2B 网站最主要的收入来源。比如阿里巴巴网站收取中国供应商、诚信通两种会员费。中国供应商会员费分为每年 4 万和 6 万两种,诚信通的会员费每年 2300 元;中国化工网每个会员第一年的费用为 12000 元,以后每年综合服务费用为 6000 元;五金商中国的金视通会员费 1580 元/年,百万网的百万通 600 元/年。

2. 广告费

网络广告是门户网站的主要盈利来源,同时也是 B2B 电子商务网站的主要收入来源。阿里巴巴网站的广告根据其在首页位置及广告类型来收费。中国化工网有弹出广告、漂浮广告、Banner 广告、文字广告等多种表现形式可供用户选择。

3. 竞价排名

企业为了促进产品的销售,都希望在 B2B 网站的信息搜索中将自己的排名靠前,而网站在确保信息准确的基础上,根据会员交费的不同对排名顺序作相应的调整。阿里巴巴的竞价排名是诚信通会员专享的搜索排名服务,当买家在阿里巴巴搜索供应信息时,竞价企业的信息将排在搜索结果的前三位,被买家第一时间找到。中国化工网的化工搜索是建立在全球最大的化工网站上的化工专业搜索平台,对全球近 20 万个化工及化工相关网站进行搜索,搜录的网页总数达 5000 万,同时采用搜索竞价排名方式,确定企业排名顺序。

4. 增值服务

电子商务网站通常除了为企业提供贸易供求信息以外,还会提供一些独特的增值服务,包括企业认证、独立域名、提供行业数据分析报告、搜索引擎优化等。像现货库存认证(in stock certified program,ISCP)就是中国电子供应商网针对网上不真实库存信息而为会员推出的全新服务项目,旨在为买卖双方降低交易风险、提高交易效率、缩短交易时间、节约交易成本。

5. 线下服务

线下服务主要包括展会、期刊、研讨会等。通过展会,供应商和采购商面对面地交流,一般的中小企业还是比较青睐这个方式。期刊主要是关于行业资讯等信息，期刊里也可以植入广告。国际贸易领域知名的B2B网站ECVV组织的线下的展会和采购会也已取得了不错的效果。

6.商务合作

商务合作包括广告联盟、政府、行业协会合作，传统媒体的合作等。广告联盟通常是网络广告联盟，亚马逊通过这个方式已经取得了不错的成效，但在我国，联盟营销还处于萌芽阶段，大部分网站对于联盟营销还比较陌生。国内做得比较成熟的几家广告联盟有百度联盟、谷歌联盟等。

阅读材料

无论任何商业活动，其最终目标都是追求利润最大化，有人形象地将早期电子商务比作是耍猴的，观众叫座又叫好，但是等到表演结束，耍猴的捧着托盘收钱的时候大家都纷纷离去，早期很多电子商务公司因为没有很好的盈利模式而纷纷倒下。

作为中国电子商务的代表淘宝网，其盈利状况又是如何？作为淘宝官方从来没有公布过什么时候开始盈利，更没有吹嘘过自己在过去的一年获得多少利润，作为民营企业这是马云的精明之处，如果说一家年度交易额2000多亿元人民币的互联网公司，迄今为止还没有找到一个明确的盈利模式的话，这多多少少让人感到有些荒谬，尽管淘宝对盈利守口如瓶，从一些数据中我们还是可以窥豹一斑。

来自互联网消息显示，2007年3月，曾担任阿里巴巴旗下雅虎中国CEO的谢文对外透露，淘宝网来自研发、宽带、服务器折旧等方面的成本，每年至少需要3亿元，淘宝网CEO张勇在2008年10月所作出的一番表态，通过各种类型的小额广告、厂家Banner广告、以及针对商户需要推出的增值服务——主要是向卖家提供的店铺管理工具和店铺装饰工具，淘宝网在2008年8月首次实现了收支平衡，也就是说淘宝网仅仅靠广告收入和增值服务就可以实现收支平衡，据说淘宝网重要位置广告明码标价日展示费用都在万元以上，但是淘宝的重要盈利砝码不在此，而是直通车和淘宝商城，直通车是类似百度和google推出的竞价排名工具，买家在利用淘宝网搜索引擎按某些关键字查找某些商品时，购买了该关键字且出价高的卖家的商品将优先展现在买家的电脑上，如果买家点击卖家的展示商品，无论是否成交，淘宝网将扣除卖家0.01元到100元不等费用，目前热门竞价词每次点击价格已经高达3元，从最近发生一件事情中我们可以简单推算该工具为淘宝带来的利润，2010年7月27日，21世纪经济报道，淘宝直通车因调整竞价词排序规则，遭卖家攻击，一周收入降300万，300万对直通车一周的收入能有多大比例，我们看看对于这个事件淘宝网高管公开表态，坚持调整，丝毫不妥协，从中我们看出影响不大，也就是说淘宝直通车一周收入要远远大于300万，我们按一年12×4=48个有效周估算，仅仅直通车一项给淘宝网带来的收入就是个非常可观的数字。淘宝商城是淘宝又一个非常重要的盈利工具，鉴于淘宝的人气，世界各大品牌陆续入驻淘宝商城，直接建立厂家到消费者(B2C)的销售渠道，淘宝商城根据不同商品收取商家成交额5%左右分成，年销售额低于12万的商家将被勒令退出商城，目前某些品牌商城的日成交额都在几十万甚至百万以上，淘宝商城成为淘宝主要的利润增长点。仅2009年，阿里巴巴与淘宝网支付宝日流量保持9亿左右，如果把这个流量存在银行仅仅利息就非常可观了，其实我们无需计算淘宝网能赢多少利润，如果马云想要挣多少钱都可以，盈利对马云来说似乎不是重要的事情了。

2009年12月29日上午，在淘宝网与湖南卫视合资成立“快乐淘宝”购物频道的新闻发布会上，阿里巴巴集团董事局主席马云在谈到淘宝网的今年盈利计划时表示，淘宝成立的几年来一直没有对淘宝的高管作出了盈利的要求，淘宝目前考虑最多的也不在盈利这一块，相反，一旦淘宝的盈利超过了预定的指标，淘宝的相关高管将要受到处罚，我们无法知道到底是这位野心家在高调地迎合媒体，还是在要声东击西的老伎俩，至少说明盈利不是他十分头疼的问题。

我们将淘宝网盈利模式作一个简单总结：①广告收入；②增值服务费；③竞价排名；④交易佣金分红。以上几种方式基本涵盖了常规电子商务网站的盈利模式，我们还可以分析一下几个大型网站的盈利方式，百度、谷歌主要靠竞价排名和广告盈利；腾讯主要靠增值服务和广告盈利；京东主要靠交易佣金盈利，这里需要重点说的是凡客诚品，它是一个主营服装类商品的网络品牌，这几年通过巨额广告投入树立起来的一个网络品牌，从严格意义说它是在做产品，只是借助了电子商务的形式发展，但是也有人称之为务实电子商务。

无论是淘宝、百度还是谷歌、腾讯他们之所以能够盈利，都有一个共同基础就是拥有极大的用户群体，没有鼎盛人气任何网站盈利模式都无从谈起，人气对于电子商务网站来说就是市场，就是生命，可以预见性地说，今天任何一家电子商务网站如果和淘宝开展的业务相同，那么它随时都有关门的可能，因为淘宝的人气太旺了，有了人气才能有盈利这是一个良性循环，其他电子商务网站很可能会因为人气不足陷入恶性循环而倒闭。

资料来源：http://club.1688.com/threadview/30943750.html

二、电子商务的分类

(一) 按参与交易涉及的对象分类

按参与电子商务交易涉及的对象分类，电子商务可以分为B2B、B2C、C2C和B2G等类型。

(1)企业与消费者之间的电子商务(business to customer，即B2C)。这是消费者利用因特网直接参与经济活动的形式，类同于商业电子化的零售商务。随着互联网的出现，网上销售迅速地发展起来。如京东商城。

(2)企业与企业之间的电子商务(business to business，即B2B)。B2B方式是电子商务应用最多和最受企业重视的形式，企业可以使用互联网或其他网络对每笔交易寻找最佳合作伙伴，完成从定购到结算的全部交易行为。如阿里巴巴。

(3)消费者与消费者之间的电子商务(consumer to consumer，即C2C)。C2C商务平台就是通过为买卖双方提供一个在线交易平台，使卖方可以主动提供商品上网拍卖，而买方可以自行选择商品进行竞价。如淘宝集市。

(4)企业和政府之间的电子商务(business to government，即B2G)。B2G模式即企业与政府之间通过网络所进行的交易活动的运作模式，比如电子通关、电子报税等。B2G还有一个比较典型的应用就是网上采购，即政府机构在网上进行产品、服务的招标和采购。如图1-4所示的中国招标采购在线网。

(二)按交易活动的地域范围分类

按照电子商务交易活动的地理范围，电子商务分为本地电子商务、远程国内电子商务和全球电子商务。

(1)本地电子商务。本地电子商务通常是指利用本城市内或本地区内的信息网络实现的

图 1-4 中国招标采购在线

电子商务活动;如图 1-5 所示的网上团购业务就是典型的本地服务电子商务,其特征是电子交易的地域范围较小。本地电子商务系统是开展远程国内电子商务和全球电子商务的基础系统,因此,建立和完善它是实现全球电子商务的关键。

图 1-5　美团南京站

(2)远程国内电子商务。远程国内电子商务是指在本国范围内进行的网上电子交易活动;其交易的地域范围较大,对软硬件设备和技术要求较高,要求在全国范围内实现商业电子化、自动化,实现金融电子化;交易各方应具备一定的电子商务知识、经济能力和技术能力,并具有一定的管理水平和能力。

(3)全球电子商务。全球电子商务是指在全世界范围内进行的电子交易活动,参加电子交易各方通过网络进行贸易。有关交易各方的相关系统有买卖各国进出口公司系统、海关系统、银行金融系统、税务系统、运输系统、保险系统等。全球电子商务业务内容繁杂,数据来往频繁,要求电子商务系统严格、准确、安全、可靠。

(三)按交易所涉及的商品对象特征分类

按照电子商务活动交易涉及的商品对象特征,电子商务可以分为有形商品电子商务和无形商品电子商务。

(1)有形商品电子商务。有形商品是指实体类商品,它在交易过程中所涉及的信息流和资金流完全可以在网上传输,买卖双方在网上签订购货合同后又可以在网上完成货款支付。但交易的有形商品必须由卖方通过某种运输方式送达买方指定地点，所以有形商品电子商务还必须解决好货物配送的问题。有形商品交易电子商务由于“三流”（信息流、资金流、物流）不能完全在网上传输，又称非完全电子商务或间接电子商务。

（2）无形商品电子商务。无形商品是指包括软件、电影、音乐、电子读物、信息服务等可以数字化的商品，这类无形商品交易可以直接在网上联机订购、付款和交付或免费下载。无形商品网上交易与有形商品网上交易的区别在于前者可以通过网络将商品直接送到购买者手中。这种无形商品电子商务模式完全可以在网上实现，又称完全电子商务或直接电子商务。图1-6是京东商城的电子图书购买页面。

图1-6　京东商城的电子图书购买页面

三、电子商务产生的影响

（一）电子商务对社会经济的影响

电子商务是Internet技术发展日益成熟的直接结果，是网络技术发展的新方向。它不仅改变了企业本身的生产、经营和管理，而且对传统的贸易方式带来了巨大的冲击。电子商务带来的最明显的影响便是增加了贸易机会、降低了贸易成本、提高了贸易的效益。它大大地改变了商务模式，带动了经济结构的变革，对现代经济活动产生了巨大的影响。

（1）促使全球经济的发展。电子商务使贸易的范围空前扩大，从而引起全球贸易活动的大幅度增加，促使全球范围内的经济有了一个良好的发展趋势。

（2）促使知识经济的发展。信息产业是知识经济的核心和最主要的推动力，而电子商务又站在信息产业的最前列，因此电子商务的发展必将直接或间接推动知识经济的发展。

（3）促使新兴行业的产生。在电子商务环境下，传统的商务模式发生了根本性的变化，社会分工将重新组合，因而会产生许多新兴行业来配合电子商务的顺利运转。例如，互联网服务提供商（ISP）、互联网内容提供商（ICP）、网上商店、网络银行和各种类型的网上搜索引擎等。还有，网上购物使得送货上门成为一项极为重要的服务业务，导致出现快递公司、物流公司等专门从事送、配货业务的行业。因此，电子商务为社会创造了更多的就业机会和社会财富。

(二)电子商务对企业的影响

1.电子商务改变了企业的生产方式

电子商务促成了直接经济的产生,取消了许多中间环节;大大缩短了生产厂家与消费者之间供应链的距离,改变了传统市场的结构,使得对迅速改变的市场需求和市场进度作出快速响应的敏捷生产战略得以实现,零库存真正可能成为现实。在信息经济中,传统大量生产的制造业进入小批量、多品种、个性化的定制时代,“无店铺”和“网上营销”的新模式为传统企业的重新崛起提供了全新的工具。

2.电子商务改变了企业的管理组织模式

信息网络改革了信息传递方式,使其由阶层型变为水平型。分工细化的企业管理组织已不能适应电子商务发展的需要,把相互关联的企业管理组织加以整合已成为大势所趋。与信息传递方式紧密相依的企业管理组织结构,由原来从上至下的垂直结构(金字塔形),向水平型的开放式结构(矩阵型)转变;高层决策者可以与基层执行者直接联系,基层执行者也可以根据实际情况及时进行决策,中层组织原来意义上的上传下达作用的重要性逐渐消失。

3.电子商务优化了企业的业务流程

现代企业的运作依赖各种各样的流程,这些流程是一系列相互关联的活动和决策,是信息流和物流的复杂结合。流程是企业个性化的产物,流程的优化带来的是企业运作效率的提升、质量的优化、服务的改善以及竞争力的增强。企业流程再造(BRP)的主要内容是:从职能管理和专项管理实现向业务流程管理的转变;打破企业内一切功能性的小单位;关注整体的最优化;组织结构高度服从于流程;面向整个供应链设计企业流程;一切工作建立在企业信息技术平台基础之上。

(三)电子商务对个人的影响

1.生活方面

随着电子商务的发展,在Internet上已形成了一个没有国界的虚拟社会,人们在这个虚拟社会中可以做许许多多从未想过的事情。坐在家里的电脑前,我们可以走进世界上任何一家网络商店,浏览所有的商品。再不用考虑是步行还是乘车到商店去购物,也不用担心时间太晚商店要关门,消费者只需要拥有一个银行账号,就可以在任何地点、任何时间、任何一家网上商店中购买自己所需要的商品,甚至是专门订做服装、首饰、皮鞋和最喜欢的食品等。我们还可以通过网络预订酒店房间、购买车船机票、获得医疗咨询服务等。

在网上人们可以更广泛地交流,获得更多、更具体的信息:人们可以通过Internet与世界各地的人交朋友,足不出户与朋友们一起聊天,不受时间、地点的限制。与传统传媒方式(如电视、广播、报纸、杂志等)相比,网上传播新闻和信息,不仅快捷,时效性好,而且还具有双向性(交互性),人们可以根据自己的需要来查询搜索获取新闻信息,并可以提出疑问、发表自己的观点和意见。

网上娱乐方式也更加丰富多彩,人们坐在家中就可以点播自己所喜爱的电影和歌曲,在网上玩电子游戏,还可以在网上欣赏纽约百老汇的歌舞、维也纳金色大厅的交响乐和北京中国大剧院的京剧,甚至可以远隔重洋与某位高手下一盘围棋,等等。

总之,电子商务给我们带来更多的选择和更多的便利,改变着人们的生活方式、消费观念和娱乐形式,使我们的生活质量得到空前的提高,使人的个性得到了充分的发挥。

2. 工作方面

由于网络通信的快捷、安全和广域性，因此在电子商务环境下，办公的方式是灵活的 SOHO(small office home office)。对于营销人员来说，整个交易过程都可以在网上进行，包括业务洽谈、签合同、发货和运输、结算支付等，不必把宝贵的时间花在旅途和谈判桌上。对于企业的经理来说，可以方便地坐在家或在旅途中处理各种事务，通过网络了解企业的生产和销售情况，了解客户对产品的需求，应用电子邮件来传递对各级管理人员的指令或计划，远程监控企业的正常运营。对于专业设计人员来说，通过电子邮件与客户联络业务，在网上与客户对设计方案进行讨论和交流，及时把设计成果传递给客户。许多工作可以在家中完成，如：教师在家中网上指导学生学习；医生在家中网上提供医疗咨询服务；各类咨询人员在家中网上提供咨询服务；编辑在家中网上编审、传送稿件；职业炒股、期货人员在家中网上从事交易等。

3. 教育方面

随着 Internet 的广泛应用，促使教育的内容和形式发生了革命性的变化。在 Internet 上开设网络大学进行远程教育已为国内外众多大学所采用，在美国、欧洲，许多知名的大学均开设了自己的网络大学，网络大学以计算机技术和网络通信技术为依托。交互式的网络多媒体技术给人们的教育带来了很大的方便，远程的数字化课堂让很多人的教育问题得到解决。讲课、作业、讲评，一切都在网络上进行。网络大学作为远程教育的一种方式，打破了时间和空间的限制，为越来越多的人所接受。网络大学需要的管理机构和人员少，教育成本低、效果好，可以充分发挥名校师资和教材的优势，低投入、高产出地完成高质量的教育。

四、电子商务的典型应用

(一)网上银行

1. 网上银行的概念

网上银行也称为在线银行，是指利用 Internet/Intranet 及相关技术处理传统的银行业务及支持电子商务网上支付的新型银行。它依托于传统银行业务，并为其带来了根本性的变革，同时也拓展了传统的电子银行业务功能，创造了一种全新的银行服务渠道。

银行通过网上银行突破原有的通过柜台提供产品与服务的模式，通过拓展网上银行业务，为客户提供更方便快捷的服务；客户通过电脑、移动电话等终端设备，利用 Internet 可以在任何时间和地点办理银行业务。

特别是在电子商务应用中，伴随网上银行而出现的电子货币和网上支付功能，为电子商务中电子支付的实现提供了强有力的支持。作为电子支付和结算的最终执行者，网上银行起着联结买卖双方的纽带作用，网上银行所提供的电子支付服务是电子商务中最关键的要素之一。

目前网上银行的运行机制有两种模式：一种是完全依托于 Internet 发展起来的全新的网上银行，特点是银行的所有业务都是通过 Internet 进行的，如美国的安全第一网络银行(www. sfnb. com)就是有史以来第一个没有实体组织的虚拟银行；另一种是传统银行在 Internet 上建立的网站，如美国花旗银行、我国的招商银行、中国银行等。传统银行建立网上银行，拓展网络服务已经成为目前普遍的业务模式，也是银行电子商务应用的主要标志之一。

2. 网上银行的特点

与传统银行相比，网上银行在运行机制和服务功能方面具有下列特点。

(1)虚拟化。网上银行利用 Internet/Intranet 技术开展银行业务，Web 服务器代替了传统银行的营业部，网址取代了地址，其分支机构是终端设备和 Internet 这个虚拟化的电子空间，突破了传统业务地域范围和时间的局限；但它又是实实在在的银行，利用网络技术把自己与客户连接起来，在有关安全设施的保护下，随时通过网络为客户办理所需的一切金融业务。

(2)银行业务处理集成。网上银行不是一个单独的业务处理系统，它本身不能独立地处理某项银行业务，必须以已经存在的业务处理系统为基础，所有的业务处理最终都是要由现有的业务处理系统来实现。但网上银行系统通过建立与传统业务处理系统之间的接口，使分散的不同的业务系统有机地连接为一个整体。

可以看出，“网上银行服务”系统的作用和意义已经远远超出了任何一个传统的业务系统。如果能够成功地建立“网上银行服务”系统，把客户终端、电话银行等手段结合起来，将在整个银行范围内形成一个统一的面向客户的综合服务体系。同时，为解决银行业务系统分散、业务做法不统一、系统平台不统一等问题，提供一个较好的途径。

(3)方便快捷的客户服务。网上银行是一种能在任何时间(anytime)、任何地方(anywhere)、以多种方式(anyway)为客户提供超越时空、智能化服务的银行，因此可称之为“3A”银行。

网上银行不仅可以同传统银行一样提供各种服务，还可以推出一些个性化的新产品和服务，这些业务以客户为中心，根据客户个人情况单独设计。比如可以实现服务界面的个性化，根据个人喜好定制页面内容和色彩等。在网上银行，银行还可以通过电子邮件、在线交流等方式与客户实时沟通并获取反馈意见。

客户通过网上银行提供的服务，除了全面了解自己的账户信息，还可以了解银行提供的其他金融信息，如证券信息、保险信息等。随着银行业混业制经营的限制慢慢打破，这种综合性服务功能将越来越强大，银行客户通过网上银行享受“一站式”金融服务不再是梦想。

3. 网上银行业务与服务

目前，网上银行可以提供的金融产品和服务内容主要有以下几类：①个人业务，包括：个人转账业务、汇款业务、代收代付、证券买卖、外汇买卖、消费贷款、信用卡服务、网上支付等；②公司业务，包括：内外部转账、账户现金管理、代收代付、工资发放、信贷、支票挂失等；③信息服务，包括：外汇行情、存贷款利率、汇率、证券行情等金融信息，以及经营范围、服务项目和银行简介等信息。图 1-7 显示的是中国银行提供的个人和企业网上金融服务项目列表页面。

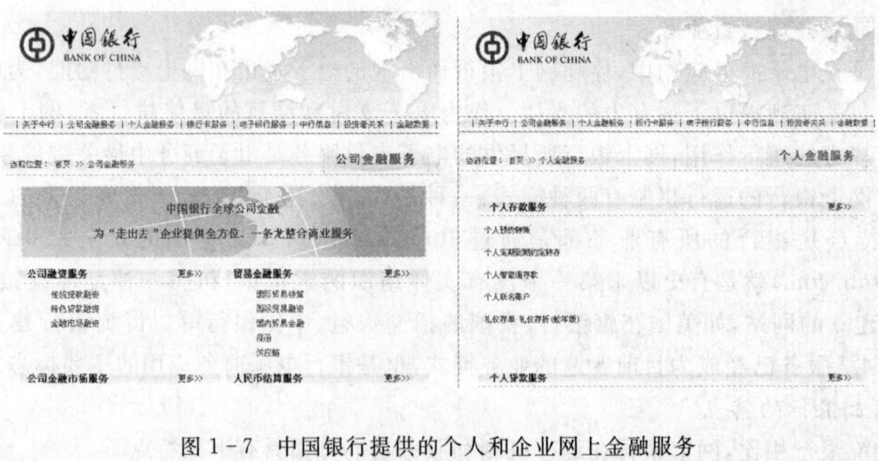

图 1-7　中国银行提供的个人和企业网上金融服务

(二)网上证券

1. 网上证券的概念

网上证券又称证券电子商务,可以分为狭义和广义两个层面。广义概念通常是指投资者利用 Internet 等电子手段和现代化信息媒介,传送交易信息和行情资料,并进行各种与证券交易相关的活动,包括网上证券发行(如网上路演、股票发行、再融资等)、网上证券交易(如网络委托下单、实时交易等)、网上信息及咨询服务(如股票即时报价、投资资讯、网络实时股评等)三方面的内容。而狭义概念仅指投资者利用 Internet 完成开户、委托、支付、交割和清算等一系列证券业务活动,以及在线获取与证券交易有关的财经资讯等活动。我们通常所指的网上证券就是基于狭义范围的网上证券交易,这是现阶段证券电子商务开展的主要业务。

2. 网上证券交易的优势

(1)打破时空限制,提供个性化服务。网上证券交易没有场地和地理环境的限制,能够有效地增强市场辐射力,有利于进一步挖掘潜在客户资源。同时,利用网络工具,可以为客户提供个性化服务,针对投资者的不同投资额和风险偏好的需求,为投资者提供投资咨询和决策服务。

(2)降低运营成本和交易成本。网上证券交易改变了传统营业部所需的营运要素,例如,网上证券交易不需要装修豪华的营业大厅,不需要维持庞大的员工队伍,但其客户容纳量则是几乎不受限制的。当业务达到一定规模之后,边际成本能够不断降低,有利于证券公司实现低成本扩张。

从投资者的角度来看,网上证券交易不仅节省了前往营业部的时间成本,使投资者能享受更便利、更快捷的服务,而且证券公司由于经营成本的降低,可以通过降低交易佣金的方式让利给投资者,从而降低投资者的交易成本。图 1-8 显示的是海通证券的网上交易下单服务页面。

图 1-8 海通证券网上交易页面

(3)更全面的信息资讯服务。传统的证券信息服务偏重于行情提供,在基础信息方面信息量不大。交易者往往需要通过报纸或电视补充接收更多的信息,以支持基本面的行情分析。

而证券交易网站拥有海量的证券信息，投资者可以在网上主动、及时、有效地获取和筛选相关信息。而且网上证券交易行情实时更新，远远快于其他传统的信息接收设备。客户可以通过网站了解到与证券交易有关的宏观和微观经济报道和分析、证券金融信息、板块个股行情等最新或历史资料。

（三）网上保险

1. 网上保险的概念

网上保险也称保险电子商务或者网络保险，是指保险公司或保险中介机构以互联网和电子商务技术为工具来支持保险经营管理活动的经济行为。从狭义上讲，网上保险是指保险公司或新型的网上保险中介机构通过互联网为客户提供有关保险产品和服务的信息，并实现网上投保、承保等保险业务，直接完成保险产品的销售和服务，并由银行将保费划入保险公司的经营过程。从广义上讲，网上保险还包括保险公司内部基于互联网技术的经营管理活动，对公司员工和代理人的培训，以及保险公司之间、保险公司与公司股东、保险监管、税务、工商管理等机构之间的信息交流活动。

2. 网上保险的服务内容

一般来说，保险电子商务的服务内容大致可以分为两类：

一类是网上理财，包括证券、融资、期货、资产管理、信托等金融服务。如平安保险推出的国内首家一站式金融综合理财服务，就包括保险、证券、信投资、企业养老金、期货交易于一体。

另一类是网上保险业务，包括：险种介绍和保单查询服务，以及保险公司形象和产品的宣传等保险信息服务；网上直销保单服务和提供半自动化的网上保险服务。通过保险公司网站，客户的咨询、投保、续期保险费的缴纳及各种保险金的领取等都可以通过网络来实现，客户足不出户就可以得到全方位的保险服务。如图 1－9 所示的就是中银保险的在线投保流程。

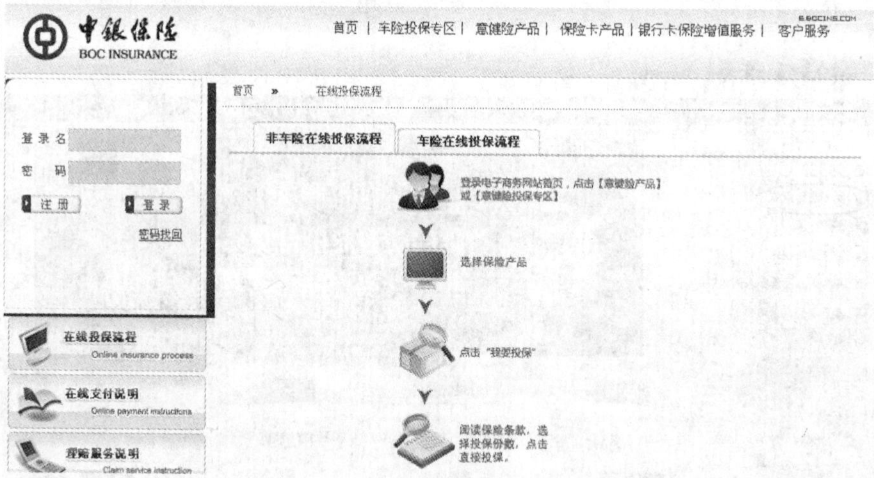

图 1－9　中银保险的在线投保流程页面

3. 网上保险的优势

（1）网上保险有利于减少成本，提高经营效率。保险经营的是无形产品，不需实物转移，非常适合电子商务、网上保险的应用，可以大幅降低交易成本。有研究表明：网络可以使整个保险价值链的成本降低60%以上。成本的减少会进而降低各险种的保险费率，从而让客户受益。电子商务摆脱了传统商业中介的束缚和制约，使保险公司在销售、理赔、管理和产品管理等方面的效率得到极大的提高。

(2)网上保险有利于提高客户服务水平。电子商务开放性、交互性的特点，为保险服务创新提供了有利条件。保险公司可以在网上提供公司和产品的详细介绍、在线咨询等，而客户也可以实时了解自己所需要的保险信息，增加了选择的范围，保险服务无论在时间还是空间上都有了无限的扩大，可以大大降低客户在获取保险服务过程中的各种隐性成本，从保险公司得到更多的实惠，从而提高对公司的满意度。同时，网上提供的服务是保险公司直接监控的，具有规范化、统一化和标准化的特点，防止了传统保险营销方式产生的许多弊端，能够改善服务质量、提高服务水平，树立起保险公司的良好形象。

(3)发展保险电子商务有利于保险行业的健康发展。电子商务不仅仅会改变保险公司的营销和服务方式，而且还将影响到保险公司自身的组织结构和管理制度，最终会反映到公司的经营效益上来。电子商务技术手段可以渗透到保险公司经营的关键环节和流程，能够有效地解决业务过程中的一些管理风险和道德风险。通过网上保险，公司可以将客户资源掌握在自己手中，对公司的长期稳定发展具有重大的意义。电子商务网站还能将公司的保险信息透明化，解决公司与客户之间信息不对称的矛盾，也有利于公司树立诚信经营的企业形象。同时，公司还可以通过在线调查或提供在线咨询服务，及时了解保险市场的反馈信息，对客户潜在的保险需求进行深层次把握，从而有利于创新险种、拓展业务、提高经营效益。

4.我国网上保险的发展

截至2011年底，中国保险行业共有36家保险公司开展了网上保险电子商务，占保险公司总数的23%，相比2008年的17家，增幅超过一倍。IDC报告显示，电子商务已经被列入很多中国保险公司的“十二五”发展规划中，保险电子商务的优势与价值正在得到认可。

“十二五”期间将是中国保险电子商务迅速发展的重要时期，其用户数量将以50%以上的年增长率递增，2015年中国保险行业电子商务收入将超过300亿元。此外，更多的保险公司会开发出更符合用户需求的互联网产品，中国保险行业将呈现出电子商务与传统渠道相得益彰的多元化局面。

目前中国保险电子商务市场规模仅占保险行业全部保费收入的1%左右，明显低于全球5%左右的平均水平。根据中国互联网络信息中心(CNNIC)统计，2011年底中国网民人数已经超过5亿，海量网民是保险电子商务发展的基础。随着中国保险行业相关政策法规的进一步完善，未来几年保险电子商务将对中国保险业市场产生巨大的推动作用，同时将对传统保险模式产生重要影响。

(四)旅游电子商务

1.旅游电子商务的概念

旅游电子商务指的是通过先进的网络技术实现旅游商务活动各个环节电子化，旅游行业的企业通过互联网和现代通信的软件及硬件技术，实现旅游企业同消费者、同行业企业之间的交互，从而扩大销售，拓展市场，并实现内部电子化管理的全部商业经营过程。它具有以互联网为媒介、网上消费者直接参与、数据源庞大、交易实时、支付手段便捷等特点。

2.旅游电子商务的特性

(1)整合性。旅游产品是一个许多部分内容构成的复杂体验服务。旅游电子商务把旅游环节中各级别的供应商、景点、交通运输企业、饭店、保险公司及与旅游相关的众多行业整合在一起，通过组合后的产品在线吸引更多的顾客。新一代的在线旅游企业即将成为旅游行业新的主导者，它们将传统旅游中的机票、酒店、活动等单项服务进行重新组织，并创造出新的产品、新的组合，进一步提高资源的使用效率。旅游市场的规模将会由于电子商务的推动得到进一步发展。

(2)交互性。旅游者在购买旅游产品之前，由于信息的有限性导致无法亲自了解全部与旅行相关的内容，只能通过学习别人的经历或在文字介绍中寻求了解。随着信息技术的发展，在线旅游提供了大量的旅游信息和旅游产品介绍，网络多媒体给旅游产品提供了视觉、听觉，甚至3D效果的全新旅游体验，使用户在开始旅游前已经对目的地有了很多的了解，并且培养了大批潜在的游客群。因此，旅游电子商务的展现功能使旅游产品变得更加直观、更易了解。

(3)快捷性。旅游业属于服务性行业，旅游电子商务更是通过在线服务随时为游客提供服务。在线旅游企业正是依托于自身的技术优势，实现了传统旅游企业无法完成的24小时随时服务，利用网络进行推广，电子媒介传递信息，实时订单确认与支付等，快捷便利。

3.旅游电子商务的优势

对于消费者来说，在线旅游的优势主要体现在以下几个方面：

(1)便捷性。旅游电子商务可以为消费者提供全面的目的地信息，为其提供目的地预览并为决策提供参考信息；另外也可以利用品牌优势及第三方认证，解决服务的信誉问题；还可以突破时空界限，为消费者提供全天候、跨地域的服务。

(2)优惠性。旅游电子商务是节省信息搜寻费用的一个重要途径。旅游互联网的介入大大地降低了信息的寻找成本，使旅游者可以直接从旅游目的地和相关企业中获得更多的、更有用的信息，使旅游者同时有更多的选择机会，这是众多旅游互联网深受旅游者欢迎的社会基础。旅游电子商务提供的具有竞争力的产品价格，从而给消费者带来实惠。同时旅游服务公司不但给消费者提供在任何时间可以完成订位购票的服务，还提供大量的折扣和优惠政策，从而给消费者带来实惠。

(3)个性化。随着消费水平的提高和生活节奏的加快，团队式、赶时间、赶行程的旅游方式已经不能满足要求，愈来愈多的消费者追求舒适、自由的个性化旅游。旅游电子商务通过网络的双向交流作用提供个性化的旅游定制服务，来满足人们消费方式的改变，以自定行程、自助价格为主要特征的网络旅游将会成为人们旅游的主导方式。

4.我国旅游电子商务的发展现状和趋势

《2011中国旅游电子商务发展报告》显示，2010年中国旅游电子商务(基于互联网平台的在线旅游业交易)市场规模达到2000亿元人民币，占整体旅游收入份额将近15%。在旅游市场持续扩容和信息技术广泛应用的双重推动下，不同类型、不同模式的旅游电子商务主体得以快速发展。从目前走势看，尽管旅游电子商务在局部领域显示了垄断竞争的迹象，但是总体而言，这一市场还未进入分层竞争与分类竞争的成熟阶段，而且更多地体现为对传统旅游市场份额的渗透。

调查显示，游客使用最多的三项旅游网站服务分别为：网上订机票(61.0%)、网上订酒店(45.5%)和旅游信息咨询(44.6%)。

旅游电子商务也出现了新动态。从网民互联网应用状况来看，2011年上半年增速超过百分之百的是微博和网络团购，而微博半年增长率高达208.9%，2011年6月用户数量达到1.95亿人。

(1)微博成为旅游网络营销新媒介。2009 年新浪微博推出，迅速抢占了发展先机，2010 年腾讯微博挟 6 亿用户的雄厚身家，开始强势介入微博，取得了与新浪并驾齐驱的成绩。虽然各大平台的微博产品目前还没有盈利，但其庞大的用户群体，紧密的社会联系为微博产品带来了广阔的商业想象空间，使得微博平台已经成为旅游目的地树立品牌形象与推进产品销售的重要渠道。图 1 - 10 为深圳康辉旅行社的新浪微博。

图 1 - 10 深圳康辉旅行社的新浪微博

(2)网络团购成为旅游销售新渠道。网络团购作为一种新兴的商业零售业态横空出世，创新了消费领域电子商务的渠道模式。旅游团购作为消费领域的一个重要部分，不但成为团购的热点产品，更发展出垂直领域的旅游产品团购，成为旅游电子商务中的热点现象。图 1 - 11 为一条拉手网的旅游团购信息。

图 1 - 11 拉手网的旅游团购信息

五、中国电子商务的发展历程与现状分析

1994年中国接入国际互联网以来，我国互联网已经历19个年头。与此同时，作为互联网产业最重要、发展最健康的分支，电子商务也自1997年起，不经意间跨入了第16个年头，也将圆满地落下第一个轮回的帷幕。

下面两篇阅读材料分别介绍了我国电子商务发展所经历的不同阶段及我国电子商务发展的现状与问题。

阅读材料

我国电子商务发展的阶段划分及阶段特征

据中国互联网信息中心统计，经过15年的发展，截至2009年6月，中国互联网人数已达3.38亿。在这15年里，中国互联网产业经历了门户、SP、搜索、网游、Web2.0、电子商务六大主流，互联网也渐由新闻娱乐应用向电子商务与生活服务应用为主转变。从1995年被看做中国最早的一家网络公司的瀛海威成立，中国的互联网企业经过15年的发展，已经形成年直接营收逾百亿的庞大产业规模，而且也间接带动了IT、信息产业、家电、物流、展会、金融、广告、包装等诸多行业的发展，这其中电子商务类企业贡献尤为显著。

近年来，随着我国互联网基础设施的完善、互联网用户爆炸性的增长、互联网应用的普及，使得中国互联网市场取得了迅猛发展，我国“互联网大国”的规模已经初显。无疑，今后将是互联网和移动网络的天下，而这里面，电子商务与移动电子商务，将是重要组成部分。

十二年来，作为与国民经济制造业领域、流通领域和生活服务业最密切的电子商务，不仅自身形成了产业规模庞大、就业人数众多、经济带动性强的电子商务子产业，而且很大程度上促进了国民经济产业制造业、流通业与服务业的转型与升级。

我国有着4300多万家中小企业，其应用电子商务的方式主要以B2B为主，以B2M、B2C和B2G等为辅。而与传统贸易方式相比，电子商务具有交易成本低、交易效率高、交易覆盖广、交易协调性强、交易透明度高等一系列明显的交易优势。利用遍及全球的互联网这一独特平台，电子商务突破了传统的时空观念，缩小了生产、流通、分配、消费之间的距离，大大提高了物流、资金流和信息流的有效传输和处理，开辟了世界范围内更为公平、公正、广泛、竞争的大市场，为制造者、销售者和消费者提供了能更好地满足各自需求的极好的机会。

甚至有专家预言：“中国互联网下一个十五年是电子商务的十五年。”电子商务正在引发一场“按需定制”的生产模式革命、“线上销售”的销售模式革命、“创业式”的就业模式革命、“货比三家”的消费模式革命、“无领式”的生活模式革命。

纵观中国电子商务十二年发展史，按照或从国外引入或本土原创开始起步、遭遇互联网泡沫寒冬、“非典”后的回暖，以及随之而来的快速发展，到金融危机下的调整与转型，大致可分为以下五个发展阶段。

图1-12为中国电子商务十二年五阶段与标志性事件图。

图1-13为1997—2009：我国电子商务服务企业增长阶段分布图。

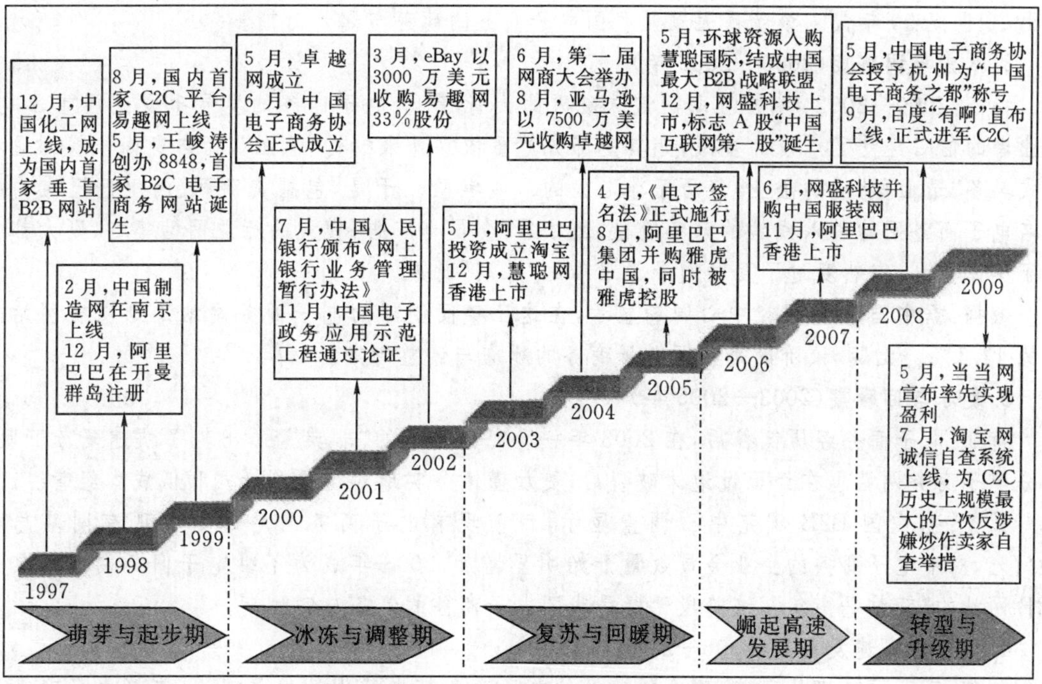

图1-12 中国电子商务十二年五阶段与标志性事件图

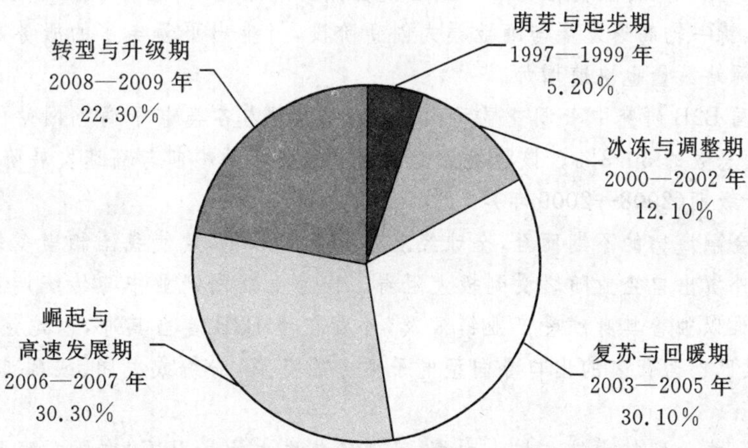

图1-13　1997—2009：我国电子商务服务企业增长阶段分布图

1. 萌芽与起步期(1997—1999年)

特征：业内公认的说法是，国内第一批电子商务网站的创办时期始于1997年起步的三年。当时互联网全新的引入概念鼓舞了第一批新经济的创业者，他们认为传统的贸易信息会借助互联网进行交流和传播，商机无限。于是，从1997年到1999年，美商网、中国化工网、阿里巴巴、易趣网、当当网等知名电子商务网站先后涌现。

数据:据中国B2B研究中心调查显示,在目前已经成立的电子商务网站当中,有5.2%创办于20世纪90年代。该阶段无疑是我国电子商务的萌芽与起步时期。

2.冰冻与调整期(2000—2002年)

特征:2000—2002年,在互联网泡沫破灭的大背景下,电子商务的发展也受到严重影响,创业者的信心经受了严峻的挑战,尤其是部分严重依靠外来投资"输血",而自身尚未找到盈利模式具备"造血"功能的企业,经历了冰与火的严峻考验。于是,包括美商网、阿里巴巴在内的知名电子商务网站进入残酷的寒冬阶段,而依靠"会员+广告"模式的行业网站集群,则大都实现了集体盈利,安然度过了互联网最为艰难的"寒潮"时期。

数据:据中国B2B研究中心调查显示,在这三年间创建的电子商务网站不到现有网站总数的12.1%。无疑,该阶段是我国电子商务的冰冻与调整时期。

3.复苏与回暖期(2003—2005年)

特征:电子商务经历低谷后,在2003年一场突如其来的"非典"后,出现了快速复苏回暖,部分电子商务网站也在经历过泡沫破裂后,更加谨慎务实地对待盈利模式和低成本经营。

数据:据中国B2B研究中心调查显示,目前现有电子商务网站总数占现有网站总数30.1%,应用电子商务的企业会员数量开始明显增加,2003年成为不少电子商务网站尤其是B2B网站的"营收平衡年",该阶段无疑是我国电子商务的复苏与回暖期。

4.崛起与高速发展期(2006—2007年)

特征:互联网环境的改善、理念的普及给电子商务带来巨大的发展机遇,各类电子商务平台会员数量迅速增加,大部分B2B行业电子商务网站开始实现盈利。而专注B2B的网盛生意宝与阿里巴巴的先后上市成功引发的"财富效应",更是大大激发了创业者与投资者对电子商务的热情。IPO的梦想、行业良性竞争和创业投资热情高涨这"三架马车",大大推动了我国行业电子商务进入新一轮高速发展与商业模式创新阶段,衍生出更为丰富的服务形式与盈利模式,而电子商务网站数量也快速增加。

数据:据中国B2B研究中心调查显示,仅2007年,国内各类电子商务网站的创办数量就超过了现有网站总数的30.3%。该阶段正是我国电子商务的崛起与高速发展阶段。

5.转型与升级期(2008—2009年)

特征:全球金融海啸的不期而至,全球经济环境迅速恶化,致使我国相当多的中小企业举步维艰,尤其是外贸出口企业随之受到极大阻碍。作为互联网产业中与传统产业关联度最高的电子商务,也难以独善其身。受产业链波及,外贸在线B2B首当其冲,以沱沱网、万国商业网、慧聪网、阿里巴巴为代表的出口导向型电子商务服务商,纷纷或关闭、或裁员重组、或增长放缓。

而与此同时,在外贸转内销与扩大内需、降低销售成本的指引下,内贸在线B2B与垂直细分B2C却获得了新一轮高速发展,不少B2C服务商获得了数目可观的VC(风险投资)的资本青睐,传统厂商也纷纷涉水,B2C由此取得了前所未有的发展与繁荣。而C2C领域,随着搜索引擎巨头百度的进入,使得网购用户获得了更多的选择空间,行业竞争更加激烈化。

数据:据中国B2B研究中心调查显示,仅在此二年不到时间内创建的电子商务网站占现有网站总数的22.3%,且有75.4%的电子商务网站专注于细分行业的B2C。该时期电子商务行业优胜劣汰步伐加快,模式、产品、服务等创新层出不穷。无疑,该阶段是我国电子商务的转型与升级时期。

资料来源：中国电子商务研究中心. 1997—2009：中国电子商务十二年调查报告[EB/OL].[2009-09-21]b2b. tode. com

阅读材料

我国电子商务的发展现状

随着计算机信息技术快速演变与互联网1.0向2.0不断纵深，以虚拟经济为依托的电子商务正在逐步走上历史舞台，发展成为我国新兴产业的中间力量。信息经济时代，电子商务对经济发展的影响呈现出明显的“乘数效应”，带动我国传统经济领域的二次腾飞，为广大毕业新青年创造了大量就业机会，为实现我国GDP的快速稳定增长起到至关重要的推动作用。可以说，电子商务正在发挥着越来越重要的基础设施平台作用，汇聚了海量生产信息、交易信息与消费者信息，深刻改变着消费行为、企业形态与社会价值创造方式，对我国经济的深远意义远远超过工业时代。

然而，电子商务的发展之路真如国家期望的那样吗？目前，电子商务的发展现状可以用一个词来形容——“冰火两重天”，一方面是电子商务企业大张旗鼓转型扩张，如火如荼加速前进的繁荣景象：腾讯投入巨资涉足电商领域，投入10亿美元巨资构建新一代“B2C＋优质商户开放电商平台”；eBay卷土重来，优先发展基于中国市场的跨国B2C贸易业务；京东商城打破融资记录，第三轮巨额融资超过1.5亿美元。与此相对应地，则是媒体频频爆料，电子商务企业业绩下滑、裁员缩支、股价大跌、亏损倒闭，总而言之经营状况十分堪忧。

这种巨大的反差让我们深思，电子商务看似“繁荣”的背后隐藏的真相是什么？电子商务站在历史发展进程的岔路口，究竟应该走向何方？

1. 现状

一是我国电子商务交易规模保持快速增长态势，规模增长带来的经济效益还将继续：“十一五”期间，我国电子商务交易总额增长近2.5倍；2011年，我国电子商务整体交易规模达5.77万亿，同比增长28.3%，增速较上年加快6.3个百分点，连续多年保持20%以上的高速增长态势。二是B2B电子商务市场地位稳固，成为助推传统经济领域的关键因素：2011年，网络购物交易额达8997亿元，同比增长72%，占社会零售品交易额的比重由上年的3.3%升至4.9%。三是网络购物用户渗透快速上升，社会零售占比持续攀升：2011年，我国网络购物用户规模达1.94亿，用户渗透率由上年的35.6%升至37.8%。

2. 问题

未来，我国电子商务仍将不断发展壮大，带领我国虚拟经济继续增长并走向繁荣。但仍需要注意的是，当前我国电子商务还面临一些问题和挑战，主要表现在以下四大方面：

(1)问题一：B2B电子商务面临如何与“真正交易环节”深度结合的发展困境。目前，B2B电子商务发展显现波峰拐点，以阿里巴巴为例，2012年一季度，公司营业收入环比下降4.2%，净利润同期下降25%；环比下降12.1%，会员企业数量出现减少迹象。电子商务平台仅提供如交易信息“黄页发布”这种低附加值、高同质的基础服务已难以吸引大量中小企业进入，规模经济发展模式难维持，未来如何加强电子商务与制造企业、商贸企业的深度结合，特别是与企业实际交易环节、生产环节(包括采购、生产、销售等)的紧密结合将成为决定B2B能否突破发展瓶颈的一大关键因素。

(2)问题二:B2C“放大”线下传统营销模式带来的价格竞争困境。传统制造、商贸企业从零散式进入到大规模粗放式应用电子商务,线上产品同质化严重,营销成本急剧上升,恶性价格战频发,竞争异常残酷。目前,B2C电子商务展开大规模补贴促销,京东、天猫、当当抛出高达几亿元现金补贴吸引用户,抢占市场份额,烧钱式营销无以为继,面临线下零售企业曾经历的类似发展困境,急需转型。

(3)问题三:如何看待C2C电子商务市场少数寡头垄断竞争问题。去年沸沸扬扬的“淘宝事件”引发C2C电子商务市场垄断竞争热议,我国电子商务市场集中度普遍较高,特别是C2C市场,淘宝、拍拍和易趣三家企业占据了C2C市场份额的100%,而淘宝网高达90.4%的市场份额可谓“一家独大”。尽管电子商务市场进入的技术壁垒、资本壁垒以及政策法规壁垒总体较低,但是早期先入者已在短短几年间抢占了市场绝对占有率,少数寡头垄断竞争格局逐渐浮出水面,未来随着电子商务平台对其上下游产业链环节的控制能力越来越强,势必将对C2C市场合理定价、商业模式创新、市场规则制定产生不利影响,政府急需解决如何营造更加公平、开放的市场环境问题。

(4)问题四:线下经济与线上经济发展失衡与未来发展关系走向问题。随着电子商务这种新型商贸渠道的出现与繁荣,线上经济更多地呈现出对线下经济的替代效应,迫使线下实体商贸经营状况更加惨淡,以网上2011年“双棍节”一天为例,淘宝全网实现交易额52亿元,支付宝成功支付3369万笔,比去年纪录增长了近170%(1261万笔);对比来看,2011年“十一”黄金周7天,北京121家重点商业服务业企业累计实现零售额59.3亿元,增长幅度仅为13.1%。下一阶段,电子商务如何与传统经济更好地融合,如何引导线上线下经济互补共生、协调发展将是未来电子商务应该思考的又一重点问题。

3. 未来发展走向

当前,我国的电子商务规模经济增长大于企业价值成长因素,增长基础已经出现放缓与不稳固,未来电子商务领域只有强化“价值理念”,寻找电子商务与传统商务的服务差别化,以高端增值服务体现行业存在价值,才能实现真实增长。

(1)深度应用:B2B与生产供应链有机结合,努力成为现代化生产性服务业中的龙头行业。在原材料、装备制造、消费品、电子信息、国防科技等重点工业领域,深化电子商务示范应用,推动电子商务平台与企业内部业务和管理信息系统的集成,实现企业从“采购、生产制造、流通仓储、销售”供应链一体化协同能力,推进企业间网上协同研发、设计和制造,增强在产品、产成品、存量产品有机转化衔接;同时,支持大型工业企业利用电子商务增强与产业链下游企业的协同能力,促进产品分销和售后服务水平提升。

(2)创新模式:突出提升B2C平台信息整合增值服务,实现“C→B”商业模式的战略转型。B2C平台完成了电商企业与用户之间“以数据形式面对面”消费模式转变,积累了海量用户基础信息与交易数据,作为企业与消费者之间的桥梁纽带,B2C电子商务平台应更充分发挥其信息聚合挖掘能力,实现企业大规模同质化生产能力与消费者个性化需求有机对接,引导电商企业向“柔性化按需生产、个性化精准定位、社会化核心聚焦”逐步转型。

(3)完善诚信:积极发挥C2C第三方信用平台服务能力,重塑长期发展基石与良性竞争市场。以C2C电子商务平台为依托构建第三方信用服务体系,建立“产品质量水平、商家服务能力、买家消费信用”为核心环节的信用管理系统,实现买卖双方交易信息透明化、对称化;由短期利益驱动的“竞价排名”转变思想,形成以“诚信排名”为基石的搜索服务功能;将信用管理与

C2C市场进出门槛相结合，奖诚信、惩违规，营造健康、良性竞争市场环境。

此外，随着信息技术的创新变革以及商业模式的创新需求驱动，未来电子商务将与社交网络、移动互联网、位置服务等新兴平台相互借力，完美演绎"SoLoMo"跨平台融合扩张外部发展趋势。(SoLoMo，即社交(social)+本地化(local)+移动(mobile)，由IT风险投资人约翰·杜尔首次提出该概念。它是PC、移动设备和真实社会关系的外延，代表着未来互联网发展的趋势。)

未来，我国电子商务发展之路正面临着长期发展的瓶颈阶段，但是我们应该坚信，经过行业、市场、企业多个层次活跃主体的不断创造与不懈前进，电子商务新型商业模式必将走向成熟，增值服务价值理念也会逐渐清晰定位，我国电子商务必将在更加广阔的舞台上大放异彩。

资料来源：中国电子商务研究中心. 我国电子商务发展现状及未来走向分析[EB/OL]. [2013-03-04]http://www.100ec.cn.

项目任务

任务一 了解我国电子商务的发展状况

任务目的

1. 利用网络资源了解我国电子商务的发展状况
2. 把握我国电子商务发展的热点和前沿动态

1. 通过CNNIC网站了解中国互联网络发展的基本状况

(1)登录中国互联网络信息中心(CNNIC)的网站(http://www.cnnic.net.cn/)。见图1-14。

图1-14 中国互联网络信息中心首页

中国互联网络信息中心(China Internet Network Information Center,简称 CNNIC)是经国家主管部门批准,于 1997 年 6 月 3 日组建的管理和服务机构,行使国家互联网络信息中心的职责。

中国互联网络信息中心(CNNIC)负责国家网络基础资源的运行管理和服务,承担国家网络基础资源的技术研发并保障安全,开展互联网发展研究并提供咨询,促进全球互联网开放合作和技术交流。其主要职责包括:

①国家网络基础资源的运行管理和服务机构。CNNIC 是我国域名注册管理机构和域名根服务器运行机构,负责运行和管理国家顶级域名.CN、中文域名系统,为全球用户提供不间断的域名注册、域名解析和 whois 查询等服务。

②国家网络基础资源的技术研发和安全中心。CNNIC 构建高效、安全、稳定的互联网基础资源服务平台,支撑多层次、多模式公益的互联网基础资源服务,提高我国网络基础资源体系的可信、安全和稳定。

③互联网发展研究和咨询服务。CNNIC 负责开展中国互联网络发展状况等多项互联网络统计调查工作,发布中国互联网络的宏观发展状况,记录其发展脉络。CNNIC 一方面为国家和政府的政策研究提供支持;另一方面也为企业、用户、研究机构提供互联网发展的公益性研究和咨询服务。

④互联网开放合作和技术交流平台。在这些职能中,互联网发展研究是其重要组成部分,CNNIC 于 1997 年 11 月发布第一次《中国互联网络发展状况统计报告》,并形成半年一次的报告发布机制。2013 年是 CNNIC 成立 15 周年,中国互联网络发展状况统计调查也连续开展 15 载,31 次统计报告描绘中国互联网络的宏观发展状况,忠实记录了中国互联网络发展脉络。2013 年 1 月 15 日发布的最新一期(第 31 期)《中国互联网络发展状况统计报告》显示,到 2012 年 12 月底,中国网民规模达到 5.64 亿。

(2)在主页“互联网发展研究”栏目中选择“报告下载”。如图 1-15 所示。

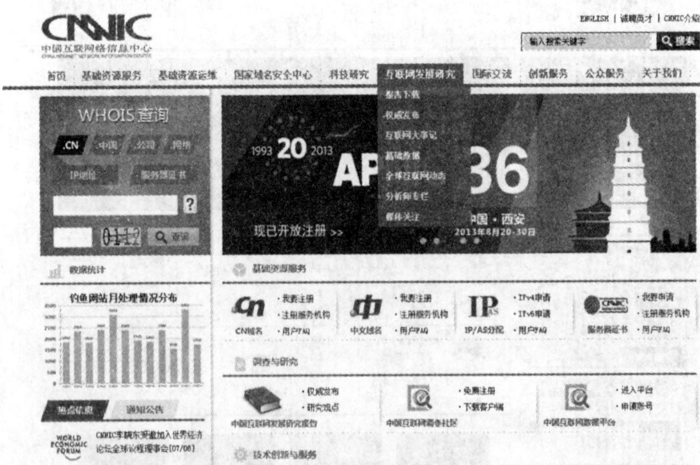

图 1-15 在“互联网发展研究”栏目中选择“报告下载”

(3)进入报告下载页面,找到最新一期的(第 31 期)《中国互联网络发展状况统计报告》。

如图 1－16 所示。

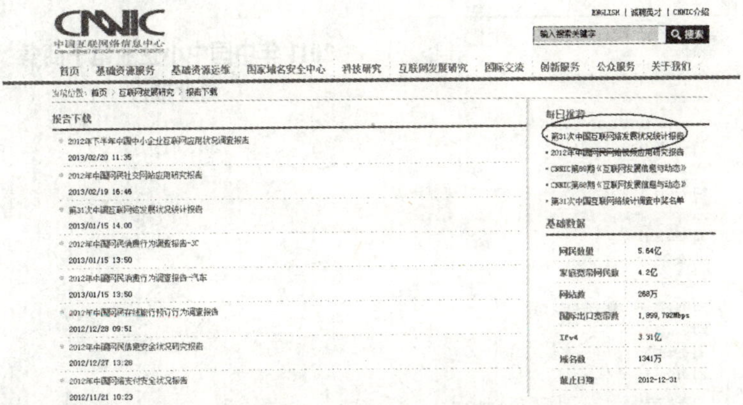

图 1－16　第 31 期《中国互联网络发展状况统计报告》下载链接

(4)通过报告摘要初步了解国内互联网发展的最新情况。如图 1－17 所示。

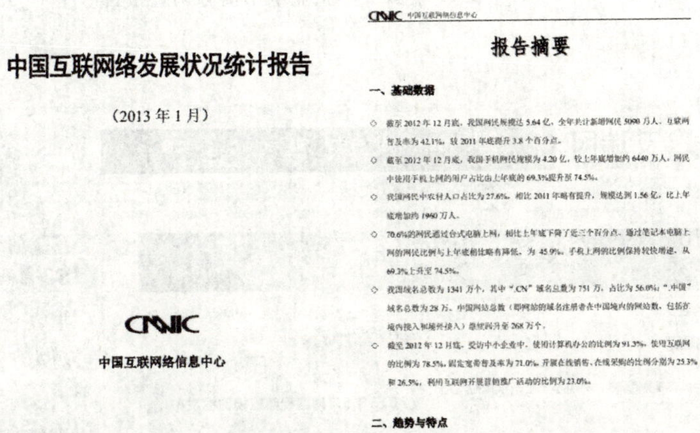

图 1－17　《中国互联网络发展状况统计报告》报告摘要页

(5)根据需要，在报告下载列表中选择其他一些针对具体领域的研究报告进行扩展阅读。如图 1－18 所示为《2011 年中国中小企业电子商务调查报告》。

2. 通过其他电子商务专业网站了解我国电子商务的前沿动态

(1)艾瑞网。艾瑞网是艾瑞咨询集团精心打造的国内首家新经济门户网站。基于艾瑞咨询集团(iResearch)在互联网及电信相关领域研究成果，融合更多行业资源，为业内人士提供更丰富的产业资讯、数据、报告、专家观点、高层访谈、行业数据库等全方位、深入的行业服务，多角度透析行业发展模式及市场趋势。

艾瑞咨询集团(iResearch)是一家专注于网络媒体、电子商务、网络游戏、无线增值等新经济领域，深入研究和了解消费者行为，并为网络行业客户及传统行业客户提供市场调查研究和咨询服务的专业研究机构。图 1－19、图 1－20 分别为艾瑞网首页和研究报告列表页面。

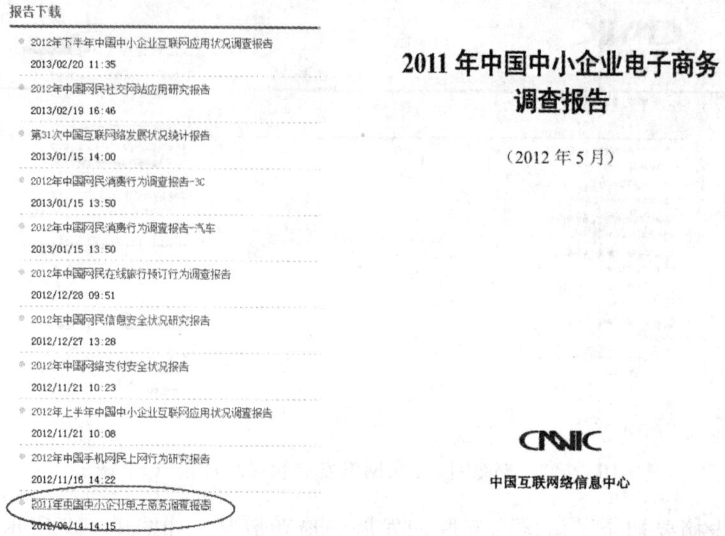

图 1-18　2011 中国中小企业电子商务调查报告

图 1-19　艾瑞网首页

（2）中国电子商务研究中心是国内一个致力于电子商务研究的开放性网络研究平台，首页如图 1-21。

（3）中国电子商务协会，首页如图 1-22。

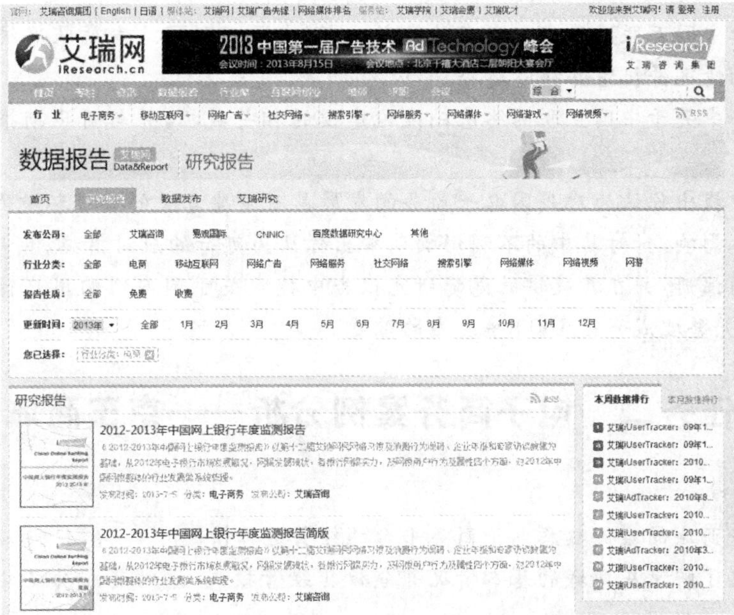

图 1-20　艾瑞网研究报告列表页面

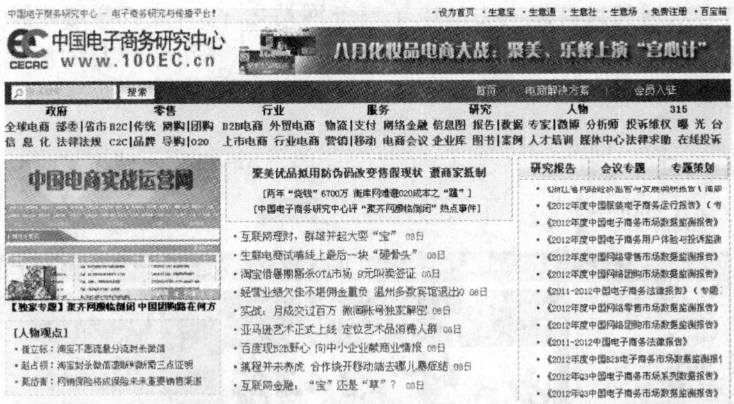

图 1-21　中国电子商务研究中心网站首页

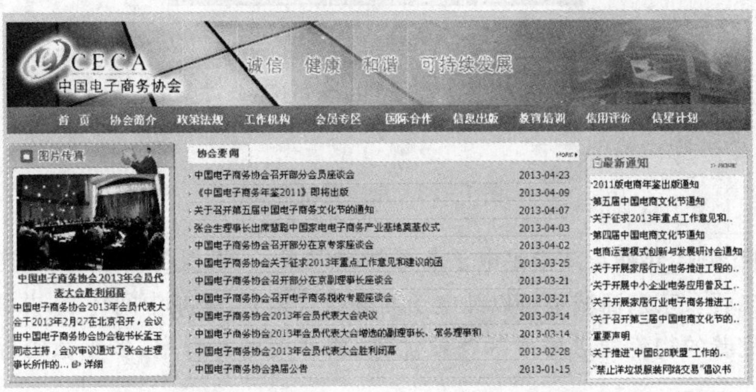

图 1-22　中国电子商务协会网站首页

任务要求

1. 下载阅读中国互联网络中心发布的最新一期《中国互联网络发展状况统计报告》，了解我国互联网络的情况并记录其核心数据。

2. 找出报告中关于中国互联网络基础设施建设的相关数据，并与前几期报告中的数据进行对比。

3. 在报告中找出你认为对我国电子商务的发展具有重要意义的宏观环境因素并分析其对电子商务的具体影响，针对其中的不利影响列举出你认为可行的应对措施。

4. 在艾瑞网注册，并在其提供的免费研究报告中搜索关于国内网购用户行为的相关研究报告，下载阅读并整理成一篇 1000 字左右的综述。

任务二　电子商务案例分析——京东商城

任务目的

1. 通过京东商城的案例熟悉电子商务平台的经营运作情况

2. 通过网络了解京东商城的基本情况并分析其经营模式，总结其成功之处并指出存在的问题和不足

京东商城(www.360buy.com)是中国 B2C 市场最大的 3C 网购专业平台，是中国电子商务领域最受消费者欢迎和最具影响力的电子商务网站之一。(注：3C 是计算机 computer、通讯 communication 和消费电子产品 consumer electronic 三类电子产品的简称)。图 1－23 为京东商城网站首页。

图 1－23　京东商城首页

京东商城自 2004 年初正式涉足电子商务领域以来，一直保持高速成长，连续六年增长率均超过百分之二百。京东商城坚持以纯电子商务模式运营，缩减中间环节，并凭借更具竞争力的价格和逐渐完善的物流配送体系等各项优势，赢得市场占有率，多年稳居行业首位的骄人成绩。

京东商城目前拥有遍及全国各地 2500 万注册用户，近 6000 家供应商，在线销售家电、数

码通讯、电脑、家居百货、服装服饰、母婴、图书、食品等11大类数万个品牌百万种优质商品，日订单处理量超过30万单，网站日均页面浏览量(PV)超过5000万。2010年，京东商城跃升为中国首家规模超过百亿的网络零售企业，销售规模占据国内网购零售份额32.5%。

阅读资料

京东商城发展利基得益于富有特色的运作模式

电商服务在中国B2C市场上有淘宝商城、卓越和当当这样的巨头当道的情况下，很多网购企业朝不保夕，京东商城为什么不仅生存下来了，而且发展得相当好？京东商城的快速发展，不仅得益于中国日趋良好的电子商务大环境，更得益于在对环境深刻洞察、把握基础上的富有特色的垂直B2C运作模式。京东商城的运作模式主要具有以下特点：

1. 洞察市场，精准定位

京东商城当初进入市场时以3C为切入点，做垂直B2C，既符合网购市场的要求，同时也能够使自己轻松上阵。这是洞察市场、精准定位的明智之举。

互联网的用户以25～35岁的青年为主，而计算机、通信和消费类电子产品的主流消费人群正是他们。这意味着京东商城的主流消费人群与互联网的用户重合度非常高，也就具有了开拓市场的前提。

相关数据显示，京东商城现有固定用户600万，累积订单量1000万，相对于其他B2C企业上千万的用户量，这两个数字证明了京东商城的用户黏度非常强。在京东商城购买商品的用户中，25～35岁的人群占到了56%，公司职员和企业管理者占到了70%。京东商城的会员是互联网购买人群的主力，具有较强的购买能力，但相对于25～35岁的网民数量而言，京东商城仍有很大的发展空间。

做综合类B2C和垂直类B2C，区别是显而易见的。从供应链的角度而言，综合类B2C需要的百货商品种类繁多，合作对象的数量也多，招商和整合资源的难度也大，而垂直类B2C的合作对象相对单一；从运营管理的角度来看，垂直类B2C商城只需要上万种商品就可以满足大部分消费者的需求，但综合类B2C商城至少需要10万种以上商品才能满足运营需求，商品数量的增多必然带来工作难度和人员配备的增加，增加管理的难度。

所以，京东商城当初进入市场时以3C为切入点，做垂直类B2C，能够使自己轻松上阵，提高资源整合能力，以及在3C领域进一步深耕细作。

不过，可以看到，京东商城目前在线销售的产品，除了家用电器、手机、电脑等产品外，还有日用百货类产品。显然，京东有先做强再做大的意图。

2. 降低成本，提高效率

网上购物，看重的就是便宜、快捷、方便。这对于所有的B2C公司来说，意味着网络生存的法则就是“低成本、高效率”。

京东商城商品价格制定从不参考同行价格，而是在商品的采购价上，加上5%的毛利，即为京东的价格。这个价格要比3C实体渠道之王的国美、苏宁便宜10%～20%，比厂商零售指导价便宜10%～30%。

京东商城CEO刘强东是中关村经销商出身，对各式各样的渠道“潜规则”了然于胸。京东商城在利用低价迅速征服消费者、不断扩大销售规模的同时，又利用电子商务的另一个显著优势——短账期，提高了与供货商的议价能力，从而实现良性循环。

传统家电卖场的账期在100天左右，零售商严重挤占供货商现金流，让供货商苦不堪言。京东商城深知传统卖场的这一软肋，创立之初，就自建信息系统，根据消费者在网上的点击率、关注程度、过往的销售量等信息，迅速对产品销售作出预判，并对产品销售全过程——订单确认、仓储、捡货、物流、配送等环节进行信息化管理，充分利用电子商务的高效率优势，尽可能缩短账期。京东商城目前的平均库存周转只需12.6天，平均账期只有20天。其优势显而易见。

通过信息化实现的短账期，在让供货商资金周转压力大大减轻的同时，确保了京东商城可以更低价格从上游拿货，从而加快销售，获得更多、更稳定的现金流，进而实现经营的良性循环，不断加快扩张速度。

京东商城CEO刘强东称，京东商城未来不是通过提升价格来盈利，而是随着规模的不断扩大，拿到厂商的更多返利。

3. 以人为本，大胆创新

京东商城的发展是与其"以人为本"的服务理念和大胆创新的开拓精神分不开的。京东商城在发展的过程中，成功开创了很多个行业第一，丰富了电子商务的运作模式。

2004年7月，京东在全国首创即时拍卖系统——京东拍卖场正式开业，消费者能够以超低价买到自己喜欢的商品，而且能够体验到在京东商城购物的惊险、刺激、有趣，有效提高了用户的满意度，强有力地打造了消费者对京东的忠诚度。目前，京东拍卖场模式已经被各大电子商务网站争相效仿。

2006年6月，京东开创业内先河，全国第一家以产品为主体对象的专业博客系统——京东产品博客系统正式开放，为广大网友发表产品技术或者使用方面的评论、增强购物体验、提高购买满意度提供了一个交流平台，同时也为经营者听取消费者呼声、改进服务质量提供了一个良好的途径。

2007年10月，京东商城在北京、上海、广州三地启用移动POS上门刷卡服务。这既便利了消费者，提升了交易的速度，又大幅度提升了销售量和客户满意度，成为帮助商家增加收益和增强消费者忠诚度的有力措施。

2009年2月，京东商城尝试出售一系列特色上门服务，包括上门装机服务、电脑故障诊断服务、家电清洗服务等。这不仅可以使消费者在京东商城买到物美价廉的商品，还能够获得更多贴心服务，安享舒适生活。此举成为探索B2C增值服务领域的重要突破，也是商品多元化的又一体现。

京东商城所开创的这些行业第一，实质上是在"以人为本"理念下，不断为消费者提供个性化服务，不断丰富客户体验，不断保持客户关系的体现，这非常符合网络时代的市场竞争要求。

4. 借力资本，高速扩张

低价高速扩张之路，对后台物流、仓储能力、售后服务的要求不断提高，京东商城平均每10个月就需要搬一次家。这实际上需要源源不断的巨额资金投入。京东商城能够不断做大销售规模，连续保持高达300%的增速，与其成功融资是分不开的。

2007年8月，京东赢得国际著名风险投资基金——今日资本1000万美元的融资。这也是其获得的首批融资。

2009年1月，京东商城获得来自今日资本、雄牛资本以及亚洲著名投资银行家梁伯韬先生的私人公司共计2100万美元的联合注资。这其中70%的资金投向了物流系统的建设：

2000 万元建设自有快递公司；北京、上海、广州三地仓储中心扩容至 9 万平方米；开通 26 个城市配送站；在北京、上海、广州、成都等地购置土地，新建物流中心。一系列举措令京东商城物流体系得以全面提升。

2010 年 1 月底，京东成功获得第三轮融资，获得老虎环球基金领投的风险投资，总金额将超过 1.5 亿美元。对于 1.5 亿美元融资的使用，CEO 刘强东对外声称，新资金中将有 50%用于仓储、配送、售后等服务能力的提升。京东商城将于 2010 年下半年陆续在北京、上海、成都三个城市兴建单体面积超过 10 万平方米的超大型物流中心，加上原有的广州物流中心，全国将拥有四个一级库房。同时，京东将在全国范围内建立 15～20 个二级库房，将实现每隔 600 公里就有一座京东商城的仓储中心或库房。同时，京东商城城市配送站也将增至 50 个以上，以期实现对所有全国重要城市的覆盖。

目前，京东商城已陆续在全国购置 1200 亩土地，用于打造物流仓储平台，届时将能够支撑数百亿元的销售额。此外，2010 年京东商城全国客服中心也将全面扩容，呼叫坐席将由此前的 150 个提升至 400 个，同时将在国内 B2C 企业中率先实现 7×24 小时全天候服务。此外，包括订单咨询、售后保修、退换货服务等售后支持将进行全方位升级。

资料来源：中国电子商务研究中心. 京东商城发展利基　得益于富有特色的运作模式[EB/OL]. [2010-05-10]http://www.100ec.cn.

阅读资料

京东商城的生意模式

作为国内最大的自营式电商，京东商城的生意模式可以简单总结为赚差价，但实际运营过程并不简单，系统效率和重复购买率的提升，才能使这种模式良性循环，从而产生持续的现金流。京东还没有做到，但正在朝着这个方向努力。

1. 赚差价

向供应商采购产品、运送到京东的仓库、充实网站产品信息、处理订单（包括支付体系、分拣、包装、配送、订单处理结果更新）、与供应商结款、继续采购……

整个过程中，京东赚取买卖差价，并同时承担 IT、物流、配送等方面基础设施建设。销售额扣除采购成本、基础设施类固定成本，以及推广成本，剩下的理论上应是京东的利润。然而，国内自营类电商网站基本处于亏损运营阶段！

2. 商业逻辑

京东能做多大取决于系统效率和重复购买率。系统效率体现了电商的整体运营效率，是电商实现规模化运营并降低可变成本的前提，物流体系、IT 系统等基础设施完备是提高系统效率的主要手段；重复购买率，即我们常说的自有用户，则反映了网站的用户需求是否得到满足，品类齐全、品质保障、低价、订单处理快速、个性化推荐等体验都决定着网站能否黏住用户，实现重复购买。

(1)系统效率。

①继续建物流。为了缩短用户从下单到收货的时间，京东血拼物流的决心暂时无人能及。从 2009 年开始，京东商城在全国密集购买仓储用地，据不完全统计，京东目前已掌握 1800 亩土地，其中直接与仓储用地相关面积达 1500 亩；此外，京东还在订单量够大的城市，设有自建

配送团队，优化成本结构，在其他地区的配送采取和第三方快递公司合作。

②IT 系统建设。依靠 IT 技术提高供应链管理效率是大型零售商普遍采取的方式。沃尔玛在 1977 年就完成了首套计算机网络系统的搭建，1987 年开始采用当时全美最大规模的私有卫星通讯网络管理全球多家门店，实现 1 小时内对商品库存、上架、销售量盘点、监控物流货车行进距离和路况，甚至通过这些数据指导上游供应商生产，告诉上游哪类产品畅销，可以加大生产批量，哪类滞销，可以选择缩小生产规模等。京东去年开始加大对 IT 技术的重视，希望利用 IT 技术与供应商实时交换商品销售数据、运输及订货信息，提高运营效率，从而有能力持续实现降价销售。当然，京东 IT 系统建设才刚刚开始，全面通过技术手段提升效率，还需要时间沉淀下来的经验作铺垫。

③基础设施搭建。除了花费京东大量资金外，还需大量人力资源投入。据媒体报道，2012 年一二月份，京东新入职员工超过 4000 人，新增人员 80% 进入供应链和服务体系，主要负责技术研发、采销系统、仓储系统，以及客服系统，预计到 2012 年年底，京东总人数将从 2.6 万增至 5 万人。

存货周转速度一定程度上反映了京东的系统效率，根据 2012 年 12 月初爆出的数据，京东的存货周转天数在 35 天，周转天数越少，存货占用水平越低，效率越高，京东的存货周转在行业里应算比较快的。

(2)重复购买率。大家应该注意到了，电商近期价格战打得“火热”，原因是“低价”是大多数用户选择购物时的重要参考。但电商网站自己贴钱让利，吸引购物的方式是不可持续的，仅仅以价格敏感为驱动力，吸引来的用户，是否具有黏性也是值得怀疑的。真正平台的价值和用户黏性，则需要多层次的用户体验来实现，它不仅包含低价，还包括品类齐全、品质保障、订单处理速度、配送速度，以及个性化推荐等方面。

我们来重点分析一下京东品类扩张背后的逻辑。京东是以 3C 销售起家，这类产品销售的局限在于：①高标准化、毛利低；②这类产品的消费频率低，而日用百货类产品则刚好相反，是经常性需求；③更深层次的原因在于，3C 类产品销售很难根据消费历史跟踪，进行个性化推荐，而对图书类、百货类产品消费行为的跟踪，更容易知晓用户的消费喜好，提供个性化推荐，进而提升重复购买率。京东目前正在填补数据挖掘方面的缺失，还聘请了原 Oracle 全球副总裁王亚卿担任京东 CTO，改进整体架构、提升数据处理能力，但大促销时网站不稳定仍时有发生。

3. 良性生态循环

我们上面所提到的系统效率和重复购买率的提升，能够使电商网站形成良性的生态循环。简言之，系效率提升(物流、IT)→订单规模→供应商议价能力提升/可变成本降低→提升购物体验(品类、品质、低价能力、快速、个性化推荐)→重复购买率→规模优势……

如果能形成上述良性生态循环，电商则有能力产生持续的现金流。但目前国内电商竞争环境恶劣，频繁采取价格战、广告等“原始”的竞争手段，用户获取成本居高不下，而且难形成用户对平台的黏性。乐观点说，京东在基础设施上的布局，尤其是仓储物流方面，较其他对手要完善得多，同时正在加大原本落后的 IT 方面的投入，这些为京东跑马圈地做好了后备。

当然，现阶段京东自身缺陷以及阻碍京东赚钱的因素也不少。主要包括：①竞争，天猫平台式电商拥有大规模自有用户，用户数据丰富，技术实力强，并开始完善物流体系，而且由于中国的供应链相对国外较为分散，平台类电商将长期存在；②价格战、广告营销等手段造成用户获取成本高，且缺乏黏性；③上面我们提到了京东的员工数量正在急剧增长，人力成本上涨，京东将来可能背上巨大的人力成本负担。

资料来源：京东“自营式电商”商业模式[EB/OL].[2012-12-10]classroom.eguan.cn/moshi_149543.html.

任务要求

阅读上面关于京东商城的资料，并结合其他材料对其发展过程和经营模式做进一步了解。相较于其他电子商务B2C平台，其经营模式有哪些独特之处，它目前的运作是否成功，还存在什么问题。分析以上问题并谈谈自己的看法。

任务三　电子商务的典型应用

任务目的

1.了解我国电子商务的应用领域情况

2.针对网上保险和在线旅游熟悉其基本操作流程并总结其优势和需要进一步改进的方面

1.电子商务典型应用——网上保险

(1)网上在线投保流程操作步骤。网上在线投保流程可分为注册会员、选择产品、保费测算、填写投保信息、支付并获得保单五个步骤，下面是以泰康人寿为例介绍在线投保流程的操作过程。

①操作步骤一：注册会员，如图1-24所示。

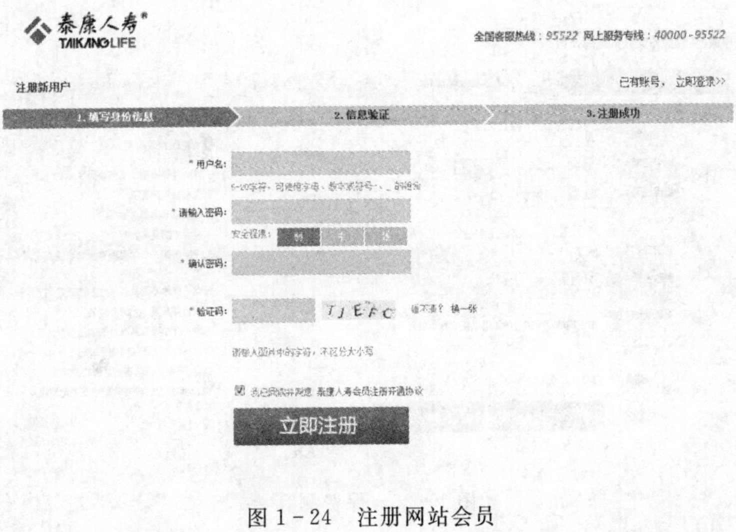

图1-24　注册网站会员

网上在线投保流程的第一步就是“注册网站会员”。国内很多大型保险公司都已经有了自己的网站，而且网站功能齐全，如果选择网上投保，首先需要登录到相应的公司网站并注册为会员。

②操作步骤二：选择产品，如图1-25所示。

网上在线投保流程的第二步是“选择产品”，如图1-25所示。保险公司网站上有很多类别的保险产品，如养老险、少儿险、疾病险、投资理财险等，可以根据自己的需求以及保险条款

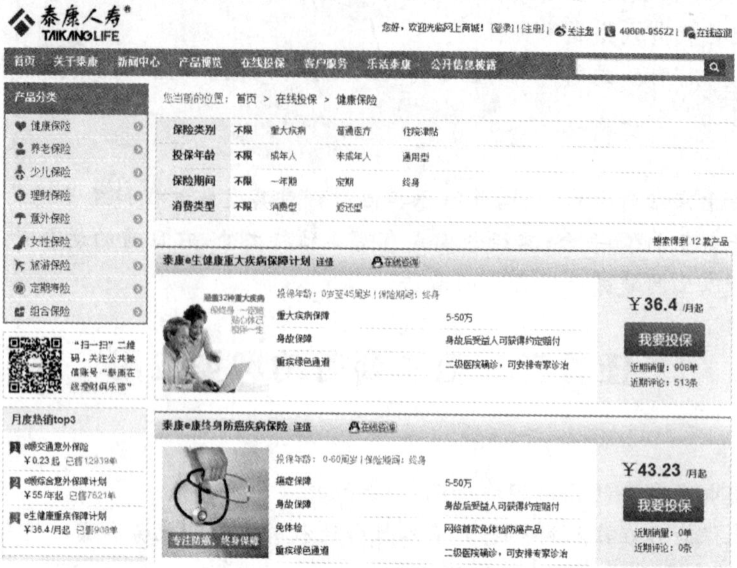

图 1-25 选择保险产品

明细选择一款适合自己的保险。需要注意的是在选择保险的时候，需根据自己的实际需求作个保险费用的预估，这就是在线投保流程的第三步“保费测算”环节了。

③操作步骤三：保费测算，如图 1-26 所示。

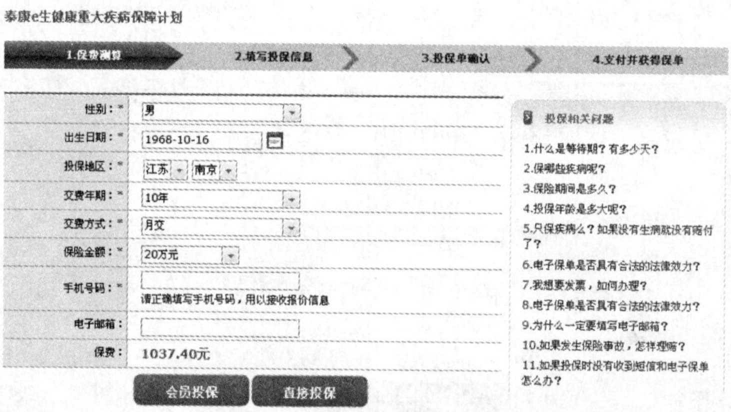

图 1-26 保费测算

网上在线投保流程的第三步是“保费测算”，如图 1-26 所示保费测算功能会把保单的起始时间为用户罗列出来，同时也会显示用户购置保单的具体金额。如果认为保费正确合理就可以点击“确认”，程序会进入下一步，如果认为保单费用过高则可以调整保险费用直至符合自己需求为止。

④操作步骤四：填写投保信息，如图 1-27 所示。

当用户挑好产品，测算完费用后接下来就进入在线投保流程的第四步“填写投保信息”和

“投保单确认”环节了。这一步所写的信息需是个人的真实信息，因为保险公司在返还保险费用时是需要核对真实信息的。在注册会员时所用的手机号或者邮箱最好也是常用的，以便保单生效后保险公司及时与投保人沟通。

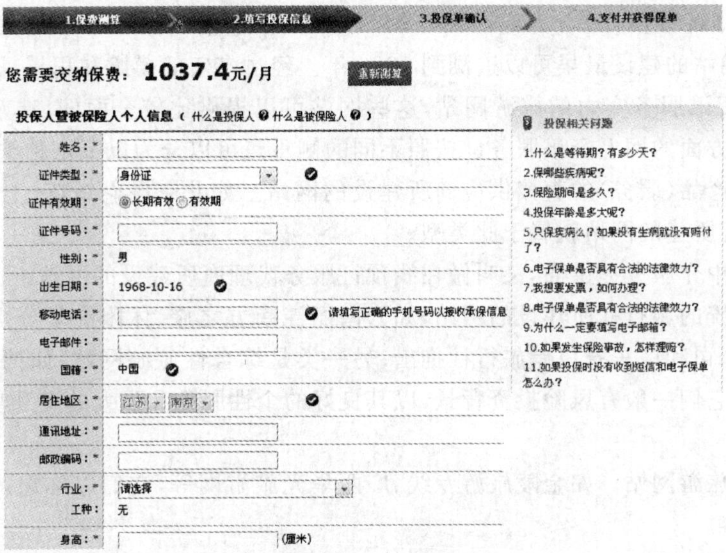

图 1-27 填写投保信息

⑤操作步骤五：支付并获得保单，如图 1-28 所示。

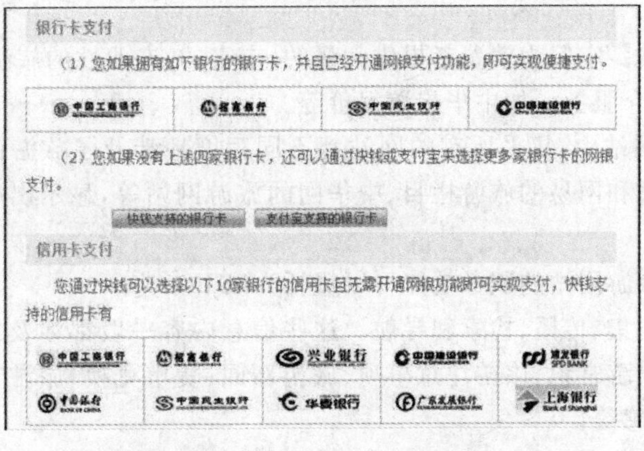

图 1-28 支付并获得保单

上述四个步骤操作完成后，网上投保流程的最后一步就是“支付并获得保单”了。通常情况下保险公司网站都会提示之前操作是否正确，如果有误操作的地方可以返回上一步进行修改，如果操作无误就可以支付费用领取保单了，支付方式通常是网银或支付宝（如果没有网银，可到开户行申请）来支付。支付完成后会生成电子保单，之后保险公司会用快递把纸质保单发送到用户的注册地址。

网上投保最大的好处就是方便快捷，不受时间地域限制，可以享受完全自助式的投保服务。

任务要求

熟悉上例中的网上投保流程，在网上查找一家保险公司，查看其保险品种，了解其投保流程。

2.在线旅游线路预订

我国旅游网站的建设最早可以追溯到1996年。经过多年的摸索和积累，国内已经有相当一批具有一定资讯服务实力的旅游网站，这些网站可以提供比较全面的，涉及旅游中食、住、行、游、购、娱等方面的网上资讯服务。按照不同的侧重点可以分为以下六种类型：

(1)由旅游产品(服务)的直接供应商所建设的网站。如北京昆仑饭店、上海青年会宾馆、上海龙柏饭店等所建的网站就属于此类型。

(2)由旅游中介服务提供商，又叫做在线预订服务代理商所建设的网站。这大致又可分为两类，一类由传统的旅行社所建设的网站，如云南丽江南方之旅、休闲中华分别由丽江南方旅行社有限责任公司和广东省口岸旅行社推出；另一类是综合性旅游网站，如携程旅行网、中国旅游资讯网等，它们一般有风险投资背景，以其良好的个性服务和强大的交互功能抢占了网上旅游市场份额。

(3)地方性旅游网站。如金陵旅游专线、广西华光旅游网等，它们以本地风光或本地旅游商务为主要内容。

(4)政府背景类网站。如航空信息中心下属的以机票预订为主要服务内容的信天游网站，它依托于GDS(global distribution system)，即"全球分销系统"，是应用于民用航空运输及整个旅游业的大型计算机信息服务系统。通过GDS，遍及全球的旅游销售机构可以及时地从航空公司、旅馆、租车公司、旅游公司获取大量的与旅游相关的信息，从而为顾客提供快捷、便利、可靠的服务。

(5)旅游信息网站。它们为消费者提供大量的、丰富的、专业性的旅游信息资源，有时也提供少量的旅游预订中介服务。如中华旅游报价等。

(6)在ICP门户网站中，几乎所有的网站都不同程度地涉及了旅游内容。如新浪网生活空间的旅游频道、搜狐和网易的旅游栏目、中华网的旅游网站等，显示出网上旅游的巨大生命力和市场空间。

从服务功能看，旅游网站的服务功能可以概括为以下三类：

(1)旅游信息的汇集、传播、检索和导航。这些信息内容一般都涉及景点、饭店、交通旅游线路等方面的介绍；旅游常识、旅游注意事项、旅游新闻、货币兑换、旅游目的地天气、环境、人文等信息以及旅游观感等。

(2)旅游产品(服务)的在线销售。网站提供旅游及其相关的产品(服务)的各种优惠、折扣，以及航空、饭店、游船、汽车租赁服务的检索和预定等。

(3)个性化定制服务。从网上订车票、预订酒店、查阅电子地图到完全依靠网站的指导在陌生的环境中观光、购物。这种以自定行程、自助价格为主要特征的网络旅游在不久的将来会成为国人旅游的主导方式。

能否提供个性化定制服务已成为旅游网站，特别是在线预订服务网站必备的功能。下面以河南旅游接待网(http://jiedai.hnta.cn/)为例，说明在线预订旅游服务的过程。河南旅游接待网的线路预订流程示意图如图1-29所示。

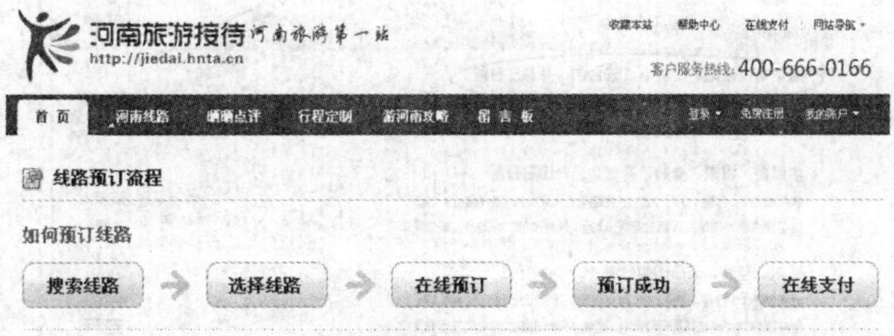

图 1-29 河南旅游接待网的线路预订流程

①第一步:搜索线路。可以在导航栏下的搜索框内填写想要搜索的内容,然后点击“搜索”。如图 1-30 所示。

图 1-30 搜索旅游线路

②第二步,也可以在首页详细搜索框中搜索更为准确的信息。

具体如下:选择要预订线路相关的城市;选择能够接受的价格区间,如:150 元至 300 元;选择要预订线路的行程天数;填写要预订线路的关键字,如:云台山,此处也可以留空;填写完搜索信息后点击线路搜索按钮。如图 1-31 所示。

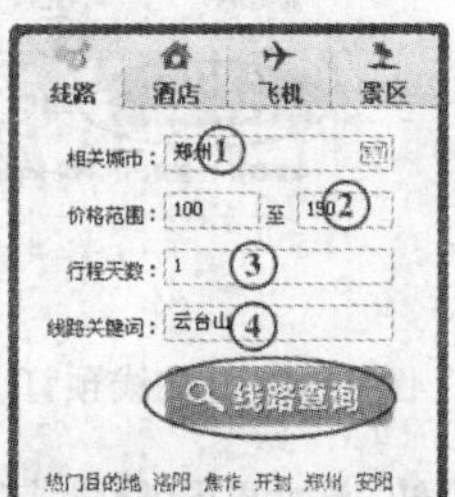

图 1-31 在搜索框中通过搜索条件搜索更为准确的信息

③第三步,选择线路。可以将众多线路按“价格”或“人气”排名,经过对比后选择出一条最感兴趣的线路进行详情了解。譬如:我们点击线路“端午节:洛阳、少林寺、云台山、开封三日游”进行查看。了解线路详细信息、线路特色、行程说明等相关信息。如图 1-32 所示。

④第四步,在线预订。在具体了解旅游线路详情并有意向购买后,填写“出发日期”、“成人位数”和“儿童位数”,然后点击“我要预订”按钮。如图 1-33 所示。

⑤第五步,填写订单信息。在填写订单信息页面,可以修改出发日期、参团人数等信息。需要准确填写联系人资料。其中,联系人和联系电话为必填内容。填写完毕并确认无误后点击“确认订单信息”按钮。如图 1-34 所示。

⑥第六步,确认订单内容。再次核实订单信息,确保联系人、联系方式、旅行人数和旅游费

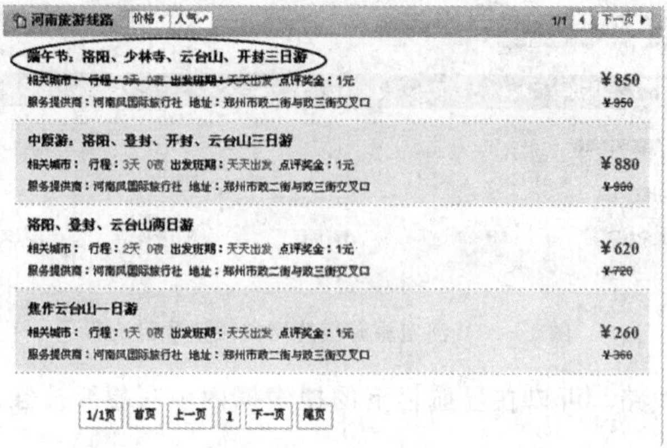

图 1-32　选择旅游线路

图 1-33　在线预订

用准确无误后点击“确认生成订单”按钮，（如果想修改订单信息，点击”返回修改订单“按钮）。此时，订单已经成功提交至旅游接待网，网站还会以短信的方式告知用户已经预订成功。如图 1-35 所示。

⑦第七步，生成订单。在生成订单页面中，显示了订单单号及供用户选择的支付方式：通过“支付中心”输入订单号码支付；也可以在生成订单页面上单击“马上支付订单”按钮进行支付；还可以在 “我的订单” 中及时了解订单状态。如图 1-36 所示。

⑧第八步，在线支付订单。单击“马上支付订单”按钮到支付订单页面，需要确认订单信息并选择支付方式，确认无误后单击“确认订单并付款”按钮。例如：我们选择了“在线支付”，需要选择卡种、填写卡号以及卡号信息等内容，最后点击“确认支付”，如图 1-37、图 1-38 所示。此时，线路在线预订已经全部完成，网站还会以短信的方式告知用户在线支付成功。

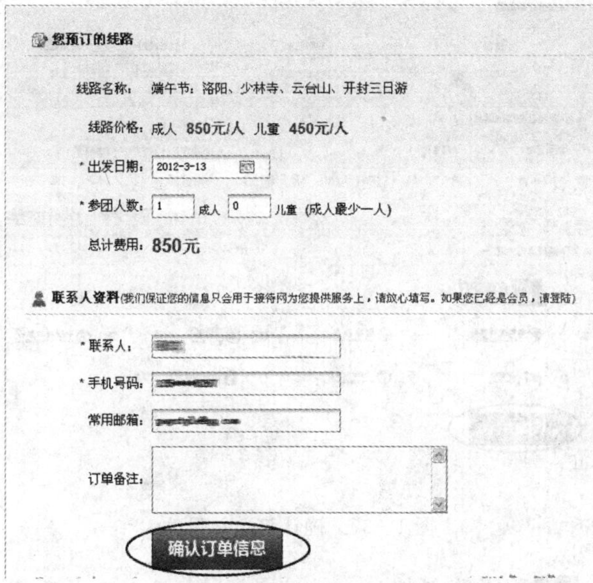

图 1－34　填写订单信息

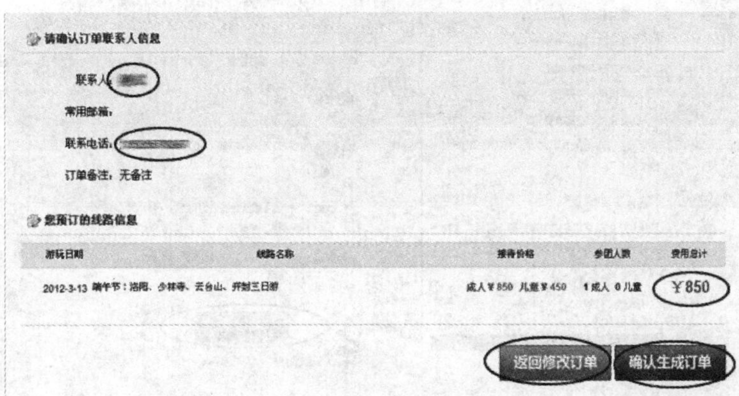

图 1－35　确认订单内容

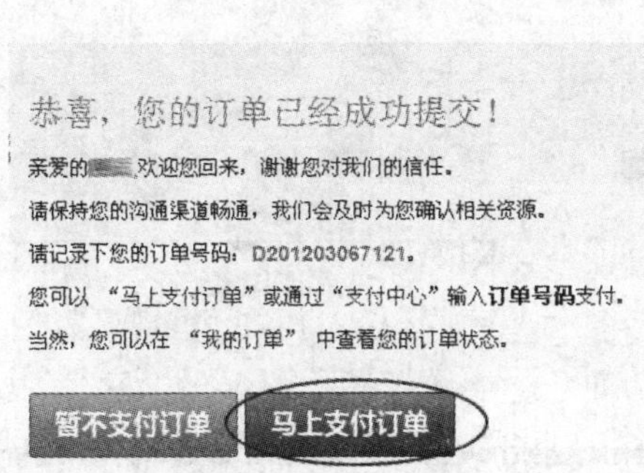

图 1－36 生成订单

图 1-37　确认订单并付款

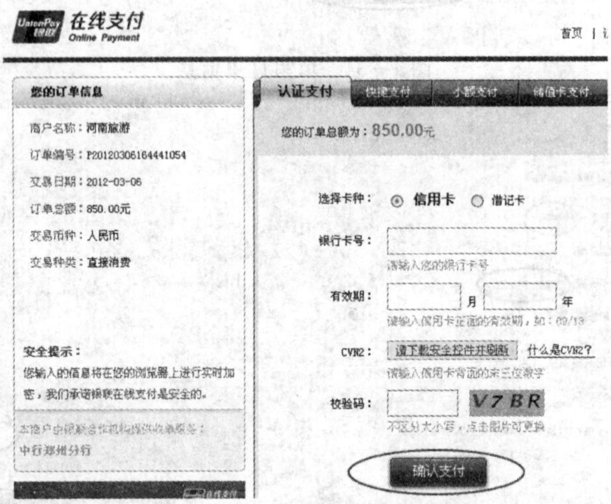

图 1-38　输入支付信息并确认支付

还可以通过“支付中心”输入订单号码支付。单击”立即查询“按钮，上跳转到支付订单页面，如图 1-39 所示。

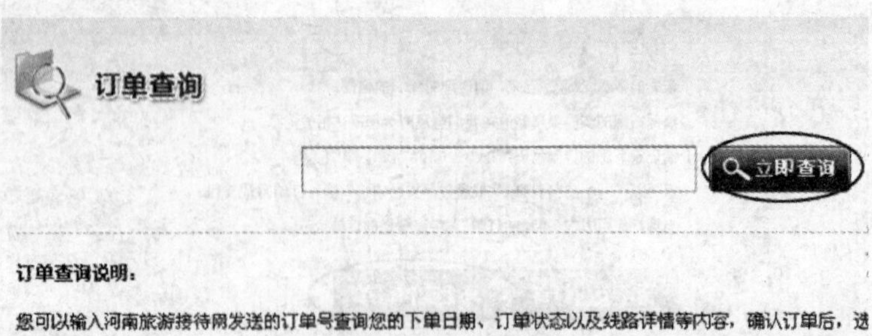

图 1-39　订单查询

任务要求

利用旅程天下网站(http://www.cnutg.com)的旅游度假在线预订模块寻找旅游线路并尝试进行在线预订和支付。你认为该网站是否能够方便用户快速地查找和对比线路的性价比,从而找到符合用户需求的旅游线路。在使用过程中的用户体验如何,你认为其所提供的预订服务还有哪些是可以提高的,应如何改进才能更好地贴合用户的需求。

项目小结

本项目的知识要求如下:了解电子商务的内涵,理解并掌握电子商务的特点、分类和功能;了解电子商务对社会、企业和个人的影响主要体现在哪些方面;了解电子商务的典型应用领域及其基本情况;了解我国电子商务的发展过程及现状。

本项目的能力要求如下:能够准确、全面地表述电子商务的概念;能够全面把握电子商务的特点、功能和影响;了解电子商务在不同社会领域的应用情况并能够掌握与自己日常生活密切相关的一些应用操作流程。

基本练习

1. 什么是电子商务?如何全面理解电子商务的概念?
2. 电子商务的特点有哪些?它具有哪些功能?
3. 简述电子商务的概念模型的含义和内容。
4. 简述电子商务对企业产生的影响。
5. 什么是旅游电子商务,它有什么特点?

拓展训练

企业电子商务和电子商务企业是两个不同的概念。电子商务企业是指那种新型的、其主营业务在网络上进行的虚拟企业,如新浪公司,阿里巴巴等;企业电子商务是指传统企业开展电子商务,也就是我们常说的“水泥加鼠标”的模式,如海尔集团、苏宁易购等。

阅读下面材料,回答后面的问题。

10 年前,电子商务刚刚在中国产生萌芽的时候,便有了“水泥加鼠标”的说法,电子商务在中国发展 10 多年,一直以来电子是手段商务是根本,鼠标在很长时间内被认为是水泥的助力。在 10 年后的今天,电子商务在中国的发展已经成为最具活力的一种经济现象,我们回头再看鼠标和水泥,却发现这一“古老”的提法已经衍生出完全不同的另外一番景象。

对于 2010 年的电子商务,撇开资本、阿里淘宝大平台不谈,单独看各类层出不穷的垂直电子商务,能够明显感觉到有两股巨大的势力在其中角逐,一股势力我称之为“鼠标”势力,一股势力我称之为“水泥”势力。鼠标势力代表的是那些熟悉网络营销技巧,善用各类网络工具,具有非常强的终端消费者服务能力的网商群体;而水泥势力则代表着具有强大的传统企业基础,具有产品设计能力、生产能力、资金实力、成本控制力、仓储和物流能力、品牌影响力的传统品牌企业。

从 2009 年大量传统企业开始涉足电子商务,然而真正成功的并不多,中粮集团的我买网、报喜鸟的 BONO 都是雷声大雨点小,来势汹汹,却后劲不足。究其原因,却是败得合情合理,因为水泥的厚重舞不出鼠标的轻盈。很多涉足电子商务的传统企业最终都发出了这样的感触——这完全不是一个行业,尽管卖的东西看上去都一样,消费者也好像是一样的,但是完全是两个行业。

七匹狼从2009年开始建立电子商务部门,然而他们并没有像BONO那样高开高大,而只是选择了运动内衣袜子这样一个细分品类,并且开始只在淘宝商城上开始自己的电子商务尝试。然而在运作的过程中,总经理赵扬阳却深刻地感觉到水泥整合鼠标的痛苦,尽管在这个品类中,七匹狼已经做到了淘宝商城的名列前茅,但是每个月不足百万的销量比起七匹狼传统商业零售依然是九牛一毛。

然而这对七匹狼来说算是一个低成本的探索,并且在探索的过程中,七匹狼真正开始摸到了电子商务的命脉,也开始逐渐发现鼠标和水泥的整合的核心问题。网购价格和传统渠道价格冲突、网络分销和传统分销窜货这些问题几乎是很多还在观望电子商务的传统企业一直困扰的大难题,但是赵扬阳却认为这些问题都很好解决,通过合理的分销控制和价格调控都能够很容易解决"因为我们是厂家,所以左右手仍然是很好调控的"。

而真正困扰赵扬阳的难题却是他发现七匹狼的传统设计、生产、仓储体系和电子商务网购的需求格格不入,因为七匹狼之前都是大进大出的生产模式,周期长,而淘宝商城面对瞬息万变的网购消费者的需求的变化,生产和设计根本无法满足,消费者的意见即使在电子商务部门可以得到快速的反馈,但是最终影响到产品和服务的改进却依然滞后。

显然,仅仅依靠消费者对传统品牌的信赖度已经不足以形成七匹狼在电子商务这一市场环境下的核心竞争力了。"之前我们只针对经销商,把货发出去就OK了,现在发现这样在网络直销上不行"赵扬阳说。在问到为什么不考虑做网络分销这个问题的时候,赵扬阳说"我们现在网销的价格相当于我们五级分销商的第四级,这条路虽然艰难,但是只要这条路走通了,你可以想象这个利润的差异,我们现在要的不是规模,而是我们要借着这条路来优化和改造我们的传统设计、生产、仓储、物流一系列流程,以适应未来商业的发展趋势"。

七匹狼电子商务案例的意义在于,当大多数人都认为这会是一个水泥整合鼠标的案例的时候,他的本质却是用鼠标反过来改造水泥。

麦包包可以说是所有淘宝品牌中最具知名度的一个了,可是很少有人知道叶海峰做箱包几十年在箱包传统市场奠定了深厚的基础,而决定全面转向电子商务的时候,叶海峰作出了这辈子他最决绝的一次豪赌——在传统分销快速增长的时候,老叶毅然决定公司90%全部转向网购。麦包包在淘宝成功后,又成功地融资,构建了中国电子商务领域最先进的仓储管理系统,这一直被认为是一个最佳的鼠标整合水泥的案例。但是深入了解麦包包的发展史,你就会看出,麦包包的电子商务成功,离不开叶海峰多年OEM外销的积累,很多淘宝箱包店无法跟麦包包竞争,其中一个重要的原因在于他们无法做到叶海峰的毛利,所以无论促销还是广告都拼不过麦包包。

麦包包的高毛利有很大一部分来自于他的传统OEM业务,叶海峰的其中一项外销业务和日本客户签订了几年数百万的合同,这样量级所拿到的原料成本,不是一般的中小淘宝卖家可以比拟的。事实上,麦包包的成功,恰恰是一个非常具有代表性的水泥整合鼠标的案例。

淘宝的大卖家们越来越多地感觉到市场的竞争已经迫使他们从客户服务、用户体验、网络营销、物流控制这些鼠标力量转向自主品牌、原创设计、原料采购、生产管理上游供应链的整合上来。这一方面是因为没有足够的毛利支撑,业务就不可能扩大;另外一方面,淘宝商城的崛起，大量品牌商的进驻，使得市场的竞争越来越残酷。这是一场产业链两头的竞技，拼的是速度。

传统品牌如何更加快速地掌握网络营销技巧、终端消费者服务能力、信息系统的有效运用；网商品牌如何快速整合上游供应链，建立自主品牌，提升毛利率。鼠标轻盈，但是向上整合的时候会感觉力不从心；水泥厚重，但是向下整合的时候发现千头万绪。

京东商城是一个典型的鼠标整合水泥的案例，但是却并不是很成功的案例，因为尽管京东的“鼠标”势力已经很强了，但是去撬动整个毛利偏低的电器市场依然非常艰难，所以京东在用“鼠标”整合“水泥”的过程中，通过建立的数据系统、仓储物流中心，将这些“水泥”势力又反过去做毛利更高的百货，因为电器的低毛利已经不足以支持这个系统的成本，即使它的“鼠标”势力已经达到一年40亿的网络销售额。而淘宝第一店柠檬绿茶的自主服装品牌sexygirl也并没有形成真正的强势品牌。

我们看到，鼠标势力太强的京东和柠檬绿茶，以及水泥势力太强的BONO和中粮，在整合的过程中都非常艰难，而凡客的成功，则在于陈年很好地平衡了鼠标和水泥，他两手都重视，并且两头都没有沉重的负担。

业界普遍认为，早期凡客的起步很大程度在于陈年团队对互联网资源的熟练运用，业界有人说“你不可能拿到比陈年更低的网络推广资源的价格”；但同时，凡客在设计、生产、品控、仓储、物流等多方面也下足了功夫，综合毛利接近50%。

在鼠标和水泥的整合大战中，不仅仅像凡客这样有大资本背景的公司能够做到，很多中小电子商务也有非常成功的整合案例。事实上，中国的生产资源是非常丰富的，一家几十人的浙江的小工厂，实际上也会给LV这样的大品牌生产。现在，越来越多的生产厂家也可以提供短周期小批次的订单生产，这为很多“鼠标”们转型提供了很好的资源。在这场比速度的竞争中，关键在于平衡之道。

淘宝品牌JUSTYLE总裁徐群深有体会，他是从“水泥”资源起步的，在刚刚淘宝起步的时候，他说摸透淘宝的规律他交了上百万的学费，而当掌握了淘宝营销规律的“鼠标”技能后，他有接近半年的时候跟着麦包包老总叶海峰跑供应链，再去补水泥的课。

未来的电子商务，会是一个全面整合融合的过程，鼠标和水泥的界限将会越来越模糊，然而可以确定的，从终端的消费者到源头的设计生产，谁能将这整条经脉打通，并且与整个市场高效互动，谁就能够真正成为最终的胜出者。

资料来源：思践. 电子商务的整合之道[EB/OL]. [2010-08-18]tech. 163. com/10/0818/08/6EBV15BH00094IGN. html.

问题：

1. 浏览国内外知名度较高的传统企业电子商务网站，分析传统企业应该如何开展电子商务，怎样利用网络平台发挥其传统优势？

2. 新型的电子商务企业应如何结合自身特点把握鼠标和水泥的有机结合，你认为电子商务企业是不是有必要去补“水泥”的课，为什么？结合实例加以说明。

项目二 电子商务技术基础

项目概要

电子商务是以互联网为平台而从事的商务活动，也就是说，以互联网为核心的计算机网络技术是电子商务的主要技术支撑。电子商务发展需要网络平台与网络技术的支持，因此，开展电子商务就需要对于其所依赖的互联网络技术有所了解和掌握。

小王通过假期的社会实践过程，深深感到电子商务的应用对互联网技术存在着很强的依赖性，开展电子商务离不开互联网技术的发展，互联网技术的进步对电子商务有着巨大的推动作用。所以小王决定进一步全面了解在目前电子商务中起着重要作用的一些互联网应用，并把它们用于自己计划中的电子商务实践活动之中。

导入案例

李彦宏：技术创新永远是互联网行业的核心驱动力

“互联网发展到今天，它的灵魂依然没有改变——技术创新永远是这个行业的核心驱动力”，2013 年 1 月 19 日，百度创始人李彦宏在 2012 百度年会报告中说出这个句子时，态度坚定而又确信。

实际上，2012 年底，百度语音助手与百度识图等产品迅速崛起的亮眼表现，也正在佐证这样的判断：百度个人云正式开放注册 4 个月，用户数突破 3000 万，云存储文件总量突破 10 亿；百度语音助手仅用 55 天开发完成上线；百度推出世界上第一个基于图像的全网人脸搜索，仅用了一个月时间……而李彦宏在报告中则将其归功于多年来百度不断耕耘的技术深度——“技术积累的先发投入，往往会体现在产品的后来居上”。

“产品什么时候起步并不重要，重要的是你能做多好，以及你多快能做好”，以百度语音助手为例，是国内首个把深度神经网络技术（DNN）运用到多媒体识别领域的产品，而这项技术能让语音相对识别错误率降低 25%。“在语音识别准确率方面，2012 年一年的进展就超过了过去 15 年进展的总和”，李彦宏在年会报告中指出。

百度识图则是又一个例证。这是百度推出的世界上第一个基于图像的全网人脸搜索，其中，百度的图像识别技术在应用于全网搜索后，以图搜图的准确率从过去的 20% 一下子提升到了 80%。“产品之花不会无端怒放，其中的过程就像种子的生长，发芽之前首先要做的，就是向别人看不见的土壤深处扎下根基。”李彦宏所说的看不见的根基正是技术创新——源源不断地“为产品设计带来更多可能性”，驱动整个产业向前进。

“对技术的信仰，在国内互联网企业家中无人出其右”，极客公园创始人张鹏在 2013 年 1 月曾与李彦宏进行过一场“极客”对话，事后写下了这样的感想。在很多业内人士眼中，正是李彦宏本人对于技术的热情乃至信仰，造就了百度这家公司深深扎根于互联网前沿趋势的技术传统。今天百度的技术工程师已经超过上万人。

以图片搜索为例,细细追溯,李彦宏对这项技术的关注和研究早已非一朝一夕。除了拥有被誉为奠定现代搜索引擎基础的超链分析专利,早在1996年他在美国读研究生期间,就已经在国际权威学术期刊PAMI发表题为《光学字符识别图像缺陷的验证》的顶级论文,主要聚焦于OCR(光学字识别)模型选择和集成问题。时隔多年,他对此的热情一以贯之——2012年8月,在受邀出席数据挖掘领域顶级年会——第18届ACM SIGKDD大会并向国际计算机领域的专家提出"互联网亟待解决的九大难题"时,"OCR文字识别"、"基于内容的图像搜索"等课题仍位列前茅。当百度人脸识别技术成为产业话题时,对李彦宏来说,这不过又一次证明了水到渠成的道理。

值得一提的是,李彦宏在此次年会演讲中还宣布,2013年百度将建立历史上第一个研究院——Institute of Deep Learning(简称IDL),初期即专注于deep learning(深度学习)技术,成为该领域里全球顶尖高手云集的单位,为百度新一年的产品和业务发展提供坚实基础。"我希望百度IDL会成为像AT&T-Bell labs,Xerox PARC这样顶尖的研究机构,为中国,为全世界的创新历史再添一笔浓墨重彩!"一贯给人以低调、谦和印象的李彦宏,说出这样的话时,让人感觉到他心底毫不遮掩的热切期盼和信心——当谈及信仰,人们总会变得特别不一样。

"伏久者,飞必高"。过去十多年的时间里,说百度是一家技术导向的互联网公司——相信很多人都会同意这个事实;但如果要问,这么多年来,百度一直坚持的技术创造,到今天超过1万名工程师每天的技术积累到底到了什么程度,相信很少人可以知道答案。当面临移动互联网未来巨大的成长空间,和越来越快速的产业变革,李彦宏在新的一年起始信心十足地强调"相信技术的力量",他想传递出来的意思很可能只有一个:百度早已作好了准备。

资料来源:李彦宏.技术创新永远是互联网行业的核心驱动力[EB/OL].[2013-01-21]finance.Chinanews.com/it/2013/01-21/4506545.shtml.

项目分析

电子商务通俗地讲就是在网上进行的交易活动。由于早期网络技术的局限性,人们是在专用网络上采用EDI等方式进行数据处理,以实现降低成本,提高效率的目的。但是,由于EDI的使用费用较高,限制了中、小企业的应用,无法大规模推广。真正促使电子商务得到飞速发展的是Internet技术的广泛应用,电子商务也是基于Internet技术而兴起的商务模式。正是由于电子商务的发展离不开计算机网络技术的支持,所以,网络已经成为电子商务应用的一个必不可少的重要平台。本项目的目标在于通过学习计算机网络的相关知识,了解其对我们开展电子商务的很多重要支撑价值,并掌握相关的电子商务网络应用技能。

小王通过假期的调研一方面深感电子商务发展之快和应用之广;另一方面也对掌握必须的互联网技术对于开展电子商务的重要性有了进一步的认识,小王决定先系统学习一下计算机网络的基本知识,对于计算机网络的组成和功能有一个全面的了解。其次,小王想重点学习下电子商务应用所需要的一些基本互联网服务及常用网络工具软件的使用。比如申请域名和空间及电子邮件的管理等。

项目知识

一、网络基础知识

(一)计算机网络的概念与分类

随着计算机网络技术的发展,计算机网络的功能也不断得到发展,其应用范围也越来越广泛。计算机网络已经严重影响着人们的日常生活、工作、学习和思维方式。了解网络的分类方法、类型特征和其应用范围是掌握网络技术的基础,下面我们来学习计算机网络的一些基础知识。

1.计算机网络的概念

关于计算机网络这一概念的描述,从不同的角度出发,可以给出不同的定义。简单地说,计算机网络就是由通信线路互相连接的许多独立工作的计算机构成的集合体。这里强调构成网络的计算机是独立工作的,这是为了和多终端分时系统相区别。

从应用的角度来讲,只要将具有独立功能的多台计算机连接起来,能够实现各计算机之间信息的互相交换,并可以共享计算机资源的系统就是计算机网络。

从资源共享的角度来讲,计算机网络就是一组具有独立功能的计算机和其他设备,以允许用户相互通信和共享计算资源的方式互联在一起的系统。

从技术角度来讲,计算机网络就是由特定类型的传输介质(如双绞线、同轴电缆和光纤等)和网络适配器互联在一起的计算机,并受网络操作系统监控的网络系统。

综上所述,可以将计算机网络这一概念系统地定义为:计算机网络就是将分布在不同地理位置上的具有独立工作能力的多台计算机、终端及其附属设备用通信设备和通信线路连接起来,并配置网络软件,以实现计算机资源共享的系统。计算机网络必须具备以下三个基本要素:至少有两台相互独立操作系统的计算机,它们之间有相互共享某种资源的需求;两台独立的计算机之间必须有某种通信手段将其连接;网络中的各个独立的计算机之间要能相互通信,必须制定相互可确定的规范标准或者协议。

以上三条是组成一个网络的必要条件,三者缺一不可。计算机网络也是由各种可连起来的网络单元组成的。

2.计算机网络的功能

计算机网络技术的应用对当今社会的经济、文化和生活等都产生着重要影响,当前,计算机网络的功能主要有以下几个方面。

(1)资源共享。计算机网络最具吸引力的功能是进入计算机网络的用户可以共享网络中各种硬件和软件资源,使网络中各部分的资源互通有无、分工协作,从而提高系统资源的利用率。资源主要包括以下几种:

①硬件资源。网络硬件资源主要包括大型主机、大容量磁盘、光盘库、打印机、网络通信设备、通信线路和服务器硬件等。

②软件资源。网络软件资源主要包括网络操作系统、数据库管理系统、网络管理系统、应用软件、开发工具和服务器软件等。

③数据资源。网络数据资源主要包括数据文件、数据库和光磁盘所保存的各种数据。数据包括文字、图表、图像和视频等。数据是网络中最重要的资源。

资源共享是计算机网络产生的主要原动力。通过资源共享,可使网络中各处的资源互通有无、分工协作,从而大大提高系统资源的利用率。例如,计算机网络允许用户使用网上各种不同类型的硬件设备,这些共享的硬件资源有:高性能计算机、大容量磁盘、高性能打印机和高精度图形设备等。另外,网络上还提供了许多专用软件以及发布了大量信息,供网络用户调用或访问。

(2)数据传输。数据传输是计算机网络的基本功能之一,用以实现计算机与终端,或计算机与计算机之间传送各种信息,这些信息包括数据、文本、图形、动画、声音和视频等,从而提高了计算机系统的整体性能,也大大方便了人们的工作和生活。

(3)集中管理。计算机网络技术的发展和应用,已使得现代办公、经营管理等发生了很大的变化。目前,已经有了许多 MIS 系统、OA 系统等,通过这些系统可以将地理位置分散的生产单位或业务部门连接起来进行集中的控制和管理,提高工作效率,增加经济效益。

(4)分布处理。对于综合性的大型问题(如人口普查、售火车票)可以采用合适的算法,通过一定的算法将负载性比较大的作业分解并交给多台计算机进行分布式处理,以达到均衡使用网络资源,实现分布处理的目的。

(5)负载平衡。负载平衡是指任务被均匀地分配给网络上的各台计算机。网络控制中心负责分配和检测,当某台计算机负载过重时,系统会自动转移部分工作到负载较轻的计算机中去处理。

(6)提高安全与可靠性。建立计算机网络后,还可减少计算机系统出现故障的概率,提高系统的可靠性。另外对于重要的资源可将它们分布在不同地方的计算机上。这样,即使某台计算机出现故障,用户在网络上可通过其他路径来访问这些资源,不影响用户对同类资源的访问。

3. 计算机网络的分类

计算机网络的分类标准有很多,可以从覆盖范围、拓扑结构、交换方式、传输介质、通信方式等方面进行分类。

(1)根据网络的覆盖范围分类。按照计算机网络规模和所覆盖的地理范围对其分类,可以很好地反映不同类型网络的技术特征。由于网络覆盖的地理范围不同,所采用的传输技术也有所不同,因此形成了不同的网络技术特点和网络服务功能。根据网络的覆盖范围进行分类,计算机网络可以分为三种基本类型:局域网(local area network,LAN)、城域网(metropolitan area network,MAN)和广域网(wide area network,WAN)。这种分类方法也是目前比较流行的一种方法。如表 2-1 所示。

表 2-1 局域网、广域网和城域网的传输速率范围

网络分类	分布距离	跨越地理范围	带宽
局域网	10 m	房间	10Mpbs—xGbps
	200 m	建筑物	
	2 km	城市	
城域网(MAN)	100 km	城市	64kbps—xGbps
广域网(WAN)	1000 km	国家、洲或洲际	64kbps—625Mbps

①局域网。局域网分布于一个间房、每个楼层、整栋楼及楼群之间等,范围一般在 2 km 以内,最大距离不超过 10 km,如图 2-1 所示。它是在小型计算机和微型计算机大量推广使

用之后逐渐发展起来的。一方面，它容易管理与配置；另一方面，容易构成简洁整齐的拓扑结构。局域网速率高，延迟小，传输速率通常为 10Mpbs—2Gbps。因此，网络节点往往能对等地参与对整个网络的使用与监控；再加上成本低、应用广、组网方便及使用灵活等特点，深受用户欢迎。局域网的物理网络通常只包含物理层和数据链路层。

局域网主要用来构建一个单位的内部网络，例如办公室网络、办公大楼内的局域网、学校的校园网、工厂的企业网、大公司及科研机构的园区网等。局域网通常属于单位所有，单位拥有自主管理权，以共享网络资源和协同式网络应用为主要目的。

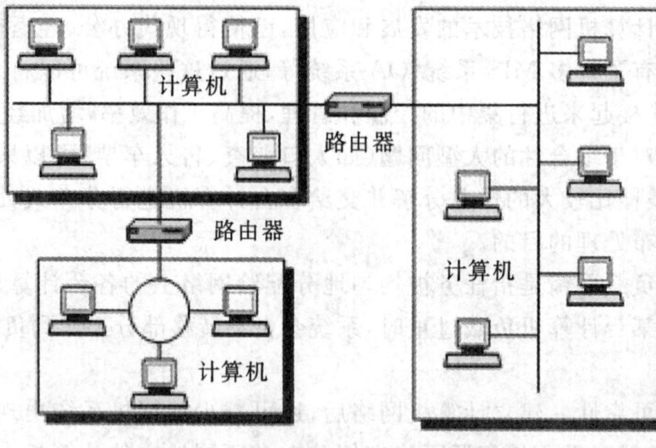

图 2-1 局域网示意图

局域网的主要特点为：适应网络范围小；传输速率高；组建方便、使用灵活；网络组建成本低；数据传输错误率低。

局域网按照采用的技术、应用范围和协议标准的不同，可以分为共享局域网和交换局域网。局域网发展迅速，应用日益广泛，是目前计算机网络技术发展中最活跃的一个分支。

②城域网。城域网是介于广域网与局域网之间的一种大范围的高速网络，它的覆盖范围通常为几公里至几十公里，传输速率为 2Mpbs 到几个 Gbps，如图 2-2 所示。随着使用局域网带来的好处，人们逐渐要求扩大局域网的范围，或者要求将已经使用的局域网互相连接起来，使其成为一个规模较大的城市范围内的网络。因此，城域网设计的目标是要满足几十公里范围内的大量企业、机关、公司与社会服务部门的计算机联网需求，实现大量用户、多种信息传输的综合信息网络。城域网主要指大型企业集团、ISP、电信部门、有线电视台和政府构建的专用网络和公用网络。

城域网的主要特点为：适合比 LAN 大的区域（通常用于分布在一个城市的大校园或企业之间）；比 LAN 速度慢，但比 WAN 速度快；昂贵的设备；中等错误率。

③广域网。广域网的覆盖范围很大、几个城市，一个国家，几个国家甚至全球都属于广域网的范畴，从几十公里到几千或几万公里，如图 2-3 所示。此类网络起初是出于军事、国防和科学研究的需要。例如美国国防部的 ARPANET 网络，1971 年在全美推广使用并已延伸到世界各地。由于广域网公布距离比较远，所以其速率要比局域网低得多。另外在广域网中，网络之间连接用的通信线路大多租用专线，当然也有专门铺设的线路。物理网络本身往往包含

了一组复杂的分组交换设备，通过通信线路连接起来，构成网状结构。由于广域网一般采用点对点的通信技术，所以必须解决寻径问题，这也是广域网的物理网络中心包含网络层的原因。目前，许多全国性的计算机网络都属于这类网络。

互联网在范畴上属于广域网。但它并不是一种具体的物理网络技术，它是将不同的物理网络技术按某种协议统一起来的一种高层技术；是广域网与广域网、广域网与局域网、局域网与局域网之间的互联，形成了局部处理与远程处理、有限地域范围资源共享与广大地域范围资源共享相结合的互联网。目前，世界上发展最快、最热门的互联网就是 Internet，它是世界上最大的互联网。国内这方面的代表主要有：中国电信的 CHINANET 网、中国教育科研网(CERNET)和中国科学院系统的 CSTNET 等。

广域网的主要特点为：规模可以与世界一样大小；一般比 LAN 和 MAN 慢很多；网络传输错误率最高；网络设备昂贵。

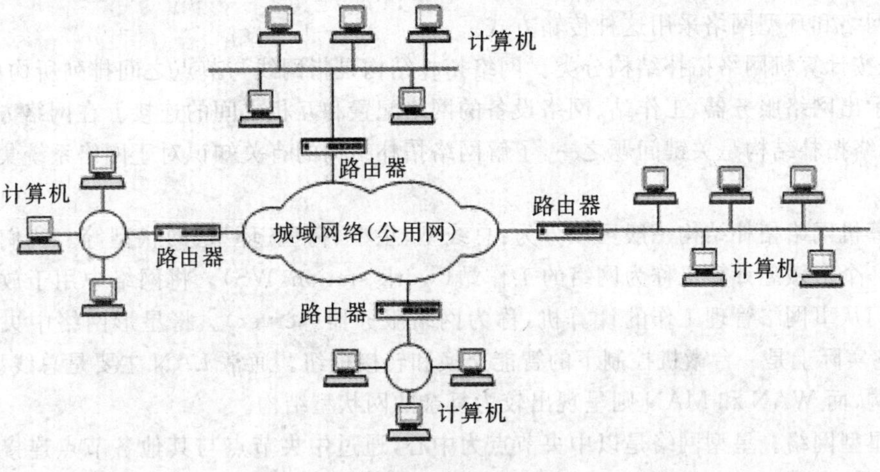

图 2-2　城域网示意图

图 2-3　广域网示意图

(2)根据网络的传输介质分类。根据网络的传输介质，可以将计算机网络分为有线网、光纤网和无线网三种类型。

①有线网。有线网是采用同轴电缆或双绞线连接的计算机网络。用同轴电缆连接的网络成本低，安装较为便利，但传输率和抗干扰能力一般，传输距离较短。用双绞线连接的网络价

格便宜,安装方便,但其易受干扰,传输率也比较低,且传输距离比同轴电缆要短。

②光纤网。光纤网也是有线网的一种,但由于它的特殊性而单独列出。光纤网是采用光导纤维作为传输介质的,光纤传输距离长,传输率高;抗干扰性强,不会受到电子监听设备的监听,是高安全性网络的理想选择。但其成本较高,且需要高水平的安装技术。

③无线网。无线网是用电磁波作为载体来传输数据的,目前无线网联网费用较高,还不太普及。但由于联网方式灵活方便,是一种很有前途的联网方式。

(3)根据网络的通信方式分类。根据网络的通信方式,计算机网络可分为广播式传输网络和点到点传输网络。

①广播式传输网络。广播式传输网络是指其数据在公用介质中传输。即所有联网的计算机都共享一个通信信道。如,无线网和总线型网络就采用这种传输方式。

②点到点传输网络。点到点传输网络是指数据以点到点的方式在计算机或通信设备中传输。它与广播网络正好相反,在点对点式网络中,每条物理线路连接一对计算机,如下面介绍的星型网络和环型网络采用这种传输方式。

(4)按计算机网络拓扑结构分类。网络拓朴结构是指网线与节点之间排列所构成的图形,它能表示出网络服务器、工作站、网络设备的网络配置和互相之间的连接。在网络方案设计过程中,网络拓朴结构是关键问题之一,了解网络拓朴结构的有关知识对于网络系统集成具有指导意义。

计算机网络拓朴结构一般可以分为:总线型、星型、树型、环型、网状型等。我们将网络所连接的一个个微型计算机称为网络的工作站(work station,WS)。将网络中用于放置网络软件并专门从事网络管理工作的计算机,称为网络服务器(server)。将星形网络中央节点称为HUB,它实际上是一台微机控制下的智能交换和转接枢纽。通常 LAN 主要是总线型、星型和环型结构,而 WAN 和 MAN 则呈现出较为复杂的网状型结构。

①星型网络。星型网络是以中央节点为中心,通过中央节点与其他各节点连接而成的网络。多个节点与中央节点通过点到点的方式连接,其拓扑结构如图 2-4 所示。中央节点执行集中式控制策略,因此中央节点相当复杂,负荷比其他各节点重得多。

星型网络的特点是:网络结构简单,便于管理;控制简单,建网容易;网络延迟时间较短,误码率较低;网络共享能力较差;通信线路利用率不高;中央节点负荷太重。

②环型网络。环型网络中各节点通过环路接口连在一条首尾相连的闭合环型通信线路中,拓扑结构如图 2-5 所示,环线上任何节点均可请求发送信息。

环型网络也是局域网常用的拓扑结构之一,有些企业实施的信息处理系统和工厂自动化系统以及某些校园网的主干网常采用环型网。环型结构的优点是传输控制机制简单,实时性强:初始安装时环型拓扑网络简单,两个节点间仅有唯一的通路,大大简化了路径选择的控制;但由于信息是串行穿过多个节点环路接口,随着网上节点的增加,网络响应时间变长,重新配置的难度也增加,当网络确定时,其延时固定,实时性强。其缺点是可靠性差,任何一个节点出现的差错,都会影响网上所有设备的运行。

③总线型网络。总线型网络是由一条高速公用总线连接若干个节点所形成的网络,拓扑结构如图 2-6 所示。

总线型结构的优点是多个节点共用一条传输信道,故信道利用率高,安装容易,结构简单,比其他拓扑结构节省电缆,很容易增加或删除节点;但维护较困难,网络延伸距离有限,网络容纳节点数有限，容易产生访问冲突，在总线上只要有一个点出现连接问题，会影响整个网络的工作。

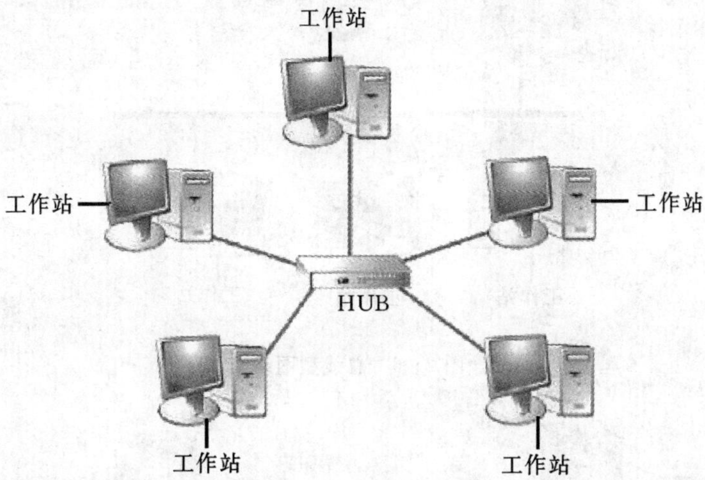

图 2-4 星型网络

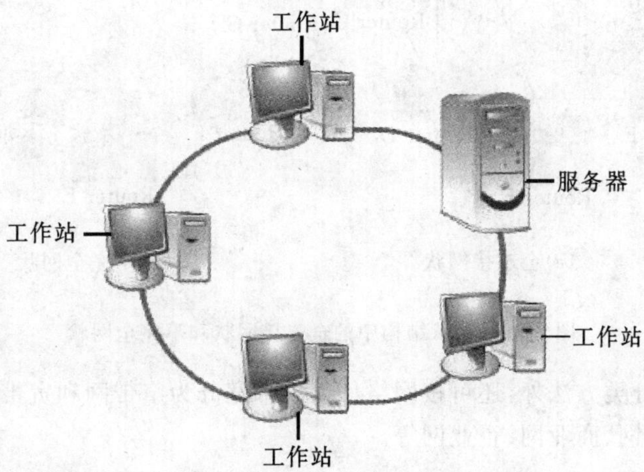

图 2-5 环型网络

④网状型网络。网状型结构分为全连接网状和不完全网状两种形式。全连接网状中，每一个节点和网中其他节点均有连接；不完全连接网状中，两节点间不一定有直接链路连接，它们之间的通信依靠其他节点转接。如图 2-7 所示。这种网络的优点是节点间路径多，碰撞和阻塞减少，局部故障不会影响整个网络的正常工作，可靠性高，网络扩充和主机入网比较灵活、简单；但这种网络关系复杂，不容易建网，网络控制机制复杂。广域网中一般用不完全连接网状结构。

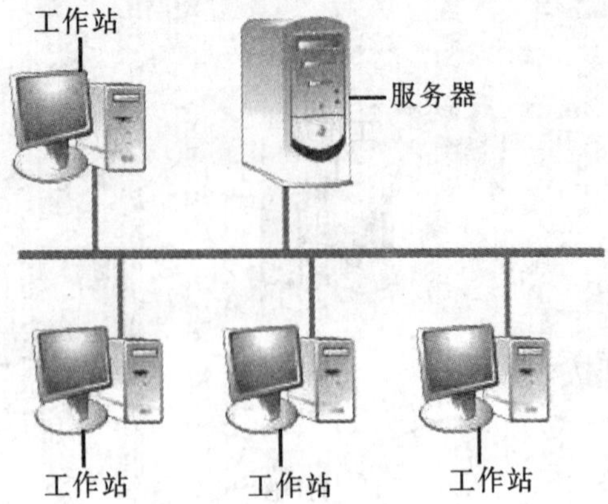

图 2-6　总线型网络

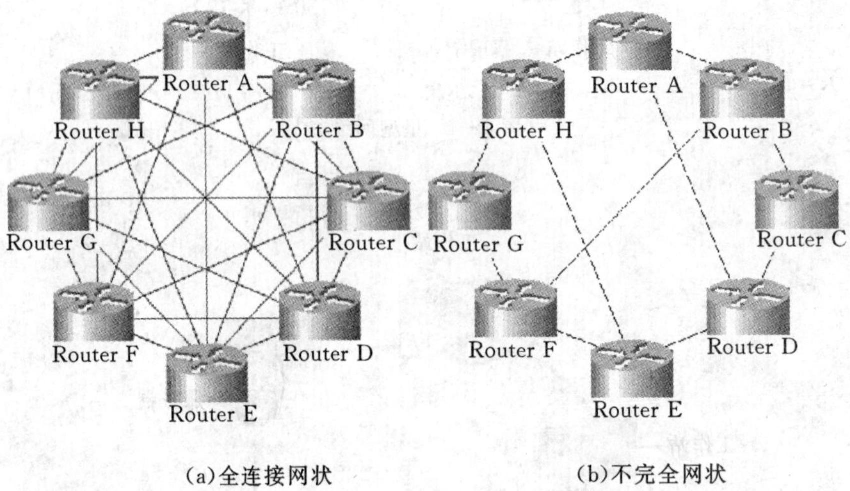

图 2-7　网状结构中的全连接网状和不完全网状

除了以上几种分类方法外，还可按网络信道的带宽分为窄带网和宽带网；按网络不同的用途分为科研网、教育网、商业网、企业网等。

(二)计算机网络的形成与发展

计算机网络是计算机技术和通信技术紧密结合的产物，它的诞生使计算机体系结构发生了巨大变化，在当今社会经济中起着非常重要的作用，它对人类社会的进步作出了巨大贡献。下面介绍一下计算机网络的产生和发展以及我国互联网的发展。

1. 计算机网络的产生与发展

自从有了计算机，计算机技术和通信技术就开始结合。早在 1951 年，美国麻省理工学院林肯实验室就开始为美国空军设计称为 SAGE 的自动化地面防空系统，该系统最终于 1963 年建成，被认为是计算机和通信技术结合的先驱。

在 20 世纪 50 年代初，美国航空公司与 IBM 公司开始联合研究计算机通信技术应用于民用系统方面的技术，并于60年代初投入使用飞机订票系统SABRE-I。后来，1968年美国通用电气公司投入运行了最大的商用数据处理网络信息服务系统，该系统具有交互处理和批量处理能力，由于地理范围大，因此可以利用时差充分利用资源。

早期的计算机通信网络中，为了提高通信线路的利用率并减轻主机的负担，已经使用了多点通信线路、终端集中器以及前端处理机等技术。这些技术对以后计算机网络的发展有着深刻的影响。例如，以多点线路连接的终端和主机间的通信建立过程，可以用主机对各终端轮询或者是由各终端连接成雏菊链的形式实现。

1969年12月，Internet的前身——美国的ARPA网投入运行，它标志着计算机网络的兴起。该计算机网络系统是一种分组交换网。分组交换技术使计算机网络的概念、结构和网络设计方面都发生了根本性的变化，并为后来的计算机网络打下了坚实的基础。

20世纪80年代初，随着个人计算机的推广，各种基于个人计算机的局域网纷纷出台。这个时期计算机局域网系统的典型结构是在共享介质通信网平台上的共享文件服务器结构，即为所有联网个人计算机设置一台专用的可共享的网络文件服务器。每台个人计算机用户的主要任务仍在自己的计算机上运行，仅在需要访问共享磁盘文件时才通过网络访问文件服务器，实现了计算机网络中各计算机之间的协同工作。由于使用了较PSTN速率高得多的同轴电缆、光纤等高速传输介质，使个人计算机网上访问共享资源的速率和效率大大提高。这种基于文件服务器的计算机网络对网内计算机进行了分工：个人计算机面向用户，计算机服务器专用于提供共享文件资源，这就形成了客户机/服务器模式。

计算机网络系统是非常复杂的系统，计算机之间相互通信涉及许多复杂的技术问题，为实现计算机网络通信，计算机网络采用的是分层解决网络技术问题的方法。但是，由于存在不同的分层网络系统体系结构，它们的产品之间很难实现互联。为此，在20世纪80年代早期，国际标准化组织ISO正式颁布了“开放系统互联基本参考模型”OSI国际标准，使计算机网络体系结构实现了标准化。

进入20世纪90年代，计算机技术、通信技术以及建立在计算机和网络技术基础上的计算机网络技术得到了迅猛的发展。特别是1993年美国宣布建立国家信息基础设施(NII)后，全世界许多国家纷纷制定和建立本国的NII，从而极大地推动了计算机网络技术的发展，使计算机网络进入了一个崭新的阶段。

2.我国互联网的发展

我国互联网的发展始于20世纪80年代末。1987年9月20日，钱天白教授通过意大利公用分组交换网ITAPAC设在北京的PAD发出我国的第一封电子邮件，与德国卡尔斯鲁厄大学进行了通信，揭开了中国人使用Internet的序幕。

1989年9月，在国家计委的组织下建立了中关村地区教育与科研示范网络(NCFC)。这个项目的主要目标是在北京大学、清华大学和中科院三个单位之间建设高速互联网络，并建立一个超级计算中心，该项目于1992年建设完成。

1990年10月，中国正式在DDN－NIC注册登记了我国的顶级域名CN。1993年4月，中国科学院计算机网络信息中心召集部分网络专家调查了各国的域名系统，据此提出了我国的域名体系。

1994年1月4日，NCFC通过美国Sprint公司接入Internet的64K国际专线开通，实现了与Internet的全功能连接。从此我国正式成为有Internet的国家。此事被国家统计公报列为1994年的重大科技成果之一。

从1994年开始，分别由国家计委、邮电部、国家教委和中科院主持，建成了我国的四大互联网，即中国金桥信息网、中国公用计算机互联网、中国教育科研网和中国科技网。在短短几年间，这些主干网络就投入使用，形成了国家主干网的基础。

1996年以后，我国互联网的发展进入应用平台建设和增值业务开发阶段，中国互联网进入了空前活跃的高速发展时期。一大批中文网站，包括综合性的门户网站和各种专业性网站纷纷出台，提供新闻报道、技术咨询、软件下载、休闲娱乐等ICP服务，以及虚拟主机、域名注册、免费空间等技术支持服务。与此同时，各种增值服务也逐步展开，其中主要有电子商务、IP电话、视频点播、无线上网等。在互联网的应用面和普及率快速增长的前提下，一些中国互联网公司开始进军海外股市纳斯达克，成为世纪之交中国新经济发展的重要标志。

1997年6月3日，根据国务院信息化工作领导小组办公室的决定，中国科学院网络信息中心组建了中国互联网络信息中心CNNIC，与此同时，国务院信息化工作领导小组办公室宣布成立中国互联网络信息中心工作委员会。

1997年11月，CNNIC发布了第一次《中国互联网络发展状况统计报告》。截止到1997年10月31日，我国共有上网计算机29.9万台，上网用户62万人，CN下注册的域名4066个，Web站点1500个，国际出口带宽为18.64Mb/s。

此后的十余年间，我国的互联网发展异常迅速，并于2008年上半年网民数量首次大幅度超过美国，跃居世界第一位。根据2013年1月15日CNNIC发布的第31次统计报告，截至2012年年底，我国网民数已经达到5.64亿人，仍然位居全球第一，见图2-8；我国域名总数为1341万个，其中“.CN”域名总数为751万，占比为56.0%；中国网站总数（即网站的域名注册者在中国境内的网站数，包括在境内接入和境外接入）升至268万个，见图2-9。网页总数1227亿个，国际出口带宽总量达到1899792M，中国大陆的IPv4地址数达到了3.31亿。截至2012年12月底，我国IPv6地址数量为12535块/32，较2011年同期大幅增长33.4%，位列世界第三位。根据2012年3月七部委联合下发的《下一代互联网“十二五”发展建议意见的通知》，我国在2013年底前逐步开展IPv6的小规模商用试点，形成商业模式和技术演进路线，为全面部署IPv6作准备。综合来看，我国的互联网普及率和网民已经超过了全球平均水平，中国的互联网正在实现飞速发展。

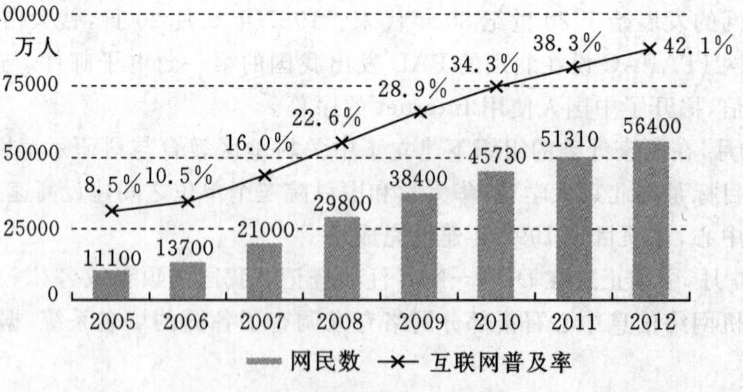

图2-8 中国网民规模和互联网普及率

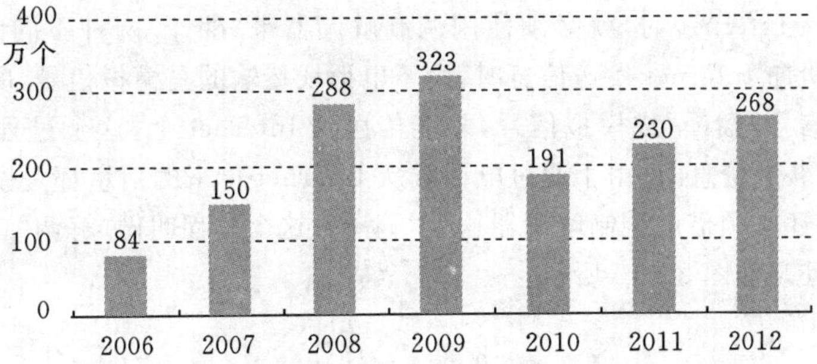

图 2-9 中国网站数量

(三)计算机网络的组成

大型的计算机网络是一个复杂的系统。例如,现在所使用的 Internet 网络。它是一个集计算机软件系统、通信设备、计算机硬件设备以及数据处理能力为一体的,能够实现资源共享的现代化综合服务系统。一般网络系统的组成可分为三部分:硬件系统、软件系统和网络信息。

1.硬件系统

硬件系统是计算机网络的基础,硬件系统由计算机、通信设备、连接设备及辅助设备组成,通过这些设备的组成形成了计算机网络的类型。下面介绍几种常用的设备。

(1)服务器和客户机。在计算机网络中,核心的组成部分是服务器(server)。服务器是计算机网络中向其他计算机或网络设备提供服务的计算机,并按提供的服务被冠以不同的名称,如数据库服务器、邮件服务器等。

常用的服务器有文件服务器、打印服务器、通信服务器、数据库服务器、邮件服务器、信息浏览服务器和文件下载服务器等。

文件服务器是存放网络中的各种文件,运行的是网络操作系统,并且配有大容量磁盘存储器。文件服务器的基本任务是协调处理各工作站提出的网络服务请求。一般影响服务器性能的主要因素包括:处理器的类型和速度、内存容量的大小和内存通道的访问速度、缓冲能力、磁盘存储容量等,在同等条件下,网络操作系统的性能起决定作用。

打印服务器是接收来自用户的打印任务,并将用户的打印内容存放到打印队列中,当队列中轮到该任务时,送打印机打印。

通信服务器是负责网络中各用户对主计算机的通信联系,以及网与网之间的通信。

客户机(client)是与服务器相对的一个概念。在计算机网络中享受其他计算机提供的服务的计算机就称为客户机。

(2)网卡。网卡又称网络适配器或者网络接口卡(network interface card,NIC)。网络适配器是使计算机联网的设备,平常所说的网卡就是将 PC 机和 LAN 连接的网络适配器。网卡(NIC) 插在计算机主板插槽中,负责将用户要传递的数据转换为网络上其他设备能够识别的格式,通过网络介质传输。它的主要技术参数为带宽、总线方式、电气接口方式等。

(3)调制解调器。调制解调器(俗称 modem)是一种信号转换装置,它的作用是模拟信号和数字信号的"翻译员"。电子信号分两种,一种是"模拟信号",一种是"数字信号"。我们使用的电话线路传输的是模拟信号，而 PC 机之间传输的是数字信号。所以当用户想通过电话线把自己的电脑连入 Internet 时，就必须使用调制解调器来“翻译”两种不同的信号。连入 Internet 后，当 PC 机向 Internet 发送信息时，由于电话线传输的是模拟信号，所以必须要用调制解调器来把数字信号“翻译”成模拟信号，才能传送到 Internet 上，这个过程叫做“调制”。当 PC 机从 Internet 获取信息时，由于通过电话线从 Internet 传来的信息都是模拟信号，所以 PC 机想要看懂它们，还必须借助调制解调器这个“翻译”，这个过程叫做“解调”。总的来说就称为“调制解调”。其外观如图 2－10 所示。

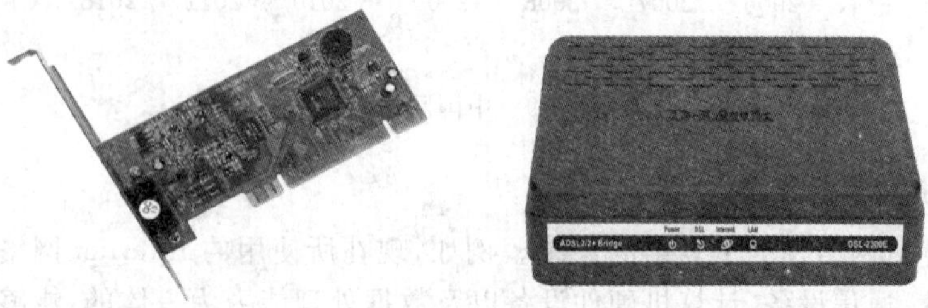

图 2－10　调制解调器

(4)集线器和交换机。集线器是局域网中常用的连接设备，英文称为“hub”。“hub”是“中心”的意思，它有多个端口，可以连接多台本地计算机，外观如图 2－11(a)所示。主要功能是对接收到的信号进行再生整形放大，以扩大网络的传输距离，同时把所有节点集中在以它为中心的节点上。

集线器属于纯硬件网络底层设备，基本上不具有类似于交换机的“智能记忆”能力和“学习”能力。它也不具备交换机所具有的 MAC 地址表，所以它发送数据时都是没有针对性的，而是采用广播方式发送。也就是说当它要向某节点发送数据时，不是直接把数据发送到目的节点，而是把数据包发送到与集线器相连的所有节点，由每一台终端通过验证数据包头的地址信息来确定是否接收。在这种工作方式下，同一时刻网络上只能传输一组数据帧的通讯，如果发生碰撞还得重试。这种方式就是共享网络带宽。

这种广播发送数据方式有三方面不足：①用户数据包向所有节点发送，很可能带来数据通信的不安全因素，一些别有用心的人很容易就能非法截获他人的数据包。②由于所有数据包都是向所有节点同时发送，加上其共享带宽方式(如果两个设备共享 10M 的集线器，那么每个设备就只有 5M 的带宽)，就更加可能造成网络塞车现象，更加降低了网络执行效率。③非双工传输，网络通信效率低。集线器的同一时刻每一个端口只能进行一个方向的数据通信，而不能像交换机那样进行双向双工传输，网络执行效率低，不能满足较大型网络通信需求。

交换机拥有一条很高带宽的背部总线和内部交换矩阵。交换机的所有端口都挂接在这条背部总线上，控制电路收到数据包以后，处理端口会查找内存中的地址对照表以确定目的 MAC(网卡的硬件地址)的 NIC(网卡)挂接在哪个端口上，通过内部交换矩阵迅速将数据包传送到目的端口，目的 MAC 若不存在，广播到所有的端口，接收端口回应后交换机会“学习”新的地址，并把它添加入内部 MAC 地址表中。使用交换机也可以把网络“分段”，通过对照 IP 地址表，交换机只允许必要的网络流量通过交换机。通过交换机的过滤和转发，可以有效地隔离广播风暴，减少误包和错包的出现，避免共享冲突。外观如图 2－11(b)所示。

(a)集线器

(b)交换机

图 2-11 集线器和交换机

(5)网桥。网桥(bridge)也是局域网常用的连接设备。网桥又称桥接器,是一种在链路层实现局域网互联的存储转发设备。网桥将两个相似的网络连接起来,并对网络数据的流通进行管理。它工作于数据链路层,不但能扩展网络的距离或范围,而且可提高网络的性能、可靠性和安全性。网络 1 和网络 2 通过网桥连接后,网桥接收网络 1 发送的数据包,检查数据包中的地址,如果地址属于网络 1 ,它就将其放弃,相反,如果是网络 2 的地址,它就继续发送给网络 2。这样可利用网桥隔离信息,将同一个网络号划分成多个网段(属于同一个网络号),隔离出安全网段,防止其他网段内的用户非法访问。由于网络的分段,各网段相对独立(属于同一个网络号),一个网段的故障不会影响到另一个网段的运行。

(6)路由器。路由器(router)又称网关设备(gateway)是用于连接多个逻辑上分开的网络,所谓逻辑网络是代表一个单独的网络或者一个子网。当数据从一个子网传输到另一个子网时,可通过路由器的路由功能来完成。因此,路由器具有判断网络地址和选择 IP 路径的功能,它能在多网络互联环境中,建立灵活的连接,可用完全不同的数据分组和介质访问方法连接各种子网,路由器只接受源站或其他路由器的信息,属网络层的一种互联设备。其外观如图 2-12 所示。

路由器是互联网的主要结点设备。路由器通过路由决定数据的转发。转发策略称为路由选择(routing),这也是路由器名称的由来(router,转发者)。作为不同网络之间互相连接的枢纽,路由器系统构成了基于 TCP/IP 的国际互联网络 Internet 的主体脉络,也可以说,路由器构成了 Internet 的骨架。它的处理速度是网络通信的主要瓶颈之一,它的可靠性则直接影响着网络互联的质量。因此,在园区网、地区网,乃至整个 Internet 研究领域中,路由器技术始终处于核心地位。

图 2-12 路由器

路由器工作过程如下,具体如图 2-13 所示。

①工作站 A 将工作站 B 的地址 12.0.0.5 连同数据信息以数据包的形式发送给路由器 1。

②路由器 1 收到工作站 A 的数据包后,先从报头中取出地址 12.0.0.5,并根据路径表计算出发往工作站 B 的最佳路径:R1→R2→R5→B;并将数据包发往路由器 2。

③路由器 2 重复路由器 1 的工作,并将数据包转发给路由器 5。

④路由器 5 同样取出目的地址,发现 12.0.0.5 就在该路由器所连接的网段上,于是将该数据包直接交给工作站 B。

⑤工作站 B 收到工作站 A 的数据包,一次通信过程宣告结束。

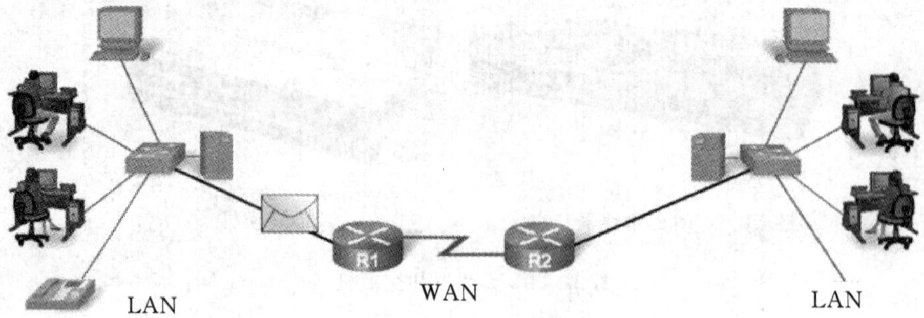

图 2-13　路由器工作过程

2. 软件系统

网络系统软件包括网络操作系统和网络协议等。网络操作系统是网络上各计算机能方便而有效地共享网络资源,为网络用户提供所需的各种服务的软件和有关规程的集合。网络操作系统与通常的操作系统有所不同,它除了通常操作系统应具有的处理机管理、存储器管理、设备管理和文件管理外,还应具有以下两大功能:①提供高效、可靠的网络通信能力;②提供多种网络服务功能,如:远程作业录入并进行处理的服务功能、文件转输服务功能、电子邮件服务功能、远程打印服务功能等。网络协议是保证网络中两台设备之间正确传送数据。在计算机网络中,两个相互通信的实体处在不同的地理位置,其上的两个进程相互通信,需要通过交换信息来协调它们的动作达到同步,而信息的交换必须按照预先共同约定好的规则进行。

3. 网络信息

计算机网络上存储、传输的信息称为网络信息。网络信息是计算机网络中最重要的资源,它存储于服务器上,由网络系统软件对其进行管理和维护。

4. 资源子网和通信子网

计算机网络是一个通信网络,各计算机之间通过通信媒体、通信设备进行数字通信,在此基础上各计算机可以通过网络软件共享其他计算机上的硬件资源、软件资源和数据资源。从计算机网络各组成部件的功能来看,各部件主要完成两种功能,即网络通信和资源共享,如图 2-14 所示。

通信子网一般由网卡、线缆、集线器、中继器、网桥、路由器、交换机等设备和相关软件组成。资源子网由联网的服务器、工作站、共享的打印机和其他设备及相关软件所组成。

在广域网中,通信子网由一些专用的通信处理机(即节点交换机)及其运行的软件、集中器等设备和连接这些节点的通信链路组成。资源子网由通信子网的所有主机及其外部设备组成。

在现代的计算机网络中资源子网和通信子网也是必不可少的部分,通信子网为资源子网提供信息传输服务,而且资源子网上用户间的通信是建立在通信子网的基础上的。没有通信子网,网络就不能工作,如果没有资源子网,通信子网的传输也就失去了意义,两者结合起来组成了统一的资源共享网络。

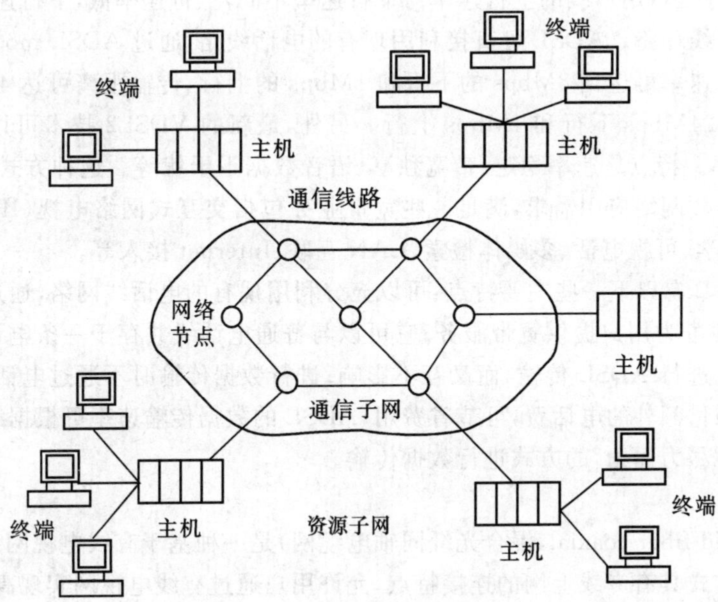

图 2-14 通信子网与资源子网

二、Internet 技术

(一)Internet 接入技术

Internet 接入技术提供用户客户机接入 Internet 的方法,目前经常使用的有以下几种。

1. PSTN

PSTN(public switched telephone network,公共交换电话网络)是家庭用户接入互联网的普遍的窄带接入方式,即通过电话线,利用当地电话拨号接入。

这种接入方式是运营商提供的接入号码,拨号接入互联网,速率不超过 56kbps。特点是使用方便,只需有效的电话线及自带调制解调器的 PC 就可完成接入。

一般运用在一些低速率的网络应用(如网页浏览查询、聊天、EMAIL 等),主要适合于临时性接入或无其他宽带接入场所的使用。缺点是速率低,无法实现一些高速率要求的网络服务,其次是费用较高(接入费用由电话通信费和网络使用费组成)。

2. ISDN

ISDN(integrated services digtal network,综合业务数字网)俗称“一线通”。它采用数字传输和数字交换技术,将电话、传真、数据、图像等多种业务综合在一个统一的数字网络中进行传输和处理。用户利用一条 ISDN 用户线路,可以在上网的同时拨打电话、收发传真,就像两条电话线一样。ISDN 基本速率接口有两条 64kbps 的信息通路和一条 16kbps 的信令通路,简称 2B+D,当有电话拨入时,它会自动释放一个 B 信道来进行电话接听。这种方式主要适合于普通家庭用户使用。缺点是速率仍然较低,无法实现一些高速率要求的网络服务;其次是费用同样较高(接入费用由电话通信费和网络使用费组成)。

3. ADSL

ADSL (asymmetric digital subscriber line,非对称数字用户环路)是一种非对称的 DSL

技术，所谓非对称是指用户线的上行速率与下行速率不同，上行速率低，下行速率高，因此称为非对称数字用户线环路。ADSL 可直接利用现有的电话线路，通过 ADSL modem 后进行数字信息传输。理论速率可达到 8Mbps 的下行和 1Mbps 的上行，传输距离可达 4～5 公里。ADSL2＋速率可达 24Mbps 下行和 1Mbps 上行。另外，最新的 VDSL2 技术可以达到上下行各 100Mbps 的速率。特点是速率稳定、带宽独享、语音数据不干扰等。这种方式适用于家庭、个人等用户的大多数网络应用需求，满足一些宽带业务包括交互式网络电视(IPTV)、视频点播(VOD)、远程教学、可视电话、多媒体检索、LAN 互联、Internet 接入等。

ADSL 技术具有以下一些主要特点：可以充分利用现有的电话线网络，通过在线路两端加装 ADSL 设备便可为用户提供宽带服务；它可以与普通电话线共存于一条电话线上，接听、拨打电话的同时能进行 ADSL 传输，而又互不影响；进行数据传输时不通过电话交换机，这样上网时就不需要缴付额外的电话费，可节省费用；ADSL 的数据传输速率可根据线路的情况进行自动调整，它以"尽力而为"的方式进行数据传输。

4. HFC

HFC(hybrid fiber-coaxial，混合光纤同轴电缆网)是一种基于有线电视网络铜线资源的接入方式。这种方式具有专线上网的连接特点，允许用户通过有线电视网实现高速接入互联网；适用于拥有有线电视网的家庭、个人或中小团体。特点是速率较高，接入方式方便(通过有线电缆传输数据，不需要布线)，可实现各类视频服务、高速下载等。缺点在于基于有线电视网络的架构是属于网络资源分享型的，当用户激增时，速率就会下降且不稳定，扩展性不够。

5. 光纤宽带接入

这种方式通过光纤接入到小区节点或楼道，再由网线连接到各个共享点上(一般不超过 100 米)，提供一定区域的高速互联接入。这种方式特点是速率高，抗干扰能力强；适用于家庭、个人或各类企事业团体，可以实现各类高速率的互联网应用(视频服务、高速数据传输、远程交互等)；缺点是一次性布线成本较高。

6. 无源光网络

无源光网络(passive optical network，PON)技术是一种点对多点的光纤传输和接入技术，局端到用户端最大距离为 20 公里，接入系统总的传输容量为上行和下行各 155Mbps、622M/1Gbps，由各用户共享，每个用户使用的带宽可以以 64kbps 步进划分。特点是接入速率高，可以实现各类高速率的互联网应用(视频服务、高速数据传输、远程交互等)；缺点是一次性投入较大。

7. 无线网络

无线网络是一种有线接入的延伸技术，使用无线射频(RF)技术越空收发数据，减少使用电线连接，因此无线网络系统既可达到建设计算机网络系统的目的，又可让设备自由安排和搬动。在公共开放的场所或者企业内部，无线网络一般会作为已存在有线网络的一个补充方式，装有无线网卡的计算机通过无线手段方便接入互联网。目前，我国 3G 移动通信有三种技术标准，中国移动、中国电信和中国联通各使用自己的标准及专门的上网卡，网卡之间互不兼容。

8. 电力网接入

电力线通信 (power line communication，PLC) 技术，是指利用电力线传输数据和媒体信号的一种通信方式，也称电力线载波(power line carrier)。把载有信息的高频加载于电流，然后用电线传输到接受信息的适配器，再把高频从电流中分离出来并传送到计算机或电话。

PLC 属于电力通信网,包括 PLC 和利用电缆管道和电杆铺设的光纤通讯网等。电力通信网的内部应用,包括电网监控与调度、远程抄表等。面向家庭上网的 PLC,俗称电力宽带,属于低压配电网通信。

(二)TCP/IP 协议

TCP/IP 协议是一个协议集,其中传输控制协议 TCP(Transmission Control Protocol)和网际协议 IP(Internet Protocol)是最核心的两个协议。Internet 的其他网络协议都要用到这两个协议提供的功能,因而人们称整个 Internet 协议为 TCP/IP 协议族,或简称为 TCP/IP 协议。

网络中的计算机要实现准确无误的数据交换和通信,必须遵守一些事先约定好的规则,这些规则规定了数据交换的格式及同步问题。为进行网络中的数据交换而建立的规则、标准或约定就叫做网络协议。目前,在 Internet 中使用的协议有 100 多个,如超文本传输协议 HTTP、电子邮件传输协议 SMTP、文件传输协议 FTP、远程登录协议 Telnet、域名服务 DNS 等应用程序执行的协议,以及 TCP、IP 等底层协议。

下面进一步介绍 IP、TCP 协议的工作原理。

在使用 IP 协议传输数据之前,需要格式化数据,即把要传输的数据分成一系列固定长度的数据段(最大 65535 字节)。并在这些数据段前面加上用于传输控制的信息,称为“包头”。每个 IP 包头包含源地址(发送方主机的 IP 地址)和目的地址(接收方主机的 IP 地址)等控制信息。由包头和数据段组成 IP 数据包,也称为“报文”,作为基本的数据传输单元。

IP 协议的主要功能是检验 IP 包头的正确性,按照目的地址,选择传送路径和进行差错处理。IP 协议根据 IP 数据包头部的源地址和目的地址传送数据包,不需要建立连接,也不管数据包的传输顺序和路由,在主机资源不足的情况下,它还可能丢弃某些数据包。所以 IP 协议是不可靠的。

TCP 协议的作用是保证命令或数据能够正确无误地传输到其目的主机。其工作原理可以描述为:在与对方进行数据传输前,首先通过“三次握手法”建立与对方的 TCP 逻辑链路,然后通过该链路传输数据包,并保持对所发出数据包的跟踪,对没有到达目的地的数据包重新传输。这种传输方式保证了传输的数据包按顺序收发,无重复和遗漏。由于 TCP 协议采取了确认、超时重发、流量控制等多种保证可靠性的技术和措施,实现了高可靠性的数据传输。

我们可以形象地理解为有两个信封,TCP 和 IP 就像是信封,要传递的信息被划分成若干段,每一段塞入一个 TCP 信封,并在该信封面上记录有分段号的信息,再将 TCP 信封塞入 IP 大信封,发送上网。在接收端,一个 TCP 软件包收集信封,抽出数据,按发送前的顺序还原,并加以校验,若发现差错,TCP 将会要求重发。因此,TCP/IP 在 internet 中几乎可以无差错地传送数据。对普通用户来说,并不需要了解网络协议的整个结构,仅需了解 IP 的地址格式,即可与世界各地进行网络通信。

(三) IP 地址

1. IP 地址标记方式

与 Internet 相连的任何一台计算机,包括服务器、单用户客户机或联网设备(路由器、交换机等),都称为主机。为了使联网的主机互相识别并进行通信,必须给每台主机一个唯一的“标示号”,这个“标示号”称为该主机的 Internet 地址,由于这个地址在 IP 协议中定义并由该协议进行处理，因此通常都称为 IP 地址。

目前使用的 IPv4 协议规定，每个 IP 地址由 32 个二进制位组成，分为 4 组，每组 8 个二进制位。实际表示中，为了阅读和使用的方便，每组以十进制数字 0～255 表示，每个组间以"."隔开，称为点分十进制编址。如 IP 地址：

11001010 01110100 10100000 00100001

写成十进制编址为：202.116.11.33

2. IP 地址分类

Internet 中，每个 IP 地址由网络标示和主机标示两部分组成。网络标示的长度决定能标示的网络数量，主机标示的长度决定每个网络能容纳多少台主机。

为便于管理和合理使用 IP 地址资源，国际 Internet 管理中心（Inter NIC）根据网络规模的大小将 IP 地址分为 5 类，即 A 类、B 类、C 类、D 类和 E 类。其中 D 类地址叫做多目地址，E 类地址用于将来的扩展之用，这两类地址并不常用。我们常用的地址有 A 类、B 类和 C 类地址。图 2－15 表示了 A、B、C 三类地址的分类方法。

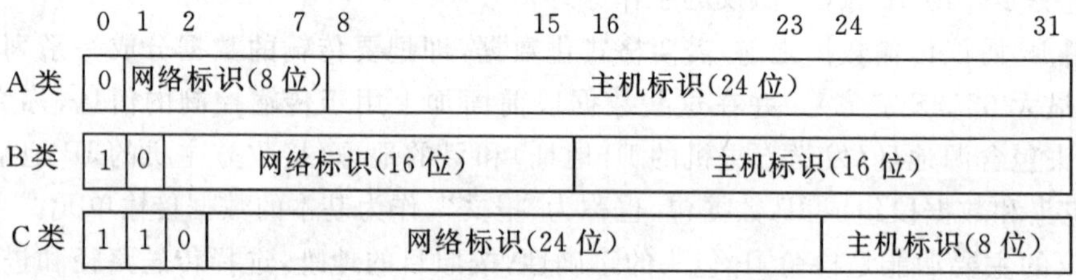

图 2－15 IP 地址分类

下面具体说明其分类特征。IP 地址的最左侧字节的 8 比特的高位是用来区分网络的类型。

(1)A 类网：网络号为 1 字节，定义最高比特为 0 为 A 类网识别符，余下 7 比特为网络号，主机号则可有 24 比特编址。可见 A 类网支持大型网络，可用网络号为 126 个，每个 A 类网可含 224＝16777216 个主机号。比如，IP 地址为 15.1.2.25，是 A 类网，其网络号为 15，主机号为 1.2.25。

(2)B 类网：网络号为 2 字节，定义最高二比特为 10 为 B 类网识别符，余下 14 比特为网络号，主机号则可有 16 比特编址。B 类网是中型网络，可用网络号为 16382 个，每个 B 类网可含 216＝65536 个主机号。

(3)C 类网：网络号为 3 字节，定义最高三比特为 110 为 C 类网识别符，余下 21 比特为网络号，主机号仅有 8 比特编址。C 类网是小型网络，可用网络号为 2097150 个，每个 C 类网可含 28＝256 个主机号，可用主机号为 254 个。

(4)D 类网：不分网络号和主机号，定义最高四比特为 1110 为 D 类网址识别符，表示一个多播地址，即多目的地传输，可用来识别一组主机。

如何识别任一 IP 地址的属性？只需从点分法的最左一个十进制数，就可判断其归属。例如，1～126 属 A 类网址，128～191 属 B 类网址，192～223 属 C 类网址，224～239 属 D 类网址。除了以上四类网址外，还有 E 类地址，暂未使用。

对于因特网IP地址中有特定的专用地址，不作分配。

3. IPv4与IPv6协议

我们使用的第二代互联网IPv4技术，核心技术属于美国。它的最大问题是网络地址资源有限，从理论上讲，编址1600万个网络、40亿台主机。但采用A、B、C三类编址方式后，可用的网络地址和主机地址的数目大打折扣，以至IP地址已于2011年2月3日分配完毕。其中北美占有3/4，约30亿个，而人口最多的亚洲只有不到4亿个，地址不足，严重地制约了互联网的应用和发展。中国互联网规模巨大，发展迅猛，对IP的需求量远远大于其他国家，地址资源矛盾更加突出。

为了彻底解决IPv4存在的问题，Internet工程特别工作组(IETF)从1995年开始，研究开发下一代IP协议，即IPv6。IPv6具有长达128位的地址空间，这意味着，如果全球有60亿人口，每人可以分配到6～8个IP地址，彻底解决了IPv4地址不足的问题。

IPv6的主要特点如下：

(1)IPv6地址长度为128位，地址空间增大了2的96次方倍。

(2)灵活的IP报文头部格式。使用一系列固定格式的扩展头部取代了IPv4中可变长度的选项字段。IPv6中选项部分的出现方式也有所变化，使路由器可以简单路过选项而不作任何处理，加快了报文处理速度。

(3)IPv6简化了报文头部格式，字段只有8个，加快报文转发，提高了吞吐量。

(4)提高安全性。身份认证和隐私权是IPv6的关键特性。

(5)支持更多的服务类型。

(6)允许协议继续演变，增加新的功能，使之适应未来技术的发展。

目前中国电信已经提出了向IPv6过渡的计划，计划共分三步走：①试商用阶段：启动网络和平台支持IPv6的改造，确定网络及业务过渡方案、现网商业化试点，基本具备引入IPv6业务的网络条件；②规模商用阶段：IPv4/IPv6网络和业务共存，网络和平台规模改造，业务逐步迁移，新型应用和用户规模持续扩大；③全面商用阶段：新型应用占据主导，IPv4网络和业务平台逐步退出。

阅读材料

中国互联网正式进入“IPv6”时代

一年内告罄，数周内告罄，即将告罄，已经告罄……从2010年起，不断有研究机构和互联网专家发出警告，IPv4(国际互联网协议第4版)地址短缺从一个科技问题一步步走近社会大众。2011年年底，国务院明确了以IPv6(国际互联网协议第6版)大规模部署和商用为基础的下一代互联网路线图与主要目标。2012年3月29日，发改委、工信部等七部委联合发布了《关于下一代互联网“十二五”发展建设的意见》，对这一重大战略部署作出了详细阐释。借此意见的指导和推动，中国的互联网有望实现整体跃升，进入“6”时代。

1. 下一代互联网有多大

意见明确提出，我国“十二五”期间将大规模部署和商用IPv6，并以此为基础发展下一代互联网，“IPv6宽带接入用户数超过2500万，实现IPv4和IPv6主流业务互通，IPv6地址获取量充分满足用户需求”，而这一提法正是针对IPv4地址短缺而来的。那么，IPv6时代的互联网究竟有多大？据有关专家介绍，基于IPv4的现有互联网，用于标示全球网络设备和终端设备的网络地址约有40亿个，目前已基本分配殆尽。基于IPv6的下一代互联网，地址数量是2的128次方，是现有互联网的1029倍，一个通用的形象说法是：能使“地球上每粒沙子都拥有一个IP地址”。

截至2011年年底，我国网民数量达5.13亿，互联网普及率为38.3%，但是我国仅拥有约3.32亿个IPv4地址(不含港澳台地区)，即使大量应用地址翻译(NAT)等技术延缓IPv4地址消耗，仍不能满足快速增长的应用需求，还会显著增加网络复杂性和管理难度，降低网络与信息安全水平和服务质量。根据意见中提出的目标，“十二五”期间，我国互联网普及率将达到45%以上，地址短缺问题将更加突出。意见指出，目前根域名服务器已实现对IPv6的支持，全球互联网管理机构对IPv6地址的分配速度日益加快，IPv6已具备广泛应用的基础，推动互联网由IPv4向IPv6演进过渡，并在此基础上发展下一代互联网已成为全球共识。

2.下一代互联网什么样

我们对互联网的期望在不断提高，从最初的邮件、新闻浏览、即时通信到搜索、论坛、视频，乃至移动互联时代的百花齐放，未来的互联网应该有多好？正如意见所言，“国内电信运营企业亟须获取丰富的网络地址资源，设备制造企业亟须寻找新的增长点，服务提供企业亟须开发特色服务，用户迫切需要更先进的网络设施和更安全、优质的业务体验”。在此前提下，物联网、云计算、移动互联网、三网融合等新兴交互式应用将大规模发展，而这些新技术应用都对地址资源提出了更高要求。

意见在明确下一代互联网的重点任务中，描绘了一幅美好的图景。“6”时代的互联网不仅有IPv6，而且“地址资源足够丰富、设施先进、安全可靠，应该能提供更大信息量和多样化的业务应用，更智能地支持人与人、人与物、物与物相互联通，为社会生产生活构建更坚实有力的信息基础”。为此，意见提出将开展第三代移动通信及后续演进技术、光纤网、以太网、无线局域网等IPv6宽带接入业务，促进基于IPv6的宽带数据业务商用；积极发展地址需求大、速率快、移动性高的个性化互动业务；建设基于IPv6的三网融合基础业务平台，加快发展移动多媒体广播电视、网络电视(IPTV)、手机电视、数字电视宽带上网等融合类业务应用；以物联网、云计算和移动互联网等为重点，积极推动下一代互联网在教育、农业、工业、医疗、交通、铁路、水利、环保和社会管理等重点领域的应用。

3.下一代互联网怎么建

“2013年年底前，开展IPv6网络小规模商用试点，电信运营企业的域名服务器基本支持IPv6访问与解析，电信运营企业新开展的业务基本支持IPv6，新增上网固定终端和移动终端基本支持IPv6。2014—2015年，移动互联网业务全面向IPv6演进过渡，物联网、云计算等新型业务需要IP网络地址时全部使用IPv6地址，电信运营企业既有业务逐步向IPv6迁移，新增上网固定终端和移动终端全面支持IPv6。”根据意见给出的路线图，电信企业在下一代互联网建设中将承担重要任务，将加快公众骨干网、城域网、互联网数据中心(IDC)、业务系统、支撑系统IPv6升级改造，提升网络设备性能，加快公众移动、有线、无线宽带接入网规模部署及IPv6升级改造。

与此同时，我国政府将加大资金投入，带动社会资金投入，分阶段组织实施下一代互联网“十二五”发展重大工程，积极引导电信运营企业、有线电视运营企业、软件研发企业、设备制造企业、服务提供企业等产业链各环节发展下一代互联网，确保实现发展目标。

跃入“6”时代，带给公众的将是更美好的应用体验，带给信息服务从业者的将是更强劲的挑战和更巨大的机遇。要想在新一轮的发展浪潮中占据主动、赢得先机，不仅要增强“内力”，更要发挥合力、激发活力。毕竟，互联网是一个自由开放的舞台，谁都有可能笑到最后。

资料来源：中国互联网正式进入“IPv6”时代[EB/OL].[2012-04-27]www.5lian.cn/html/2012/change-0407/32015.html.

4. 域名与域名系统（DNS）

(1)域名。要通过 Internet 互相通信，必须要记住对方的地址，IP 地址作为 Internet 上主机的数字标示，对计算机网络来说是非常有效的。但对于使用者来说，就很难记忆这些由数字组成的 IP 地址了。为此，人们研究出一种字符型标示，在 Internet 上采用“名称”寻址方案，为每台计算机主机都分配一个独有的“标准名称”，这个用字符表示的“标准名称”就是我们现在所广泛使用的域名(domain name,DN)。

域名采用分层次方法命名，由若干子域构成，一般为 3～5 个，子域之间用“.”分隔，最右边的子域是一级域名，也称顶级域名。从右向左层次逐级降低，最左边的子域是主机的名字。

域名的一般格式是：主机名.单位域名.行业域名.国家域名。例如在一个典型的主机域名 www.pku.edu.cn 中，WWW 表示 WWW 服务器，pku 表示北京大学，edu 表示教育机构，cn 表示中国。

为保证域名系统的通用性，顶级域名统一由国际管理机构(Inter NIC)管辖定义。

顶级域名分为通用顶级域名、国家/地区顶级域名两种。国家/地区顶级域名根据网络所属国别划分，用国家/地区的两个字母缩写来表示。通用顶级域名根据网络类别划分，常见的通用顶级域名如表 2-2 所示。

表 2-2 常见的通用顶级域名

以地域分类的域名		以网站性质分类的域名	
cn	中国	com	商业机构
ca	加拿大	gov	政府机构
jp	日本	edu	教育机构
au	澳大利亚	org	非营利性组织
uk	英国	net	网络机构
fr	法国	mil	军事机构
hk	中国香港	int	国际机构

需要说明的是，由于 Internet 起源于美国，在美国的主机域名可省略国家代码 us，如 www.microsoft.com，表示美国微软公司的 WWW 的主机。

国家/地区域名下的二级域名由各个国家或地区管理。在我国“.cn”下的二级域名由中国互联网络信息中心(CNNIC)负责管理。“.cn”下的域名体系分为类别域名和行政区域名两套。类别域名有六个，分别为政府(gov)、商业(com)、军事(mil)、教育(edu)、科研(ac)、网络(net)，行政区域名是按照我国的各个行政区划分：如：上海(sh)、江苏(js)、山西(sx)、河南(hn)等。

(2)域名系统(domain name system,DNS)。域名便于人们记忆和使用，但计算机之间是使用 IP 地址进行通信，因此，需要在域名和 IP 地址之间建立一种对应关系，即“域名—IP 地址”及“IP 地址—域名”的映射，在 Internet 中采用域名系统将域名解析为 IP 地址。

DNS是一个分布式的域名服务系统，分为根服务器和各级域名服务器。根服务器负责找到相应的顶级域名服务器，目前全球有13个根服务器，各级域名服务器负责找到其下一级域名服务器。

下面通过www.sohu.com被解释成IP地址的全过程来分析DNS的工作原理。

①在浏览器中输入www.sohu.com，随后浏览器将www.sohu.com的解析请求传给ISP的域名服务器。

②ISP的域名服务器向根服务器发送请求".com由谁来解析"。

③根服务器将.com顶级域名服务器的IP地址返回给ISP的域名服务器。

④ISP的域名服务器再向.com顶级域名服务器发送请求"sohu.com由谁来解析"。

⑤.com顶级域名服务器将sohu.com域名服务器的IP地址返回给ISP的域名服务器。

⑥ISP的域名服务器向sohu.com域名服务器发送请求"www.sohu.com的IP地址是什么"。

⑦sohu.com域名服务器向ISP的域名服务器传回www.sohu.com的IP地址，至此完成域名解释的全过程。

三、Internet的基本服务

Internet提供了用于创建、浏览、搜索、阅读等信息交流的各种服务，其基本服务功能有远程登录、文件传输、电子邮件、万维网等。

(一)万维网(WWW)服务

WWW服务是帮助人们从Internet网络上浏览所需的信息。万维网WWW(World Wide Web)是建立在TCP基础上的，采用浏览器/服务器(browser/server，B/S)工作模式的一种网络应用。它将分散在世界各地的Web服务器(专门存放和管理WWW资源)中的信息，用超文本方式链接在一起，供Internet上的计算机用户查询和调用。

在WWW上，每一信息资源都有统一的且在网上唯一的地址，该地址称为URL(uniform resource locator)，它是WWW的统一资源定位标志。URL由三部分组成：资源类型、存放资源的主机域名和资源文件名。

URL的地址格式如下：

应用协议类型://信息资源所在主机名(域名或IP地址)/路径名/…/文件名

例如：http://www.100e.com/Inspirit/index.asp

表示用http协议访问主机名为www.100e.com的一个asp文件。

http是超文本协议，与其他协议相比，它简单、通信速度快，时间开销少，并且http允许传输任意类型的数据。Internet上的所有资源都可以用URL来表示，如FTP、Telnet、Mailto、News、Gopher等。

(二)电子邮件服务

电子邮件(E-mail)是Internet上应用最频繁的业务之一。E-mail是英文electronic mail的缩写，意指电子邮件。

电子邮件是利用互联网进行通信的工具，是Internet上一种典型的客户机/服务器(client/server)系统。这个系统主要包括电子邮件客户机、电子邮件服务器以及在电子邮件客户机和服务器上运行、支持Internet上电子邮件服务的各种服务协议。

电子邮件具有价格低、速度快、可传送多媒体信息、可以将同一邮件同时转发给多个收件人等特点。

电子邮箱实际上就是在互联网服务商 ISP 的 E-mail 服务器上为用户开辟出一块专用的磁盘空间,用来存放用户的电子邮件文件。每个电子邮箱都有一个地址,称为电子邮箱地址(E-mail address)。电子邮箱地址的格式是固定的,并且在全球范围内是唯一的。电子邮件的地址格式为:用户名@主机名。用户名是申请电子邮箱时用户自己起的名字。主机名是拥有独立 IP 地址的计算机的名字。例如:computer@126. com,用户名为“computer”,主机名为“126. com”。

Internet 上的个人用户是不能直接接收电子邮件的,因为个人计算机经常关闭或没有与 Internet 建立连接。因此,电子邮件的发送和接收实际上是由 ISP 的邮件服务器担任的。ISP 的邮件服务器 24 小时不停机地运行着,这样用户才可能随时发送和接收邮件,而不必考虑收件人的计算机是否打开。

Internet 上的电子邮件系统的工作过程采用客户机/服务器模式。发送方把一封电子邮件发给收件人,接收方的邮件服务器收到电子邮件后,先将其存在收件人的电子信箱中,并告知收件人有新邮件到来。每当收件人的计算机连接到服务器上后,就会看到服务器的通知,随后打开邮箱查收邮件。

Internet 服务提供商 ISP 的电子邮件服务器就起了网上“邮局”的作用。它管理着众多用户的电子邮箱。当用户有邮件来时就暂存其中,供用户查收阅读。由于电子邮箱容量有限,需用户定期整理,以便腾出空间接收新邮件。

同时,电子邮件在发送和接收过程中,还要遵循一些基本协议和标准,如 SMTP、POP3 等。这些协议和标准保证电子邮件在各种不同系统之间进行传输。电子邮件发送协议 SMTP 是 Internet 上基于 TCP/IP 的应用层协议。SMTP 定义了邮件发送和接收之间的连接传输。其作用是当发送方计算机与支持 SMTP 协议的电子邮件服务器连接时,将电子邮件从发送方的计算机中准确无误地传送到接收方的电子邮箱中。

电子邮件接收协议 POP3,也是邮件系统中的基本协议之一。它的作用是当用户计算机与支持 POP3 协议的电子邮件服务器连接时,把存储在该服务器的电子邮箱中的邮件准确无误地接收到用户的计算机中。现在 ISP 的邮件服务器都安装了这两项协议,即用 SMTP 服务器作为邮件发送服务器,POP3 服务器作为邮件接收服务器。目前,大多数电子邮件客户端软件都支持 SMTP 协议和 POP3 协议。用户在首次使用这些软件发送和接收电子邮件之前,需要对用户的 ISP 的电子邮件服务器进行设置。

电子邮件的发送和接收过程如图 2－16 所示。

(三) 文件传输服务(FTP)

文件传输服务(file transfer protocol,FTP)是 Internet 中最重要的服务之一。使用 FTP 服务用户可以进行相互的文件传输,实现信息共享。它通过网络可以将文件从一台计算机传送到另一台计算机,不管这两台计算机距离多远,使用什么操作系统,采用何种技术与网络连接,文件传输都能在网络上两个站点之间传输文件。在 Internet 实现文件传输的软件是文件传输协议,简称 FTP,如图 2－17 所示。

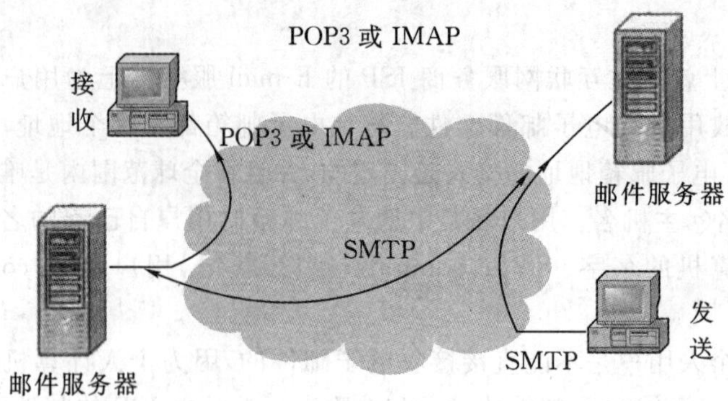

图 2-16　电子邮件在发送和接收过程

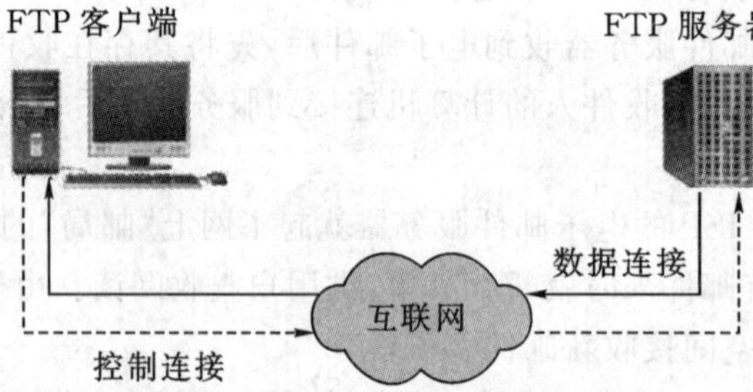

图 2-17　FTP 服务示意图

FTP 服务器系统是典型的客户机/服务器工作模式。只要在网络中的两台计算机上分别安装 FTP 服务器和客户端软件，就可以在这两台计算机之间进行文件传输。如果用户有足够的权限，还可以在客户端对服务器上的文件进行管理，如文件重命名、文件删除以及目录的建立删除等。利用 FTP 传输的文件可以是数据、图形或文本文件。把文件从远程服务器上拷贝到本地主机的过程称为"下载"，把本地主机上的文件拷贝到远程服务器上称为"上传"(要求远程计算机上的 FTP 配置允许存储客户文件，并预留必要的空间)。

要登录 FTP 服务器，必须要有该 FTP 服务器的账号。如果已是该服务器主机的注册客户，用户就会拥有一个 FTP 登录账号和密码，并以该账号和密码连上服务器。但 Internet 上有很大一部分 FTP 服务器被称为"匿名"(anonymous)FTP 服务器。这类服务器向公众提供文件拷贝服务，但不要求用户事先在该服务器进行登记注册。

目前常用的 FTP 客户端程序可分为三类：传统 FTP 命令行、浏览器和专用 FTP 工具。

传统的 FTP 命令行是最早的 FTP 客户端程序，需要在 MS－DOS 环境中运行。对初学者来说较难掌握。

浏览器不但支持 WWW 服务，还支持 FTP 服务。通过浏览器的地址栏中写上 FTP 服务器的地址，用户就可以直接登录到该服务器下载文件。例如，中国教育科研网的软件库在北京远程 FTP 主机名为 ftp. net. edu. cn，软件 A 在/pub/linux 目录下。下载该软件时，只需在地址栏中中输入：ftp://ftp. net. edu. cn/pub/。

用户在使用 FTP 命令行或浏览器下载文件时，如果在下载过程中网络连接意外中断，那么已经下载完的那部分文件也会被丢弃,一切前功尽弃。而专用 FTP 工具具有断点续传功能,可以在网络重新连接后继续进行剩余文件部分的传输。目前常用的 FTP 工具有 CuteFTP、8UFTP、FlashFXP,等等。

(四)远程登录(Telnet)

远程登录(Telnet)服务属于客户机/服务器工作模式,其意义在于实现了基于 Telnet 协议的远程登录。所谓登录是指分时系统允许多个用户同时使用一台计算机,为了保证系统的安全和记账方便,系统要求每个用户有单独的账号作为登录标示,系统还为每个用户指定了一个口令。用户在使用该系统之前要输入标示和口令,这个过程被称为"登录"。

远程登录是指用户使用 Telnet 命令,使自己的计算机暂时成为远程主机的一个仿真终端的过程。仿真终端等效于一个非智能的机器,它只负责把用户输入的每个字符传递给主机,再将主机输出的每个信息回显在屏幕上。

以上便是一个标准而普通的客户机/服务器模型的服务。那么是不是有了客户机/服务器模型的服务,所有的远程问题都可以解决了呢?回答是否定的。如果我们仅需要远程编辑文件,那么刚才所构想的服务完全可以胜任,但假如我们的要求并不是这么简单,我们还想实现远程用户管理,远程数据录入,远程系统维护,想实现一切可以在远程主机上实现的操作,那么我们将需要大量专用的服务器程序并为每一个可计算服务都使用一个服务器进程,随之而来的问题是:远程机器会很快对服务器进程应接不暇。解决的办法就是用远程登录。

Telnet 协议进行远程登录时需要满足以下条件:在本地计算机上必须装有包含 Telnet 协议的客户程序;必须知道远程主机的 IP 地址或域名;必须知道登录标示与口令。

Telnet 远程登录服务分为以下四个过程:

(1)本地与远程主机建立连接。该过程实际上是建立一个 TCP 连接,用户必须知道远程主机的 IP 地址或域名。

(2)将本地终端上输入的用户名和口令及以后输入的任何命令或字符以 NVT(net virtual terminal)格式传送到远程主机。该过程实际上是从本地主机向远程主机发送一个 IP 数据包。

(3)将远程主机输出的 NVT 格式的数据转化为本地所接受的格式送回本地终端,包括输入命令回显和命令执行结果。

(4)最后,本地终端对远程主机进行撤销连接。该过程是撤销一个 TCP 连接。

远程登录有两种形式:第一种是远程主机有用户自己的账号,可用该账号和口令访问远程主机。第二种形式是匿名登录,一般 Internet 上的主机都为公众提供一个公共账号,不设口令。大多数计算机仅需输入"guest"即可登录到远程计算机上。这种形式在使用权限上受到一定限制。Telnet 命令格式如下:

Telnet＜主机域名＞＜端口号＞

主机域名可以是域名方式,也可以是 IP 地址。一般情况下,Telnet 服务使用 TCP 端口号 23 作为默认值,使用默认值的用户可以不输端口号。但当 Telnet 服务设定了专用的服务器端口号时,必须输入端口号才能使用该命令登录。

Telnet 在运行过程中,实际上启动的是两个程序,一个是 Telnet 客户程序,运行在本地机上;另一个叫 Telnet 服务器程序,运行在需要登录的远程计算机上。执行 Telnet 命令的计算机是客户机,连接到上面的那台计算机是远程主机。

连接主机成功后,就是登录主机。要成为合法用户,必须输入可以通过主机验证的用户名称和密码。成功登录后，本地机就相当于一台与服务器连接的终端，可以使用各种主机操作系统支持的指令。

项目任务

任务一 Win7 网络连接流程

任务目的

了解 Win7 操作系统的网络连接设置过程

微软的 Win7 操作系统现在比较流行，经常会遇到一些用户不会在 Win7 系统下创建宽带连接(PPPOE)，Win7 系统相对于 XP 系统，在宽带连接设置方面改变了许多步骤，不过也算是大同小异。

一般来说，在 Win7 下创建宽带连接有三种方式。

(1)在桌面上的“网络”图标上点击右键，选属性。

(2)在桌面上的“Internet Explorer”图标上点击右键，选属性。在弹出的“Internet 属性”窗口上点击“连接”选项，然后再点击页面上的“添加”按钮。

(3)点击桌面左下角的“开始”———“控制面板”，然后在打开的控制面板中找到并双击“网络和共享中心”。

我们现在以第一种方法来操作(其他两种方法在进入设置后的操作和以下是一样的)。在桌面上的“网络”图标上点击右键，选“属性”，然后会打开“网络和共享中心”，如图 2－18 所示。

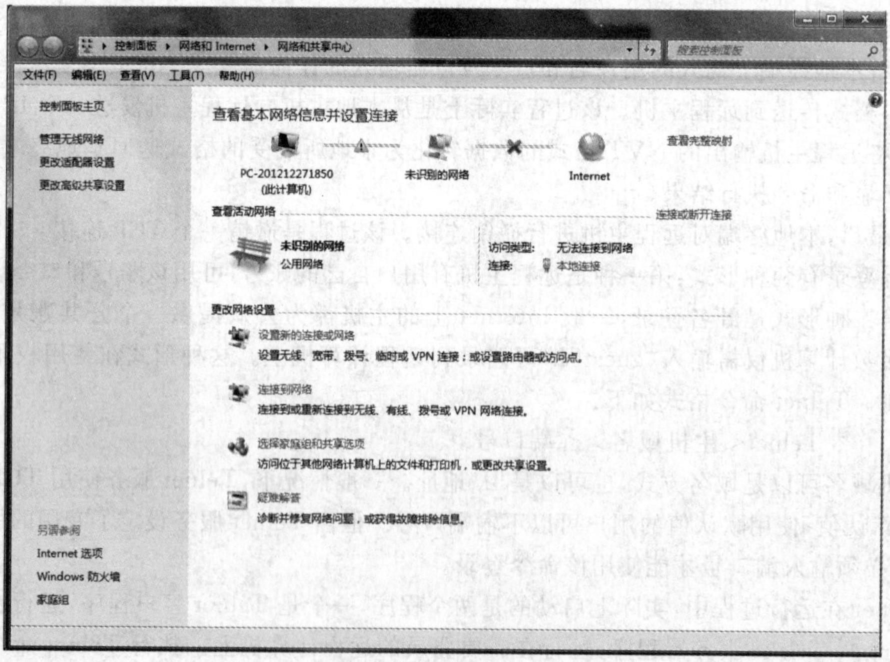

图 2－18 打开“网络和共享中心”页面

在“网络和共享中心”这个页面的中间位置有“更改网络设置”选项，点击此项的第一个选项“设置新的连接或网络”，然后在弹出的新窗口中选择“连接到 Internet”(默认选项)，点击“下一步”，见图 2 - 19。

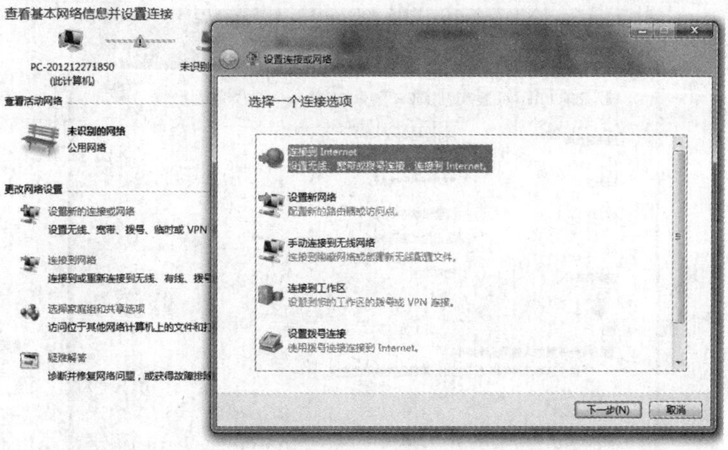

图 2 - 19　设置新的连接或网络

然后会弹出一个新窗口，直接点击窗口中的“宽带(PPPOE)(R)”这个默认选项，见图2 - 20。

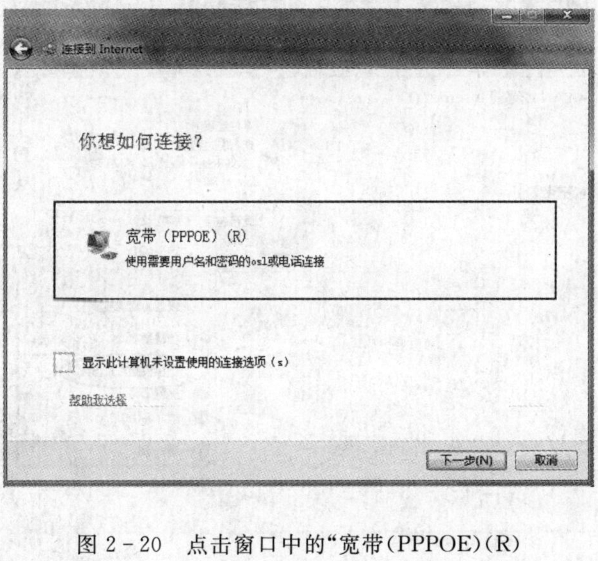

图 2 - 20　点击窗口中的“宽带(PPPOE)(R)

然后在弹出的新窗口中，输入用户办理宽带时电信公司提供的“用户名”和“密码”，连接名称默认为“宽带连接”，当然用户也可以修改成喜欢的任何名称。然后再点击“连接”，见图2 - 21。

如果信号正常，账号和密码输入正确的话，就可以正常连接到 Internet 上了。

Win7 并没有提供建立桌面快捷图标的选项，所以，为了以后我们能方便快捷地使用宽带连接，还需要创建一个宽带连接快捷方式到桌面上，具体方法如下：

重复以上三种步骤的任何一种，也就是能进入到“网络和共享中心”这个页面即可，然后点击页面左上角的“更改适配器设置”这个选项，见图 2-22。

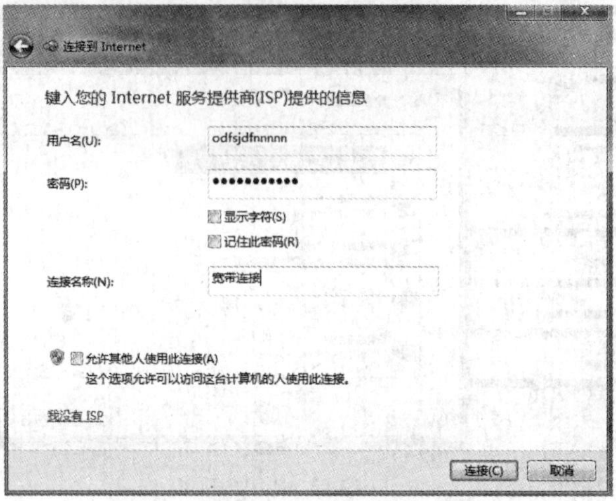

图 2-21 输入“用户名”和“密码”

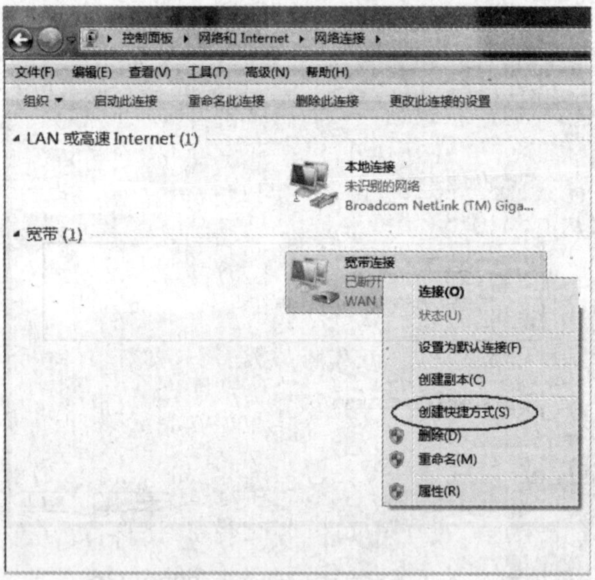

图 2-22 更改适配器设置

然后就可以看到刚才创建的“宽带连接”了(或者是建立 PPPOE 时自己设置的名称)，在“宽带连接”上点击右键，选择“创建快捷方式”，见图 2-23。

在弹出的警告窗口上点击“是”，然后关闭此页面，就会发现宽带连接快捷方式已经出现在桌面上了。

还有一种便捷的方法是直接将上图中的“宽带连接”拖放到桌面上，效果是一样的。

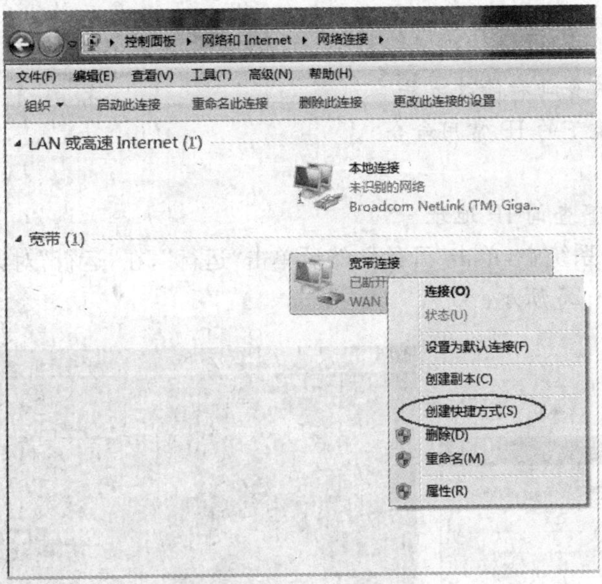

图 2-23　在“宽带连接”上点击右键，选择“创建快捷方式”

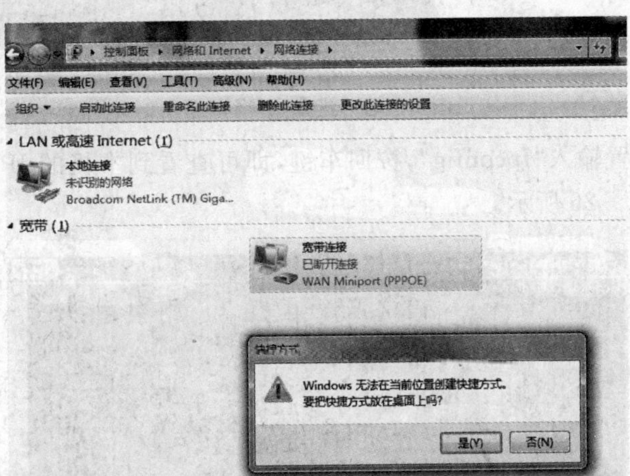

图 2-24　在弹出的警告窗口上点击“是”

任务要求

1. 掌握 Win7 操作系统的网络连接设置过程
2. 了解相对于 XP 系统，Win7 在宽带连接设置方面有哪些变化

任务二　IP 地址的查询和修改

任务目的

1. 掌握 IP 地址的查询和修改方法
2. 了解 DOS 环境下的 IP 常用命令

1. 在 DOS 环境下查询 IP 地址

在 Windows XP 系统中，单击“开始”，然后单击“运行”，在“运行”对话框里输入“cmd”，进入 DOS 环境，如图 2-25 所示。

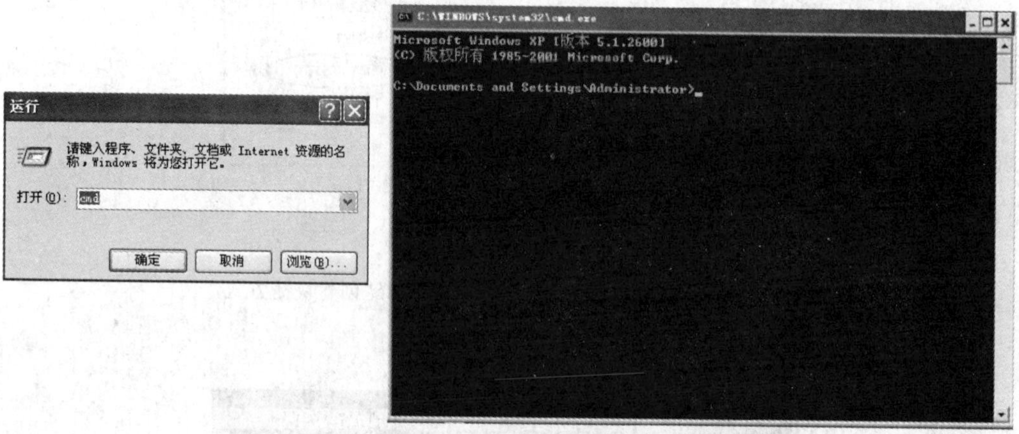

图 2-25　进入 DOS 环境

在命令提示符位置输入“Ipconfig”，按回车键，即可查看到本机的 IP 地址、子网掩码和默认网关等信息，如图 2-26 所示。

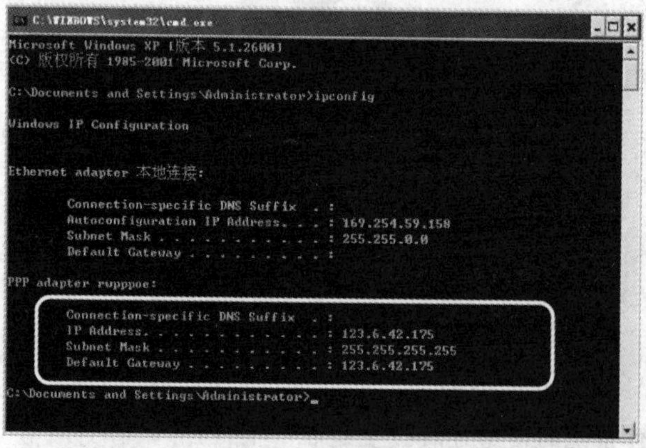

图 2-26　DOS 环境下查询本机的 IP 地址等信息

2. 修改 IP 地址

这里所指修改 IP 地址的方法，只针对局域网 IP，即静态 IP，动态 IP 是 DHCP 自动分配的，是无法更改的。动态主机设置协议（dynamic host configuration protocol，DHCP）是一个局域网的网络协议，使用 UDP 协议工作，主要有两个用途：给内部网络或网络服务供应商自动分配 IP 地址，给用户或者内部网络管理员作为对所有计算机作中央管理的手段。

处在局域网中的计算机可能会遇到被网管限制带宽、限制浏览等情况，这些操作通常都是针对 IP 地址实现的，如果想要摆脱限制就需要更改 IP 地址，那么如何修更改 IP 地址呢？具体操作方法如下：

鼠标右键点击“网上邻居”→选择“属性”→右键点击“本地连接”→选择“属性”→在弹出的“本地连接属性”中双击“Internet 协议（TCP/IP）”，将弹出“Internet 协议（TCP/IP）属性”，更改下方 IP 地址复选框中的最后一位数，就可以修改本机在局域网中的 IP 地址了，如图 2-27 和 2-28 所示。

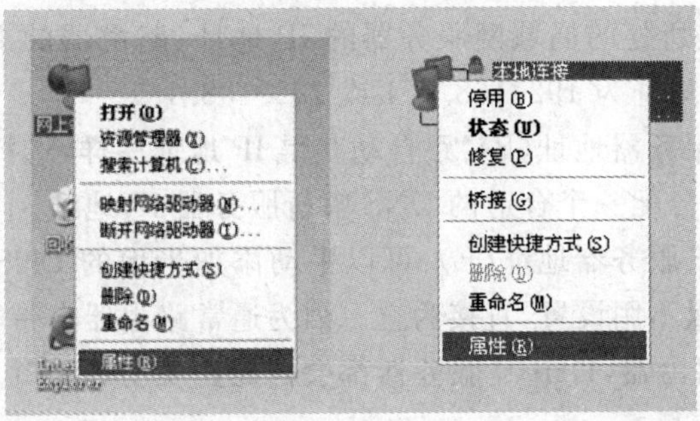

图 2-27 打开网络连接窗口

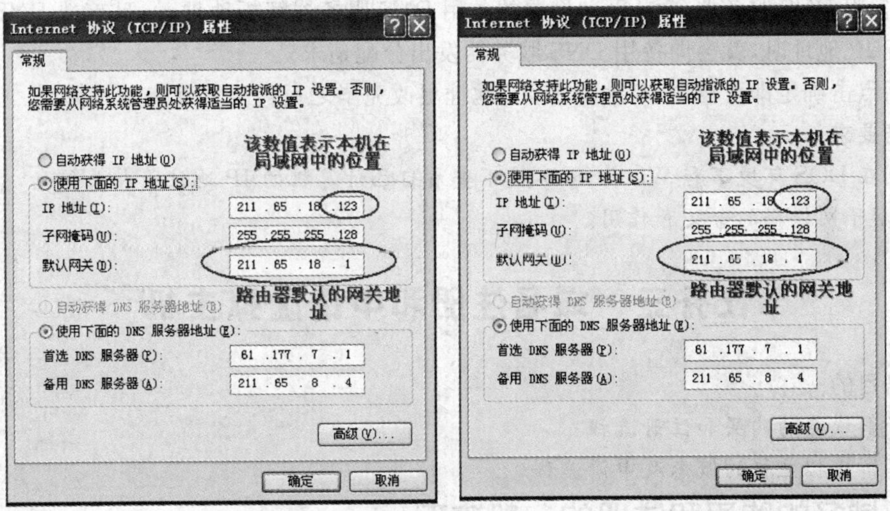

图 2-28 修改本机的 IP 地址

接下来解释一下这里的复选框所代表的含义。

(1) 自动获得 IP 地址(O)：选择此项后，每次开机系统将从 DHCP 服务器上自动分配到一个动态 IP 地址，这个地址是公网 IP 地址，也就是本地计算机在广域网中的地址信息。

(2)使用下面的 IP 地址(S):选择此项后,需要进行一系列的 IP 地址配置,主要用于配置局域网 IP 地址。

(3)IP 地址(I):这是本地计算机在局域网中的 IP 地址,这个 IP 地址必须在默认网关允许的字段范围之内,比如说默认网关(路由器)只认为在 192.168.0.1～192.168.0.255 字段之间合法,那么 IP 地址(I)就只能在该字段之内,这里所讲的修改 IP 地址就是指的修改这串局域网 IP 地址的最后一位数,它可以在 1～255 之间任意改动,但任何时候最后一个字段都不能超过 255。

(4)子网掩码(U):用于声明哪些字段属于公网位标示,哪些字段属于局域网位标示,默认都为 255.255.255.0。解释一下,前面三个 255 表示在公网中的位标示,这三个字段只能在 255 数值之内,而最后的一个 0 表示在局域网中的位标示,局域网位标示也只能在 255 数值之内。

(5)默认网关(D):是所处的局域网服务器的 IP 地址(路由器的 IP 地址),通常局域网服务器(路由器)的默认 IP 地址为 192.168.0.1 或 192.168.1.1。

(6)自动获得 DNS 服务器地址(B):跟自动获得 IP 地址一样,选择此项后,每次开机 DHCP 服务器都会为计算机分配一个合适的 DNS 解析服务器 IP 地址。

(7)使用下面的 DNS 服务器地址(E):可以手动添加当地的 DNS 服务器解析地址,但在使用路由器的情况下可以不用设置,直接为空。因为通常路由器自带开启 DHCP 服务器自动分配的功能,每次开启路由器,DHCP 服务器都会向路由器分配一个合适的 DNS 解析地址,该地址保存在路由器中。

(8)首选 DNS 服务器(P):手动设置默认的 DNS 服务器解析地址,用于每次开机计算机会向该 DNS 服务器请求分配一个 IP 地址。

(9)备用 DNS 服务器(A):手动设置的备用 DNS 服务器解析地址,一旦首选 DNS 服务器无法分配 IP 地址时,就会向备用 DNS 服务器发出分配请求。

最后点击确定即可修改 IP 地址了,IP 地址更改完毕之后需要重新启动计算机。

任务要求

分别在 DOS 环境下和 Windows 环境下查看自己计算机的 IP 地址等相关信息,查阅相关资料,了解子网掩码的含义和作用。

任务三　域名注册和申请虚拟主机

任务目的

1.了解域名的购买和注册流程

2.了解虚拟主机的概念及申请流程

一、域名的购买和注册的一般流程

我们以北京亿诚(http://www.cnyicheng.com/dmeshw/)为例,介绍域名的购买和注册的一般流程,如图 2-29 所示。

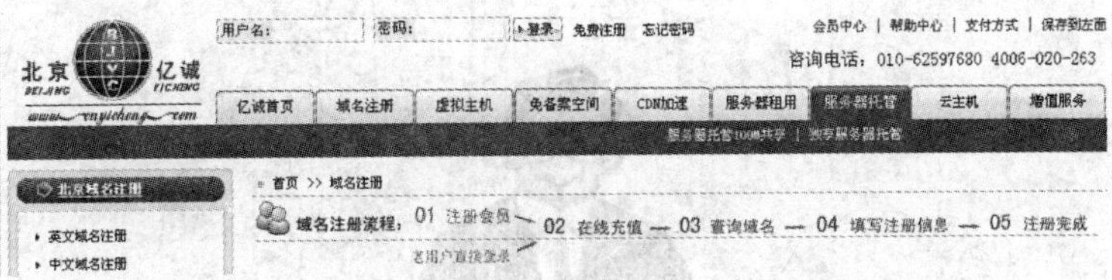

图 2-29　会员注册

1. **申请会员**

注册会员总共有如下三步：

第一步：点击网站上方“注册”，见图 2-30。

图 2-30　会员注册

第二步：填写会员资料，见图 2-31。

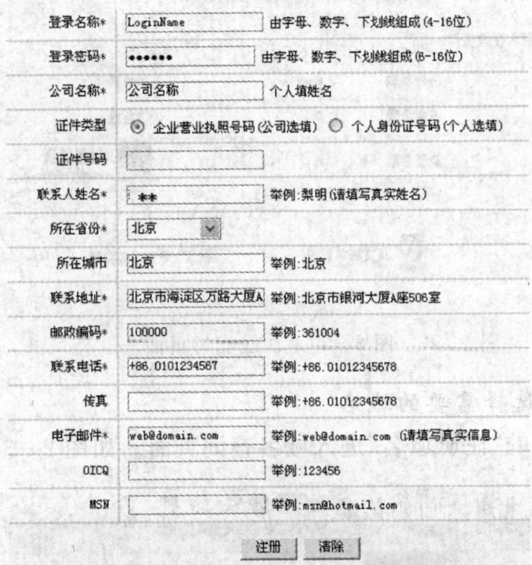

图 2-31　填写会员资料

第三步：确认信息提交，注册成功，如图 2-32。

图 2－32　注册成功

点击“返回”自动跳到会员中心。

2. 办理汇款

点击页面标示“点击此处进入在线支付”进行在线支付操作，如图 2－33 所示。如果没有开通网上支付功能则可到银行办理汇款。

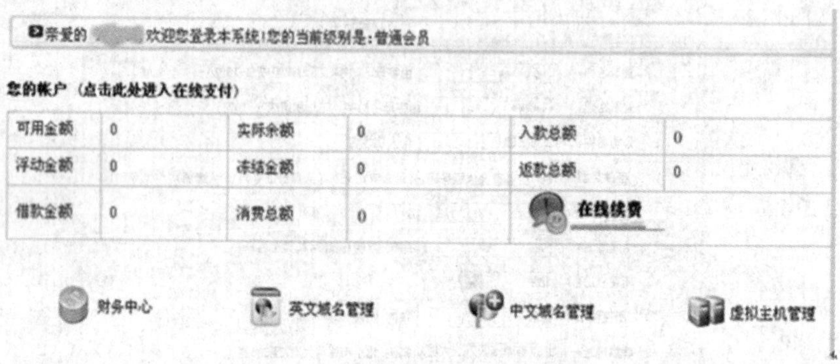

图 2－33　在线支付页面

3. 进行域名查询，选择需要的域名

(1)点击网站左上角的“注册域名”进入域名查询页面。如图 2－34 所示。

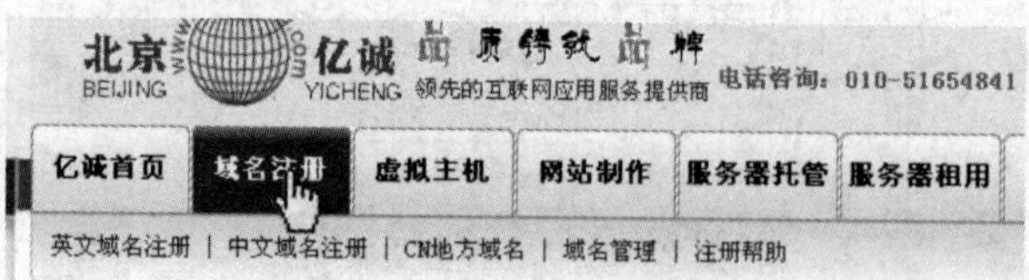

图 2－34　域名查询页面

(2)输入需要查询的域名如“12345. com”，那么先输入“12345”，然后选择顶级域名“. com”，如图 2－35 所示。

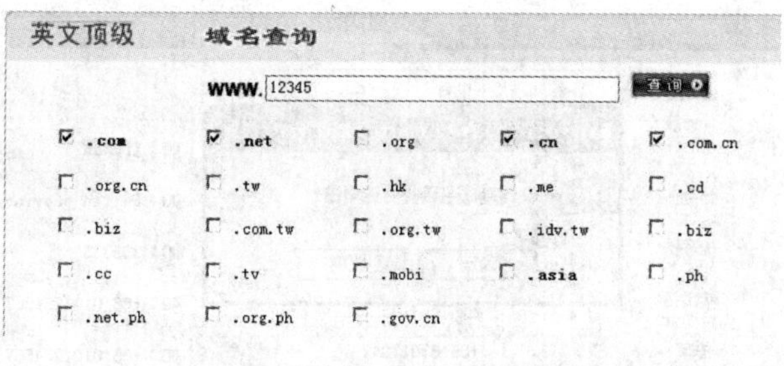

图 2－35　输入查询域名

(3)点击“查询”按钮,即显示查询结果,如图 2－36 所示。

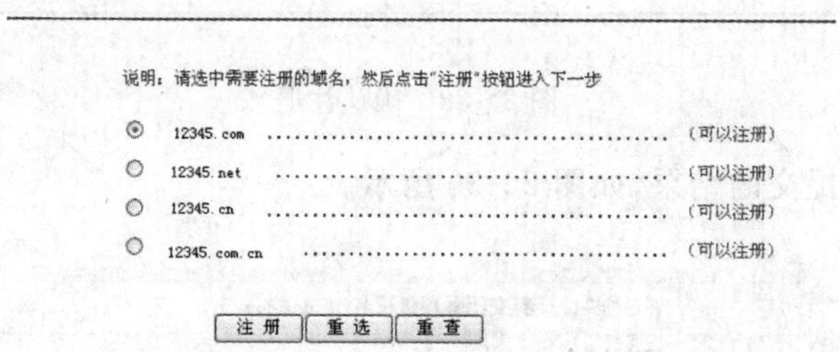

图 2－36　显示查询结果

4.选择需要的域名点注册

选择需要的域名,然后点击“注册”按钮进入资料填写页面,如图 2－37 所示。

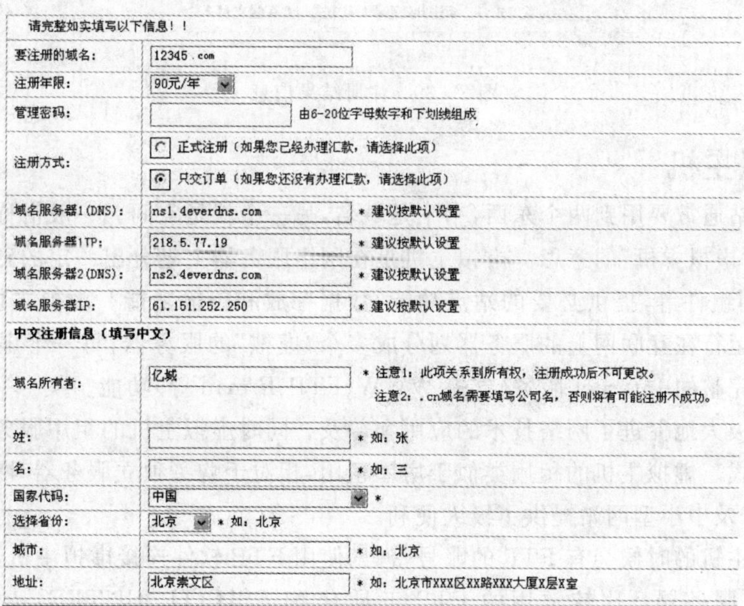

图 2－37　资料填写页面

填写完成后点击“确认注册”,再次点击“确定”,如图 2－38 所示。

图 2-38　确认注册

此时将看到申请提交的结果，如图 2-39 所示。

图 2-39　注册结果信息

二、虚拟主机

做一个网站通常要用到两个东西，一个是域名，另一个就是空间。一般俗称的“网站空间”就是专业名词“虚拟主机”的意思。虚拟主机是在网络服务器上划分出一定的磁盘空间供用户放置站点、应用组件等，提供必要的站点功能、数据存放和传输功能。虚拟主机也叫“网站空间”，它把一台运行在互联网上的服务器划分成多个“虚拟”的服务器，每一个虚拟主机都具有独立的域名和完整的 Internet 服务(支持 WWW、FTP、E-mail 等)功能。

虚拟主机极大地促进了网络技术的应用和普及。同时虚拟主机的租用服务也成了网络时代新的经济形式。虚拟主机的租用类似于房屋租用，相对于购买独立服务器，网站建设的费用大大降低，为普及中小型网站提供了极大便利。

购买虚拟主机的时候会有 FTP 的账号密码，使用 FTP 软件连接虚拟主机，就可以将做好的网站上传至服务器。比较常用的 FTP 工具有 FLASHFTP、CUTEFTP 和其他的一些工具。

仍以北京亿诚的虚拟主机订购为例对其服务流程作以简单介绍。

(1)首先登录会员，在网站会员登陆处出输入用户名和密码进行登陆，然后查看帐户余额是否够此次支付所需。如不够支付需要进入在线支付，如图 2－40 所示。

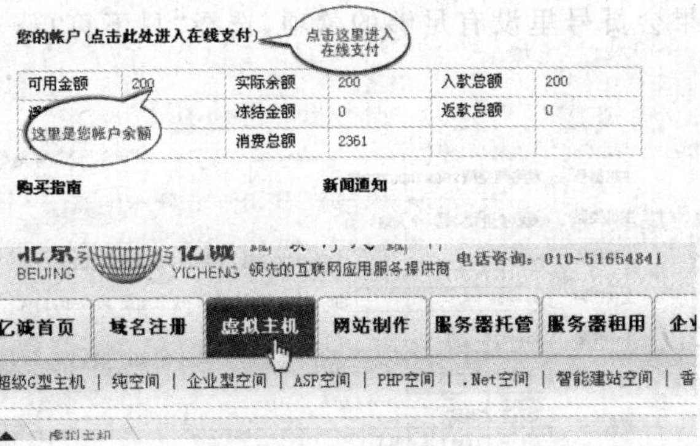

图 2－40　在线支付

(2)选择需要的虚拟主机。

首先，点击左上角的“虚拟主机”进入虚拟主机列表页面。如图 2－41 所示。

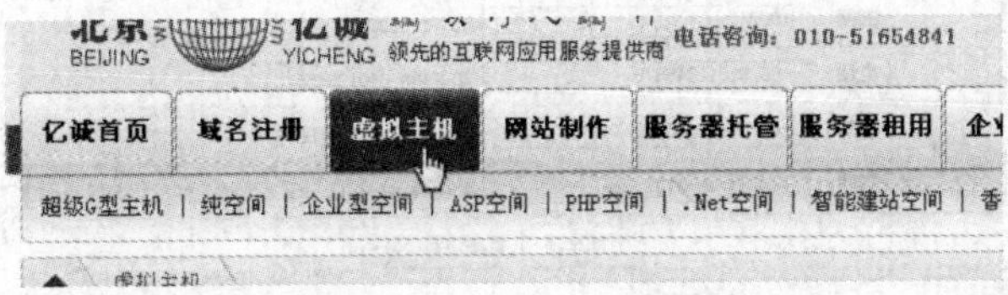

图 2－41　进入虚拟主机列表

其次，选择需要的主机，点击“购买”按钮，如图 2－42 所示。

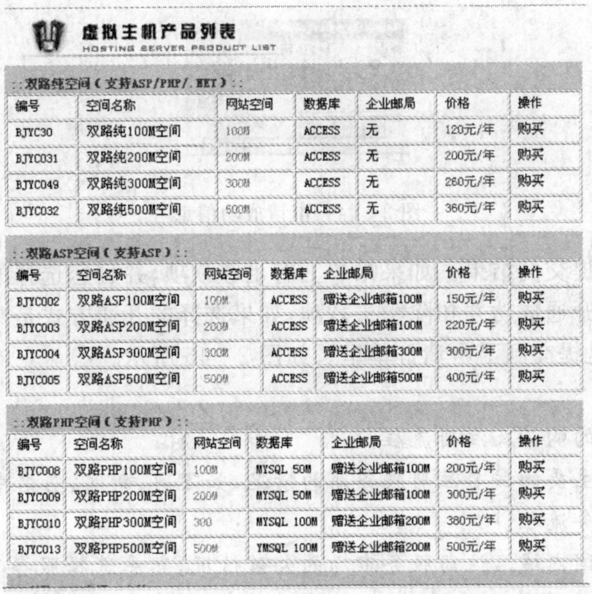
虚拟主机产品列表
HOSTING SERVER PRODUCT LIST

::双路纯空间（支持ASP/PHP/.NET）::

编号	空间名称	网站空间	数据库	企业邮局	价格	操作
BJYC30	双路纯100M空间	100M	ACCESS	无	120元/年	购买
BJYC031	双路纯200M空间	200M	ACCESS	无	200元/年	购买
BJYC049	双路纯300M空间	300M	ACCESS	无	260元/年	购买
BJYC032	双路纯500M空间	500M	ACCESS	无	360元/年	购买

::双路ASP空间（支持ASP）::

编号	空间名称	网站空间	数据库	企业邮局	价格	操作
BJYC002	双路ASP100M空间	100M	ACCESS	赠送企业邮箱100M	150元/年	购买
BJYC003	双路ASP200M空间	200M	ACCESS	赠送企业邮箱100M	220元/年	购买
BJYC004	双路ASP300M空间	300M	ACCESS	赠送企业邮箱300M	300元/年	购买
BJYC005	双路ASP500M空间	500M	ACCESS	赠送企业邮箱500M	400元/年	购买

::双路PHP空间（支持PHP）::

编号	空间名称	网站空间	数据库	企业邮局	价格	操作
BJYC008	双路PHP100M空间	100M	MYSQL 50M	赠送企业邮箱100M	200元/年	购买
BJYC009	双路PHP200M空间	200M	MYSQL 50M	赠送企业邮箱100M	300元/年	购买
BJYC010	双路PHP300M空间	300	MYSQL 100M	赠送企业邮箱200M	380元/年	购买
BJYC013	双路PHP500M空间	500M	YMSQL 100M	赠送企业邮箱200M	500元/年	购买

图 2－42　选择虚拟主机服务

(3)填写申请资料并确认提交。

如果会员号里有足够的款项,开通方式可以选择“正确购买”,这样空间可以马上开通,并且立刻投入使用。如果会员号里没有足够的款项,选择“只下订单(不开通)”。如图 2-43 所示。

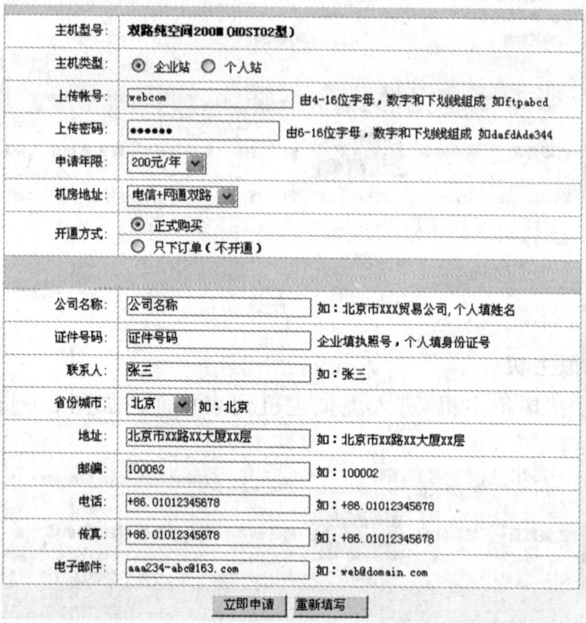

图 2-43 填写申请资料并确认提交

填写完成后点击“立即申请”,再次点击“确定”,如图 2-44 所示。

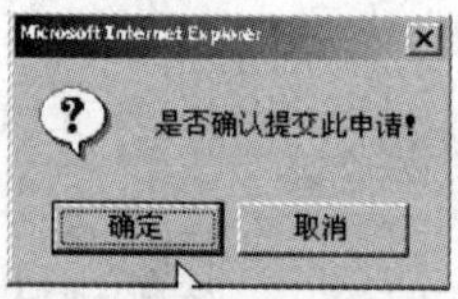

图 2-44 申请成功信息

此时将看到订单提交的结果。如果帐户上有足够款项,并且您选择的注册方式是“正确购买”,那么空间将马上开通成功并扣除购买款项,如果选择的开通方式是“只交订单”,那么空间并没有真正开通,只是提交到了申请订单里。如图 2-45 所示。

任务要求

1. 了解收费域名的购买及注册流程。

2. 了解一些国内主要的域名注册服务商的情况,如万网、新网、易名中国等,查询其所提供的域名服务项目及业务流程。

3. 通过网络了解国内域名注册服务市场的大致情况,熟悉选择服务商进行域名注册应考虑的因素(如价格、DNS 解析速度及稳定性等)。

虚拟主机购买结果	
主机种类:	企业标准型（B103）
主机名称:	test
免费网址:	http://test.xmab.365idc.cn
上传地址:	218.5.74.62（建议使用域名作为地址，便于记忆）
上传帐号:	test
上传密码:	Test1234DD（本系统独有的各项管理也基于此密码）
管理地址:	http://www.okidc.com/host/（注册会员可以在本系统直接管理）
购买方式:	先下订单待汇款后再正式开通
购买期限:	1年
购买结果:	提交成功!
付款方式:	点击此处查看付款方式 《在线支付》

图 2-45　虚拟主机购买结果

4. 通过网络了解虚拟主机的基本知识和虚拟主机服务的申请过程。

任务四　客户端邮件工具 Foxmail 的使用

任务目的

通过以下操作掌握 Foxmail 的使用。Foxmail 是一个中文版的电子邮件客户端软件，支持全部的 Internet 电子邮件功能。Foxmail 以其设计优秀、体贴用户、使用方便、提供强大的邮件处理功能，运行效率较高等特点，赢得了广大用户的喜爱。它是近几年来比较成功的国产软件之一。

1. 安装

直接双击 Foxmail 的安装文件，需要注意的是要改变默认的安装目录，尽量不要把 Foxmail 安装在 C 盘上，这样以后重新安装系统的时候就不需要重新安装 Foxmail 了，如图 2-46 所示。

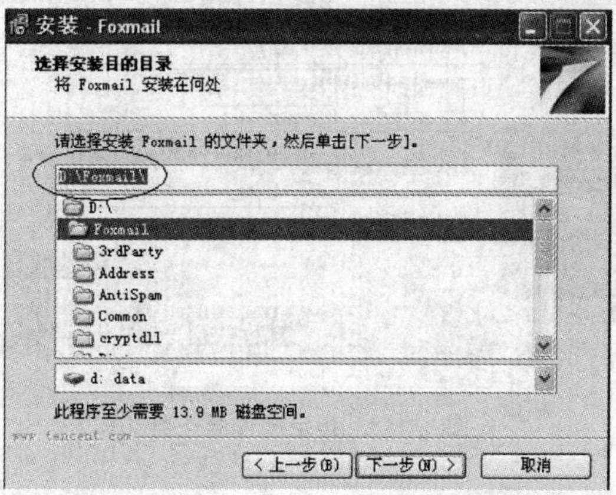

图 2-46　选择安装目录

2. 设置

安装好后，Foxmail 会默认在桌面建立一个快捷方式的图标，双击打开 Foxmail。第一次运行会有一个设置向导可以进行初始的设置。首先输入用户的 Web 邮箱账号和密码，输入账户名称，“邮件中采用的名称”是他人收到用户所发邮件显示的名字。如图 2-47 所示。

还可以指定邮件服务器。通常，如果是在网上申请的邮箱，这个选项不用更改，如图 2-48 所示。但是有些公司邮箱，没有 POP3 和 SMTP 邮箱，需要我们把接收邮件服务器和发送邮件服务器都改成：mail. ××××. com（××××是用户邮箱后面的后缀），并且把邮件账户改成用户邮箱的全部（wenjiabao@××××. com），如图 2-49 所示。

设置完成，把“邮件在服务器上保留备份”的选项去掉，要不然会占用大量服务器空间。如图 2-50 所示。然后测试账户设置是否正常，如图 2-51 所示。点完成进入 Foxmail 主界面。

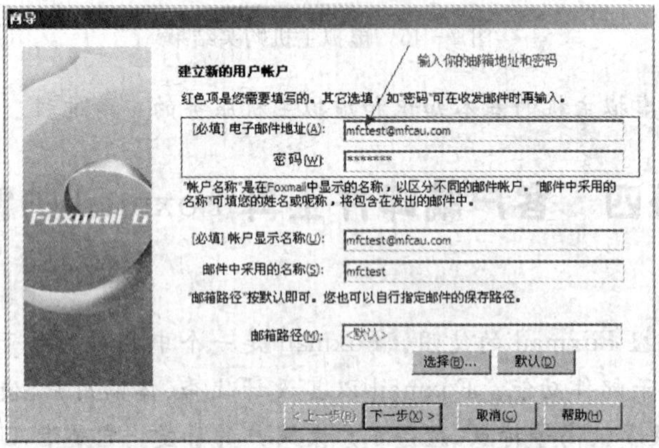

图 2-47　输入电子邮件账号和密码

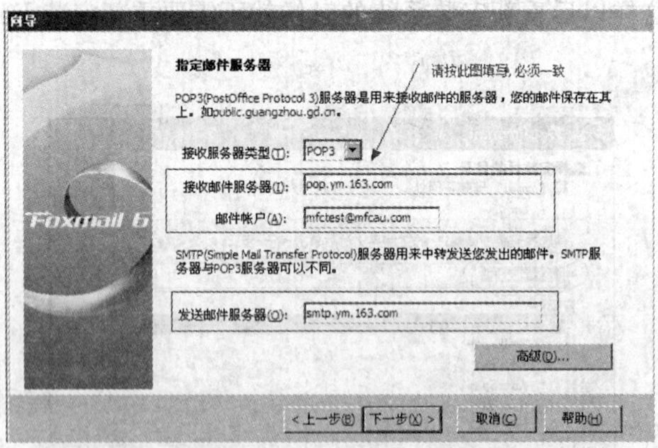

图 2-48　指定邮件服务器

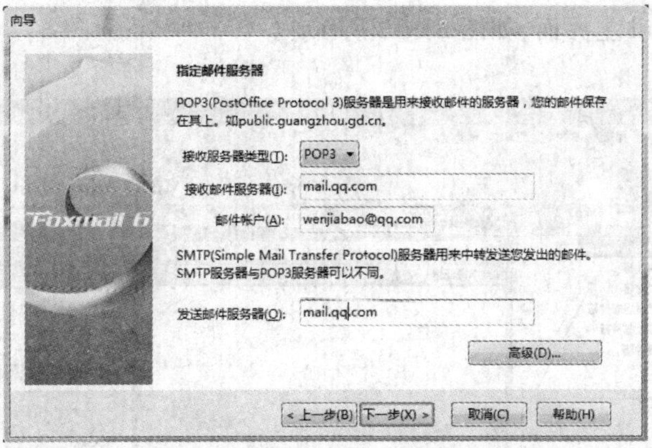

图 2-49 更改邮件服务器选项

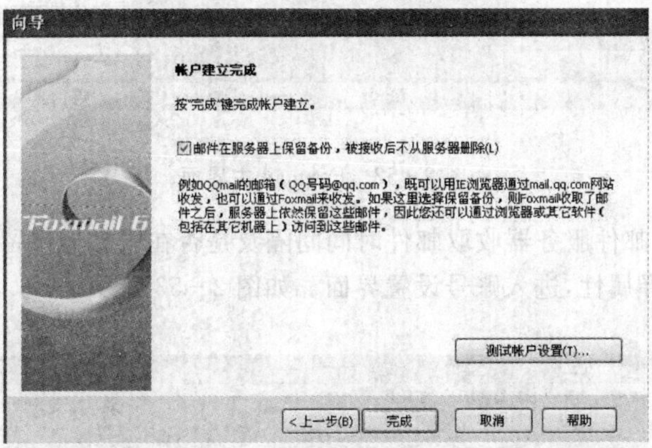

图 2-50 账户建立完成

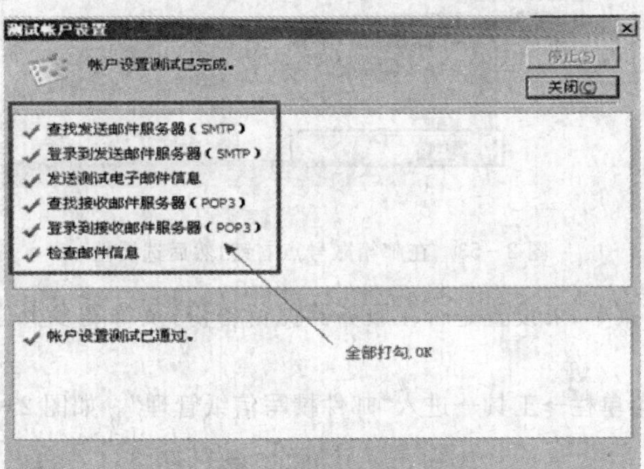

图 2-51 账户设置测试

3. Foxmail 的使用

首先打开 Foxmail 主界面，如图 2－52 所示。

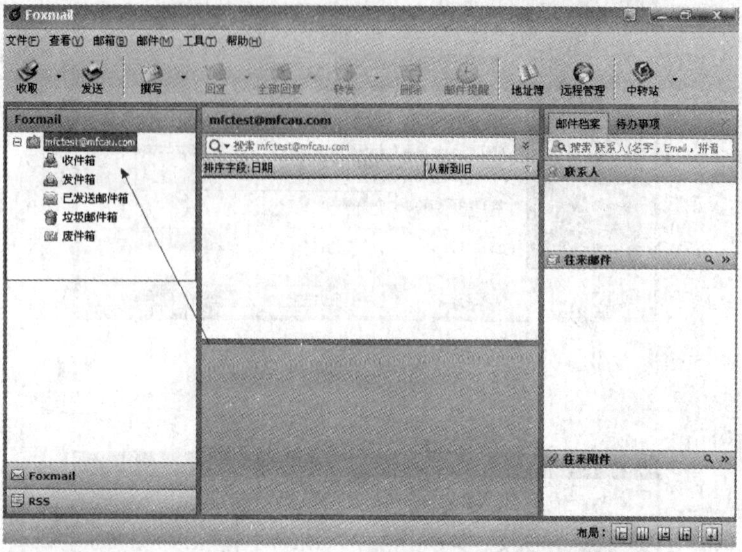

图 2－52　Foxmail 主界面

设置 Foxmail 从邮件服务器收取邮件时间间隔及是否在服务器保留备份。在邮箱账号上面点击右键，然后选择属性，进入账号设置界面。如图 2－53 所示。

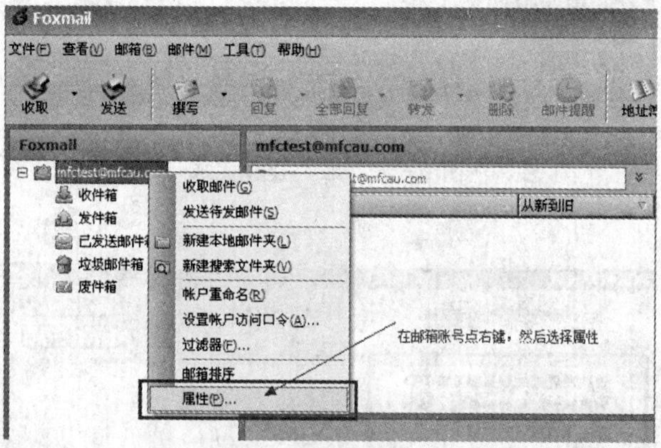

图 2－53　在邮箱账号点右键，然后选属性

选择“接收邮件”菜单，可设置是否在服务器保留备份，及每隔多少分钟收到一次新邮件。如图 2－54 所示。

设置模板，点击菜单栏→工具→进入“邮件撰写信纸管理”。如图 2－55 所示。

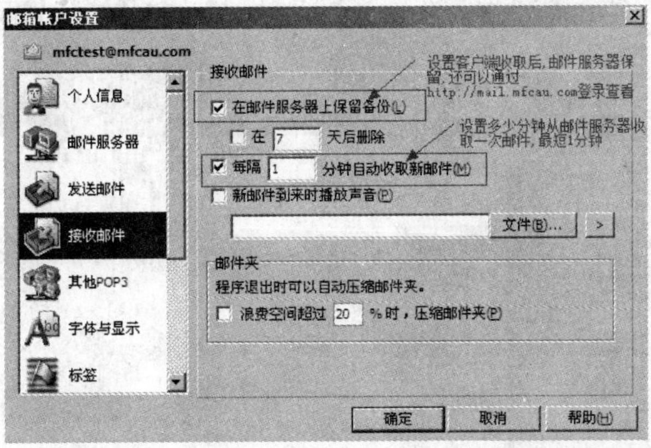

图 2-54 属性设置

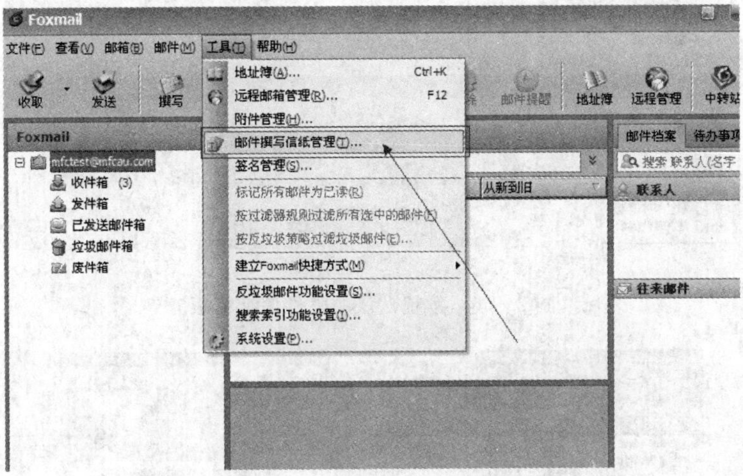

图 2-55 邮件撰写信纸管理

系统默认有三种类型的模板,分别是新建邮件、回复邮件和转发邮件。如图 2-56 所示。

全部收缩后,可以看到刚才所说的三种类型的模板。

进行一些个性化的设置,保存后,可设置成默认。以新建邮件模板为例,当我们把图 2-57 中“新邮件信纸”设置成默认后,每次写新邮件,系统默认调用此模板。如图 2-57 所示。

使用通讯簿,菜单栏→工具→地址簿,进入 Foxmail 的地址簿管理界面。如图 2-58 所示。

此处点击新建文件夹,建立用户想要的地址簿文件夹,然后点击新建卡片,即可添加联系人的电子邮箱,点击“确定”即可。如图 2-59 所示。

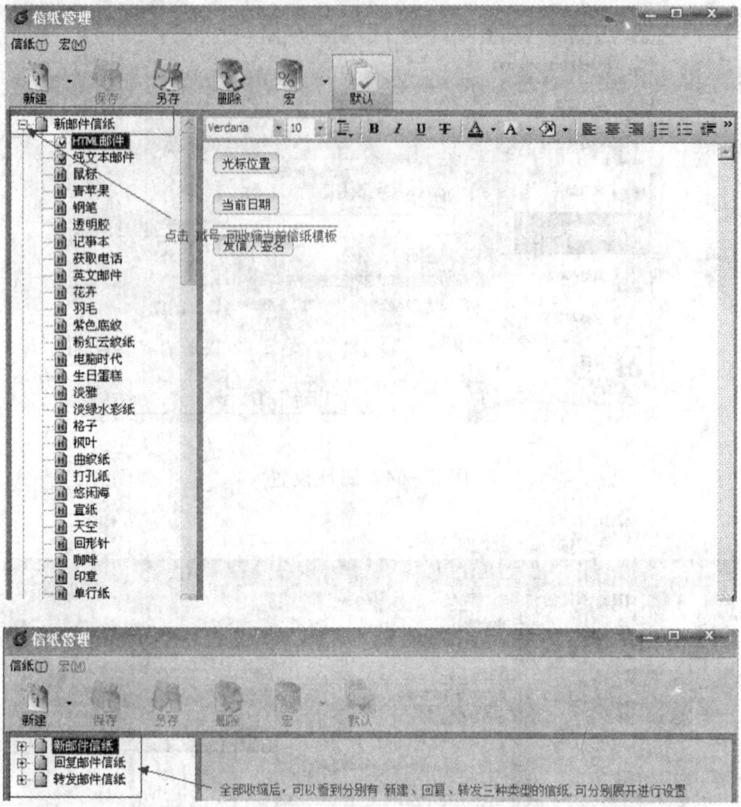

图 2－56　系统默认的邮件信纸模板

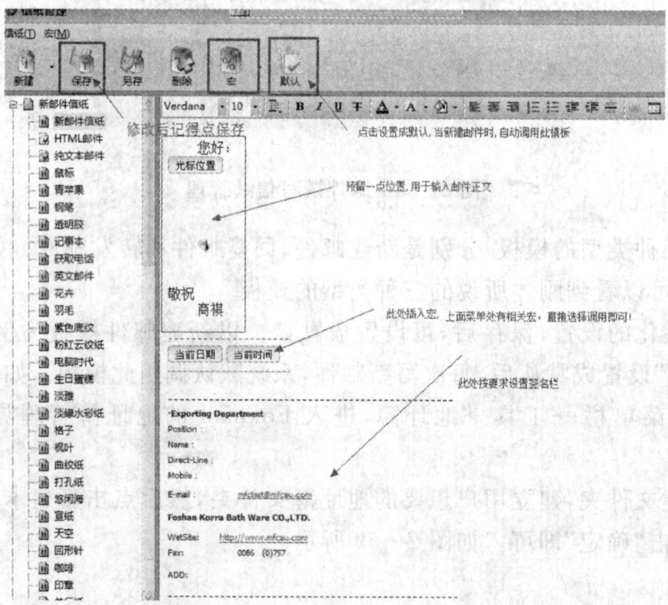

图 2－57　设置默认邮件模板

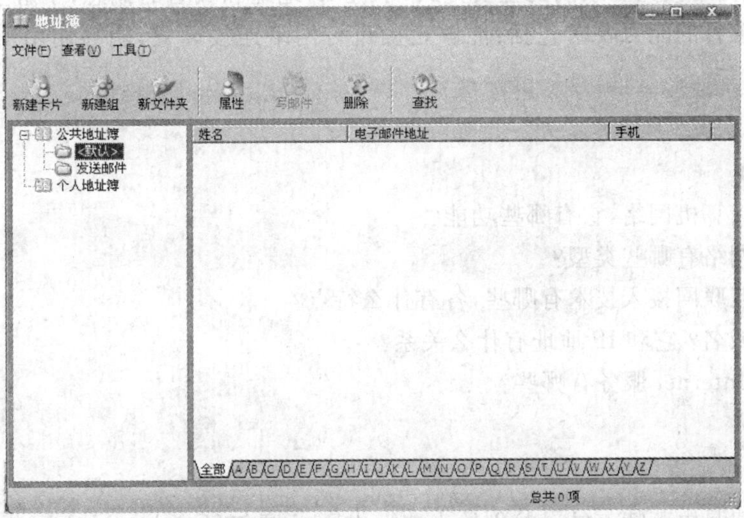

图 2-58 Foxmail 的地址簿管理界面

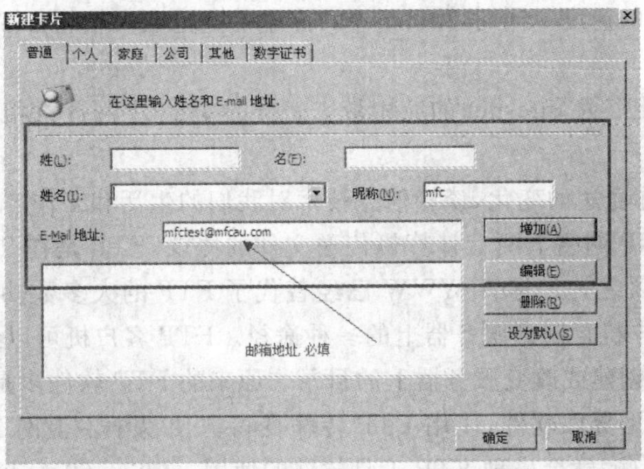

图 2-59 添加联系人信息

有以下方法可以对地址簿进行备份：使用地址簿"工具"菜单的下的"导出"功能，可以把地址簿信息导出到文件中。对于地址簿的文件夹，可以导出成 CSV、WAB 或者 TXT 文件（建议导出成与 Excel 兼容的 CSV 格式）；对于卡片，可以导出成名片(vCard)文件。

任务要求

1. 掌握 Foxmail 的配置方法及使用方法。

2. 了解 Windows 自带的电子邮件收发管理工具 Outlook Express 的使用，并和 Foxmail 作以简单对比。

项目小结

本项目的知识要求主要包括：了解计算机网络的概念和功能；掌握计算机网络的基本组

成；了解计算机网络接入互联网的主要方式；掌握 IP 地址和域名的概念；了解主要的 Internet 服务种类。本项目的能力要求包括：能够正确进行网络连接设置；能够使用 Internet 的基本功能。

基本练习

1. 什么是计算机网络，它有哪些功能？

2. 计算机网络有哪些类型？

3. 常用的互联网接入技术有哪些，各有什么特点？

4. 什么叫域名？它和 IP 地址有什么关系？

5. 常用的 Internet 服务有哪些？

拓展训练

1. 摩尔定律是由英特尔(Intel)创始人之一戈登·摩尔(Gordon Moore)提出来的。其内容为：当价格不变时，集成电路上可容纳的晶体管数目，约每隔 18 个月便会增加一倍，性能也将提升一倍。换言之，每一美元所能买到的电脑性能，将每隔 18 个月翻两倍以上。这一定律揭示了信息技术进步的速度。同时，Internet 的传输带宽也在大幅增加，宽带上网应用越来越普遍。

(1)技术的进步能够为 Internet 的应用带来怎样的变化，上网搜索相关前沿信息并撰写一篇综述。

(2)结合发生在你身边的变化，谈谈信息技术对我们的生活和工作产生了怎样的影响。

2. FTP 是 TCP/IP 网络上两台计算机传送文件的协议，FTP 是在 TCP/IP 网络和 internet 上最早使用的协议之一。尽管 WWW 已经替代了 FTP 的大多数功能，FTP 仍然是通过 Internet 把文件从客户机复制到服务器上的一种途径。FTP 客户机可以给服务器发出命令来下载文件，上传文件，创建或改变服务器上的目录。原来的 FTP 软件多是命令行操作，有了像 CUTEFTP 这样的图形界面软件，使用 FTP 传输变得方便易学。上网了解我们经常使用的 FTP 工具软件都有哪些，学会一种 FTP 工具软件的使用。图 2-60 为 FTP 软件下载排行。

ftp软件排行榜 太平洋下载

软件名	下载次数	好评率	大小
01 FileZilla 3.7.1.1 多国语言版	9313	50.2%	4.59M
02 8UFTP 3.0.0.6 绿色版	5872	73.3%	483KB
03 FlashFXP 4.4.0 build 1991	3360	49.6%	4.47M
04 CuteFTP 8.3.4.0007 官方版	1978	67.7%	12.01M
05 大众FTP软件 3.6	1153	74.7%	1.27M

查看完整排行榜单>>

www.pconline.com.cn/ 2013-07-23 -

图 2-60 FTP 软件下载排行

项目三 电子商务交易模式

项目概要

电子商务作为一种新型的商务活动方式，正在成为推动全球经济增长的重要力量。在电子商务的实践中，企业依据各自的特点采用不同的模式与运作方式，从而形成了多种多样的业务流程和交易模式。

小王在完成社会调查的过程中，准备实际尝试一些简单的电子商务活动，进一步了解不同模式的电子商务交易活动的区别和特征。他选择了时下非常流行的网络购物和网上开店，准备先感受一下网上购物过程带来的购物体验，然后准备再自己开一家个人网店，开始自己的网上创业，通过亲身参与熟悉网店经营管理的技巧。

导入案例

苏宁"店商＋电商＋零售服务商"模式

近期，苏宁张近东在苏宁例行的春季工作规划与部署会议上，提出"店商＋电商＋零售服务"的"云商模式"。所谓"店商"，是指线下门店；电商，是指线上销售；零售服务商，则是指本地化的经营和服务。

媒体披露消息称，苏宁将进行集团层面的重大组织架构改革，该调整方案将于本周四公布。历经三年的网商运营后，零售业巨头苏宁集团正在酝酿一次全面的大变革。

2 月 17 日，苏宁董事长张近东在年度春季工作部署会上表示，新的一年，苏宁要为中国零售业的春天作出贡献，做线上线下的零售服务商，"店商＋电商＋零售服务商，这就是苏宁所要倡导的中国零售的云商模式。在接下来的三天里，集团将围绕云商模式，从组织架构、年度计划、经营策略、人员任命进行全面部署。"

家电行业观察家梁振鹏认为，张近东之所以会提出"云商模式"，表明电商已从市场培育期到市场成熟期，而电商的本质作为零售业的特征越发体现出来，作为拥有多家实体门店的传统企业经营电商还是有纯粹电商企业所不具备的优势。

"店商＋电商＋零售服务商"

张近东在春季部署会议上表示，生于忧患，死于安乐，零售企业决不能坐等春天的到来，零售业的春天只能由零售企业自己去开创。未来的零售企业，不独在线下，也不只在线上，一定是线上线下的完美融合，没有线上就没有线下，有了线下才能有更好的线上。

张近东称，历经三年网商运营，苏宁总结出两点结论：第一，电子商务的主力军应该是店商，而不应该是电商，无论店商还是电商，零售盈利的精髓都取决于本地化的经营和服务；第二，电子商务的发展要由零售企业自己主导，而不是由电商服务商主宰，电子商务是实体经济不是虚拟经济，虚拟经济主导实体经济必然导致泡沫经济。他指出，过去三年，从店商到电商，苏宁探索着自己的科技零售之路;新的一年,苏宁要为中国零售业的春天作出贡献,做线上线下的零售服务商,"店商+电商+零售服务商,这就是苏宁所要倡导的中国零售的云商模式。在接下来的三天里,集团将围绕云商模式,从组织架构、年度计划、经营策略、人员任命进行全面部署。"

对于苏宁此次的重新定位,独立电商观察员鲁振旺非常看好,其评价称,苏宁优势仍体现于自身的供应链上,即门店和物流,可以说,苏宁现在的突破点是线上线下的融合,也是典型的O2O的方式,比如其在一线城市开设Expo超级店品类丰富,而在三四线城市,门店覆盖亦很广,而苏宁所打造的覆盖"最后一公里"的毛细物流体系,更是拥有了非常大的优势。

梁振鹏表示,无论以纯电商为主的企业还是传统转电商的企业,要做的事情在本质上而言最终都是一样的,即零售业态,张近东的定位已经把电商的本质说得较为透彻。

3年来一直在打造新模式

在业界看来,过去几个季度中,苏宁的业绩可以十分明显地反映出来自电商的爆发力。

此前,苏宁电器就以公告的形式披露了其电商业务的发展情况,作为苏宁电器旗下的电子商务平台——苏宁易购于2012年实现销售收入约183亿元。

中投顾问高级研究员高博轩曾对此表示,整体而言,苏宁易购2012年的增长速度非常高,其市场份额进一步提升,消费者的认知度、认可度也得到相应的上升;从增长率的角度来看,2012年,苏宁易购实现销售额183亿元,相比2011年的60亿元,同比增长210%;从市场份额的角度来说,在自主销售的B2C市场上,苏宁易购的市场份额从2011年的7%,提升到2012年2季度的9.4%。

"尽管苏宁发展电商较晚,但其冲劲很足,可以看到的是,其线上线下一体化的销售模式,的确在商品配送等方面优势明显。"梁振鹏认为。

苏宁电器有限公司副董事长孙为民表示,"云商模式"并非一时心血来潮才决定要做的事,实际上从2009年开始,集团就一直在探讨营销转型,包括服务模式的打造等,所做的事情都是朝着这样的方向走。

在孙为民看来,经过三年左右的时间,模式以及具体的运作越来越成熟,方向也越来越清晰。孙为民称,这个时候提出这样的概念有两方面的含义:一方面,要把三年左右时间里整个模式的创新进行定型和固化,因为过去包括"去电器化"等各种创新模式都未有一个定格的东西,只是在动态过程中间的实践;另一方面,对于今年而言,集团年度的工作部署将重点围绕成熟的定型的模式,以及在组织人员上如何做全方位重新的调整、配置问题。

资料来源:苏宁"店商+电商+零售服务商"模式[EB/OL].[2013-02-20]http://classroom.eguan.cn/moshi_155098.html.

注:O2O即Online To Offline,也即将线下商务的机会与互联网结合在了一起,让互联网成为线下交易的前台。这样线下服务就可以用线上来揽客,消费者可以用线上来筛选服务,还有成交可以在线结算,很快达到规模。

项目分析

通过Internet进行电子商务活动为企业交易带来的优势越来越明显,因此电子商务受到企业界的高度重视。然而值得注意的是,电子商务正处在一个不断变化和完善的过程中,了解和掌握电子商务的交易模式问题是学习电子商务的一个十分重要的领域。

通过阅读相关书籍，小王了解到电子商务活动主要包括三种基本模式即B2B、B2C和C2C。它们的盈利模式和应用领域并不相同，我们熟悉的网络购物分属两种模式，即商城模式(B2C)和集市模式(C2C)，而电子商务活动的主体是发生于企业和企业之间的B2B模式，它占到了我国电子商务交易总额的80%左右。小王准备通过不同方式分别体验三种不同的电子商务模式，对于B2C，小王计划在几家主要的网上商城进行购物体验，比较不同的B2C平台的购物流程及其提供的服务。对于C2C，小王计划在国内最大的C2C电子商务平台淘宝上申请开一家网店，熟悉网上开店的流程，并以此为契机进一步学习网店的经营与管理。而对于B2B，小王准备以国内最大的阿里巴巴平台为对象，了解在网上B2B平台寻找商机并完成交易的过程。

项目知识

一、电子商务模式概述

(一)电子商务模式的含义和类型

商务模式的含义，就其最基本的含义而言，是指盈利的方法，是一个企业赖以生存的、能够为企业带来收益的模式。商务模式决定了企业在价值链中的位置，并指导其如何盈利。

当互联网在商业上大获成功，众多企业纷纷开展电子商务活动时，一个突出的问题引起从业者和研究人员的关注和反思：个人和企业如何利用互联网获得财富？采用怎样的电子商务模式和策略才能获得成功，电子商务有哪些可以运用的商业模式，这些模式是如何运作的，如何在基本的电子商务模式基础上进行创新，创造出适合企业自身特殊情况的新型商务模式，这些问题使得电子商务模式成为电子商务研究中的一个重要领域。

对从事电子商务的企业来说，网络环境下的电子商务模式是指可以利用和发挥互联网优势的商业模式，是企业运用电子商务、创造价值的具体表现形式，它直接地、具体地体现了电子商务的生存状态和生存规律。企业运用的电子商务模式意味这一个企业如何通过在价值链中合理地定位自己，从而获得收益。它是企业生存和发展的核心。通过对电子商务模式的分析研究，可以总结出企业在电子商务中创造价值的规律所在。可见电子商务模式是企业认识电子商务市场运作规律的关键，也是企业开展电子商务活动的出发点。

电子商务可以按照不同的标准划分为不同的类型，按实质内容和交易对象来分，电子商务最基本的模式有以下三种：企业与消费者之间的电子商务模式(business to consumer，B to C或B2C)；企业与企业之间的电子商务模式(business to business，B to B或B2B)；消费者与消费者之间的电子商务模式(consumer to consumer，C to C或C2C)。

(二)电子商务模式的发展

随着电子商务的进一步发展，各种电子商务模式还会层出不穷，对于电子商务模式的发展，有三点应该明确。

1. 电子商务没有固定的模式

电子商务发展到今天，已经出现了各种各样的电子商务模式：从B2C到B2B；从ISP(internet service provider，因特网服务商)到ASP(application service provider，应用服务提供商)；从Commerce One提出的X2X(eXchange to eXchange，交易对交易)再到Napster带来的P2P(peer to peer，对等网络模式)，以后还会不断出现更多更新的电子商务模式。商务的复杂性和不断变化发展决定了电子商务没有一个或几个固定模式,各种各样的电子商务模式充分展现了人的智慧和创意,同时也反映了市场价值的空间。

2. 赢利空间是判断电子商务模式好坏的基本依据

赚钱是电子商务的唯一出路,过去那些炒概念的网络公司,自身缺乏有价值的资源和内容,但却大把花钱搞宣传,这实际上就是互联网发展过程中的泡沫。有这么一个笑话:在美国硅谷有一个乞丐,无人理睬他,最后这个乞丐在 beggar 后面加了一个 com,结果使很多的投资者争着给他钱。这说明当时的风险投资者还没有真正地了解电子商务,当时投的只是一个概念或是对未来盈利的预期,但随着泡沫的破灭和电子商务的发展,投资者和从事电子商务的人员都开始寻找真正健康的电子商务模式,有合理的盈利模式并且有较大发展空间是对电子商务模式选择的基本要求。

3. 市场定位与电子商务模式的选择

电子商务模式的选择必须根据市场的定位来决定,市场定位是电子商务模式选择的前提条件。电子商务发展初期,很多电子商务人员误认为建一个网站,如网上商店或网上交易市场,就可以抢占网络经济的制高点,并带来爆炸式的收益增长,其实不然,很多从事电子商务的网络公司花费了大量的人力、物力和财力,却业绩平平,有的甚至一直还没有找到可靠的收入来源,大批投资"网络未来"的雄心壮志最后都变成了投资"网络泡沫"的结局。仔细分析这些网络公司的经营活动,我们不难发现它们普遍存在的一个问题就是定位不准或预期过高,有的甚至是没有一个明确的定位。由于没有明确的定位,很多网络公司的经营活动都变得漫无目的,决策也十分随意。大把大把的钱花完后,却还没有找到十分可靠的盈利点。

进行市场定位是选择电子商务模式的重要因素,市场定位应着眼于以下几个方面:

(1)目标市场分析。如开展电子商务的目标市场在哪里?目标市场有什么特征?目标市场的容量与规模有多大?这些分析有利于创业者明确了解可能的收入规模和盈利空间。

(2)目标客户分析。如目标客户的上网情况,行为偏好分析等,目标客户分析可以使创业者更加了解现在的或潜在的客户行为,以决定可行有效的营销方式。

(3)收入模式分析。如有一些什么样的收入来源?怎样收费?一个好的收入模式是电子商务能够长期开展的保证,从事电子商务必须先确定可行的收入模式,并保证有一定的收入来源。

(4)自身优势分析。电子商务的本质是"商务",商务的开展需要一定的资源优势,包括行业资源优势和技术优势等,电子商务需要整合自身的各种内外部优势,以"电子"形式实现传统商务的优化转型。

基于以上的综合分析,进行明确的市场定位,从而为电子商务模式的选择和解决方案的实施提供前提条件。

二、B2C 电子商务

(一) B2C 电子商务交易概述

消费者利用 Internet 直接参与经济活动的形式,类同于商业的零售商务。随着 Internet 的普及,网上销售也迅速地发展起来。目前,在 Internet 上有许多各种类型的虚拟商店和虚拟企业,提供各种与商品销售有关的服务。通过网上商店买卖的商品可以是实体化的,如书籍、鲜花、服装、食品、汽车、电视等;也可以是数字化的,如新闻、音乐、电影、数据库、软件及各类基于知识的商品;还可以是提供的各类服务,如在线旅游、在线医疗诊断和远程教育等。典型的B2C电子商务平台有当当网、卓越网、淘宝网、京东商城等。

在常见的三种电子商务模式中,B2B最容易实现规模效益,C2C易于提高网民活跃度和培育人气,而B2C则是传统企业切入电子商务最直接的,也是最容易体现效益的方式。

1. B2C **电子商务的分类**

B2C电子商务实现的主要方式是网上虚拟商店,但是在网上销售无形产品和劳务与销售实物商品有很大不同,它们的方式有较大的区别。

(1)无形产品的B2C模式。网络本身既有信息传递的功能,又有信息处理的功能,因此无形产品和劳务(如信息、计算机软件、视听娱乐产品等)就可以通过网络直接向消费者提供。无形产品和劳务的电子商务实现模式主要有四种:网上订阅模式、付费浏览模式、广告支持模式和共享注册模式。

①网上订阅模式。网上订阅模式是指企业通过网页向消费者提供网上直接订阅、直接信息浏览的电子商务模式。消费者通过网络订阅相关信息服务,并在网上支付相关费用,企业按用户要求的时间,将相关的信息发送到用户指定的地点,通常是用户的信箱。该模式主要用来销售报刊、有线电视节目等,主要包括在线服务和在线出版、在线娱乐等。

②付费浏览模式。付费浏览模式是指企业通过网页向消费者提供计次收费性网上信息浏览和信息下载的电子商务模式。付费浏览模式让消费者根据自己的需要,在网上有选择地浏览一篇文章、一本书或者一份刊物的内容。如中国知网就向用户提供了付费浏览学术论文的有偿服务。

③广告支持模式。广告支持模式是指在线服务商免费向消费者或用户提供信息在线服务,以吸引广大的网民来访问在线服务商的网站,获得相应的服务,同时被动地接受网站上发布的商业广告信息,产生广告效应。网站可以用获得的广告收入支付其营业费用。如雅虎等在线搜索服务网站就是依靠广告收入来维持经营活动的。

④共享注册模式。共享注册模式是指企业借助于互联网全球广泛性的优势,向网上的用户赠送软件产品,扩大知名度和市场份额。这种模式实质是指"先试用,后购买"。用户先免费下载有关软件,试用一段时间后,再决定是否购买。通过网上注册并交付相关费用后获得产品正式使用权并获得相应的服务。这种模式已经成为软件公司和出版商的重要的营销模式。

(2)实物商品的B2C模式。这种模式是指传统商品和服务的在线销售,消费者可以在网上完成查询、订购和付款等环节,而实际商品的交付仍然要通过网下物流配送系统,不能够通过网络的信息载体来实现。

①网上商城模式。利用网上交易平台销售有形的商品和服务,商家可以将产品和服务发给电子商城,由电子商城在网上零售给消费者。这种销售方式比较灵活,比较有代表性的有京东商城、凡客诚品等。

②企业网站模式。这种模式是企业自己建立网站,并在网站上销售自己生产的产品和服务,如海尔的网上商城。

2. B2C **网站盈利模式**

(1)产品销售营业收入模式。以产品交易作为收入主要来源是多数B2C网站采用的模式。这种B2C网站又可细分为两种:销售平台式网站和自主销售式网站。

①销售平台式网站。网站并不直接销售产品,而是为了商家提供B2C的平台服务,通过

收取虚拟店铺出租费、交易手续费、加盟费等来实现盈利。淘宝 B2C 购物平台——淘宝商城就是其典型代表。淘宝提供淘宝商城这一 B2C 平台，收取加入淘宝商城商家一定费用，并根据提供服务级别的不同收取不同的服务费和保证金。

②自主销售式网站。与销售式不同，自主销售式网站直接销售产品。与销售平台相比运营成本较高，需要自行开拓产品供应渠道，并构建一个完整的仓储和物流配送体系或者发展第三方物流加盟商，将物流服务外包。京东商城是这种类型的典型代表。

(2)网络广告收益模式。网络广告收益模式是互联网经济中比较普遍的模式，B2C 网站通过免费向顾客提供产品或服务吸引足够的"注意力"从而吸引广告主投入广告，通过广告盈利。相对于传统媒体来说，广告主在网络上投放广告具有独特的优势：一方面，网络广告投放的效率较高，比如按照广告点击的次数收费可以体现按效果付费。另一方面，B2C 网站可以充分利用网站自身提供的产品或服务的不同来区分消费群体，信息投放的定位程度也对广告主有很大吸引力。

(3)收费会员制收益模式。B2C 网站对会员提供便捷的在线加盟注册程序、实时的用户购买行为跟踪记录、准确地在线销售统计资料查询及完善的信息保障证等服务。收费会员的数量在一定程度上决定了网站通过会员最终获得的收益，网站收益量大小很大程度上取决于网站自身的推广努力。比如网络可以适时的举办一些优惠活动并给予收费会员更优惠的会员价，与免费会员形成差异，以吸引更多的长期顾客。

(4)网站的间接收益模式。除了能够将自身创造的价值变为现实的利润，企业还可以通过价值链的其他环节实现盈利。

①网上支付收益模式。当 B2C 网上支付拥有足够的用户，就可以开始考虑通过其他方式来获取收入的问题。以淘宝为例，有近 90%的淘宝用户通过使用支付宝带给淘宝巨大的利润空间。淘宝不仅可以通过支付宝收取一定的交易服务费用，而且可以充分利用用户存款和支付时间差产生的巨额资金进行其他投资盈利。

②网站物流收益模式。我国 B2C 电子商务的交易规模已经达到数百亿元，由此产生的物流市场也很大。将物流纳为自身的服务之一，网站不仅能够占有物流的利润，还使得用户创造的价值得到增值。不过，物流行业与互联网信息服务有很大的差异，B2C 网站将物流纳为自身服务的成本非常高，需要建立实体配送系统，而这需要有强大的资金做后盾，而大数网站很难做到。

3. B2C 电子商务购物流程

由图 3-1 可以看出，B2C 网上购物流程可以大致分为以下几个步骤：

(1) 商品搜索选购。消费者通过网上商店提供的各种搜索方式，如产品名称、分类、品牌、关键字查询等，查找和浏览自己需要的商品。

(2) 下订单(放进购物车)。消费者查看和浏览商店经营的商品后，选择自己想购买的物品放入购物车内。

(3) 去收银台。消费者填写商品种类、数量、价格等购买信息的订货单，订购商品。

(4) 选择送货方式。消费者通过订货单选择送货方式，如送货上门、自提、邮寄，以及送货时间及送货地点。

(5) 支付货款。消费者确认后，选择支付方式，如信用卡、借记卡、电子货币等支付方式，输入自己的支付密码，开始付款；也可以采用货到付款、邮局汇款、银行汇款等方式。

图 3-1 B2C 网上购物流程

(6) 购物完成。购物过程结束后,网上商店的服务器保存整个交易过程中发生往来的财务数据,并且提供一份电子订单给消费者,按消费者提供的电子订货单将货物在收货地点交给指定的收货人手中。

(7) 订单查询。消费者在结束购物后可以查询所购货物的单价、合计货款、支付方式、送货方式及订单状态等信息。

(二)我国 B2C 电子商务的发展

B2C 在中国成长的历程大致可分为三个阶段:

1. 探索期

从 1999 年开始中国 B2C 正式起步,到 2003 年前后,这段区间为中国网上零售市场的探索期。在该区间内,中国网上零售市场经历了市场认可度的高峰和低谷。1999 年,当当网、8848 成立。2000 年,卓越成立。这两年中国 B2C 泡沫成长到极值,热钱纷纷涌入,而 B2C 本身的盈利模式还处于探索阶段,很多的企业成为行业成长的牺牲品。8848 是那个时代中国 B2C 的领军者,而 8848 没有和他的名字一样,一直保持在那个世界之巅的高度而最终陨落。其失败的原因主要有两个方面:一是由于电子商务环境的不成熟,物流、支付、用户规模都难以支撑业务的快速发展;二是 8848 的投资方与管理层发生分歧,为求上市放弃了核心业务。

2. 启动期

2004 年中国 B2C 市场开始经历复苏,投资泡沫开始褪去,理性回归,细分市场快速发展。2004 年当当网完成第二轮融资,亚马逊收购卓越网,成为该阶段的标志性事件。

这个阶段最具代表性的案例就是亚马逊的收购案。2004 年中国 B2C 市场开始逐步震荡上升,大批的企业倒闭之后,投资方开始理性地对待 B2C 市场。以当当、卓越、易趣为代表的电子商务领军企业仍然受到资本方的追逐。2004 年,当当网完成了第 2 轮融资。之后亚马逊以 1 亿美元求购当当,但最终被李国庆拒绝。亚马逊退而求其次,以 7500 万美元收购了当当的直接竞争对手——卓越网。

3. 高速期

2006 年开始中国 B2C 市场进入快速发展阶段。这个阶段电子商务企业大量涌现,品类逐步向百货类扩张。以京东、凡客为代表的垂直 B2C 成为该阶段的亮点,用户习惯的成熟,支付和物流的发展塑造了京东的神话。有数据显示,2012 年京东商城的销售规模已经突破了 600 亿,B2C 与 C2C 之间的差距开始逐步缩小。中国的 B2C 发展到达高速期之后,意味着商业模式逐步走向成熟，由于物流、支付、监管等因素受到约束的细分市场也逐步抬头。图书出版物等标准化的产品不再是最具价值的细分品类。2010 年，中国 B2C 市场销售规模最大的品类分别是服装、3C 产品。

2010 年中国电子商务行业累计融资 55 笔，合计金额超过 10.6 亿美元，B2C 占据市场领先地位，通过不断融资或上市来推动其自身发展。行业融资主要涉及 B2C 和团购两大领域，其中 B2C 所获投资金额和投资数量都位居行业首位，市场的追捧态度可见一斑。

中国网上零售市场未来数年虽然仍将是 C2C 市场交易规模占据更大的份额，但 B2C 网上零售市场规模的增长速度将远大于 C2C 市场，其规模占比将逐年扩大，B2C 将成为网络购物发展的主要趋势。图 3-2 显示了 2008 年以来中国网络购物市场 B2C 和 C2C 这两种模式市场份额的变化，B2C 的份额不断增加的趋势十分明显。

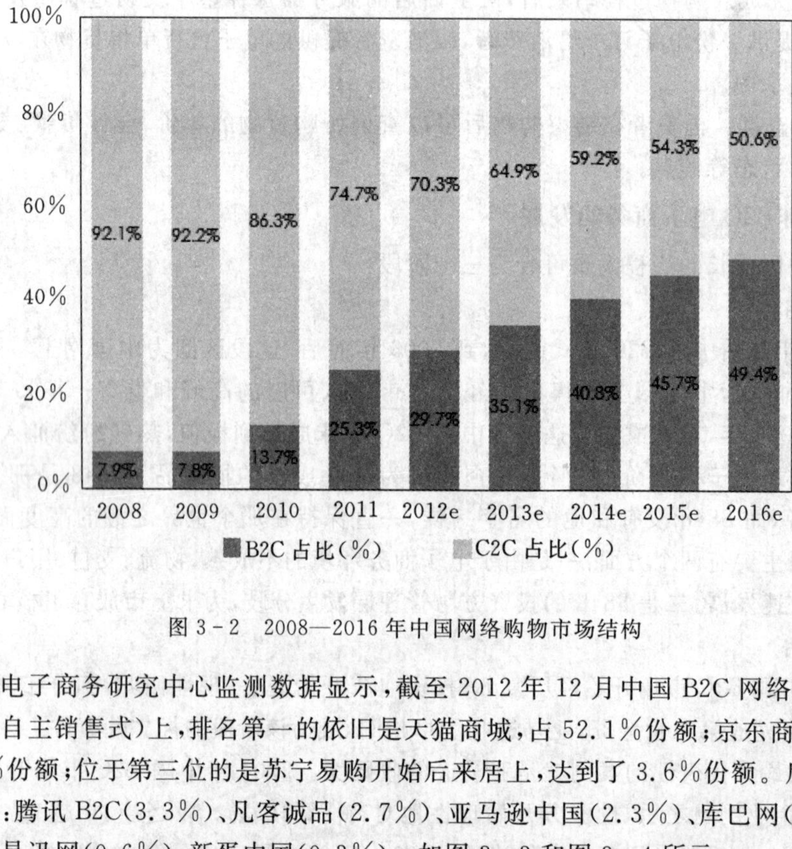

图 3-2　2008—2016 年中国网络购物市场结构

据中国电子商务研究中心监测数据显示，截至 2012 年 12 月中国 B2C 网络零售市场(包括平台式与自主销售式)上，排名第一的依旧是天猫商城，占 52.1%份额；京东商城名列第二，占据 22.3%份额；位于第三位的是苏宁易购开始后来居上，达到了 3.6%份额。后续 4~10 位排名依次为：腾讯 B2C(3.3%)、凡客诚品(2.7%)、亚马逊中国(2.3%)、库巴网(1.4%)、当当网(1.2%)、易迅网(0.6%)、新蛋中国(0.3%)。如图 3-3 和图 3-4 所示。

B2C 电子商务市场规模的扩大，一方面源于 Internet 用户数量的增加，使电子商务的用户基础有了明显扩大；另一方面，现有用户对于电子商务的接纳与认可也在逐渐改善。而支付、物流和信用环节的逐步完善，也为 B2C 电子商务的发展提供了越来越好的产业环境。

2012 年中国 B2C 购物网站交易规模市场份额

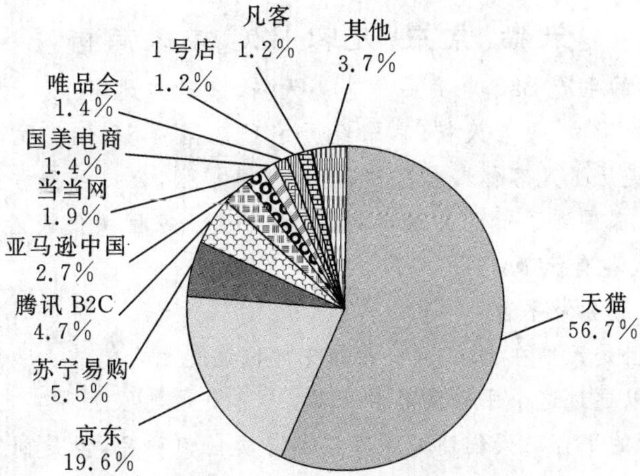

注释:①B2C 市场拥有复合销售渠道的运营商规模仅统计其与网络相关的销售额。②B2C 网站根据盈利模式不同划分为平台式 B2C 和自主式 B2C;其中,平台式 B2C 指淘宝商场此类的以佣金服务费为主要收入的网站;自主式 B2C 指京东商场此类的以商品的进销差价为主要收入的网站。③苏宁易购包含旗下红孩子,腾讯 B2C 包含 QQ 网购、QQ 商城及旗下易迅网,国美电商包含国美在线及库巴网。

图 3-3　2012 年中国 B2C 购物网站交易规模市场份额

2012 年中国自主销售为主 B2C 购物网站交易规模市场份额

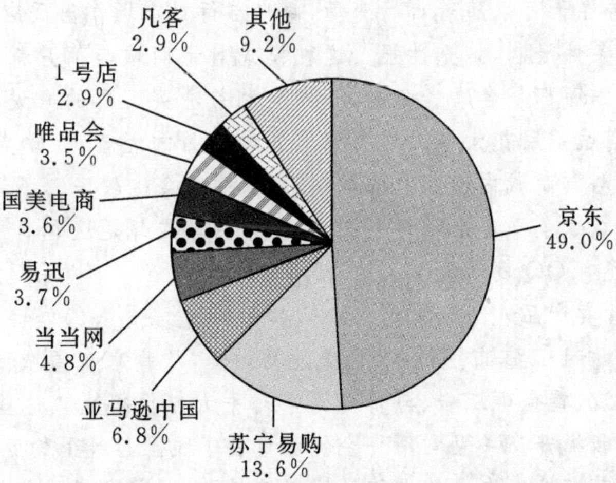

注释:①B2C 市场拥有复合销售渠道的运营商规模仅统计其与网络相关的销售额。②B2C 网站根据盈利模式不同划分为平台式 B2C 和自主式 B2C;其中,平台式 B2C 指淘宝商场此类的以佣金服务费为主要收入的网站;自主式 B2C 指京东商场此类的以商品的进销差价为主要收入的网站。③苏宁易购包含旗下红孩子,国美电商包含国美在线及库巴网,易迅网自营部分仅统计其官网 51buy 交易额,天猫和腾讯 B2C(QQ 网购和 QQ 商城)市场规模未计入自主销售为主 B2C 市场规模。

图 3-4　2012 年中国自主销售式 B2C 购物网站交易规模市场份额

阅读材料

天猫、京东、凡客 B2C 模式简析

目前国内市场上的主流 B2C 电商品牌当属天猫、京东和凡客了。过去的一年当中,天猫经历了淘宝分拆、十月围城、更名天猫;京东经历了 C 轮融资 15 亿美元,组建大物流体系,大战各电商巨头;凡客经历了凡客体广告狂欢,产品种类扩张,公司巨额亏损。每次有这三家公司传出上市的消息时都得到了行业的激烈讨论,因为这三家巨头代表着三种 B2C 电商模式,这三种 B2C 电商模式各有优势。

1. 天猫——为人服务做平台

虽然名字改了,但是天猫在 B2C 行业的领先地位还是无人能敌。天猫商城的模式是做网络销售平台,卖家可以通过这个平台卖各种商品,这种模式类似于现实生活中的购物商场,主要是提供商家卖东西的平台。天猫商城不直接参与卖任何商品,但是商家在做生意的时候要遵守天猫商城的规定,不能违规,否则它会处罚你。如果这家网络"购物商场"想赚更多的钱了,它就会加你租金,你不交它就把你赶到(淘宝)集市上摆摊。而一些不服管制的业主就会拉大旗、耍大刀地跟这个商场的负责人理论。这就是天猫商城,与我们现实生活中的购物商场类似。

这种模式的优势是它的平台足够大,想卖什么就卖什么,前提是没有违法违规。商城负责维护这个平台的建立,而商户只管做自己的生意,盈亏要自负,与商城没有关系。不过不管你生意如何你都要交一定的场地费。如果想做推广你可以在商城内做做广告,搞搞促销活动,这些都是商户自愿的经营行为。商城负责竖立好自己的形象,能吸引足够多的消费者就够了,收入稳定。这种模式的优势在于可以随着市场变动,商户自行对市场作出反应,不需要商城去担忧。市场自由,没有太多条件限制,扩充性强。这种模式对于商城与商户都很稳定,除了一些管理上的纠纷,市场经营方面都是各顾各个的,不发生利益冲突。总的来说,这种模式优点在于收入稳定,市场灵活,商城不用花太多心思去管理各种产品的经营,而缺点在于盈利可能偏低,商城的战略变动可能会有商城内部商户的抵制,内部纠纷会比较多。不过这种模式更被商户们喜爱,因为他们可以在这个平台上获得利润,而京东的模式却是这些商户的敌人。

与天猫商城类似的还有 QQ 商城。

2. 京东——自主经营卖产品

京东商城,2011 年 4 月 1 日宣布获得 15 亿美元的融资,从此京东商城便开始大手笔的烧钱行动,花费巨资自建物流、重金砸广告、与行业竞争对手大打价格战。这些做法还是很有收获的,京东的市场份额不断提升。并且利用资金优势重创了线上与线下的竞争对手,彻底地把国美和苏宁搞火了,使得苏宁做起自己的网络商城苏宁易购,国美自建国美网络商城并收购库巴网来回击京东商城。

京东商城的模式就类似于现实生活中沃尔玛、乐购、家乐福类的大型超市,引进各种货源进行自主经营。京东先通过向各厂商进货,然后在自己的商城上销售,消费者可以在这里一站式采购。京东自己负责经营这么庞大的网络商城,盈亏都看京东自己的经营能力。消费者购买时出现问题,直接找京东解决。

这种模式的优点在于经营的产品多样,综合利润高。商城可以根据市场情况、根据企业战

略对自己销售的产品作出整体调整。商城握有经营权，内部竞争小，对外高度统一。缺点在于内部机构庞大，市场反应较慢，竞争对手较多，产品种类扩充不灵活，容易与供货商发生矛盾。

与京东商城类似的还有当当网。

3.凡客——自产自销做品牌

“凡客诚品，爱生活、爱自由，我是凡客。”凡客经历了2011年上半年凡客体广告语红遍大街小巷，产品种类快速扩充，再到2011年年底时候的巨额亏损，可以说2011年凡客坐了一回过山车。

凡客诚品的模式类似于现实生活中的美特斯邦威、特步等服装专卖店，主要是自产自销的经营模式。凡客靠卖服装类产品起家，现在又陆续推出家居、化妆品等产品。凡客所销售的这些产品基本上都是凡客自己生产，然后自己销售。整个从生产到销售的过程都是由凡客自己说了算。

这种模式的优势在于，产品的整个产业链都可控，公司的目标利润可以从产品生产时制定，没有供货商的货源限制。缺点在于公司品类扩张困难。

与凡客诚品类似的还有珂兰钻石、梦芭莎等。

资料来源：王利阳.天猫京东凡客　简析三类B2C模式[EB/OL].[2012-02-16]www.sootoo.com/content/239718.shtml.

(三)国内主要B2C电子商务平台简介

(1)天猫原名淘宝商城，是淘宝网打造的在线B2C购物平台，如图3-5所示。自2008年4月10日建立淘宝商城以来，众多品牌在天猫开设了官方旗舰店，迄今为止，天猫已经拥有4亿多买家，5万多家商户，7万多个品牌。

区别于国内其他大型综合B2C购物平台，淘宝商城与淘宝网共享超过9800万会员，为网购消费者提供快捷、安全、方便的购物体验；提供100%品质保证的商品，7天无理由退货的售后服务；提供购物发票以及购物现金积分等优质服务。同时淘宝商城在淘宝网战略中也逐渐成长为淘宝网重要的一环，成为了淘宝网的主要服务之一，同时淘宝商城作为淘宝网主打的服务品牌也越来越受到广大买家的关注和支持，在新一轮的网上购物博弈中，淘宝网凭借淘宝商城正式走出了自己的B2C之路。

图3-5　天猫网站

(2)京东商城是中国B2C市场最大的3C网购专业平台，是中国电子商务领域最受消费者欢迎和最具影响力的电子商务网站之一，如图3-6所示。

作为中国B2C市场最大的3C网购专业平台，京东商城无论在访问量、点击率、销售量以及业内知名度和影响力上，都在国内3C网购平台中首屈一指。

自2004年初正式涉足电子商务领域以来，京东商城一直保持高速成长，连续七年增长率均超过200%。

京东商城拥有遍及全国超过1亿注册用户，近万家供应商，在线销售家电、数码通讯、电脑、家居百货、服装服饰、母婴、图书、食品等 12 大类数万个品牌百万种优质商品，日订单处理量超过 50 万单，网站日均 PV 超过 1 亿。

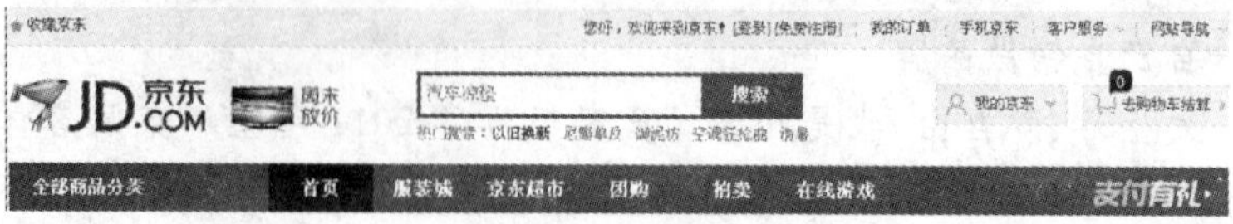

图 3-6　京东商城网站

(3)苏宁易购，是苏宁云商集团股份有限公司旗下新一代 B2C 网上购物平台，现已覆盖传统家电、3C 电器、日用百货等品类，是中国领先的 B2C 平台之一，如图 3-7 所示。苏宁易购具有苏宁品牌优势、上千亿元的采购规模优势、遍及全国 30 多个省 1000 个配送点 3000 多个售后服务网点的服务优势，与实体店面线性增长模式不同，苏宁易购能够快速形成全国销售规模，呈现几何式增长。同时依托线下既有的全国性实体物流、服务网络，苏宁易购能够共享现有资源，快速建立自己的盈利模式。

图 3-7　苏宁易购网站

二、B2B 电子商务

(一) B2B 电子商务概述

B2B 电子商务就是企业与企业之间的电子商务。它是指企业与企业之间通过 Internet 进行产品、服务及信息的交换。其业务流程一般是由商业机构(或企业、公司)使用 Internet 或各种商务网络发布供求信息，并向供应商(企业或公司)订货或接受客户订货，完成支付过程及票据的签发、传送和接收，确定配送方案并监控配送。这类电子商务除当事人双方之外，更需要涉及相关的银行、认证、税务、保险、物流配送、通信等行业部门；对于国际间的 B2B，还要涉及海关、商检、担保、外运、外汇等行业部门。总之，必须有各参与方的有机配合和实时响应。可以说，这些行业部门也都是参与对象。通过 B2B 的交易方式，企业之间的交易可以减少许多事务性的工作流程和管理费用，降低了企业的经营成本。网络的便利性及延伸性使企业扩大了活动范围，企业发展跨地区跨国界更方便、成本更低廉。

B2B 是企业之间的电子商务交易模式，即企业与企业之间通过 Internet 进行产品、服务及信息的交换。当前全球 80% 的电子商务交易额是在企业之间，而不是企业和消费者之间完成的。B2B 是电子商务中最重要的一种模式。据统计，B2B 的市场规模是 B2C 的 6 倍，2012 年我国中小企业 B2B 和规模以上企业 B2B 合计占到我国电子商务市场交易总额的 81.6%，如图 3-8 所示。

B2B 市场蕴藏着巨大的机会，是电子商务的主流，是新经济最重要的特征和基础。它的主要效益为提高销售工作效率，减少库存，降低采购、销售、售后服务等方面的成本；打破时空限制，可在世界范围内以最快的速度销售企业产品以及提供企业产品广告。

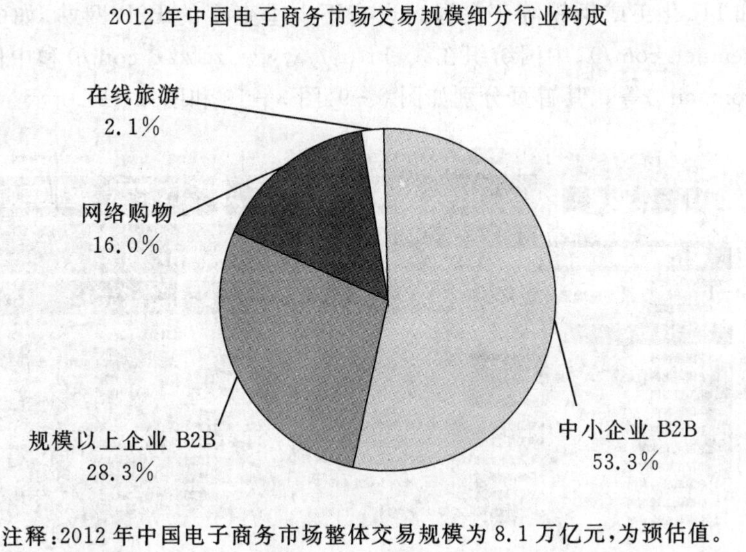

图 3-8 2012 中国电子商务市场交易规模细分行业构成

1. B2B **电子商务的分类**

B2B可以分为面向中间交易市场的水平 B2B 电子商务和面向制造业或商业的垂直 B2B 电子商务两种模式。

(1)水平 B2B 电子商务。水平 B2B 网站可以将买方和卖方集中到一个市场上，为买卖双方创建起一个信息和交易的平台，买者和卖者可以在此进行信息交流、广告、拍卖竞标、交易、库存管理等。“水平”这一概念，主要是指这种网站的行业范围广，很多的行业都可以在同一个网站上进行贸易活动。目前国内主要的水平 B2B 网站有阿里巴巴(http://www.alibaba.com)、环球资源网(http://www.globalresources.com)、慧聪网(http://www.hc360.com)等。

水平 B2B 网站上交易的商品覆盖门类齐全，但企业和企业之间的交易产品并不像 B2C 那样以日用、休闲和娱乐消费品为主，单宗交易额小而交易量大，企业和企业间的交易一般是大额交易。B2B 网站的功能主要是提供一个平台，供交易双方寻找信息和洽谈。如阿里巴巴这个世界最大的 B2B 网站就主要以提供商机交流和交易撮合为主，其商品种类分为 27 个门类，覆盖全面，各种商品信息都有，而商品的交易多在网下进行。

水平 B2B 电子商务模式追求的是“全”，它能够获得收益的机会很多，而且潜在的用户也比较多大，所以它能够迅速地获得收益。但是其风险主要体现在用户群是不稳定的，被模仿的风险也很大。

(2)垂直 B2B 电子商务。垂直 B2B 电子商务是通过商品产业链环节信息的集成网站开展的电子商务。它可以分为两个方向，即上游和下游。垂直网站将特定产业的上下游厂商聚集在一起，让这些分处供应链不同环节厂商都能很容易地找到原料供应商或买主。美国的三大汽车厂所构建的汽车零件交易网是一种典型的垂直市场，汽车厂不但能很快地找到有足够货源的零件供应商,供应商也可更迅速地将产品销售出去,甚至库存品也可通过拍卖的方式售出。之所以称之为“垂直”网站,是因为这些网站的专业性很强,它们将自己定位在一个特定的专业领域内,如IT、化工或钢铁等。在国内也有不少垂直型的B2B网站,如中国化工网(http://china.chemnet.com/)、中国纺织在线(http://www.zgfzzx.com/)和中国纸网(http://www.paper.com.cn/)等。其首页分别如图3-9、图3-10和图3-11所示。

图3-9 中国化工网首页

图3-10 中国纺织在线首页

图3-11 中国纸网首页

垂直型 B2B 模式追求的是“专”而不在于“全”。垂直网站吸引的是针对性较强的客户，这批针对性较强的客户是这些网站最有价值的财富，是真正的潜在商家，这种市场一旦形成，就具有极大的竞争优势，所以垂直型网站更有聚集性和定向性，易于建立起忠实的用户群体，吸引着固定的回头客。

垂直 B2B 交易网站除了在行业集中方面与水平 B2B 交易平台不同外，二者的经营模式基本相同。同时，由于垂直网站的专业性强，因此其面临的客户很多都是本行业的，潜在购买力比较强，其广告的效用也会比较大。也正因为如此，垂直网站的广告费较水平网站要高。除了广告外，垂直网站还可以通过产品列表以及网上商店门面收费。垂直网站也可以举办一些拍卖会，并向交易成功的卖方收取一定比例的交易费。此外还可以收取客户的信息费，即数据库使用费。

此外，按平台的控制方还可以分成三种模式，分别是销售方控制的商业模式、购买方控制的商业模式和中立的第三方 B2B 交易平台模式。

①销售方控制的商业模式，指由供应商建立的网上销售平台，提供信息让广大客户通过其销售平台进行网络订货，典型代表是 DELL 模式(www.dell.com)。

②购买方控制的商业模式，指由一家或几家采购商(包括政府部门)合作投资建设的专为采购设计的网络平台，通过网络发布采购信息。网上采购已经成为现代企业寻找合作供应商，购买大宗原材料和其他商品的主流市场，如沃尔玛(www.wal-martchina.com)。

③中立的第三方 B2B 交易平台模式，指由买卖双方之外的第三方投资建立的网上交易网站。这类网站本身并不提供任何交易的商品，而是为买家和卖家提供贸易平台。由于这类网站往往集中了大量的采购商和供应商，构建了包括众多卖主的店面在内的企业广场和拍卖场，因此交易非常活跃。如图 3－12 所示。这种模式的典型代表就是阿里巴巴(www.alibaba.com)。

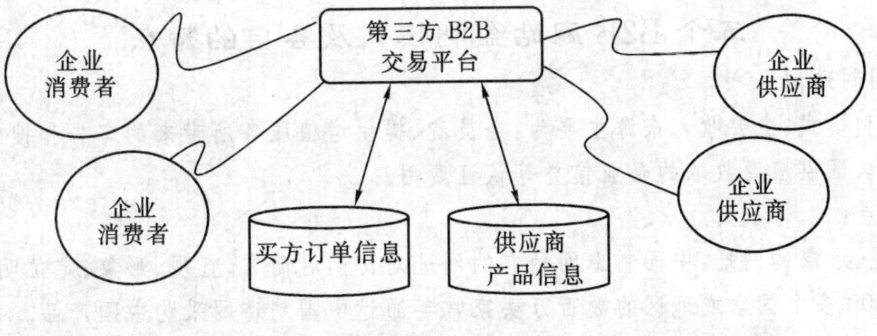

图 3－12 第三方 B2B 交易平台模式

3. **B2B 电子商务网站的盈利模式**

首先传统的 B2B 盈利模式主要有两种：付费会员制和网络广告。

(1)付费会员制即 B2B 网站的会员每年必须缴纳一定的费用才能享受网站提供的各种服务。这已成为国内 B2B 网站主要的收入来源。

(2)网络广告又可以划分为文字广告、图片广告、邮件广告等。通过投放广告企业能获得更多的贸易机会。

但根据最新的研究报告，单一的传统 B2B 盈利模式早已不能满足平台的长足发展。特别是垂直型行业B2B网站受到会员规模的限制,正面临发展的瓶颈,为了突破困境,网站必须不断谋求新的盈利方式。现在新增的盈利模式主要有以下几种:

(1)竞价排名。企业为了促进产品的销售,都希望在B2B网站的信息搜索中将自己的排名靠前,而网站在确保信息准确的基础上,根据会员交费的不同对排名顺序作相应的调整。阿里巴巴的竞价排名是诚信通会员专享的搜索排名服务,当买家在阿里巴巴搜索供应信息时,竞价企业的信息将排在搜索结果的前三位,被买家第一时间找到。中国化工网的化工搜索是建立在全球最大的化工网站ChemNet上的化工专业搜索平台,对全球近20万个化工及化工相关网站进行搜索,搜录的网页总数达5000万,同时采用搜索竞价排名方式,确定企业排名顺序。

(2)增值服务。B2B网站通常除了为企业提供贸易供求信息以外,还会提供一些独特的增值服务,包括企业认证、独立域名、提供行业数据分析报告、搜索引擎优化等。像现货库存认证(ISCP)就是中国电子供应商网针对网上不真实库存信息而为会员推出的一个特殊的增值服务项目,旨在为买卖双方降低交易风险、提高交易效率、缩短交易时间、节约交易成本。所以可以根据行业的特殊性去深挖客户的需求,然后提供具有针对性的增值服务。

(3)线下服务。线下服务主要包括展会、期刊、研讨会等。通过展会,供应商和采购商面对面地交流,一般的中小企业还是比较青睐这个方式。环球资源的展会现已成为其重要的盈利模式,占其收入的三分之一左右。而盖世汽车网组织的线下小规模的采购会也已取得不错的效果。

(4)商务合作。商务合作包括:广告联盟,政府、行业协会合作,传统媒体的合作等。广告联盟通常是网络广告联盟,亚马逊通过这个方式已经取得了不错的成效,但在我国,联盟营销还处于起步阶段,许多网站对于联盟营销还比较陌生。国内做得比较成熟的几家广告联盟有:百度联盟、谷歌联盟等。

阅读材料

五个B2B网站盈利模式及各自的特点

1. 中国制造网

(1)盈利模式:主要收入来源主要为:会员费、提供增值服务所带来的广告和搜索引擎排名费用,及向认证供应商收取的企业信誉等认证费用。

(2)特点:

①直观、形象的网址:中国制造网独有的网址对访问者而言,直观、形象、定位明确,吸引了来自全球200多个国家或地区的数百万买家常年通过中国制造网采购中国产品。据第三方权威资料显示,www.made-in-china.com每天有将近1000万的页面浏览量,其中84%来自于国际站,则来自采购商的页面浏览就达800万/天。在这些浏览中蕴藏了巨大的出口贸易机会。

②高质量的买家询盘:中国制造网海外买家的询盘均为一对一的高质量询盘,一个采购商只有点击查看供应商的具体产品信息后才能发送求购询盘给供应商,因此询盘质量高,成交率明显大于其他同类平台。

③采购信息推荐:Made-in-China的高级会员能获得采购商信息推荐的机会,并且由后台定向配对发给具体供应商,信息没有公布在网站的供求信息栏目,竞争厂家相对比较少,成交机会大。这种定向配对是中国制造网与其他电子商务平台相区别的一大特色,也是成交率大、利润水平较高的重要原因。

④只推广中国产品：中国制造网专门针对中国的产品推广，只接受中国的供应商发布相关的产品信息，是目前以推广中国产品为唯一使命的仅有一家大型B2B平台。而且买家大部分来自欧美等西方发达国家，很有地区针对性。

2.慧聪网

(1)盈利模式：以提供内贸线下服务为主，主要收入来源为：线下会展、商情刊物、出售行业咨询报告等所带来的广告和所收取的增值服务费用。

(2)特点：依托网络平台及先进的搜索技术，为中小企业搭建诚信的供需平台、提供全方位的商务资讯服务。

3.环球资源网

(1)盈利模式：以提供内贸线下服务为主，主要收入来源为：线下会展、商情刊物、出售行业咨询报告等所带来的广告和所收取的增值服务费用。

(2)特点：专注于国内广大中小企业的外贸，对国外买家的服务非常专业，在与瑞士通用公证行SGS全力合作之后，发展势头更是一发不可收拾。在B2B外贸领域业绩非常抢眼，但是国内贸易却重视不够，这是其一大弱点。从企业会员来讲，环球资源网只接纳大型企业高端会员。其推广方式为“网络+杂志+光盘”，产品信息能直接卖给采购商；杂志起家，在贸易杂志和展会推广方面比较专业；电子产品有优势；大中华区、韩国、欧美市场有优势。

4.敦煌网

(1)盈利模式：不仅提供信息服务，同时还整合了包括交易的支付、物流以及客户关系管理等，实现在线交易，盈利模式主要以收取企业交易佣金为主。

(2)特点：颠覆了传统的跨境贸易模式，拥有在线交易平台和供应链服务平台。

5.网盛科技网

(1)盈利模式：是“会员+广告”，而这种模式是目前网络公司所采取的主要盈利模式，网盛科技的盈利模式更像一个媒体公司而非电子商务公司，这种业务模式跟Google有竞合关系。网盛科技主要通过网下途径获取客户。在主要城市建立办事处或联络处，通过电话、上门拜访等方式与客户获得联系。

(2)特点：与客户关系直接、密切，客户的忠诚度高。

资料来源：五个B2B网站盈利模式及各自的特点[EB/OL].[2011-07-26]www.Chinaz.com/biz/2011/0726/201711.shtml.

(二)B2B电子商务在我国的发展和现状

1.B2B电子商务在我国的发展阶段

B2B作为电子商务服务的主要模式之一。在我国发展十余年来，大致经历了三个阶段：萌芽阶段、普及阶段、初步应用阶段。

(1)萌芽阶段。1997年，我国第一个全流程的B2B电子商务交易平台(CCEC，中国商品交易中心)上线，标志着我国B2B电子商务进入萌芽阶段。随后，1998年外贸型B2B企业美商网上线运营，1999年阿里巴巴成立。在萌芽阶段，电子商务服务商积极学习国外先进经验，探索电子商务商业模式，在国内广泛普及和推广电子商务知识和理念。由于当时国内电子商务环境还不成熟、网民渗透率还处在相当低的水平、企业缺乏运营经验，所以，大多数平台服务商都没有逃脱破产倒闭的境遇，成为中国电子商务发展历程中值得纪念的先驱。

(2)普及阶段。2000年至2008年间，是中国电子商务的普及阶段。这一阶段，电子商务平台服务商继续宣传电子商务知识和理念，完善电子商务应用平台功能，创新电子商务服务模式，在全国范围内推动企业应用。电子商务应用环境建设取得重要进展，国家的鼓励政策和规范性文件陆续出台，如2005年国务院办公厅发布的《关于加快电子商务发展的若干意见》，随后在2007年，又发布了《电子商务发展"十一五"规划》；法律规范方面，2004年发布《电子签名法》。在这一阶段，传统企业开始陆续上网，在线信息发布和信息查询是此阶段的主要应用。电子商务平台服务商也获得大发展，会员制成为主要商业模式，阿里巴巴成为最大的综合性电子商务平台，而中国化工网则是成功上市的垂直型电子商务服务商。

(3)初步应用阶段。2009年以来，是电子商务初步应用阶段。在这一时期，电子商务应用环境持续改善，传统企业陆续深入应用电子商务，综合性服务平台的大规模在线签约交易成为可能，佣金制逐步成为平台服务商的主流商业模式，"交易服务"逐步代替"信息服务"，昭示着电子商务应用时代的真正来临。

2. B2B服务市场发展现状

根据有关数据显示，2012年中国B2B电子商务服务商营收规模达到167亿元，同比增长27.6%。2012年电子商务交易规模市场格局中，B2B合计占比81.6%。从运营商市场营收格局来看，阿里巴巴市场份额为40.7%，环球资源为8.7%，我的钢铁网为5.6%，慧聪网为3.3%，敦煌网为3.0%，中国制造网为2.8%，如图3－13所示。根据公开财报显示，阿里巴巴延续增长势头，截至2009年底，全球注册用户超过4770万，共有61.5万名付费会员，同比增长42.4%。阿里巴巴2009年总营业收入同比增长29%，达到38.75亿元；净利润10.13亿元，同比减少12.3%。阿里巴巴收入增长而利润降低，可见阿里巴巴在金融危机的不利环境下，加大了市场投入，增高了营销成本。

2012年中国主要中小企业B2B电子商务运营商
总营收市场份额

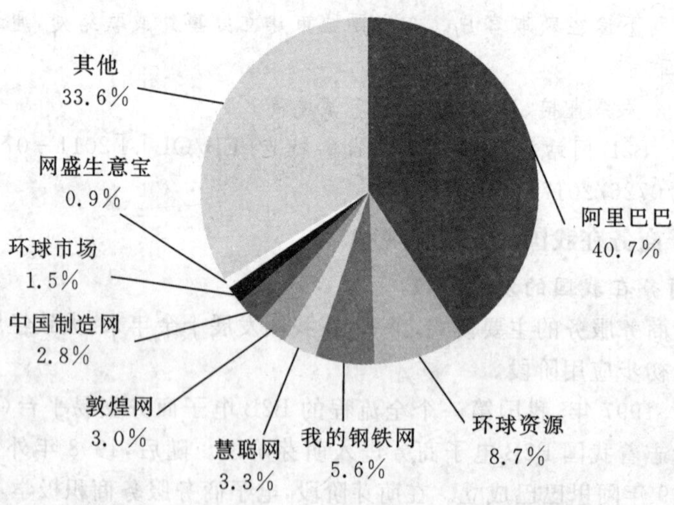

注释：1.2012年中国中小企业B2B运营商总营收规模为167.1亿元，为预估值。

2.上述B2B运营商收入包含平台服务和自建平台部分的业务收入。

图3－13 2012中国主要中小企业B2B电子商务运营商营收份额

据中国B2B研究中心数据显示，从2002年到2009年，国内行业B2B电子商务领域高速发展，行业网站数量从2007年的4500余家，增加到2008年的5100余家，2009年中国行业网站规模更是突破万家大关。B2B平台的发展，主要得益于传统企业的加入和专业行业网站的涌现。在行业网站中，纺织服装类电子商务服务平台最多。根据中国B2B研究中心发布的《1997—2009：中国电子商务十二年调查报告》显示，在电子商务服务企业的行业分布中，排在前十名的依次为：纺织服装、数码家电、钢铁机械、化工医药、建筑建材、农林、五金、包装印刷、食品糖酒、礼品饰品这些行业领域。其中纺织服装和数码家电行业所占比重最大，分别为14.3%和10.4%。

3. 我国B2B服务市场的发展趋势

(1)平台化发展趋势。为了满足用户的多样化需求，增加用户黏性，争夺市场，国内B2B企业纷纷进行产业链整合，通过做大做强，巩固市场的领导地位。

如，中国服装电子商务门户网站"中国服装网"完成收购国内最大服装设计师社区网站"穿针引线"网。目前，该平台集合了中国服装网(B2B电子商务)、中华服装网(行业媒体与网络社区)、服装招商网(招商加盟)、中国服装面辅料网(服装B2B上下游采购链)等多个垂直网站，试图进行深度整合，打造全球最大的"服装电子商务航母舰队"与产业集群。

还有，阿里巴巴构建一站式电子商务解决方案，推出网络批发业务，并启用定位于国内小额批发业务的在线交易平台1688.com。淘宝网、1688.com和阿里巴巴三个平台互相呼应，将形成完整的产业链：阿里巴巴将做大额贸易的平台，1688将成为做批发业务的平台，而淘宝网依然专注于做零售。2009年8月，阿里巴巴收购阿里软件的管理软件业务，由阿里软件负责向小企业提供各种在线软件产品、应用及服务。阿里巴巴通过整合旗下公司，旨在向客户提供"一站式电子商务解决方案"。

(2)社区(SNS)化融合趋势。2009年5月，网盛生意宝正式推出商务SNS业务"生意人脉圈"。"生意人脉圈"将应用社区的黏着力，提升B2B用户之间的沟通，保持用户的稳定性。正式上线40天后，会员加入量突破"百万大关"，由用户自发建立的各类人脉圈也达到了近3000个。随即，在2009年6月，阿里巴巴研发的SNS——"人脉通"也正式上线。

(3)会员制服务向交易服务模式转型趋势。长期以来，以阿里巴巴为代表的B2B服务平台，多以会员制为主要商业模式。这种模式在应用之初，满足了大批中小企业上网信息发布的需求。但是，这种模式并没有解决企业扩大销路，获得订单，实现产品交易的本质性需求。市场迫切需要打破传统B2B会员制服务模式，真正帮助中小企业实现网上交易的梦想。技术、观念和交易环境的变革已经为创新网上交易服务方式提供了可能。2009年，B2B服务商陆续启动向交易服务转型的模式创新，并且受到了企业的欢迎。敦煌网立足外贸电子商务，它的商业模式和传统会员制服务模式不同，而是采取免费入会、交易成功收取佣金的模式，并受到了企业用户的欢迎。在2009年，敦煌网海外买家的月平均增长速度达到了20%，海外买家总数超过280万，成交订单总数超过170万个，平台交易流量突破了25亿元人民币。敦煌网的成功，给阿里巴巴带来了竞争压力。阿里巴巴迅速采取应对措施，取消了"全球速卖通"会员收费模式，开放了免费注册和发布服务，同样以佣金取代年费。

(4)移动化发展趋势。移动电子商务成为2009年的热点。移动商务具有个性化、便捷性、用户规模更大、低成本的优势。不仅电信运营商，内容服务商也争先恐后在其中布局，B2B服务企业更是纷纷将触角伸向该领域。用友伟库推出全程电子商务概念，隆重推出第一款产品——新旺铺，企业不仅可以通过电脑，更可以通过手机向自己的客户进行信息发布、平台推广，并与客户进行互动交流。阿里巴巴布局移动商务，2009 年 3 月，再次推出移动版“诚信通”，加强布局移动电子商务，以加强在手机浏览器市场的竞争力与业界影响力。2009 年 6 月，阿里巴巴投资优视动景(UCWEB)，双方优势互补，布局移动电子商务。未来，UCWEB 和阿里巴巴将在多层面共同开展战略合作，共同打造领先的移动电子商务平台。合作后，各方将共享对方的用户、品牌等资源，形成强强合作。

(三)主要 B2B 电子商务交易平台介绍

1. 阿里巴巴

阿里巴巴是由马云在 1999 年创立的企业对企业的网上贸易市场平台，是目前全球最大的网上贸易市场。良好的定位，稳固的结构，优秀的服务使阿里巴巴成为全球首家拥有来自 240 多个国家和地区超过 6100 万名注册用户的电子商务网站，是全球首家拥有百万商人的商务网站；成为全球商人网络推广的首选网站，被商人们评为“最受欢迎的 B2B 网站”。其首页如图 3-14 所示。全球著名的互联网流量监测网站 Alexa. com 对全球商务及贸易类网站进行排名调查，阿里巴巴网站排名首位。阿里巴巴网站由三个相连网站组成：中国站(china. alibaba. com)，主要为国内市场服务；国际站(www. alibaba. com)，面向全球商人提供专业服务；日文站(japan. alibaba. com)，主要为日本当地市场服务。

阿里巴巴集团现有 12 家旗下公司，分别是：阿里巴巴 B2B、淘宝网、天猫、支付宝、口碑网、阿里云、中国雅虎、一淘网、中国万网、聚划算、CNZZ、一达通。

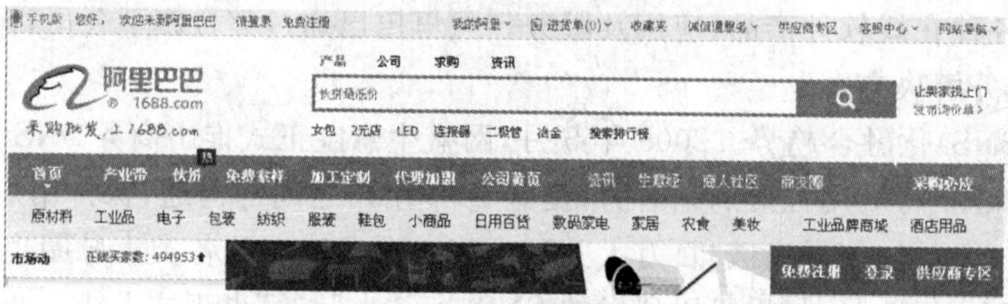

图 3-14　阿里巴巴网站

阅读材料

阿里巴巴发展大事记

1999 年：在马云带领下的 18 位创始人在杭州的公寓中正式成立了阿里巴巴集团。

1999—2000 年：阿里巴巴从软银、高盛、美国富达投资等机构融资 2500 万美金。

2002 年：阿里巴巴 B2B 公司开始盈利。

2003 年：在马云位于杭州的公寓中，个人电子商务网站淘宝成立。

2004 年：发布在线支付系统——支付宝。

2005 年：阿里巴巴集团与雅虎美国建立战略合作伙伴关系。同时，执掌雅虎中国。

2006 年：阿里巴巴集团战略投资口碑网。

2007 年 1 月：以互联网为平台的商务管理软件公司阿里软件成立。

2007 年 11 月：阿里巴巴网络有限公司在香港联交所挂牌上市。

2007 年 11 月:阿里巴巴集团成立网络广告平台阿里妈妈。

2008 年 6 月:口碑网与中国雅虎合并,成立雅虎口碑。

2008 年 8 月:阿里软件的业务管理软件分部注入阿里巴巴 B2B 公司。

2008 年 8 月:作为“大淘宝”战略的一部分,口碑网注入淘宝,使淘宝成为一站式电子商务服务提供商,为更多的电子商务用户提供服务。

2008 年 9 月:阿里巴巴集团研发院成立。

2008 年 9 月:成立阿里云计算。

2010 年 5 月:阿里巴巴集团宣布,从 2010 年起将年度收入的 0.3%拨作环保基金,以促进全社会对环境问题的认识。

2010 年 11 月:淘宝商城启动独立域名。

2011 年 6 月:阿里巴巴集团将淘宝网分拆为三个独立的公司:淘宝网,淘宝商城和一淘,以更精准和有效地服务客户。

2012 年 1 月:淘宝商城宣布更改中文名为天猫,加强其平台的定位。

2012 年 7 月:阿里巴巴集团宣布将现有子公司的业务升级为阿里国际业务、阿里小企业业务、淘宝网、天猫、聚划算、一淘和阿里云七个事业群。

2013 年 1 月 10 日:阿里巴巴宣布对集团现有业务架构和组织将进行相应调整,成立 25 个事业部,具体事业部的业务发展将由各事业部总裁(总经理)负责。从战略到运营层面为阿里巴巴集团的健康、稳定和可持续发展提供保障。

2013 年 3 月 11 日:阿里巴巴集团董事局宣布,任命陆兆禧为阿里巴巴集团 CEO,从 2013 年 5 月 10 日生效。届时现阿里巴巴集团董事局主席兼 CEO 马云将辞去 CEO 职位,专任董事局主席。

2013 年 4 月 29 日:阿里巴巴通过其全资子公司阿里巴巴(中国),以 5.86 亿美元购入新浪微博公司发行的优先股和普通股,占新浪微博公司全稀释摊薄后总股份的约 18%。

2.慧聪网

慧聪网是一家提供 B2B 电子商务服务的网站,是企业网上交易的平台。提供最新供应、求购、代理、合作、二手、招标、库存、租赁等商机信息,如图 3-15 所示。慧聪网(HK8292)成立于 1992 年,是国内领先的 B2B 电子商务服务提供商。依托其核心互联网产品买卖通以及雄厚的传统营销渠道——慧聪商情广告与中国资讯大全、研究院行业分析报告为客户提供线上、线下的全方位服务,这种优势互补、纵横立体的架构,已成为中国 B2B 行业的典范,对电子商务的发展产生重要影响。2003 年 12 月,慧聪网实现了在香港创业板的成功上市,为国内信息服务业及 B2B 电子商务服务业首家上市公司。目前慧聪网注册用户超过 1500 万,买家资源达到 1300 万,覆盖行业超过 70 余个,员工 7000 名,是国内最有影响力的互联网电子商务公司。

慧聪网目前分为行业公司、电子商务公司、市场研究公司三家独立运营的公司。

3.我的钢铁网

我的钢铁网是中国钢铁行业信息最全面的门户网站,首创了钢材、炉料、特钢、有色、国际等五大资讯频道,提供综合资讯、产经纵横、统计资料、钢厂资讯、下游动态等资讯内容,如图 3-16 所示;2009 入选“中国行业电子商务网站 Top100”;致力于为国内钢铁企业、经销商提供最新、最快、最及时的资讯信息平台和钢铁电子商务服务。

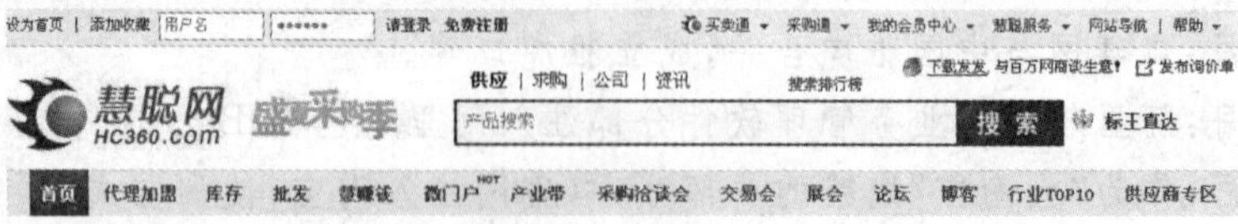

图 3－15　慧聪网

上海钢联电子商务股份有限公司成立于2000年，是集钢铁资讯、电子商务、研究咨询、培训会展为一体的全国性大型综合IT服务企业，提供专业的钢铁，有色金属，能源，化工资讯交互平台，一站式电子商务服务。旗下管理并运营“我的钢铁网”、“我的能源网”、“我的有色网”、“我的不锈钢网”、“搜搜钢网”五大网站；公司现有员工近千人，为了保证替客户提供及时、准确、全面的服务，公司在全国100多个城市、40多个海关口设有资讯采集基地；在郑州、成都、西安设有业务代理公司，确保信息的全面性和权威性。

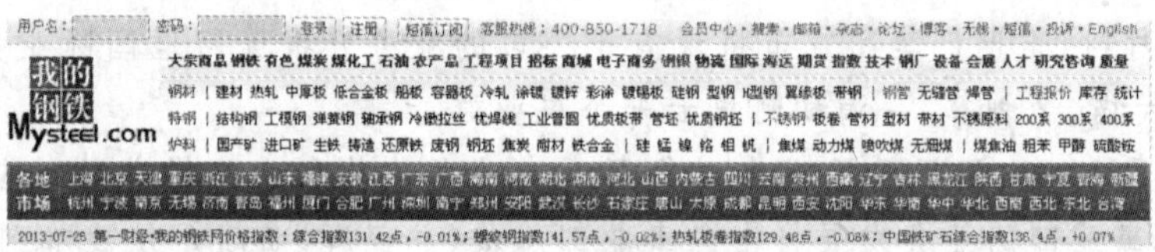

图 3－16　我的钢铁网

4. **中国制造网**

中国制造网是一个中国产品信息荟萃的网上世界，面向全球提供中国产品的电子商务服务，旨在利用互联网将中国制造的产品介绍给全球采购商，如图3－17所示。中国制造网创建于1998年，是由焦点科技开发和运营的，国内最著名的B2B电子商务网站之一，已连续四年被《互联网周刊》评为中国最具商业价值百强网站。中国制造网汇集中国企业产品，面向全球采购商，提供高效可靠的信息交流与贸易服务平台，为中国企业与全球采购商创造了无限商机，是国内中小企业通过互联网开展国际贸易的首选B2B网站之一，也是国际上有影响力的电子商务平台。

图 3－17　中国制造网

三、C2C 电子商务

（一）C2C 电子商务概述

C2C电子商务是消费者对消费者的交易，简单地说，就是消费者本身提供服务或产品给消费者。C2C 商务平台就是通过为买卖双方提供一个在线交易平台，使卖方可以主动提供商品上网拍卖，而买方可以自行选择商品进行竞价。典型的网站是一些拍卖类的网站，如易趣网和淘宝网等。比如说，有个学生要毕业了，手上有一个旧的电子词典，他在网上发布卖旧文曲星的信息，通过网络交易平台，被另外一个新入学的大学生买去了。这种交易行为在电子商务里就称为 C2C 电子商务。

C2C 电子商务模式类似于现实商务世界中的跳蚤市场。其构成要素，除了包括买卖双方外，还包括电子交易平台供应商，也即类似于现实中的跳蚤市场场地提供者和管理员。在 C2C 交易中，电子交易平台供应商的作用举足轻重。这是因为：第一，它把 Internet 上无数的买家和卖家聚集在一起，为他们提供了一个平台；第二，它往往还扮演监督和管理的职责，负责对买卖双方的诚信进行监督和管理，负责对交易行为进行监控，最大限度地避免欺诈等行为的发生，保障买卖双方的权益；第三，它还能够为买卖双方提供技术支持服务，包括帮助卖方建立个人店铺，发布产品信息，制定定价策略等，帮助买方比较和选择产品以及电子支付等；第四，随着 C2C 模式的不断成熟发展，它还能够为买卖双方提供保险、借贷等金融类服务，更好地为买卖双方服务。目前国际上最有名的 C2C 网站是 eBay(http://www.ebay.com/)，国内则有淘宝网(http://www.taobao.com/)、拍拍网(http://www.paipai.com/)和易趣网(http://www.eachnet.com/)等。

从理论上来说，C2C 模式最能体现 Internet 的精神和优势。数量巨大、地域不同、时间不一的买方和同样规模的卖方通过一个平台找到合适的对家进行交易，在传统领域要实现这样的大工程几乎是不可想象的。同传统的二手市场相比，C2C 不再受到时间和空间限制，节约了大量的市场沟通成本。从实际操作来看，其价值也显而易见。首先，C2C 能够为用户带来真正的实惠。过去，卖方往往具有决定商品价格的绝对权力，而消费者的议价空间非常有限；C2C 网站的出现，则使得消费者也有决定产品价格的权力，并且可以通过消费者相互之间的竞价结果，让价格更有弹性。其次，C2C 能够吸引用户。打折永远是吸引消费者的制胜良方。由于拍卖网站上经常有商品打折，对于注重实惠的中国消费者来说，这种网站无疑能引起消费者的关注。对于有明确目标的消费者(用户)，他们会受利益的驱动而频繁光顾；而那些没有明确目标的消费者(用户)，他们会为了享受购物过程中的乐趣而流连于 C2C 网站。

(二)C2C 电子商务的盈利模式

1. 交易提成

交易提成不论什么时候都是 C2C 网站的主要利润来源。因为 C2C 平台只是一个交易平台，它为交易双方提供机会，就相当于现实中的交易所、大卖场，从交易收取提成是其市场的本性。C2C 的交易额也许不像 B2B 平台的那样大，但是 C2C 客户众多，交易频繁，C2C 将来肯定是电子商务中最活跃的虚拟商业社区，将为 C2C 网站带来高额利润。

2. 广告收入

C2C 市场的持续繁荣，网络广告低投入、高收益的优势，使得越来越多的企业商家趋向网络作为宣传公司产品与企业信誉形象的重要渠道。C2C 网站以其得天独厚的本质特点在这一市场占领明显优势。首先，C2C 网站本身就是一个购物平台，对于广告投放者而言，他们在此平台上直接进行商品与服务的宣传与销售，其目标群体的精确性，广告收益的直接性、销售渠道的便利性是其他类型网站无法比拟的。其次，C2C 网站每天都有大量的新增商品进入，包括众多特色商品及在生活中很难出售或购买的商品，其旺盛的资源活力对于有购物需求的网民来说，具有更大的吸引力与影响力，并可以吸引到更多的网民光顾本网站，提高广告的收视率，从而迅速提高其经济效益。

3. “首页黄金铺位”推荐

据统计，除了目的性较强的上网者外，有70%的上网者只是观看一个网站的首页。所以网站首页的广告铺位和展位都具有很深的商业价值。对于C2C网站首页的“黄金铺位”，网站可以定价销售也可以进行拍卖，购买者或者中标者可以在规定时限内在铺位上展示自己的商品。

4. 网站提供增值服务

C2C网站不只是为交易双方提供一个平台，更多的是为双方提供交易服务。尽量满足客户的各种需求，来达成双方的交易。如今C2C网站的商品众多，买方想要找到自己的商品还真不容易，网站可以推出搜索服务来提高效率。卖家可以通过购买关键字来提高自己的商品在搜索结果中的排名，来做成更多的交易。如淘宝的直通车业务。

5. 支付环节的收益

以支付宝为例，用户在淘宝上通过支付宝将钱汇到支付宝。支付宝可以把用户的资金收集起来进行投资盈利。因为我们不断交易的过程中，有一个汇进快汇出慢的时间差，同时还有付款和收到货物再支付的时间差，这当中就有了一大笔资金和时间可以进行操作了。

(三)我国C2C电子商务的发展历程和现状

阅读材料

中国C2C电子商务简史

1999年：邵亦波创立易趣网，创中国C2C先河。

1999年8月：易趣网正式上线。

2002年3月：eBay注资易趣网3000万美元。

2003年5月：阿里巴巴4.5亿成立C2C网站淘宝网。

2003年7月：eBay斥资1.5亿美元全资收购易趣网。

2004年4月：一拍网正式上线，新浪占据其中33%的股权，原雅虎中国占67%的股份。

2004年6月：易趣网进入与美国eBay平台对接整合。

2005年9月：腾讯推出拍拍网，2006年3月13日运营。

2006年2月15日：一拍网彻底关闭，阿里巴巴收购一拍网全部股份，原属一拍网用户将导入淘宝。

2006年12月：TOM在线与eBay合资，更名为TOM易趣。

2007年10月：搜索引擎公司百度宣布进军电子商务，筹建C2C平台，预计2008年初推出。

2008年05月05日：易趣宣布任何用户只要在易趣开店，无论是普通店铺、高级店铺还是超级店铺，都将终身免费。

2008 年 6 月 18 日：百度网络交易平台正式在北京启动其在全国范围的巡回招商活动。

2008 年 10 月 8 日：淘宝总裁陆兆禧对外宣布，阿里巴巴集团未来 5 年将对淘宝投资 50 亿元，并将继续沿用免费政策。

2008 年 10 月 28 日：百度电子商务网站“有啊”正式上线，有望开创新的电子商务格局。

2009 年：C2C 新形式的诞生，网购导购业进驻 C2C 抢占市场份额。

2009 年 12 月：D 客商城正式上线，推动个性定制业发展。

2011 年 4 月：百度电子商务网站“有啊”宣布关闭 C2C 平台，转型提供生活服务。

以上内容来自百度百科“C2C 电子商务”和中国电子商务研究中心相关资料汇总。

相比电子商务 B2C 市场的火爆，2010 年 C2C 市场显得不温不火，但是依然保持高速增长。随着 B2C 服务商的平台化和 C2C 主要服务商向 B2C 扩张，B2C 模式和 C2C 模式的界限越来越模糊。一些研究机构已经开始不区分 B2C 和 C2C 模式，而是将二者统称为网络购物市场。近些年来，我国网购市场电子商务企业的规模不断壮大，如图 3－18 所示。但是我们这里仍把 C2C 市场作为分析对象，揭示其市场发展现状。

1. 交易额接近翻番

从交易额来看，根据估算，2010 年，C2C 市场交易额约为 4651 亿元(含淘宝商城)。其中，淘宝网依然一网独大，淘宝的网上交易额已达到人民币 4000 亿元左右，年增长翻倍，占据 86.01％的市场份额，并且比上一年增长 3.51 个百分点，呈现出强者恒强之势。拍拍网市场份额屈居第二，占有 10.6％的市场份额；第三名是 eBay 易趣，市场份额为 3.4％。

2. 交易趋于活跃

网民网络购物习惯逐步形成，网络购物趋于活跃。根据统计，2010 年淘宝网用户人均成交笔数比 2009 年增长了 35％，仅仅在“11 月 11 日光棍节”的促销中，淘宝网单日交易额达到峰值 19.5 亿元，高于同月北京市平均每天零售总额 18.91 亿元。

3. 店主数量继续增长

从店主数量来看，店主规模继续增长(见图 3－19)，仅淘宝一家数量已经超过百万级别。根据淘宝就业指数数据推算，截至 2010 年 4 月底，在淘宝开店的店主数量达到 106 万人。C2C 为店主提供了一个免费开店的平台，帮助店主轻松解决了自我创业和就业难题，并且开网店还带动了其他人员的就业。可见，C2C 模式是对社会的巨大贡献。以经营淘宝为生的店主中，按照收入水平分布，以 1000～2000 元/月为主，占比 39.3％，22.0％的店主月收入在 2000～3000 元之间，7.4％的店主收入在 5000 元以上。

4. 网购用户快速增长

从网购人数来看，应用网络购物的网民渗透率达到 35.1％，达到 1.61 亿人，比 2009 年增长了 48.6％，增速远远超过了当年网民的增长速度，也是全年用户增长最快的互联网应用。

5. 网购商品多样化

网购商品呈现多样化趋势，网民最常网购的商品从服装、数码等大类快速扩展到其他领域。根据淘宝数据显示，2010 年，淘宝网平均每分钟售出 4.8 万件商品，其中包括 864 件衣服，36 部手机、880 件化妆品、85 本书、53 包纸尿裤、13 件灯具，其中，家装家饰类商品的成交额年增长了120%。

6. B2C和C2C融合趋势增强

为了增加盈利能力,规避假货和信用问题,C2C平台服务商纷纷拓展B2C市场;而B2C服务商为了增加市场空间、扩张产品,陆续向其他品牌企业提供平台服务。B2C和C2C融合趋势增强,淘宝紧锣密鼓开通淘宝商城后,又马不停蹄地布局数码城、名鞋馆、美容馆、网上超市;当当、京东商城也转型为开放性平台,为品牌企业提供销售平台。从本质上说,淘宝、当当、京东商城都是B2B2C模式,虽然淘宝依然保留一部分B2C2C模式,但是,淘宝两种模式中间的B和C的差别已经越来越小了。

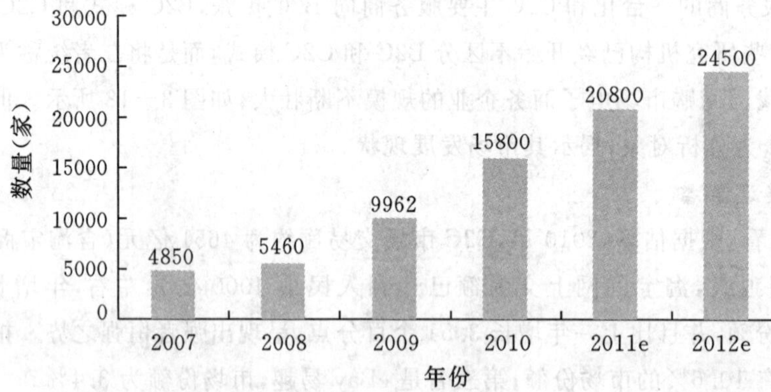

图3-18 2007—2012年中国B2C、C2C电子商务企业规模

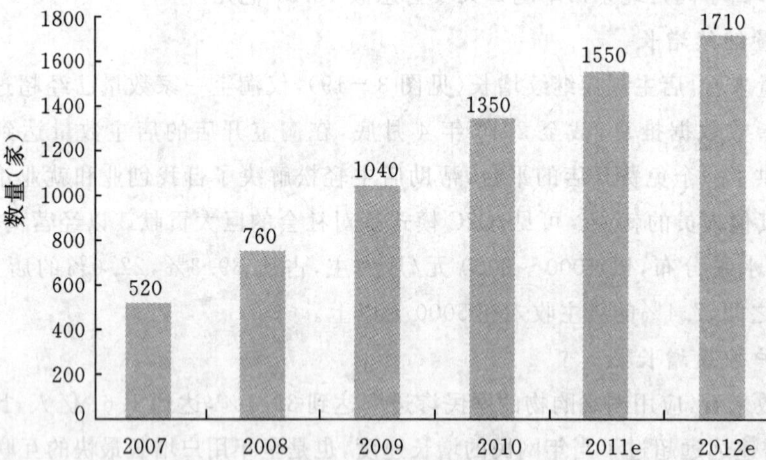

图3-19 2007—2012年中国个人网店数量规模

(四)国内主要C2C电子商务交易平台介绍

(1)淘宝网是中国深受欢迎的网购零售平台(见图3-20),拥有近5亿的注册用户数,每天有超过6000万的固定访客,同时每天的在线商品数已经超过了8亿件,平均每分钟售出4.8万件商品。截至2011年年底,淘宝网单日交易额峰值达到43.8亿元,创造270.8万直接且充分就业机会。随着淘宝网规模的扩大和用户数量的增加,淘宝也从单一的C2C网络集市变成了包括C2C、团购、分销、拍卖等多种电子商务模式在内的综合性零售商圈;已经成为世界范围的电子商务交易平台之一。

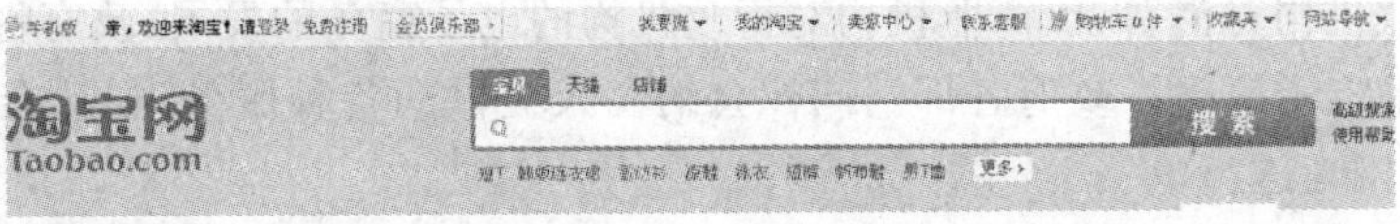

图3-20　淘宝网

(2)拍拍网是大型的知名网络零售商,致力于打造全球领先网络零售商圈(见图3-21)。该网站于2005年9月12日上线发布,2006年3月13日宣布正式运营。拍拍网依托于腾讯QQ超过5.9亿的庞大用户群以及2.5亿活跃用户的优势资源,具备良好的发展基础。拍拍网运营满百天即已进入"全球网站流量排名"前500强(据Alexa数据),并且创下电子商务网站进入全球网站500强的最短时间纪录;并迅速跃居国内C2C网站排名第二的领先地位。凭借丰富多样的商品类别和高人气的互动社区,拍拍网已成为国内成长最快、最受网民欢迎的C2C电子商务交易平台之一。拍拍网在经营理念、产品技术等方面提出了很多创新,例如在业界首次研发的"边聊边买"、"买家与卖家信用分离制度"等创新专利均获得了业界的广泛认可和采纳。

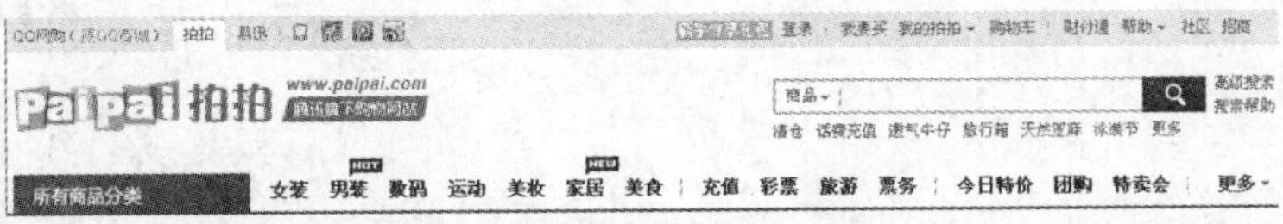

图3-21　拍拍网

四、其他电子商务模式

其他电子商务模式还包括消费者与企业之间(customer to business,C2B)的电子商务、企业与政府机构之间(business to government,B2G或government to business,G2B)的电子商务、消费者与政府机构之间(customer to government,C2G或government to customer,G2C)的电子商务、企业与员工之间(company to employee,C2E或employee to company,E2C)的电子商务、企业联合体与消费者之间(business to business to customer,B2B2C)的电子商务等。

(1)C2B模式:采用消费者主动的方式,也可把各地有同样需求的消费者集中统一和厂家议价。Priceline更是由传统的商家出价看哪个消费者愿意购买,改为消费者出价看哪个商家愿意卖。这种模式的优点不言而喻,但缺点是不能及时达成交易,消费者需要等待数天或者更长的时间才能知道是否成交。

(2)B2G(或 G2B)模式:贸易企业对政府机构(B2G)的电子商务模式可以覆盖公司与政府组织间的许多事务。目前我国很多地方政府已经推行网上采购,出现了政府机构对企业(G2B)的电子商务模式。

(3)C2G(或 G2C)模式:C2G 或 G2C 电子商务行为,不以营利为目的,主要包括政府采购、网上报关、报税等活动。其中消费者对行政机构间的电子商务,指的是政府对个人的电子商务活动。这类的电子商务活动目前在我国还没有真正形成。然而,在个别发达国家,如在澳大利亚,政府的税务机构已经通过指定私营税务或财务会计事务所用电子方式来为个人报税。这类活动虽然还没有达到真正的报税电子化,但是,它已经具备了消费者对行政机构电子商务的雏形。随着商业机构对消费者、商业机构对行政机构的电子商务的发展,政府将会对社会公民实施更为全面的电子服务。政府各部门向社会纳税人提供的各种服务,如社会福利金的支付等,将来都会在网上进行。

(4)C2E(或 E2C)模式:正当人们把视线的焦点集中在 B2B 和 B2C 等立足销售关系的电子商务模式时,一种以改进企业内部管理形态为目的的新型电子商务形式悄然出现。广州地球村计算机网络软件技术有限公司把一种新的电子商务模式 C2E 和 E2C 运用于实践,并取得了成功。

(5)B2B2C 模式:该模式是一种复合的交易模式,其意为中间的 B 直接面对客户,把订单交给第一个 B 来执行。这种模式看起来好像只是传统渠道销售的翻版,在 Internet 时代根本不可行,因为 Internet 经济的一大特征就是压扁中间渠道,亚马逊等大行其道的原因也正是基于这种"中间商之死"的论调,它们抢占的正是原来中间商的利润。因此,B2B2C 模式长期以来被认为是一种不可能成立的模式。但如果中间的 B 能够提供一种独特的服务,把消费者都吸引到它那里去,并通过它下订单,则该模式就是可行的。当然这对中间的 B 要求就非常高,因为它必须提供一种独一无二、对消费者而言价值很大的服务,而且在一年、两年甚至更长的时间内都无法模仿才行,否则消费者就不会聚焦在此,B2B2C 模式就无法运转。

项目任务

任务一　阿里巴巴网上买家交易流程

任务目的

1. 了解 B2B 电子商务的交易过程
2. 熟悉买家操作的基本流程

(1)注册成为阿里巴巴的免费会员,如图 3-22、图 3-23 所示。

(2)将注册的账号与支付宝绑定,操作如图 3-24 至图 3-30 所示。

绑定支付宝完成后就可以开始购买产品了。首先,在阿里巴巴搜索自己需要的商品并加入进货单,操作过程如图 3-31 至图 3-34 所示。

然后,进入付款阶段,付款流程如图 3-35 和图 3-36 所示。

确认收货后对买到的商品进行发表评价,过程如图 3-37 至图 3-41 所示。

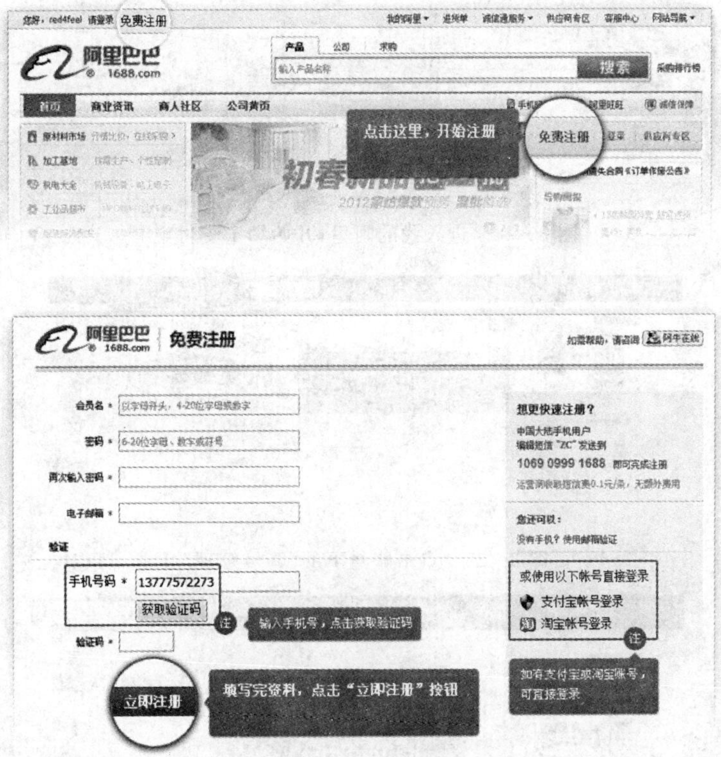

图 3－22　在阿里巴巴免费注册会员

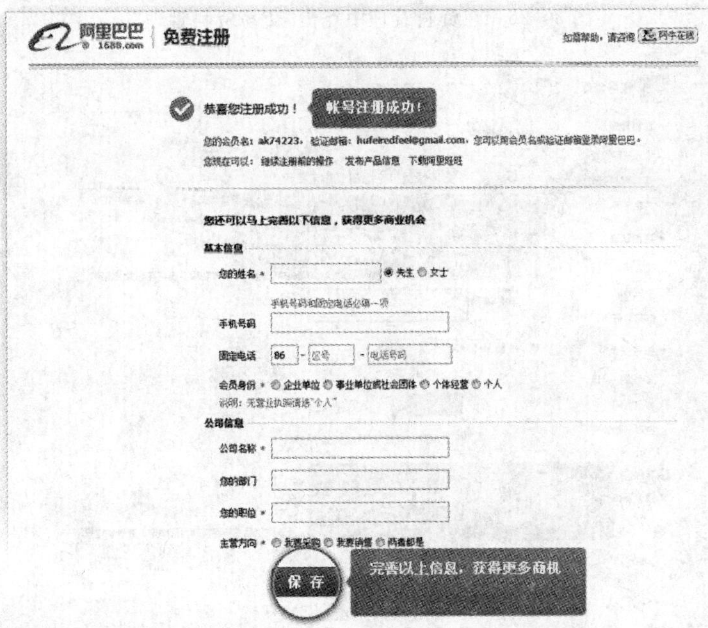

图 3－23　完善注册信息

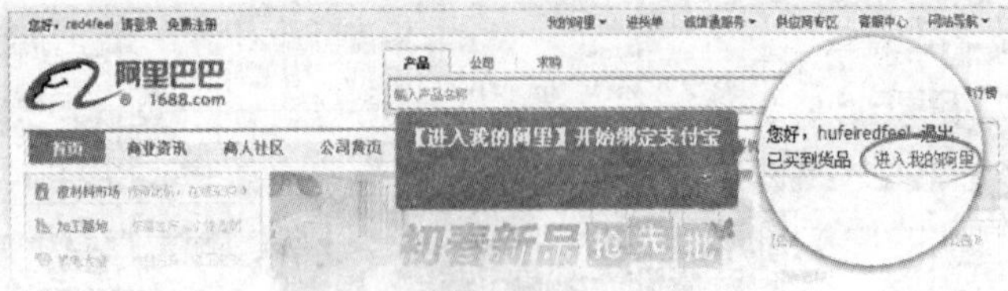

图 3-24　进入我的阿里，开始绑定支付宝

图 3-25　点击账号下的“账号管理”

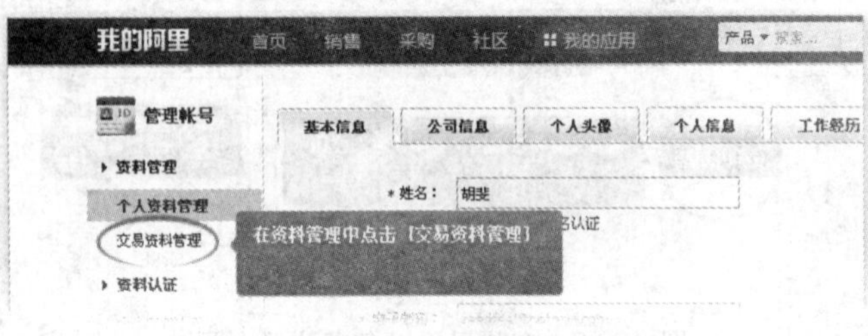

图 3-26　在资料管理中点击“交易资料管理”

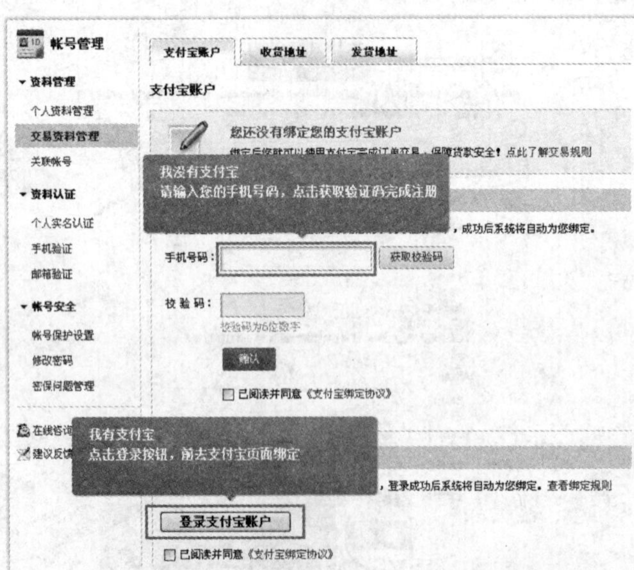

图 3-27　如果已开通支付宝账户，点击登录按钮

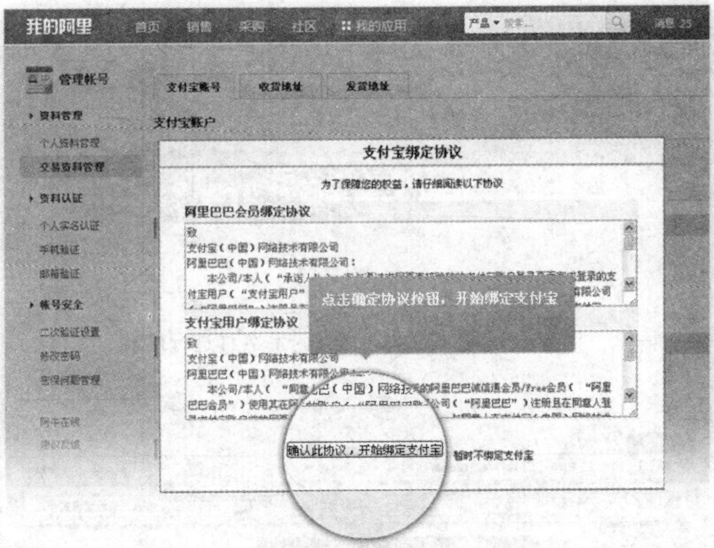

图 3－28　点击确定绑定协议

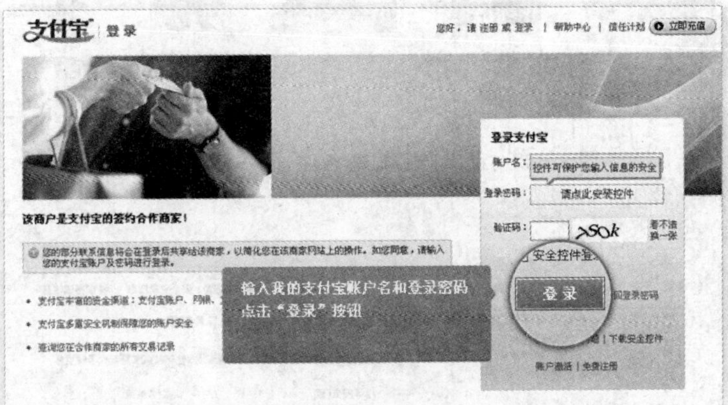

图 3－29　登录"我的支付宝"账户

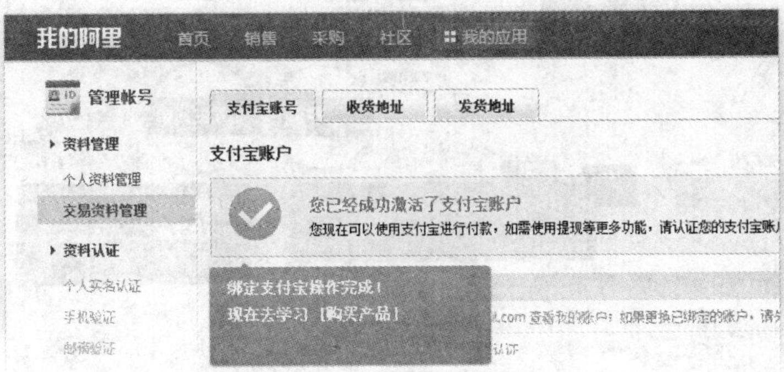

图 3－30　绑定支付宝操作完成

图 3－31　在搜索框里输入产品名称进行搜索

图 3－32　设定产品筛选条件，进一步精确搜索

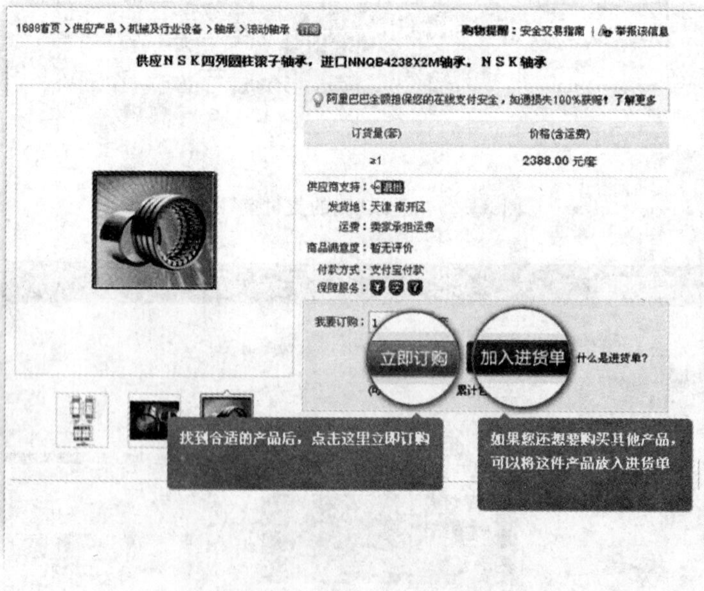

图 3－33　产品信息页面，可选择立即订购或加入“进货单”

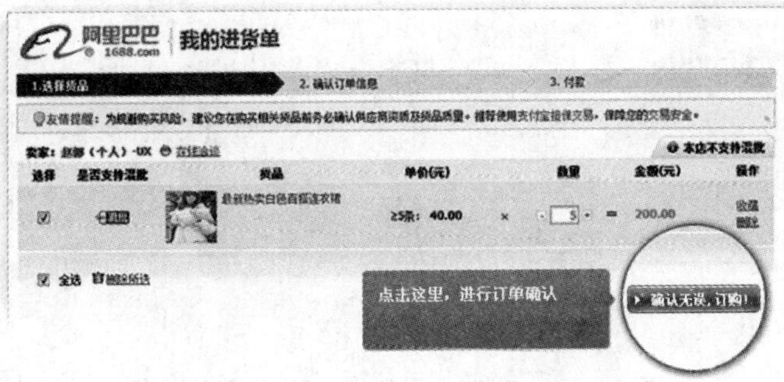

图 3-34 “我的进货单”页面，核对无误可点击确认

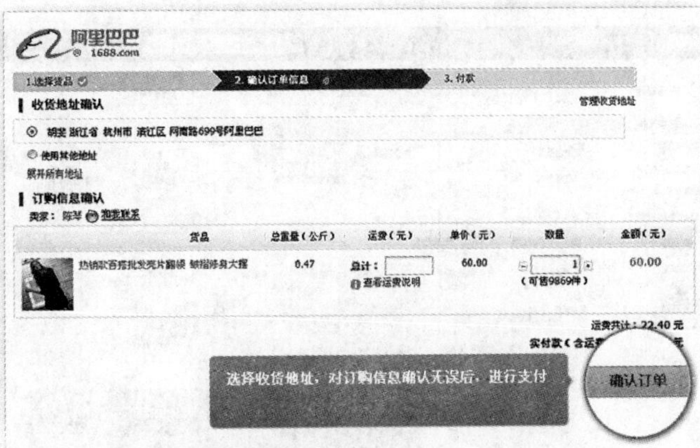

图 3-35 确认收货地址

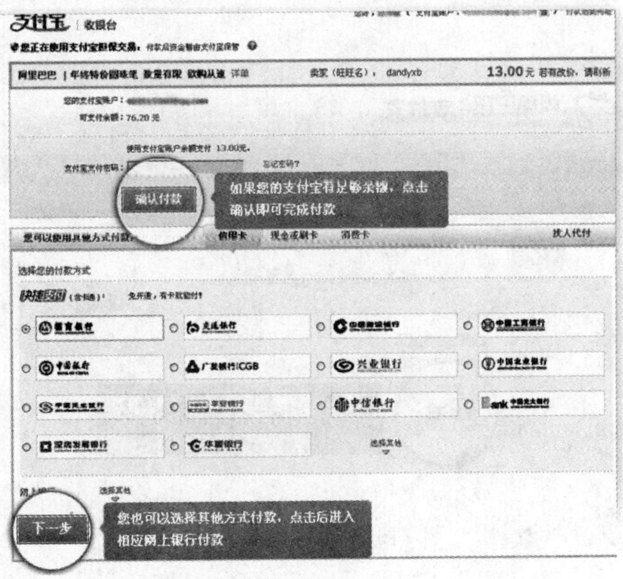

图 3-36 输入支付宝支付密码，完成支付

图 3 - 37　点击“已买到货品”进行确认收货

图 3 - 38　确定商品无误后，点击“确认收货”

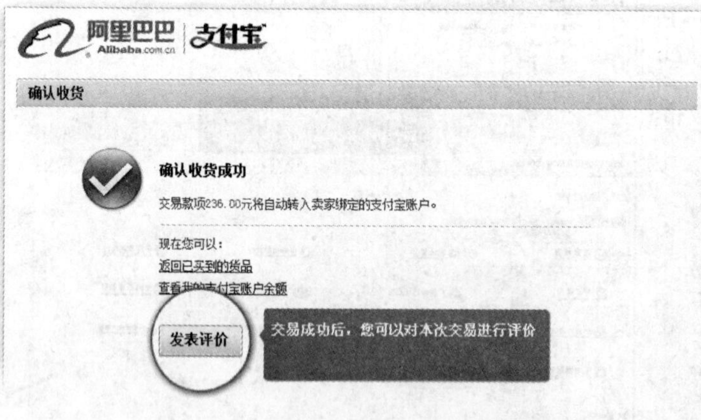

图 3 - 39　发表评价

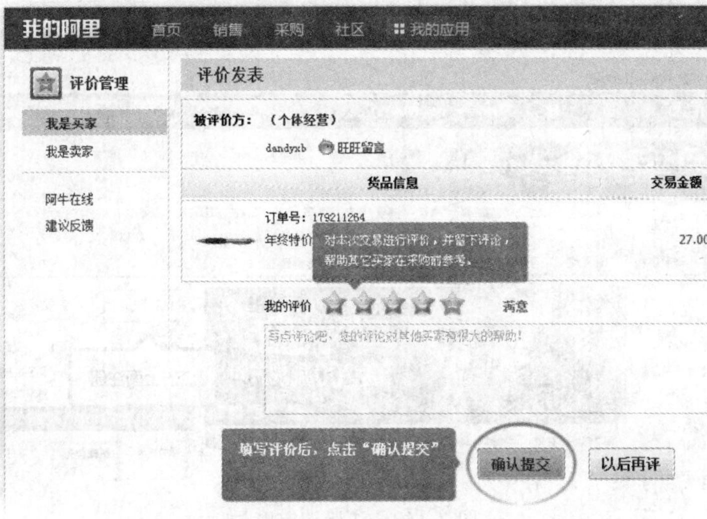

图 3-40　填写评价内容，点击“确认提交”

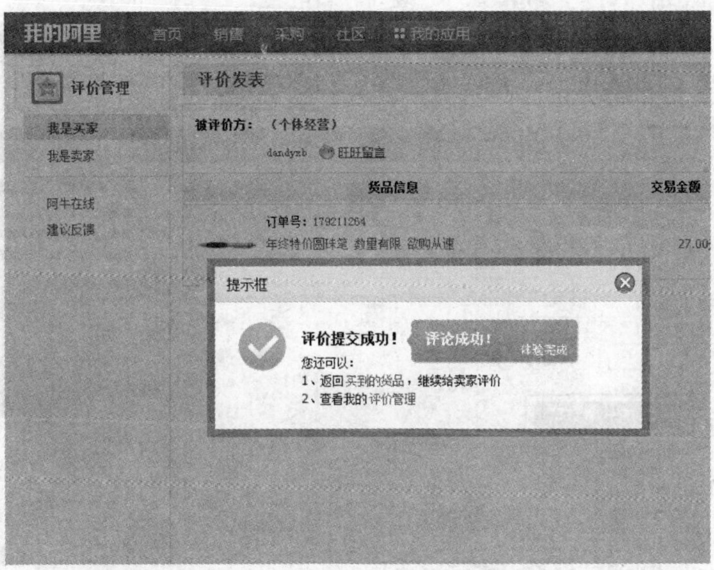

图 3-41 评价提交成功

任务二　淘宝开店流程

任务目的

了解在淘宝网开立个人网店的具体步骤

(1)首先需要开通网上银行，然后登录淘宝网首页注册淘宝账号，点击“免费注册”。如图

3-42 所示。

图 3-42　注册淘宝账号

(2)在注册会员名之前,一定要认真考虑一下(注册后不可更改),因为会员名就相当于店铺的招牌,最好与销售的产品有关联。填写注册信息如图 3-43 所示。

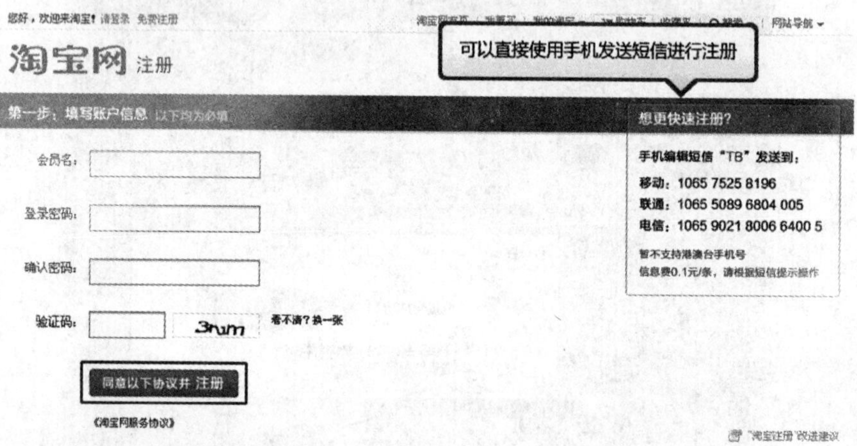

图 3-43　填写注册信息

(3)通过手机验证即可完成淘宝号注册。如图 3-44 所示。

(4)淘宝号注册完成以后,登录淘宝网首页点击“卖家中心”,如图 3-45 所示。

(5)接着点击“我要开店”,如图 3-46 所示。

(6)淘宝开店需要完成以下三个步骤(见图 3-47),我们下面分别进行介绍。

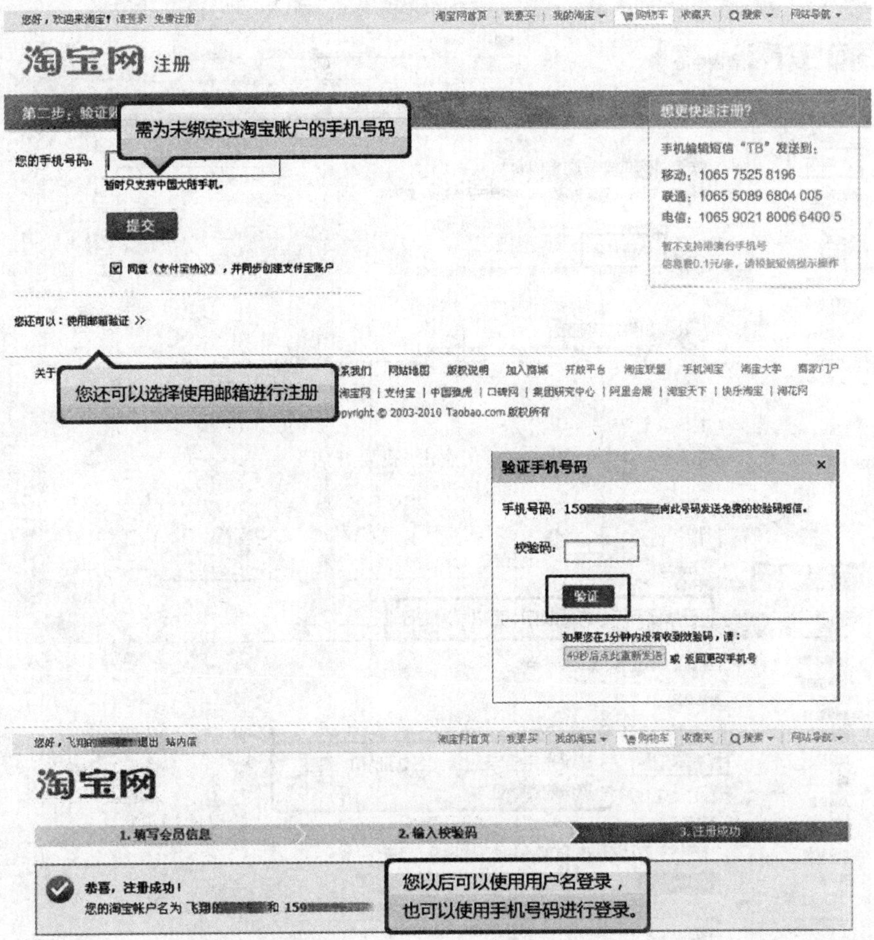

图 3-44 手机验证

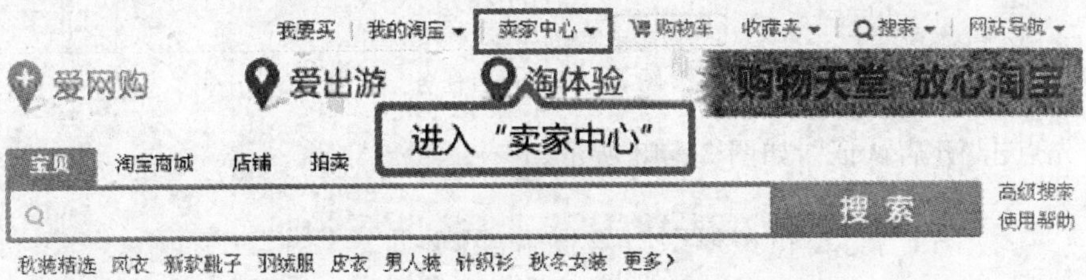

图 3-45 登录淘宝网首页点击"卖家中心"

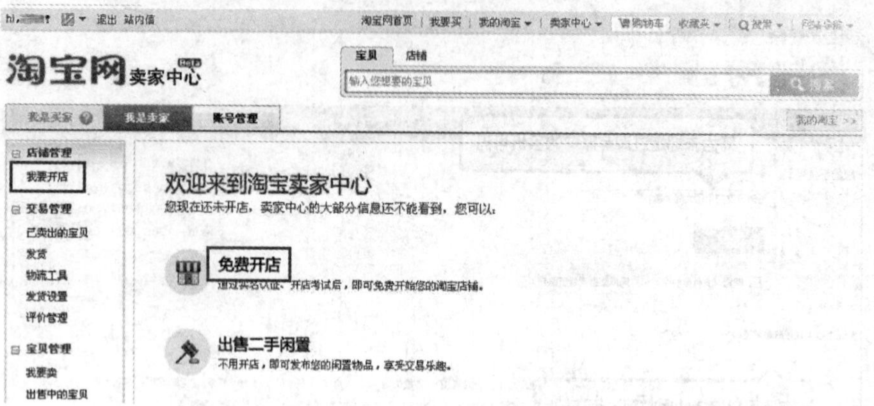

图 3-46　点击“我要开店”

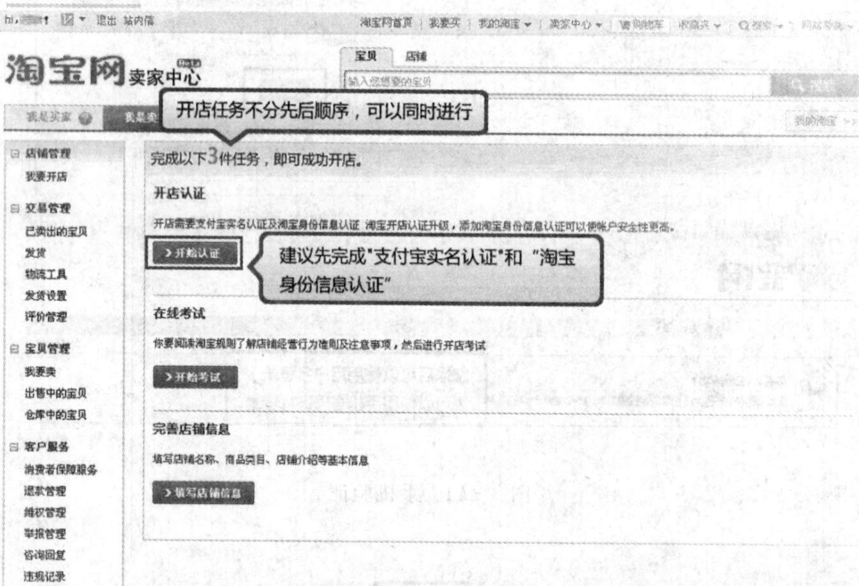

图 3-47　开店任务

①首先点击“开店认证”，如图 3-48 所示。

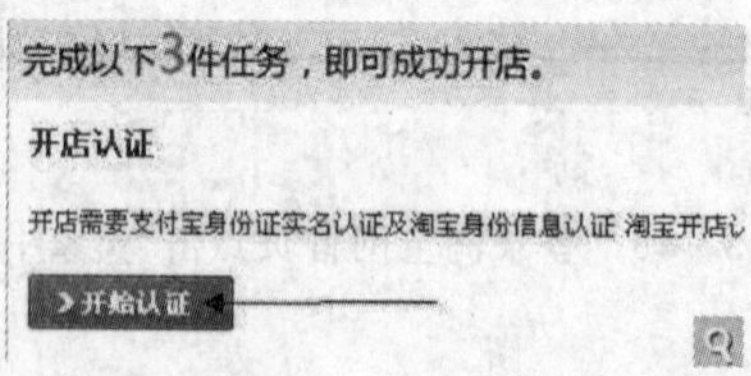

图 3-48　点击“开店认证”

A. 开店认证需要完成两个认证，“支付宝实名认证”和“淘宝身份信息认证”，先完成第一个，如图 3-49 所示。

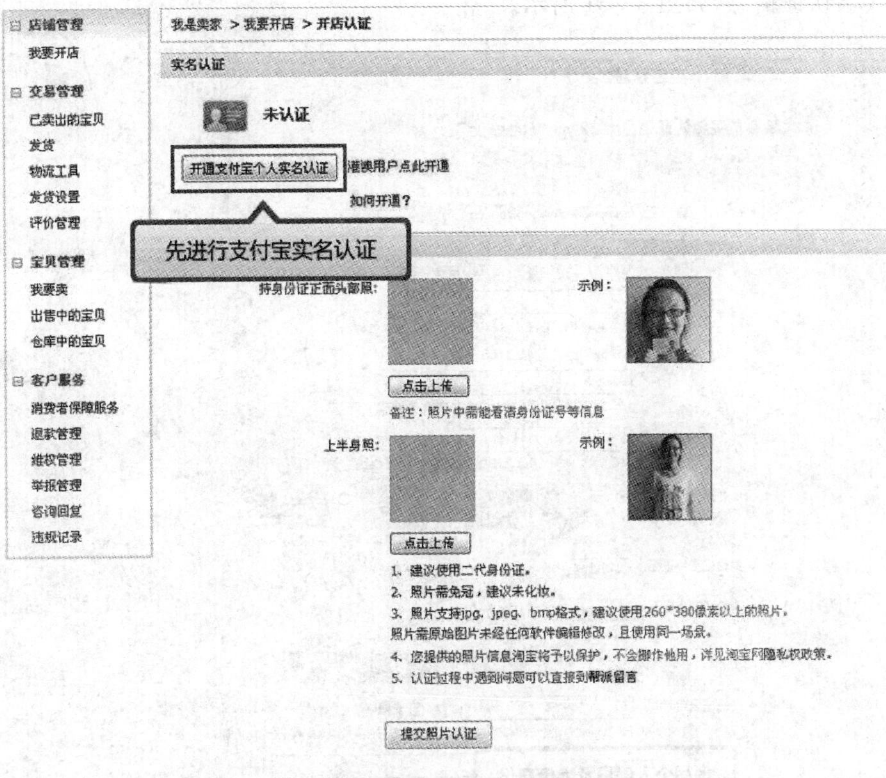

图 3－49　开店实名认证

选择“银行汇款认证”，如图 3－50 所示。

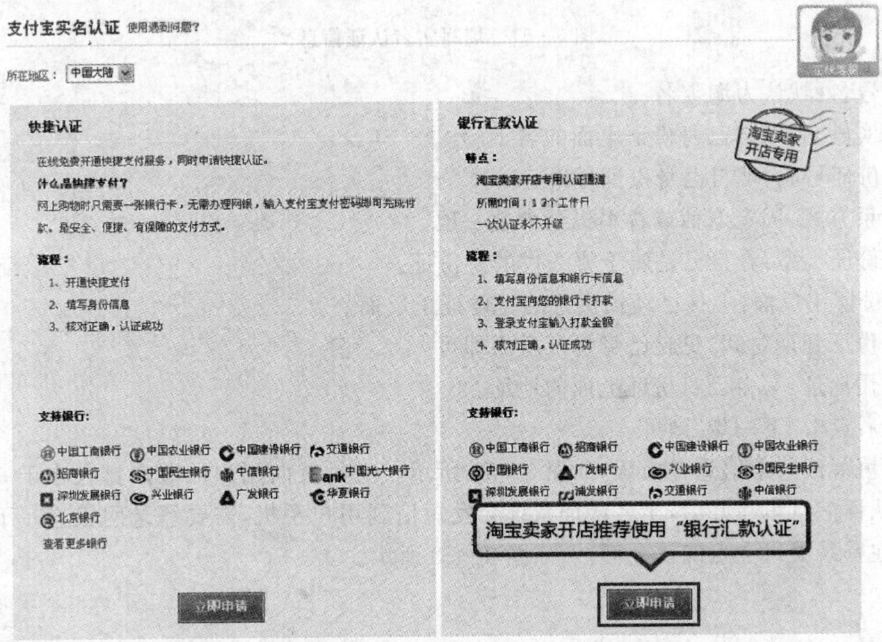

图 3－50　选择“银行汇款认证”

填写实名认证信息，如图 3－51 所示。

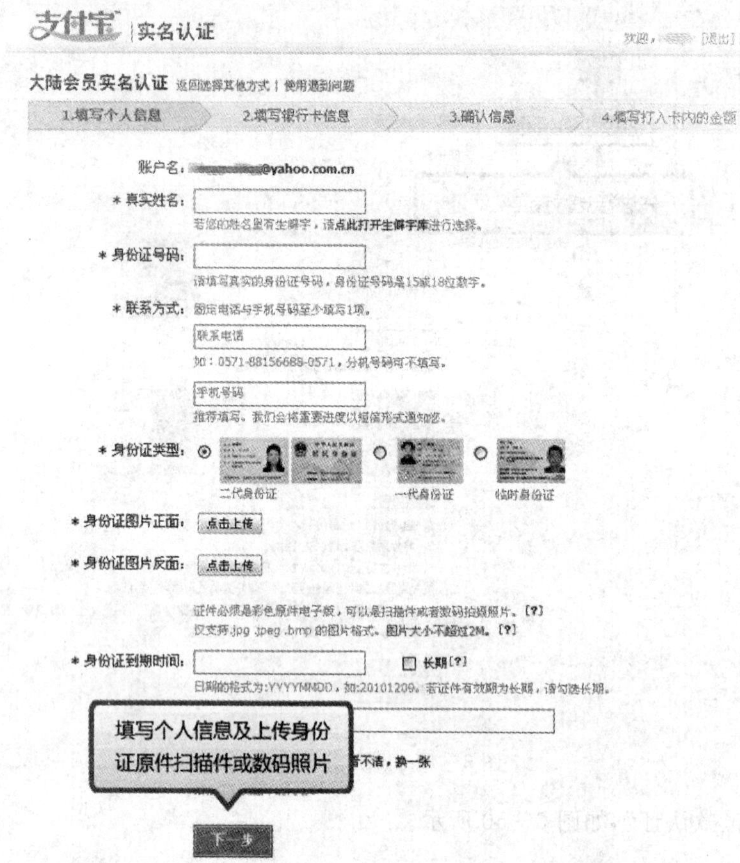

图 3－51　填写实名认证信息

a. 账号名：默认为淘宝名。

b. 真实姓名：填自己身份证上面的名字。

c. 身份证号码：填自己身份证号码。

d. 联系方式：固定电话或者手机至少填一项。

e. 身份证类型：看自己是属于哪一代的身份证。

f. 身份证正反面：上传已经拍摄好的身份证正反面。

g. 身份证到期时间：见自己身份证反面即可。

h. 常用地址：写自己身份证上面的地址。

填好后点击“下一步”即可。

然后填写银行卡信息并确认，如图 3－52 所示。支付宝向用户的账户打入小于一元的款项（实名认证信息填写好后，实名认证系统会发短信到用户手机，需要登录网银查一下到账金额，然后在登录支付宝点确认金额）。如图 3－53 所示。

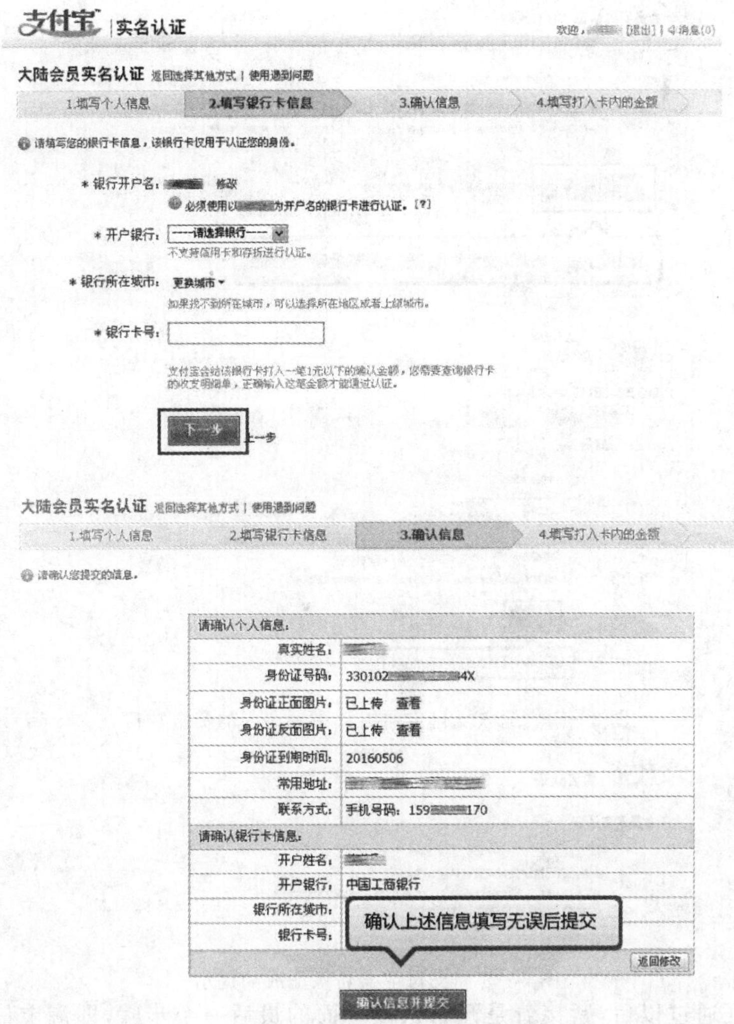

图 3-52 填写并确认银行卡信息

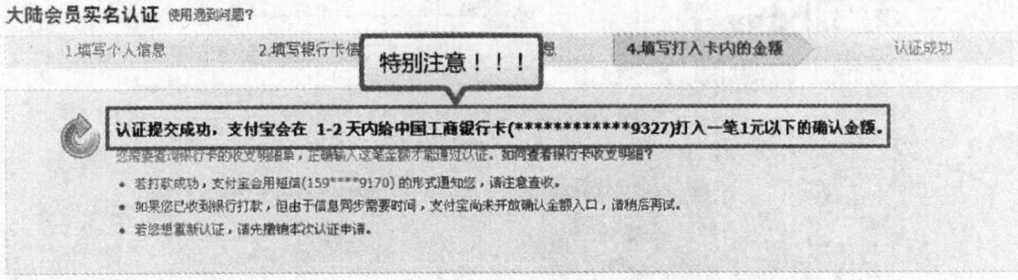

图 3-53 支付宝提示打入款项

一个工作日内，重新打开“我的淘宝”，在认证区域点击相应的链接打开“支付宝认证”页面，在“银行账户核实”区域点击“确认汇款金额”，然后输入支付宝向银行账号注入的资金数目，单击“确认”按钮即可。如图 3-54 所示。完成这一步后就结束了实名认证环节，如图 3-55 所示。

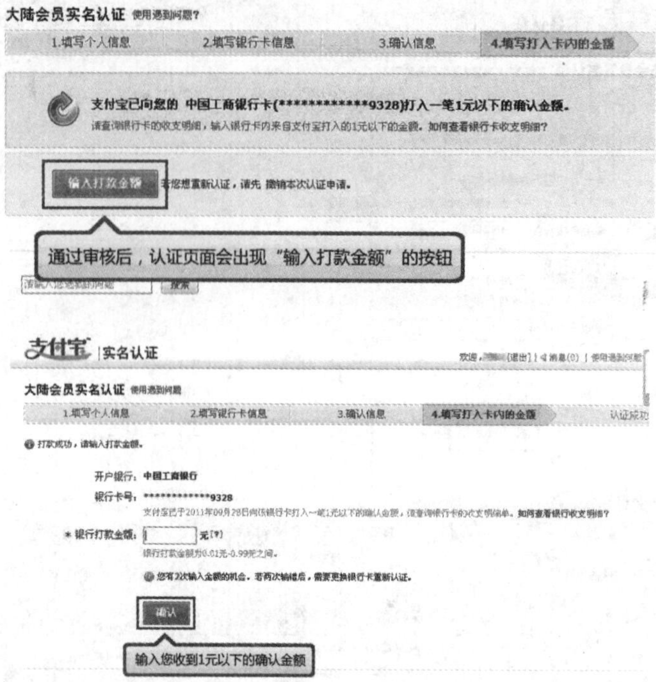

图 3-54　输入支付宝向银行账号注入的资金数目

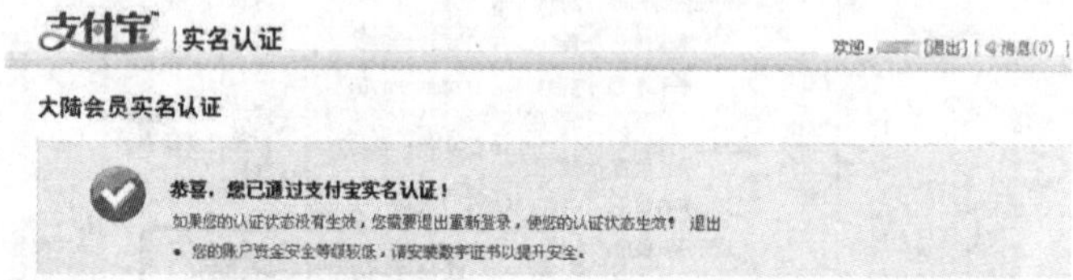

图 3-55　支付宝实名认证成功提示

B. 实名认证通过以后，紧接着是开店认证里面的最后一个步骤，即淘宝信息认证，如图 3-56所示，店铺所有人需要提交手持身份证照和上半身照，如图 3-57 所示。

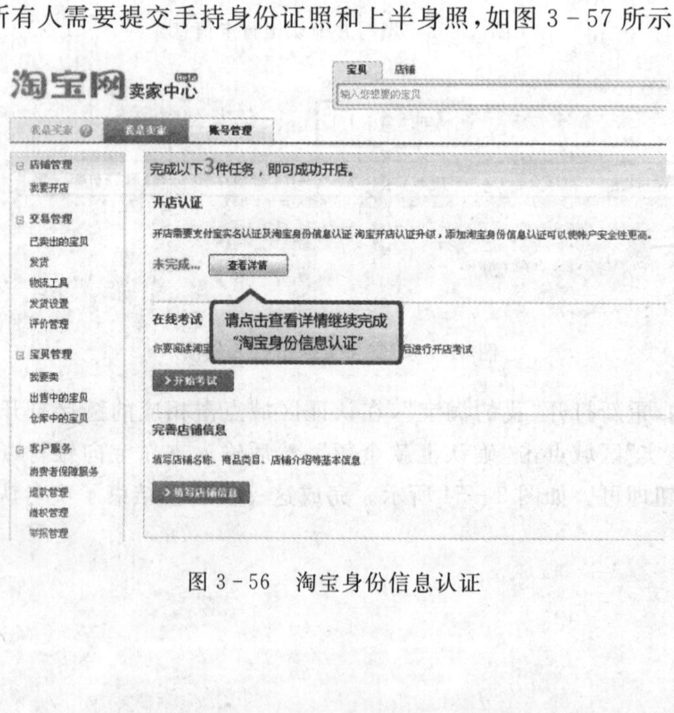

图 3-56　淘宝身份信息认证

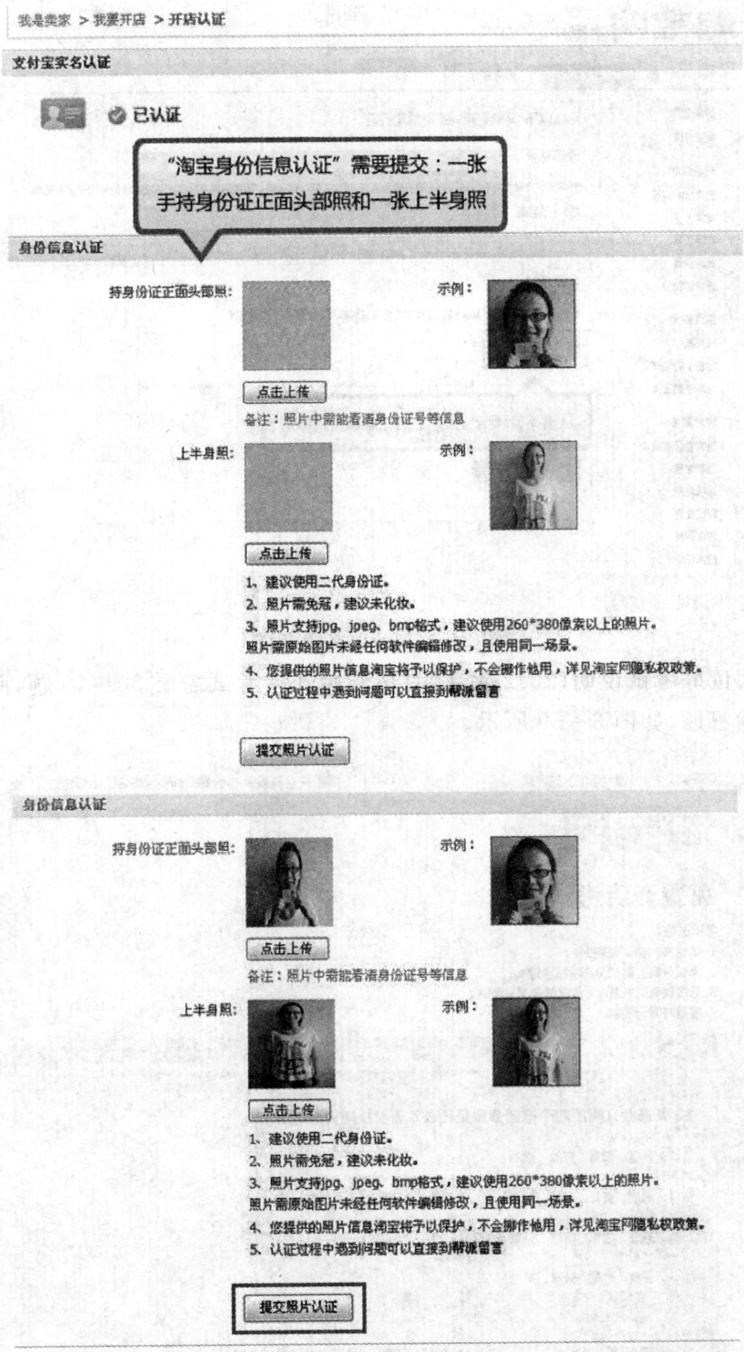

图 3-57　店铺所有人认证

②店铺所有人认证完了以后，就完成了第一个任务："开店认证"。接下来需要完成"开店考试"，如图 3-58。

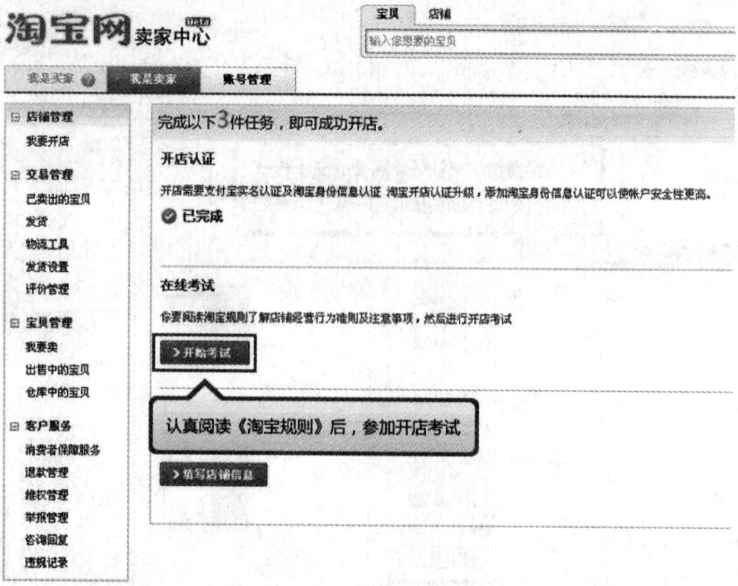

图 3－58　开店在线考试

考试前先阅读好考试说明(2012 年 11 月份开始开店考试需要 30～50 题,而不再是 20 道题目),然后开始答题,如图 3－59 所示。

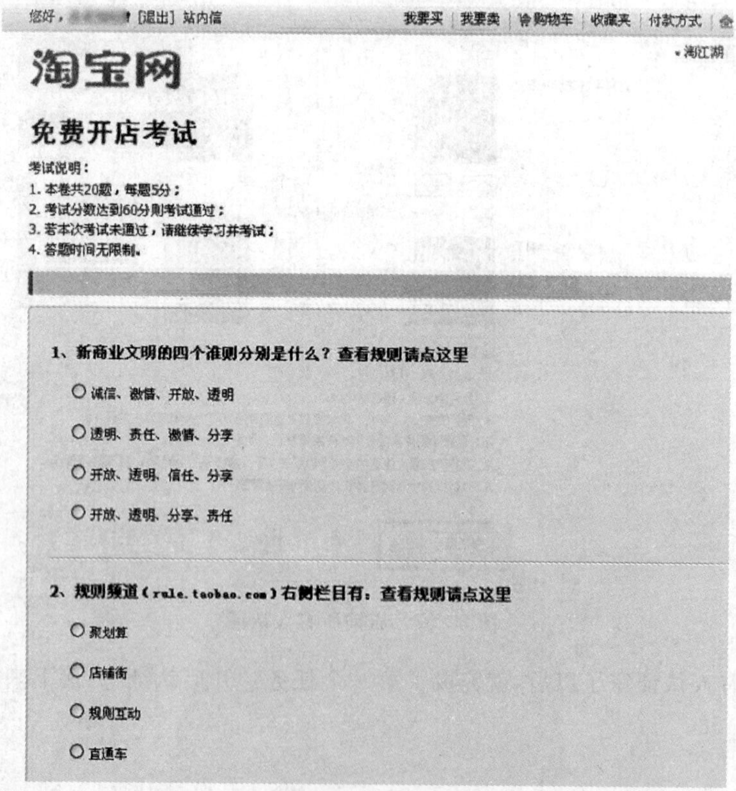

图 3－59　考试说明

③考试过了以后，就可以完成淘宝开店三大步骤的最后一个步骤：创建店铺并完善店铺信息，如图 3 - 60 所示。点击“填写店铺信息”，如图 3 - 61 所示。

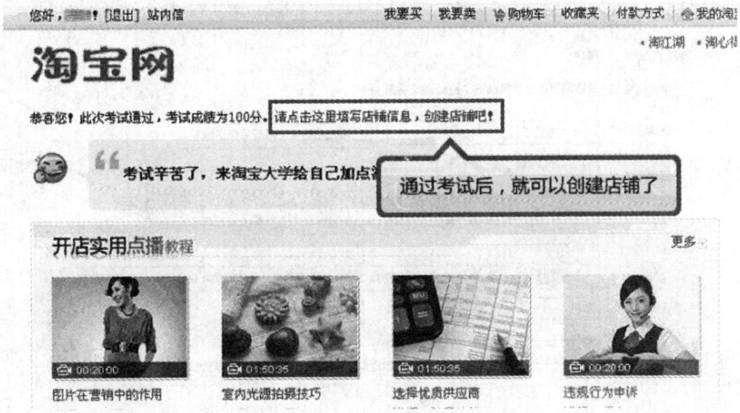

图 3 - 60　开始创建店铺

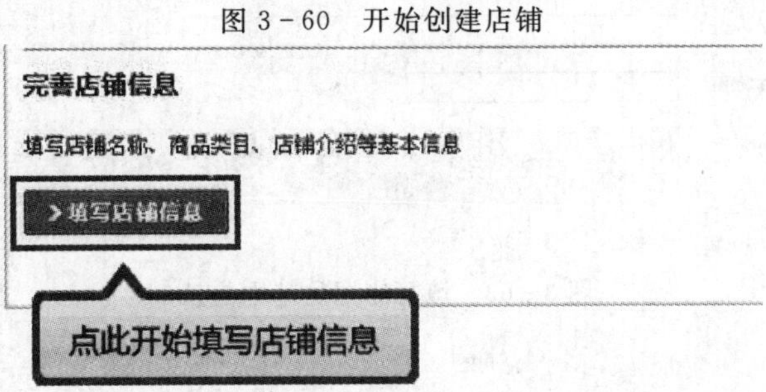

图 3 - 61　填写店铺信息

首先阅读诚信经营承诺书，点击“同意”，如图 3 - 62 所示。然后填写店镇的基本信息，如图 3 - 63 所示，填写无误后提交，即可开启个人在淘宝开店铺的生涯，会出现如图 3 - 64 所示的店铺地址。

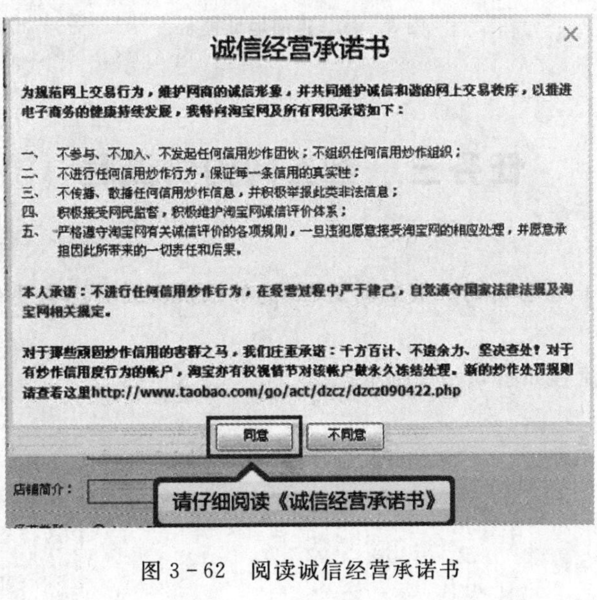

图 3 - 62　阅读诚信经营承诺书

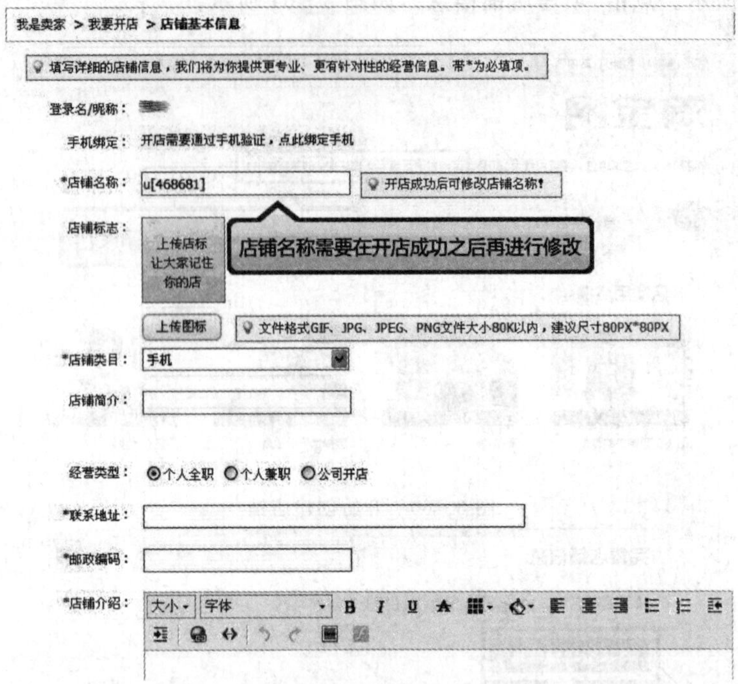

图 3-63　填写店铺的基本信息

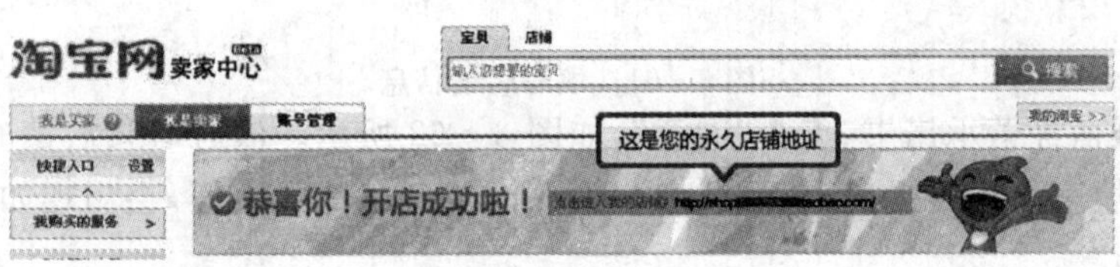

图 3-64　店铺地址提示

任务三　当当网购物流程

任务目的

熟悉网上 B2C 商城当当网的一般购物流程，能够很快找到自己需要的商品并顺利完成在线订单操作

当当网购物基本流程如图 3-65 所示。

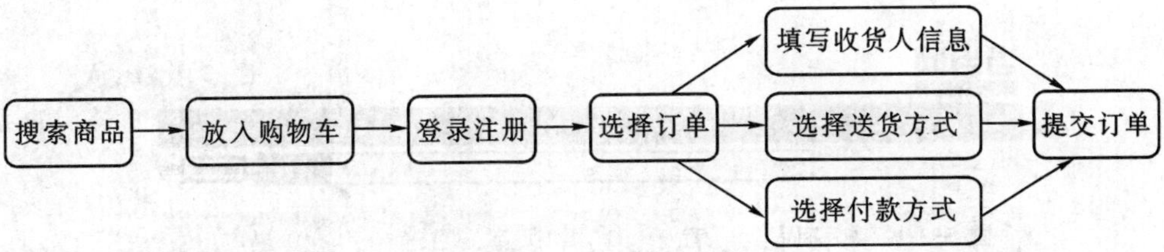

图 3-65　当当网购物基本流程图示

1. 选择商品

(1)当当网提供了比较方便快捷的商品搜索功能，通过当当网首页按商品关键字可以进行站内搜索，如图 3-66 所示。

图 3-66　商品关键词搜索

(2)通过分类导航查找商品，如图 3-67 所示。

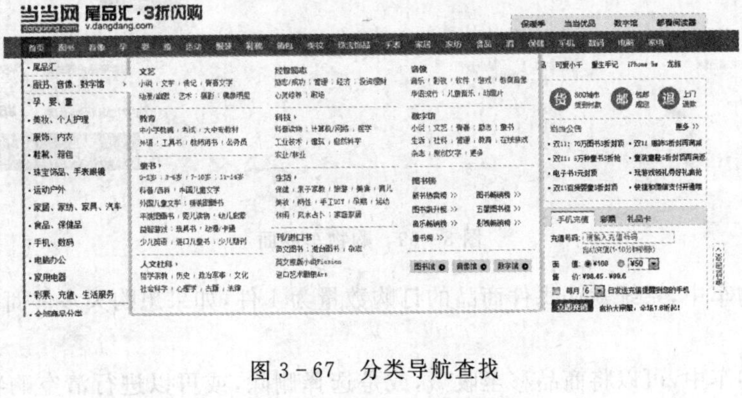

图 3-67　分类导航查找

(3)通过高级搜索查找商品,如图 3-68 所示。

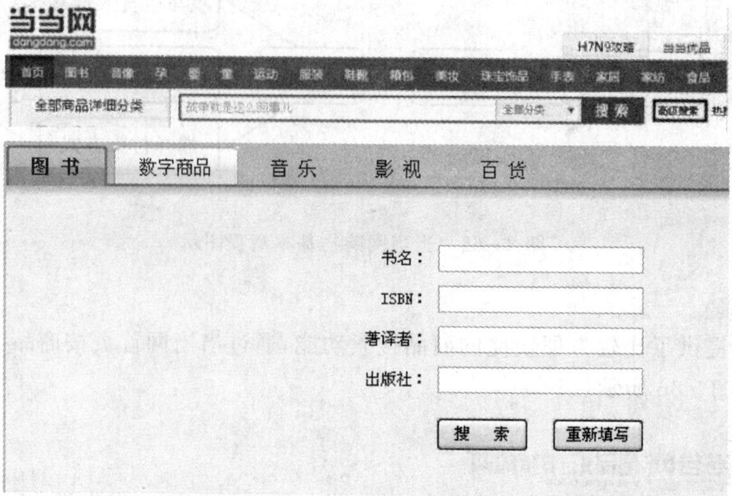

图 3-68　商品高级搜索

2. 放入购物车

在搜索页或单品页面点击“购买”,商品会添加到购物车;还可以继续挑选商品放入购物车,一起结算。如图 3-69 所示。

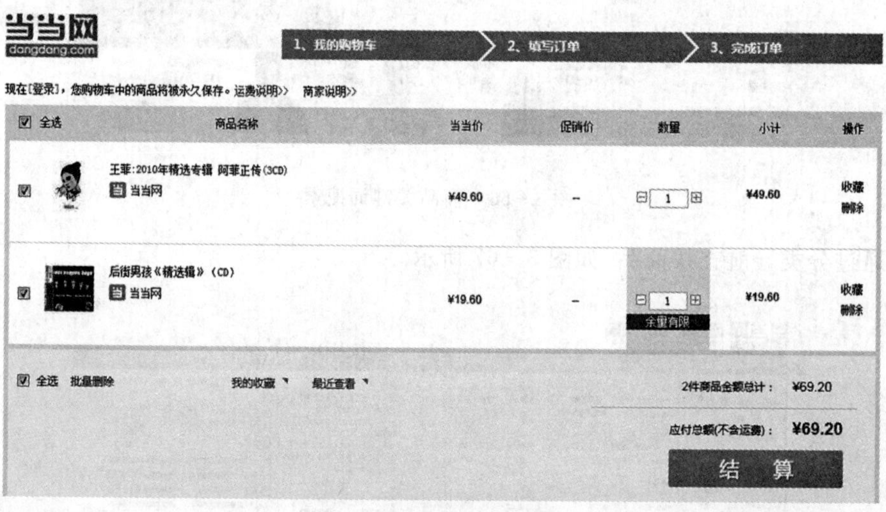

图 3-69　购物车界面

(1)在购物车中,系统默认每件商品的订购数量为 1 件,如果想购买多件商品,可修改购买数量。

(2)在购物车中,可以将商品移至收藏,或是选择删除,或可以进行清空购物车的操作,重新挑选。

(3)在购物车中,可以直接看到商品的优惠折扣和参加促销活动的商品名称、促销主题,也可看到当当自营运费说明。

3. **注册登录**

(1)若已完成注册,可在“登录”页面输入 E-mail 地址或昵称、手机号、注册密码、验证码进行登录。如图 3-70 所示。

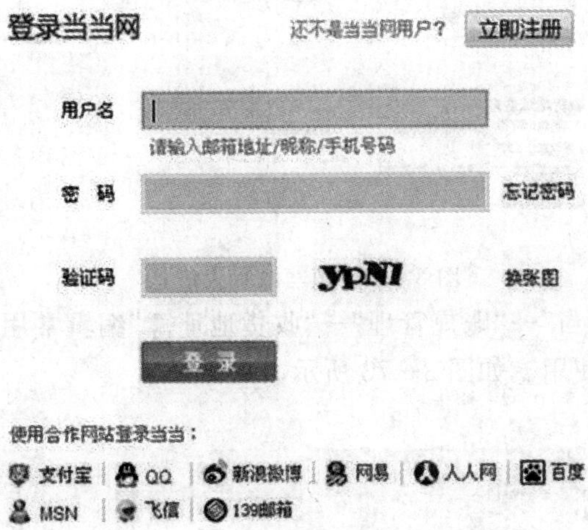

图 3-70 当当网登录界面

(2)如尚未注册,则在“新用户注册”页面按照提示信息完成注册。如图 3-71 所示。

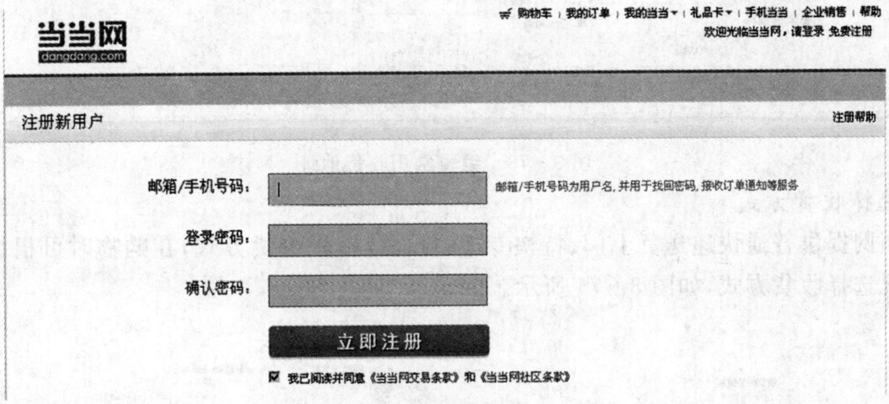

图 3-71 新用户注册

4. **填写收货人信息**

(1)填写正确完整的收货人姓名、收货人联系方式、详细的收货地址和邮编,否则将会影响订单的处理或配送;如需使用礼券,则点击“激活新礼券”,填入卡号及密码即可。如图 3-72 所示。

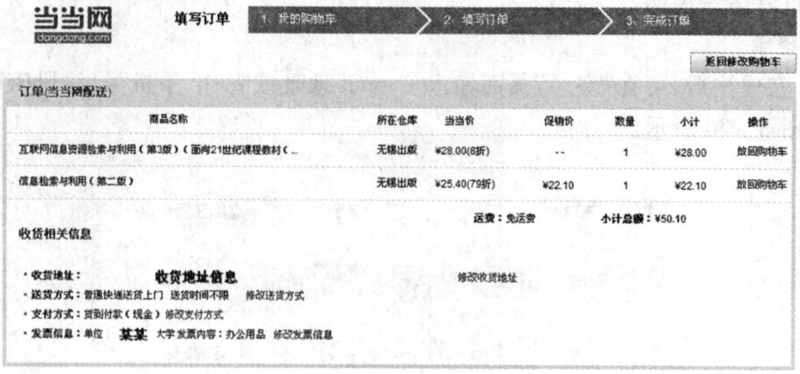

图 3－72 填写收货人信息

(2)可以进入“我的当当”→“账户管理”→“收货地址簿”编辑常用收货地址，保存成功后，再订购时，可以直接选择使用。如图 3－73 所示。

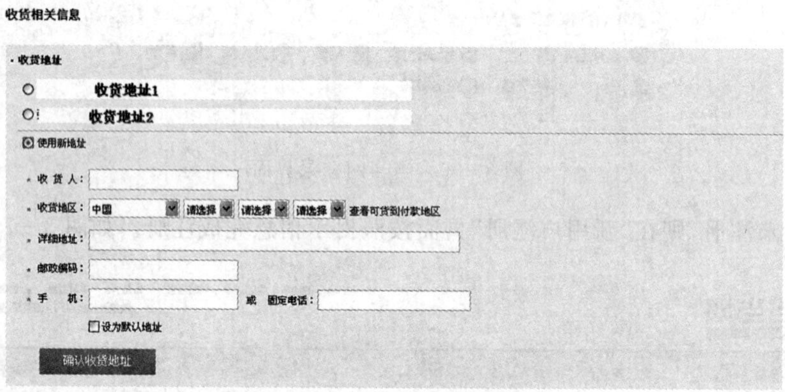

图 3－73 编辑常用收货地址

5. 选择收货方式

当当网提供普通快递送货上门、特快专递、自提等多种收货方式，在购物时可根据自己的实际情况选择收货方式，如图 3－74 所示。

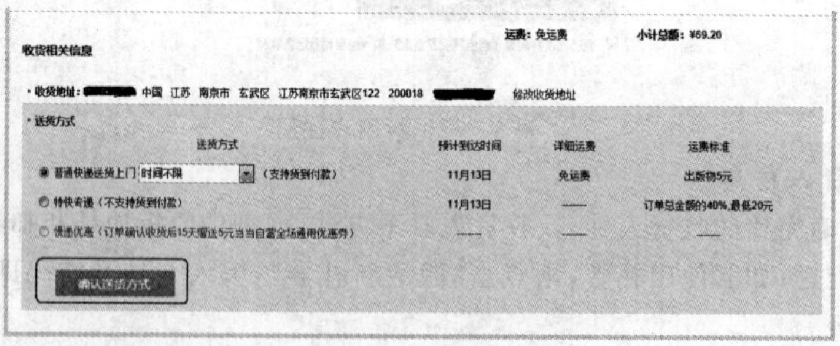

图 3－74 选择收货方式

6. 选择支付方式

当当网提供网上支付(不含国外信用卡)、货到付款—现金、货到付款—POS 机刷卡、银行转账、礼品卡支付、余额支付等多种支付方式,订购过程中可以根据情况选择。如图 3-75 所示。

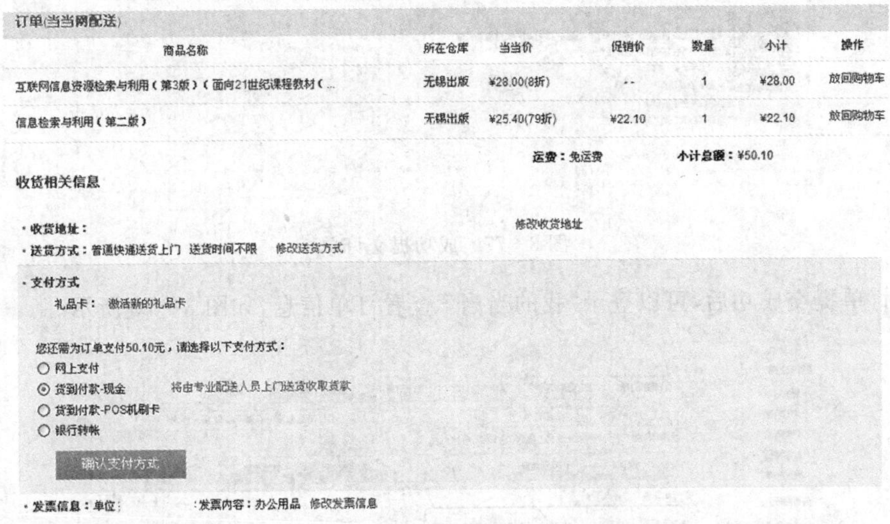

图 3-75　选择支付方式

7. 索取发票

点击“开具发票”,填写正确的发票抬头、选择正确的发票内容,发票选择成功后,将与订单货物一起送达。如图 3-76 所示。

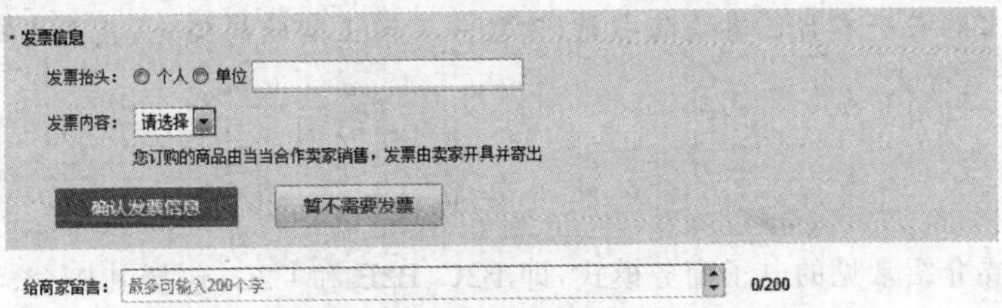

图 3-76　选择正确的发票内容

8. 提交订单

(1)以上信息核实无误后,请点击“提交订单”,系统生成一个订单号,就说明已经成功提交订单,订单提交成功的页面,如图 3-77 所示。

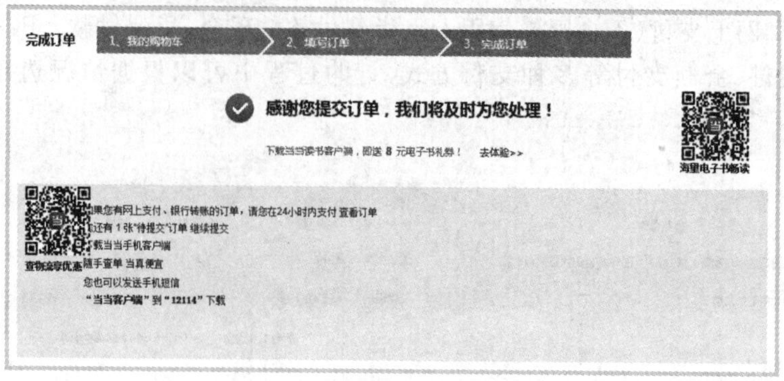

图 3-77　成功提交订单

(2)订单提交成功后，可以登录“我的当当 ”查看订单信息，如图 3-78 所示。

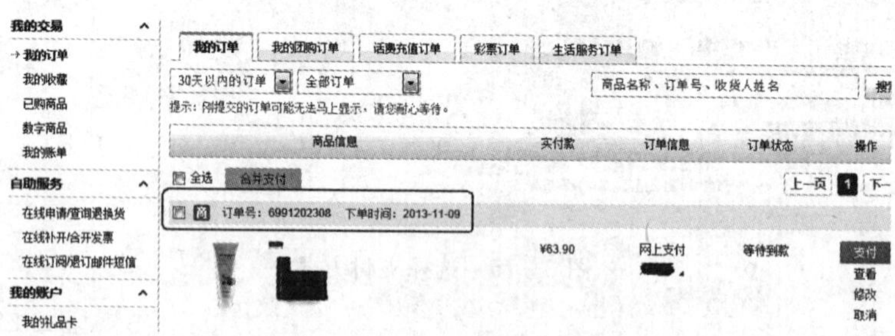

图 3-78　查看订单信息

任务要求

在当当网上购买一本自己喜欢的书籍，体验一下网上购物的经历，熟悉其购物流程和支付方式，了解其配送方式。

项目小结

本项目主要介绍常见的电子商务模式，即 B2C、B2B 和 C2C，包括其概念、特点、流程和发展概况，并通过案例分析作了进一步阐述。本项目的知识要求为：理解电子商务模式的含义，了解三种基本的电子商务模式的主要内容和基本流程。能力要求为：能够熟练应用 B2C 和 C2C 电子商务在网上购物。

基本练习

1. B2C 电子商务的分类有哪些？

2. 简要描述 B2C 电子商务的交易流程。

3. B2B 电子商务的类型有哪些，它的盈利模式包括哪几种？

4. 无形产品的 B2C 电子商务有哪几种实现的方式？

5. 什么是 C2C 电子商务，它有哪些盈利模式？

6. 举例介绍国内知名的电子商务网上商城。

拓展训练

1. 某装潢设计公司电子商务网站自开通以来，几经总体结构调整，现已发展成为能够提供在线设计、在线信息咨询与服务的电子商务网站。该网站为进一步拓展虚拟市场，寻求新的发展，决定建立基于 B2C 运作模式的网上百货商店。请为该公司网上商店设计一个销售流程。

2. 访问阿里巴巴(http://www.alibaba.com)站点了解企业间电子商务的业务流程。尝试为一家公司申请成为网站会员，将公司有关供求信息利用阿里巴巴站点进行发布。

3. 在淘宝网完成网店开店的过程，进一步学习一些店铺装修和商品管理的知识，对自己的店铺进行简单装修，发布几件商品，并完成一笔交易。

项目四 电子支付

项目概要

在近几年的消费潮中，人们已经不仅仅局限于去超市、商场购物，伴随着国内互联网建设的迅速发展，网络安全的不断完善以及人们消费观念的改变，国内电子商务进入了一个高速发展的阶段，这也使得越来越多的人把创业的目光投向了互联网。

网络创业因其投入成本小、起点低、不需要实体店铺等诸多优势成为了很多创业者的新宠。尤其是对于刚从学校毕业的大学生来说，更是一种很好的创业方式。小王早已萌生了在网上开一家店，自己当小老板的想法。但是在网上开店并不同于实体店铺，最主要的资金收付环节都要在网上进行，因为网上交易离不开网上支付。所以，在网上开店之前要拥有自己的网络银行以及第三方支付工具等，以进行网上资金的流转、收付。

导入案例

招商银行一网通网上支付

招商银行(以下简称“招行”)于1987年在中国改革开放的最前沿——深圳经济特区成立，是中国境内第一家完全由企业法人持股的股份制商业银行，也是国家从体制外推动银行业改革的第一家试点银行。成立26年来，伴随着中国经济的快速增长，招行已经发展成为资本净额超过2500亿、资产总额超过3.4万亿、全国设有超过800家网点、员工超过5万人的全国性股份制商业银行，并跻身全球前100家大银行之列。

1998年4月16日，伴随鼠标轻点，深圳南山区的彭先生足不出户，通过招商银行“一网通”网上支付系统，在网上向先科娱乐传播有限公司购买了一批价值300元的VCD光碟，完成了国内第一笔网上支付。中国对于银行业务的网上支付功能的认识也由此开始。这一交易的成功，标志着国内首家使用银行卡进行网上购物付款结算的电子支付系统正式开通，开启了国内网上银行服务的先河，中国电子商务从此掀开崭新的一页。

一网通网上支付是招商银行提供的网上即时付款服务。通过一网通网上支付，可以在网上任意选购众多与招商银行签约的特约商户所提供的商品，足不出户，即可进行网上消费。一网通的主站网址是 www.cmbchina.com。一网通网上支付按使用者不同，分为持卡人区和商户区。

1. 一网通网上支付“持卡人区”

一网通网上支付的“持卡人区”的功能，如图4-1所示。

如果拥有招商银行发行的一卡通或者信用卡，即可申请开通招商银行一网通提供的网上支付功能。同时，一网通支付还提供强大的支付管理功能，使用户可以方便快捷地管理网上支付的各个方面。如，可以通过网上支付管理设置网上支付的限额、查询网上支付交易以及修改支付密码等。

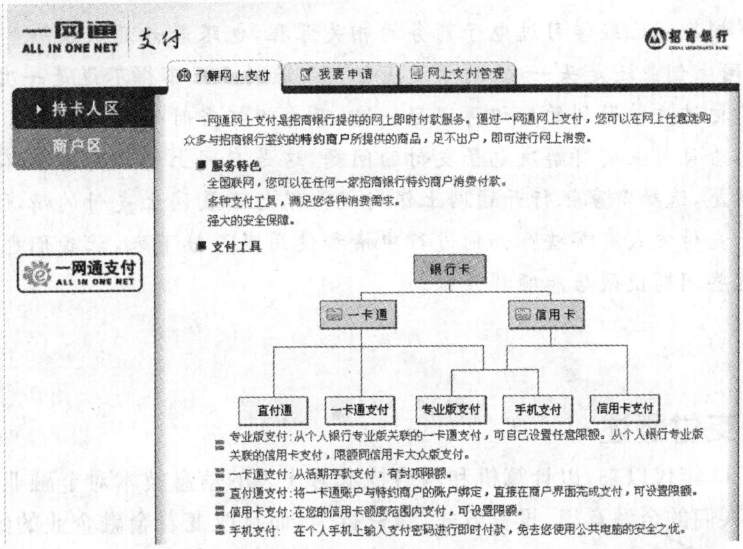

图 4-1　一网通网上支付的“持卡人区”

2. 一网通网上支付“商户区”功能

一网通网上支付“商户区”的功能，如图 4-2 所示。

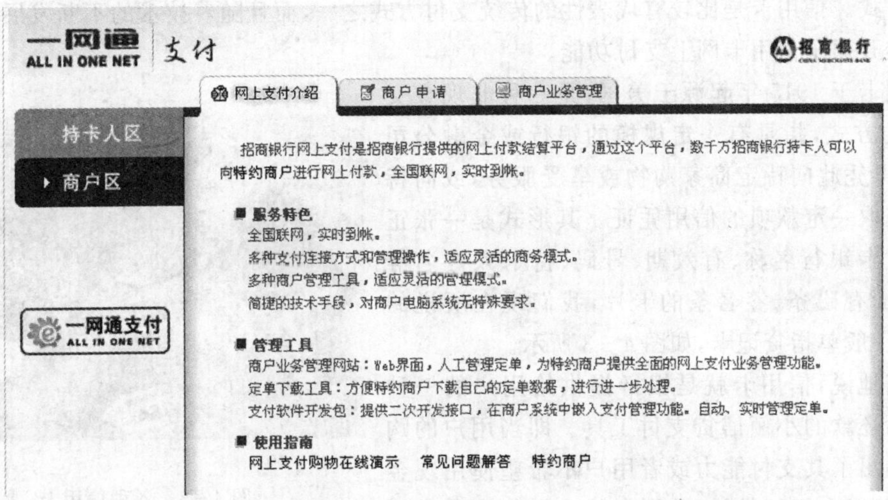

图 4-2　一网通网上支付“商户区”

单击图 4-2 中的“商户申请”，即可以看到商户申请流程。同时，借助一网通网上支付商户服务系统，可以实现强大的商户管理功能。例如，可以进行网上支付结账、查询订单、退款等操作。

项目分析

虽然小王在校期间已经学习过电子商务的相关课程，也跟着老师做过一些基本的实践练习，但是自己在网上创业还是头一次，对于没有任何经验的小王不得不说是一次挑战。小王现在首先要做的是把过去学习到的知识再温习一遍，努力回忆当时老师讲到关于在网上开店的主要流程。他想着目前主要得解决电子支付的问题，这是在网上开店的基础环节。现在摆在小王面前的问题是，选择哪家银行开通网上银行呢？银行开展网上支付的情况如何？可用于网上支付的电子支付方式有哪些？如何进行申请和使用呢？接下来，让我们也帮助小王思考一下如何解决这些问题使网店能顺利开张。

项目知识

一、电子支付概述

自 20 世纪 90 年代以来，以计算机和网络技术为代表的信息技术对金融业产生了巨大影响，不仅改变了人们的金融意识、投资方式、融资行为，而且改变着金融企业的经营方式、经营理念和经营行为。随着电子商务的快速发展和我国加入 WTO 各项承诺的逐步落实，发展网上支付等电子支付业务是我国银行业在激烈竞争中求得生存和发展的必然选择。

支付方式按使用技术不同，大体可以分为传统支付方式和电子支付方式两种。

1. 传统支付方式

传统的支付方式是指通过现金流转、票据转让及银行转账等物理实体的流转来实现款项支付的方式。信用卡是比较有代表性的传统支付方式之一，而且随着技术的不断发展，很多银行也相继开通了信用卡网上支付功能。

信用卡于 1915 年起源于美国，是一种非现金交易付款的方式，指具有一定规模的银行或金融公司发行的，可凭此向特定商家购物或享受服务，或向特定银行支取一定款项的信用凭证。其形式是一张正面印有发卡银行名称、有效期、号码、持卡人姓名等内容，背面有磁条、签名条的卡片，我们现在所说的信用卡，一般单指贷记卡，如图 4-3 所示。

图 4-3　各种信用卡

通俗地说，信用卡就是银行提供给用户的一种先消费后还款的小额信贷支付工具。即当用户的购物需求超出了其支付能力或者用户不希望使用现金时，用户可以向银行借钱，信用卡就是银行答应借钱给用户的凭证。这种借钱不需要支付任何的利息和手续费，但需要在银行规定的时间内偿还借款，若未能按期偿还则需要向银行支付较高的利息。另外用户还可以在信用卡中没有钱的情况下，直接从 ATM 机器中取出现金，但这样也是会收取手续费的。所以，信用卡使用不当就会产生过多的交易费用，而且也存在遗失的风险。

2. 电子支付

随着电子商务的普及推广应用，如何解决世界范围内电子商务活动的支付问题？如何处理通过信息技术网络产生的成千上万笔交易流的支付问题？答案只有一个，那就是利用电子支付。

所谓电子支付(electronic payment)，是指从事电子商务交易的当事人，包括消费者、厂商和金融机构，以商用电子化设备和各类交易卡为媒介，以信息网络、安全的信息传输技术为手段，采用数字化方式进行的货币支付或资金流转。与传统的支付方式相比，电子支付具有以下特征：

(1)电子支付是采用先进的技术通过数字流转来完成信息传输的，其各种支付方式都是通过数字化的方式进行款项支付的；而传统的支付方式则是通过现金的流转、票据的转让及银行的汇兑等物理实体来完成款项支付的。

(2)电子支付的工作环境基于一个开放的系统平台(即互联网)；而传统支付则是在较为封闭的系统中运作。

(3)电子支付使用的是最先进的通信手段，如Internet、Extranet，而传统支付使用的则是传统的通信媒介；电子支付对软、硬件设施的要求很高，一般要求有联网的微机、相关的软件及其他一些配套设施，而传统支付则没有这么高的要求。

(4)电子支付具有方便、快捷、高效、经济的优势。用户只要拥有一台上网的PC机，便可足不出户，在很短的时间内完成整个支付过程。支付费用仅相当于传统支付的几十分之一，甚至几百分之一。

(5)电子支付目前仍然存在一些亟待解决的问题，最重要的则是安全问题。如防止黑客入侵、内部作案、密码泄露等诸多涉及资金安全的问题。

在电子商务中，支付过程是整个商贸活动中非常重要的一个环节，同时也是电子商务中准确性、安全性要求最高的业务过程。

二、电子支付的主要方式

随着计算机技术的发展，电子支付出现了很多方式。这些支付的主要方式可以分为三大类：电子货币类，如电子现金、电子钱包等；电子信用卡类，包括智能卡、借记卡、电话卡等；电子支票类，如电子支票、电子汇款(EFT)、电子划款等。这些方式各有自己的特点和运作模式，适用于不同的交易过程。这里主要介绍几种常见的电子支付方式。

1. 电子现金

(1)电子现金的概念。电子现金(E-cash)又称为电子货币(E-money)或数字货币(digital cash)，是一种以数据形式流通的货币，用户可以像使用纸币一样用电子现金进行商品买卖。电子现金以数字信息形式存在，通过互联网流通，比现实货币更加方便、经济。

广义的电子现金是指那些以电子形式储存的货币，可以直接用于电子购物。

狭义的电子现金通常是指一种以电子形式储存并流通的货币，通过把用户银行账户中的资金转换成为一系列的加密序列数，通过这些序列数来表示现实中各种金额的市值，用户在开展电子现金业务的银行开设账户并在账户内存钱后，就可以在Internet上接受电子现金的商店购物了。在这里主要介绍狭义的电子现金，它包括：三个主体——商家、用户、银行，四个安全协议过程——初始化协议、提款协议、支付协议、存款协议。

(2)电子现金的特点。电子现金在经济领域起着与普通现金同样的作用，对正常的经济运行至关重要，电子现金应具备以下性质：

①独立性。电子现金的安全性不能只靠物理上的安全来保证，必须通过电子现金自身使

用的各项密码技术来保证电子现金的安全。

②协议性。电子现金的应用要求银行和商家之间有协议和授权关系，电子现金银行负责消费者和商家之间资金的转移。

③对软件依赖性。消费者、商家和电子现金银行都需要使用电子现金软件。

④不可重复花费。电子现金只能使用一次，重复花费能被容易地检查出来。

⑤匿名性。电子现金用于匿名消费，即便银行和商家相互勾结也不能跟踪电子现金的使用，就是无法将电子现金的用户与其购买行为联系到一起，从而隐蔽电子现金用户的购买历史。

⑥不可伪造性。用户不能造假币，包括两种情况：一是用户不能凭空制造有效的电子现金；二是用户从银行提取 N 个有效的电子现金后，也不能根据提取和支付这 N 个电子现金的信息制造出有效的电子现金。

⑦可传递性。用户能将电子现金像普通现金一样，在用户之间任意转让，且不能被跟踪。

⑧可分性。电子现金不仅能作为整体使用，还应能被分为更小的部分多次使用，只要各部分的面额之和与原电子现金面额相等，就可以进行任意金额的支付，所以电子现金适用于小额交易。

(3)电子现金的运行机制。电子现金的运行机制如图 4-4 所示。

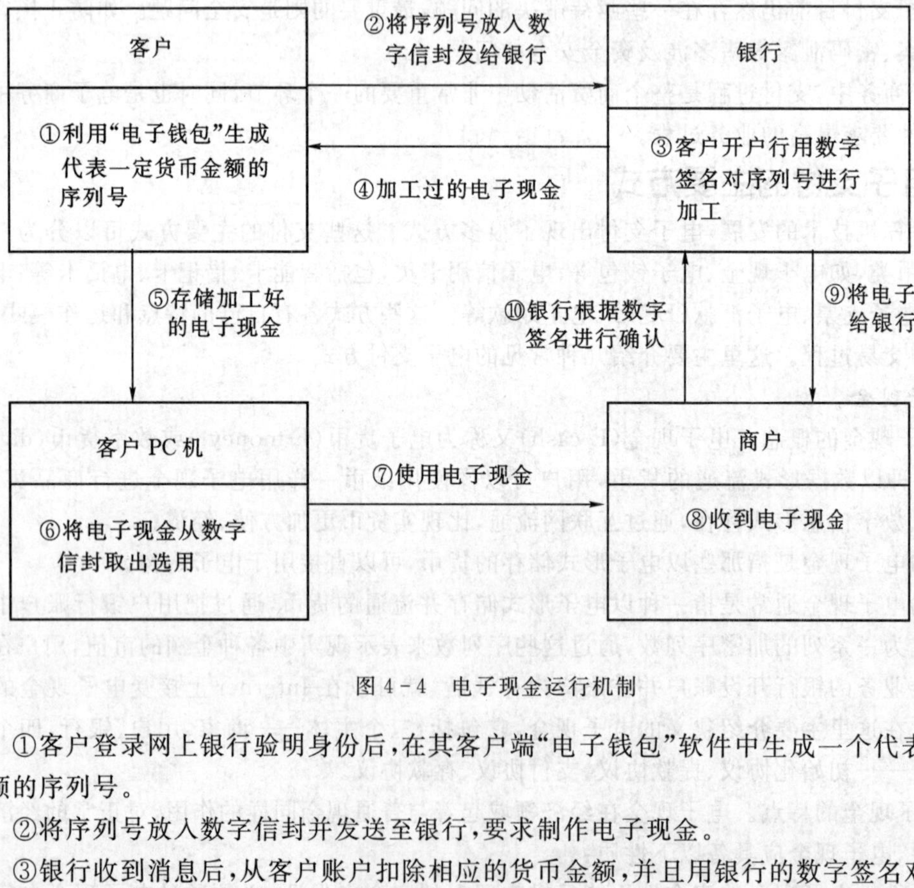

图 4-4 电子现金运行机制

①客户登录网上银行验明身份后，在其客户端"电子钱包"软件中生成一个代表一定货币金额的序列号。

②将序列号放入数字信封并发送至银行，要求制作电子现金。

③银行收到消息后，从客户账户扣除相应的货币金额，并且用银行的数字签名对收到的数

字信封和序列号进行加工，在这个过程中，银行不会记录任何与该客户相关的货币、数字信封等信息，这样保证了客户使用电子现金进行交易的匿名性。

④银行将加工好的电子现金回送给客户。

⑤客户将收到的电子现金存储到 PC 机或其他存储介质中。

⑥进行交易前，将电子现金从数字信封取出待用。

⑦交易时，客户将电子现金发送至商户。

⑧商户收到客户发送的电子现金。

⑨商户将电子现金发往客户开户行申请授权、认证。

⑩银行根据自己的数字签名进行确认，同时将等额的货币由自己的账户转移到商户开户行的账户中。在这个过程中，商户只能看到银行的签名，而无法看到客户本人的签名。

(4)电子现金支付系统实例。E-cash 是由 Digicash 公司开发的、在线交易使用的无条件匿名电子货币系统。采用硬盘数据文件形式，以数字形式记录现金，集中控制和管理现金，是一种安全性较强的电子交易系统。其支付流程如图 4-5 所示。

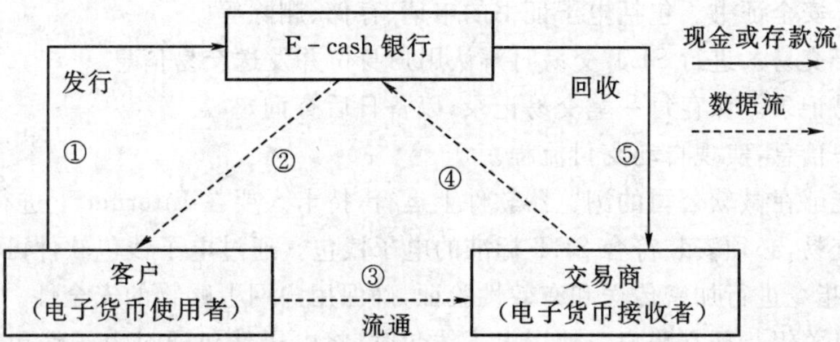

图 4-5　E-cash 系统支付流程图

具体的支付流程如下：

①E-cash 银行为客户设立特殊账户，客户可用现金或存款申请兑换 E-cash 现金。

②客户通过联机方式从 E-cash 银行兑付 E-cash 现金，存入自己的计算机，以便用于支付。

在具体操作中，首先由客户利用专门创建电子现金的软件创建 E-cash，对每个电子现金生成一个序列号，然后在使用前传送到 E-cash 银行以获得授权。E-cash 银行根据客户账户进行授权。E-cash 银行采用“盲签字”技术对序列号进行签字授权，经签字授权后的电子现金又能显示其序列号，以便在使用中确定唯一性。所以 E-cash 系统实现了电子现金完全匿名性。

③客户用授权后的 E-cash 现金进行支付，将 E-cash 现金经由网络发送至交易商。

④交易商在收到 E-cash 现金之后，向 E-cash 银行发送电子现金信息请求验证真伪，以及是否被复制过。

⑤在经过 E-cash 银行确认之后，交易商向银行申请 E-cash 现金的兑付，E-cash 银行将 E-cash 现金回收，并保留已使用过的 E-cash 现金序列号，用于检查以后该 E-cash 现金是否被复制及多次重复使用，随后再将等额的货币资金存入交易商的银行账户中。

通过 E-cash 的支付流程可见，E-cash 系统中的电子现金只允许使用一次，不可复制，不可重复使用，这样极大地保证了电子现金的防伪性，避免了数据文件型电子现金易被复制的缺点。

2.电子钱包

(1)电子钱包的概念。电子钱包(electronic wallet)是电子商务活动中网上购物顾客常用的一种支付工具，是一个可以由持卡人用来进行安全电子交易和储存交易记录的软件，是在小额购物或购买小商品时常用的新式钱包。在电子钱包内可以存放电子货币，如电子现金、电子零钱、电子信用卡等。

电子钱包是实现全球电子化交易和互联网交易的一种重要工具，全球已有很多国家正在建立电子钱包系统以便取代现金交易的模式，目前，我国也正在开发和研制电子钱包服务系统。使用电子钱包购物，通常需要在电子钱包服务系统中进行。电子商务活动中的电子钱包的软件通常都是免费提供的，可以直接使用与自己银行账号相连接的电子商务系统服务器上的电子钱包软件，也可以从互联网上直接调出来使用，采用各种保密方式利用互联网上的电子钱包软件。目前世界上有 VISA cash 和 Mondex 两大电子钱包服务系统。

(2)电子钱包的功能。

①管理电子安全证书。包括电子证书的申请、存储、删除等。

②安全电子交易。进行 SET 交易时辨认用户身份并发送交易信息。

③保存交易记录。保存每一笔交易记录，以备日后查询。

④管理账户信息，实现自动支付流程。

电子钱包能够在微软公司的浏览器软件上运行，持卡人要在 Internet 上进行符合 SET 标准的安全电子交易，必须安装符合 SET 标准的电子钱包。通过电子钱包软件可以对持卡人的账户信息、支付指令进行加密传送和有效性验证，确保用户网上购物的安全性。使用电子钱包的客户需要在有关银行开立账户。使用电子钱包时，将电子钱包通过电子钱包应用软件安装到电子商务服务器上，利用电子钱包服务系统把自己的各种电子货币或电子金融卡的数据录入上去，发生付款时，如客户需要使用银行卡支付，则只要单击一下相应项目即可完成。

(3)使用电子钱包的购物流程。

①客户通过 Internet 登录商家网站，选择要购买的商品，填写订货单，包括：从哪个商店购买什么商品，购买数量，送货时间、地点，交给何人签收等信息。

②商家经电子商务服务器收到信息，然后回复客户应支付货款金额、交货信息等。

③客户确认付款信息，将电子钱包调入系统，单击电子钱包的相应项目或电子钱包图标，打开电子钱包并输入用户名和密码，确认后，从中取出一张电子信用卡进行付款。

④电子商务服务器将此信用卡号加密后发送到发卡行和收单行，同时商家也会收到加密的购货单，商家将自己的客户编码加入电子购货单后，再转送到电子商务服务器。

⑤收单行向发卡行请求确认并授权，发卡行确认并授权后送回收单行。

⑥若经发卡行确认后拒绝并且不予授权，说明客户的这张信用卡已经透支，或钱不够用了。客户可打开电子钱包，重新选择另一张银行卡，重复上述操作。

⑦若经发卡行确认证明这张信用卡有效并授权后，商家可确认订货，并按客户要求交货。同时，商家留下整个交易过程中发生往来的财务数据，并且出示一份电子数据发送给客户。

⑧交易成交后，商家将货物按照客户提供的电子订货单的要求送至收货人手中。同时，发卡行与收单行进行货款的结算。

(4)国外几种常用的电子钱包。

①Agile Wallet。Agile Wallet 技术由 CyberCash 公司开发,可处理消费者结算和购物信息,提供快速和安全的交易。用户第一次用 Agile Wallet 购物时需要输入姓名、地址和信用卡数据。这些信息会被安全地存储在 Agile Wallet 服务器上。以后访问支持 Agile Wallet 的商家网站时,在商家的结算页面上会弹出有顾客购物信息的 Agile Wallet 框。用户验证了框内信息的正确性后,用鼠标点击一次就可完成购物交易。用户还可将新的信用卡和借记卡信息加入到受保护的个人信息中。

②E-Wallet。Launchpad 技术公司的 E-Wallet 是一个免费的钱包软件,消费者可下载并安装到自己的计算机上,而不像其他钱包那样存在中心服务器上。和其他钱包一样,E-Wallet 将顾客个人信息和结算信息存在钱包里。E-Wallet 甚至还专门为用户留出放照片的地方(就像真正的钱包一样)。购物完成时,只需点击图标并输入密码,然后从 E-Wallet 中选定信用卡并拖到结账表中,E-Wallet 就能把在安装软件时所提供的个人信息填写到表中。为保护个人信息,E-Wallet 还有加密和密码保护措施。

④Microsoft Wallet。Microsoft Wallet 预装在 Internet Explorer4.0 及以上版本(英文版)里,但不会预装在网景公司的 Navigator 中。其功能与大多数电子钱包一样,在用户需要时可自动填写订单表。Microsoft Wallet 是微软公司为钱包的标准化而推出的。输入到 Microsoft Wallet 里的所有个人信息都经过加密并用密码进行保护。它的新版本还能同电子现金系统、网络银行账户及其他结算模式交互。目前它支持运通卡(American Express)、万事达卡(Master)和维萨卡(Visa)。

3. 电子支票

(1)电子支票的概念。电子支票(electronic check,E-check 或 E-cheque)是纸质支票的电子替代物,将纸质支票改变为带有数字签名的电子报文,是一种利用数字传递将钱款从一个账户转移到另一个账户的电子付款形式。电子支票与纸质支票一样是用于支付的一种合法方式,它使用数字签名和自动验证技术来确定其合法性。支票上除了必需的收款人姓名、账号、金额和日期外,还隐含了加密信息。电子支票通过电子函件直接发送给收款方,收款人从电子邮箱中取出电子支票,并用电子签名签署收到的证实信息,再通过电子函件将电子支票送到银行,把款项存入自己的账户,是网络银行常用的一种电子支付工具。

电子支票的运作,需要客户在支票上进行数字签名,然后借助认证中心辨别客户的真伪,在此过程中公共密钥、电子证书也被广泛使用。具体运作情况是:客户开户行负责管理客户的公共密钥,为客户发放认证的电子证书;商家开户行负责管理商家的公共密钥,为商家发放认证的电子证书;银行之间的联合组织,如自动清算所,要负责银行间的清算,以及负责管理银行的公共密钥、发放电子证书。这样便形成了一种稳定的网状结构,确保交易的安全性。

(2)电子支票的特点。电子支票借鉴了纸张支票转移支付的优点,事务处理费用较低,而且银行也能为参与电子商务的商户提供标准化的资金信息,故而可能是目前最有效率的支付手段。电子支票的支付方式具有以下特点:

①电子支票与传统支票工作方式相同,保留了纸质支票的基本特征和灵活性,加强了纸质支票的功能,因而容易被理解和接受。

②经过加密的电子支票比数字现金更易于流通,买卖双方的银行只要用公开密钥认证确认支票即可,数字签名也可被自动验证。

③电子支票适于各种市场，并为企业提供服务，企业运用电子支票在网上进行结算，要比采用其他结算方式更加节省成本，同时电子支票可以容易地与 EDI 应用结合，推动 EDI 基础上电子订货和支付的发展。

④电子支票非常适于小额结算，使用的加密技术要比基于非对称的系统更易于处理，可以自动证实交易各方的数字签名，收款人、收款人银行和付款人银行能够利用公钥证书证明支票的真实性。

⑤电子支票技术将公共网络连入金融支付和银行结算网络，充分发挥了公共网络和现有金融结算基础设施的作用。

(3)电子支票的付款过程。使用电子支票进行支付，客户可以通过计算机与网络将电子支票发送至商家的电子邮箱，同时把电子付款通知单发送至银行，银行随即把款项转入商家的银行账户，这一过程的实现仅需数秒，其交易过程如图 4-6 所示。

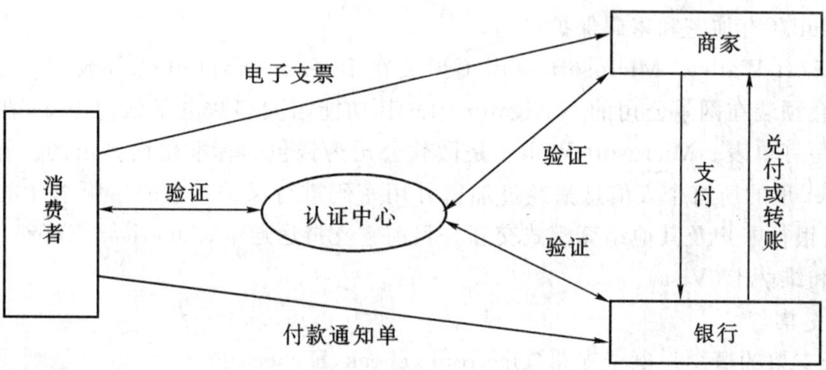

图 4-6 电子支票交易流程图

电子支票交易的过程可分为以下几个步骤：

①消费者和商家达成购销协议并选择使用电子支票支付；

②消费者通过网络向商家发出电子支票，同时向银行发出付款通知单；

③商家通过认证中心对消费者提供的电子支票进行验证，验证无误后将电子支票送交银行索付；

④银行在商家索付时通过认证中心对消费者提供的电子支票进行验证，验证无误后即向商家兑付或转账。

(4)电子支票的发展概况。1996 年，美国通过的《改进债务偿还方式法》成为推动电子支票在美国应用的一个重要因素。该法规定，自 1999 年 1 月起，政府部门的大部分债务将通过电子方式偿还。1998 年 1 月 1 日，美国国防部以及由银行和技术销售商组成的旨在促进电子支票技术发展的金融服务技术财团(FSTC)通过美国财政部的财政管理服务支付了一张电子支票以显示系统的安全性。

1998 年，CheckFree 公司处理了 8500 万宗电子交易，总额达 150 亿美元。不过，目前还没有人试过在电子商务站点通过 Internet 直接使用支票。目前，只有美国银行支持的支票才能在 Internet 上被接受，因为在线检验需要依赖美国的支票兑现基础设施。尽管电子支票可以大大节省交易处理的费用，但是，对于在线支票的兑现，人们仍持谨慎的态度。电子支票的广泛普及还需要有一个过程。

目前,典型的电子支票系统有NetCheque、NetBill、E-check等。Netcheque是由美国南加州大学信息科学协会开发的一种电子支票支付系统。Netcheque支票信息主要包括支票数额、货币单位、日期、账户号码、收款人、客户签名以及商家和银行背书。前五项是明文,是支票持有人可读的,后两项是加密的,是收票行可验证的。系统采用Kerberos(一种身份认证协议)标签产生数字签名和支票背书。

4. 智能卡

(1)智能卡的产生与应用现状。智能卡是电子信用卡的代表,在法国问世。20世纪70年代中期,法国Roland Moreno公司采取在一张信用卡大小的塑料卡片上安装嵌入式存储器芯片的方法,率先开发成功IC存储卡。经过20多年的发展,真正意义上的智能卡,即在塑料卡上安装嵌入式微型控制器芯片的IC卡,已由摩托罗拉和Bull HN公司于1997年研制成功。

我国金卡工程的建设与发展已将近二十年,取得了令人瞩目的成绩,应用范围涉及金融、电信、社会保障、税务、公安、交通、建设及公用事业、石油石化、组织机构代码管理等众多领域,像第二代居民身份证(卡)、社会保障IC卡、城市交通IC卡、电话IC卡、三表(水、电、气)IC卡、消费IC卡等行业IC卡应用已经渗透到百姓生活的方方面面,并取得了较好的社会效益和经济效益,这对提高各行业及地方政府的现代化管理水平,改变人民的生活模式和提高生活质量,推动国民经济和社会信息化进程发挥了重要作用。

2010年中国智能卡销售量为21.35亿张,同比增长8.4%;中国IC卡片销售额约81亿元,同比增长13%。在传统领域,二代身份证已经基本发放完毕;在移动通信市场,2010年中国移动通信卡销售量同比增长3.2%。在新兴应用领域,如全国统一社保卡、手机支付卡等,市场增长迅猛。2010年中国社保卡销量增长高达126.3%。社保卡市场将成为继二代身份证之后的又一重量级智能卡应用。

(2)智能卡的概念。智能卡的名称来源于英文名词"smart card",又称集成电路卡,即IC卡(integrated circuit card)。它将一个集成电路芯片镶嵌于塑料基片中,封装成卡的形式,其外形与信用卡大小、形状相似,但卡上不是磁条,而是计算机集成电路芯片(如微型CPU与存储器RAM等),用来存储用户的个人信息及电子货币信息,且可具有进行支付与结算等功能的消费卡,如图4-7所示。由于IC卡是在IC芯片上将消费者信息和电子货币存储起来,因此不但存储信息量大,还可用来支付购买的产品、服务和存储信息等,具有多功能性。

图4-7　智能卡

(3)智能卡的工作过程和支付流程。智能卡系统的工作过程是:首先,在适当的机器上启动用户的互联网浏览器，这里所说的机器可以是PC机，也可以是一部终端电话；然后，通过安装在PC机上的读卡机，利用用户的智能卡登录到用户服务的银行Web站点上，智能卡会自动告知银行用户的账号、密码和其他一切加密信息。完成这两步操作后，用户就能够从智能卡中下载现金到商户的账户上，或从银行账号下载现金存入智能卡。例如，用户到一家电器商城购买电器，用户选好一台价值3000元的电视机。此时，用户将智能卡插入到商城的计算机中，登录到用户的发卡银行，输入密码和商城的账号，片刻之后，商城的银行账号上增加了3000元，而用户的现金账面上相应地减少3000元。这样，用户就购买到一台电视机。

通过上述介绍，可以得出智能卡的支付流程如下：

①用户选择商品，采用智能卡支付。

②将智能卡插入读写器，读写器向智能卡充电，从而启动卡中的COS并运行；卡片向读写器自动发出复位应答信号ATR；利用内外部鉴别命令，使读写器和卡相互鉴别真伪；若需要持卡人通过读写器输入个人密码(PIN)，读写器将这一密码传给卡片进行校验。

③通过计算机输入智能卡号码，登录到用户的发卡银行，输入密码和商家的账号，支付金额，读写器发出交易命令，从智能卡中下载现金到商家账户上。

④交易是在卡中进行的，卡返回给读写器本次交易是否成功的应答，结束交易，拔卡，完成支付过程。

三、网络银行

(一)网络银行的概念

网络银行又称互联网银行、在线银行、网上银行或电子银行，是指银行利用Internet技术，为客户提供开户、销户、查询、对账、转账多种金融服务项目，使客户可以足不出户就能够安全便捷地管理活期和定期存款、支票、信用卡及个人投资等，可以说，网络银行是在互联网上的虚拟银行柜台。

(二)网络银行的特点

1. 实现无纸化交易

以前使用的票据和单据大部分被电子支票、电子汇票和电子收据所代替；原有的纸币被电子货币，即电子现金、电子钱包、电子信用卡所代替；原有纸质文件的邮寄变为通过数据通信网络进行传送。

2. 服务方便、快捷、高效、可靠

通过网络银行，用户可以享受到方便、快捷、高效和可靠的全方位服务。任何需要的时候使用网络银行的服务，不受时间、地域的限制，即实现3A服务，能够在任何时间(anytime)、任何地点(anywhere)、以任何方式(anyway)为客户提供金融服务，所以网上银行又被称为“3A银行”。

3. 经营成本低廉

由于网络银行采用了虚拟现实信息处理技术，网络银行可以在保证原有的业务量不降低的前提下，减少营业点的数量。

(三)网络银行的发展模式

根据网上银行的不断发展，目前有两种不同层次的模式。

1. **传统银行业务网络化模式**

该模式主要利用互联网开展传统的银行业务交易服务。现在除了已经网络化的存款、汇款、付款等业务外，外币买卖、信用卡业务、企业融资、房屋汽车贷款、购买保险和理财咨询服务也都逐步地在进入网络银行的服务范围。世界上许多著名的商业银行如花旗银行、大通曼哈顿银行、汇丰银行、美洲银行以及我国的各大银行如工商银行、中国银行、招商银行、建设银行等，都已经进行了银行业务的网络化改造工作，而几乎所有规模较大的商业银行都在国际互联网上建立了自己的站点。这种模式实际上是传统银行服务在互联网上的延伸，这是目前网上银行存在的主要形式。

2. **虚拟银行模式**

网络银行发展的第二种模式是建立全新的全部网络化的银行，也可称之为“虚拟银行”。所谓虚拟银行就是指没有实际的物理柜台作为支持的网上银行，这种网上银行一般只有一个办公地址，没有分支机构，也没有银行大厅和营业网点，采用国际互联网等高科技服务手段与客户建立密切的联系，提供全方位的金融服务。美国安全第一网络银行是全球第一家完全通过国际互联网经营的独立银行，是在美国成立的第一家无营业网点的虚拟网上银行，它的营业厅就是网页画面，成立初期员工仅有19人。顾客通过国际互联网进入该行的站点，屏幕即刻显示出一幅银行大厅的画面。画面上设有：“账户设置(account setup)”、“客户服务(customer service)”，以及“个人财务(personal finance)”三个主要服务柜台。此外还有供客户查询的“咨询台(information)”和“行长(president)”等柜台。安全第一网络银行为客户提供多种银行服务，例如开户、存款、支付账单及各项转账服务，还有外币买卖、长期存款和信用卡服务，客户还可以在网络上申请房屋汽车贷款、购买保险、通过经纪人员买卖各项金融产品。银行每天会产生一次交易汇总表供客户查询及核对。如需提取现金，只要到附近的提款机利用金融卡操作即可。

四、第三方支付平台

(一)第三方支付平台的概念

所谓第三方支付平台，就是一些和产品所在国家以及国外各大银行签约、并具备一定实力和信誉保障的第三方独立机构提供的交易支持平台。在通过第三方支付平台的交易中，买方选购商品后，使用第三方平台提供的账户进行货款支付，由第三方通知卖家货款到达、进行发货；买方检验物品后，就可以通知付款给卖家，第三方再将款项转至卖家账户。

(二)第三方支付的模式

纵观国内当前经营状况相对较好的第三方支付平台企业主要基于以下两种经营模式。

1. **支付网关模式**

第三方支付平台将多种银行卡支付方式整合到一个界面上，充当了电子商务交易各方与银行的接口，负责交易结算中与银行的对接，消费者通过第三方支付平台付款给商家，第三方支付为商家提供一个可以兼容多银行支付方式的接口平台。

2. **信用中介模式**

为了增强线上交易双方的信任度，更好地保证资金和货物的流通，充当信用中介的第三方支付服务应运而生，实行“代收代付”和“信用担保”。交易双方达成交易意向后，买方须先将支付款存入其在支付平台上的账户内，待买家收货通知支付平台后，由支付平台将买方先前存入的款项从买家的账户中划至卖家在支付平台上的账户。这种模式的实质便是以支付公司作为信用中介，在买家确认收到商品前，代替买卖双方暂时保管货款。

(三)第三方支付的交易流程

在第三方支付交易流程中，支付模式使商家看不到客户的信用卡信息，同时又避免了信用卡信息在网络上多次公开传输而导致信用卡信息被窃，增强了网络交易的安全性。下面主要以 B2C 交易为例，阐述第三方支付的交易流程：第一步，客户在电子商务网站上选购商品，最后决定购买，买卖双方在网上达成交易意向；第二步，客户选择利用第三方作为交易中介，客户用信用卡将货款划到第三方账户；第三步，第三方支付平台将客户已经付款的消息通知商家，并要求商家在规定时间内发货；第四步，商家收到通知后按照订单发货；第五步，客户收到货物并验证后通知第三方；第六步，第三方将其账户上的货款划入商家账户中，交易完成。如图 4-8 所示。

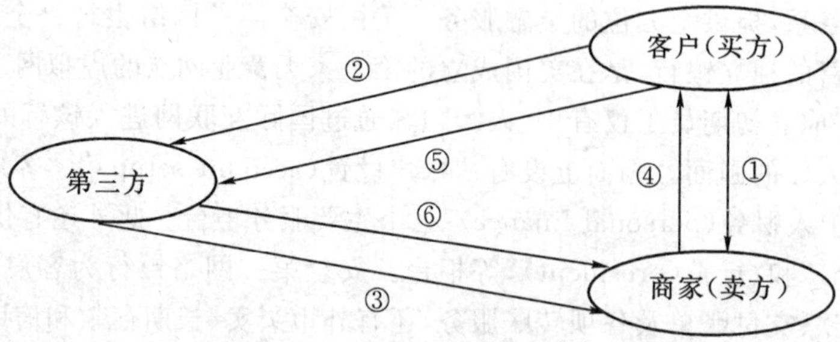

图 4-8　第三方支付交易流程

(四)第三方支付的主要特点

在通过第三方平台的交易中，买方选购商品后，使用第三方平台提供的账户进行货款支付，由第三方通知卖家货款到达、进行发货；买方检验物品后，就可以通知付款给卖家。第三方支付平台的出现，从理论上讲，彻底杜绝了电子交易中的欺诈行为，这也是由它的以下特点决定的：

1. 购物便利，节约成本

第三方支付平台提供一系列的应用接口程序，将多种银行卡支付方式整合到一个界面上，负责交易结算中与银行的对接，使网上购物更加快捷、便利。消费者和商家不需要在不同的银行开设不同的账户，可以帮助消费者降低网上购物的成本，帮助商家降低运营成本；同时，还可以帮助银行节省网关开发费用，并为银行带来一定的潜在利润。

2. 实现更加简单的网络交易

较之 SSL[2]、SET 等支付协议，利用第三方支付平台进行支付操作更加简单而易于接受。SSL 是现在应用比较广泛的安全协议，在 SSL 中只需要验证商家的身份。SET 协议是目前发展的基于信用卡支付系统的比较成熟的技术。但在 SET 中，各方的身份都需要通过 CA 进行认证，程序复杂，手续繁多，速度慢且实现成本高。有了第三方支付平台，商家和客户之间的交涉由第三方来完成，使网上交易变得更加简单。

3. 有效解决信用问题

第三方支付平台本身依附于大型的门户网站，且以与其合作的银行的信用作为信用依托，因此第三方支付平台能够较好地突破网上交易中的信用问题，有利于推动电子商务的快速发展。

(五)第三方支付的产品

目前中国国内的第三方支付产品主要有国付宝(国付宝信息科技有限公司产品)、吉胜支付(福州吉胜网络产品)、PayPal(易趣公司产品)、支付宝(阿里巴巴旗下)、财付通(腾讯公司，腾讯拍拍)、快钱(快钱——完全独立的第三方支付平台)、盈利宝支付通(API 接口独立第三方支付平台)、百付宝(百度 C2C)、环迅支付、汇付天下，其中用户数量最大的是 PayPal 和支付宝，前者主要在欧美国家流行，后者是阿里巴巴旗下产品，据称截至 2012 年，支付宝注册用户数已经突破 8 亿。

1. PayPal 支付基本原理

通过 PayPal 支付一笔金额给商家或者收款人，可以分为以下几个步骤：

(1)只要有一个电子邮件地址，付款人就可以登录开设 PayPal 账户，通过验证成为其用户，并提供信用卡或者相关银行资料，增加账户金额，将一定数额的款项从其开户时登记的账户(例如信用卡)转移至 PayPal 账户下。

(2)当付款人启动向第三人付款程序时，必须先进入 PayPal 账户，指定特定的汇出金额，并提供收款人的邮箱给 PayPal。

(3)接着 PayPal 向商家或者收款人发出电子邮件，通知其有等待领取或转账的款项。

(4)如商家或者收款人也是 PayPal 用户，其决定接受后，付款人所指定的款项可即时到达收款人的 PayPal 账户。

(5)若商家或者收款人没有 PayPal 账户，收款人要依照 PayPal 电子邮件内容提示进入网页注册取得一个 PayPal 账户，收款人可以选择将取得的款项转换成支票寄到指定的处所，或转入其个人的信用卡账户或者转入另一银行账户。

2. 支付宝的工作模式

简单来说，支付宝的主要功能就是为淘宝的交易者以及其他网络交易的双方乃至线下交易者提供"代收代付的中介服务"和"第三方担保"。从支付流程上来说类似于 PayPal 的电子邮件支付模式，业务上的不同之处在于 PayPal 业务是基于信用卡的支付体系，并且很大程度上受制于信用卡组织规则(在消费者保护方面)和外部政策的影响。另外 PayPal 支持跨国(地区)的网络支付交易，而支付宝虽然不排斥"国际使用者"，但是规定"需具备国内银行账户"。支付宝的设计初衷同样也是为了解决中国国内网上交易资金安全的问题，特别是为了确保在淘宝网 C2C 业务中买家和卖家的货款支付流程能够顺利进行。其早期基本模式是买家在网上把钱付给支付宝公司，支付宝收到货款之后通知卖家发货，买家收到货物之后再通知支付宝，支付宝这时才把钱转到卖家的账户上。交易到此结束。在整个交易过程中，如果出现欺诈行为，支付宝将进行赔付。

要成为支付宝的用户，必须经过注册流程，用户须有一个私人的电子邮件地址，以便作为在支付宝的账户，然后填写个人的真实信息(也可以公司的名义注册)，包括姓名和身份证号码。在接受支付宝设定的"支付宝服务协议"后，支付宝会发送电子邮件至用户提供的邮件地址，然后用户在点击了邮件中的一个激活链接后，即可激活支付宝账户，此时便可以通过支付宝进行下一步的网上支付了。同时,用户必须将其支付宝账户绑定一个实际的银行账号或者信用卡账号,与支付宝账号相对应,以便完成实际的资金支付流程。

基于交易流程,支付宝在处理用户支付时主要有以下两种方式:

第一种,买卖双方达成付款的意向后,由买方将款项划至其在支付宝账户(其实是支付宝在相对银行的账户),支付宝发电子邮件通知卖家发货,卖家发货给买家,买家收货后通知支付宝,支付宝于是将买方先前划来的款项从买家的虚拟账户中划至卖家在支付宝账户。

第二种,是支付宝的即时支付功能,"即时到账交易(直接付款)",交易双方可以不经过确认收货和发货的流程,买家通过支付宝立即发起付款给卖家。支付宝发给卖家电子邮件(由买家提供),在邮件中告知卖家,买家通过支付宝发给其一定数额的款项。如果卖家这时不是支付宝的用户,那么卖家要通过注册流程成为支付宝的用户后才能取得货款。有一点需要说明,支付宝提供的这种即时支付服务不仅限于淘宝和其他的网上交易平台,而且还适用于买卖双方达成的其他线下交易。从某种意义上说,如果实际上没有交易发生(即双方不是交易的买卖方),也可以通过支付宝向任何一个人进行支付。

项目任务

任务一　网上银行的申请和使用

任务目的

1. 掌握网上银行的申请流程与方法

2. 掌握网上银行的使用方法

要使用网上银行所带来的各种便利与功能,首先必须向银行提出申请,请求开通网上银行业务。目前,大部分银行都开通了网上银行业务,而开通的方式也大同小异,下面主要以建设银行为例来说明个人网上银行的申请流程与具体使用。

1. 网上银行的申请流程

网上银行的申请有两种方式:登录相关银行网站提出申请或到银行营业网点提出申请,这里主要向大家介绍通过网上进行申请的方式。

第一步:在浏览器地址栏输入建设银行网址:http://www.ccb.com.cn。

第二步:单击网站左侧"个人网上银行登录"下方的"马上开通"按钮,即可进入"网上银行开通指南"页面,如图 4-9 所示。此页面向客户展示了三种开通网上银行的方式,分别是"普通客户网上自助开通"、"便捷支付客户网上自助开通"和"高级客户申请开通",前两种情况虽然可以在网上开通,但享受的网上银行服务不是很全面,如果要使用网上银行提供的所有服务,则必须携带本人身份证件和需办理网上银行业务的建行储蓄账户至营业网点办理开通手续。这里主要向大家介绍"普通客户网上自助开通"方式。

第三步:单击"普通客户网上自助开通"下方的"现在开通"按钮,即可进入"中国建设银行电子银行个人客户服务协议及风险提示"页面。

第四步:阅读相关协议以及风险提示以后,可以点击"同意"按钮,进入"填写账户信息"页面,由客户自行填写本人及账户等相关信息,如图 4-10 所示,单击"下一步",再设置网上银行基本信息后,单击"确认",网上银行便申请成功了。

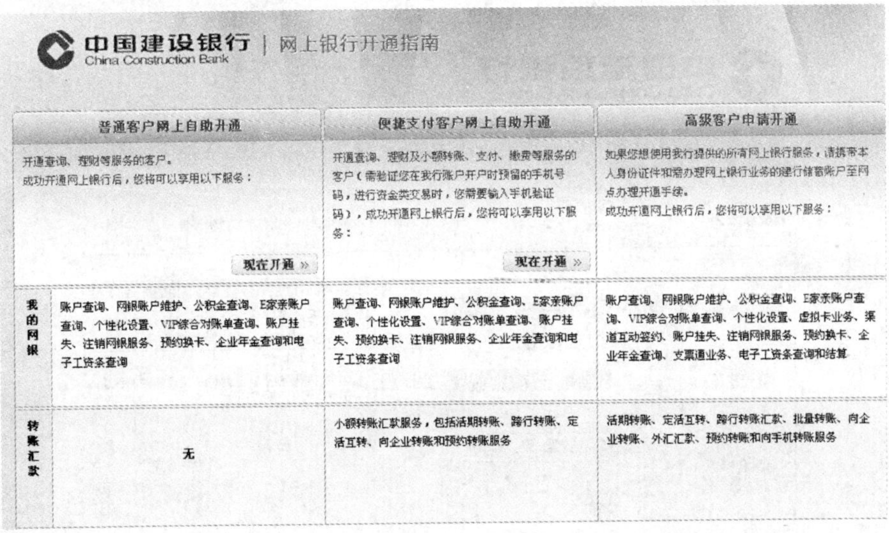

图 4-9 建行网上银行开通指南

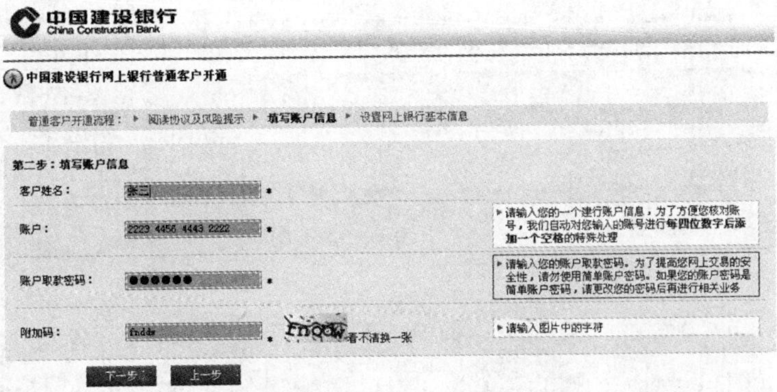

图 4-10 填写账户信息页面

申请成功以后，就可以登录个人网上银行，享受其提供的便利服务了。

2. 网上银行的使用

要使用网上银行提供的各项服务，必须先登录网上银行，下面向大家展示登录的具体步骤。

第一步：先登录中国建设银行网站，然后单击页面上的“个人网上银行登录”按钮，即可进入“个人网上银行”页面，如图 4-11 所示，也可直接在地址栏输入网址：https://ibsbjstar.ccb.com.cn/app/V5/CN/STY1/login.jsp，便可直接打开“个人网上银行”页面。

第二步：输入证件号码（一般是身份证）或用户昵称，以及登录密码，再单击“登录”，就可以进入网上银行个人账户页面，如图 4-12 所示。需要注意的是，若是第一次登录系统会提示客户下载证书，然后按照页面上的相关提示进行操作即可。

第三步：单击“安全中心”的“修改密码”选项，在这里可以修改网上银行的初始登录密码，建议设置成安全级别较高的密码，以防止他人盗取或破解，如图 4－13 所示。

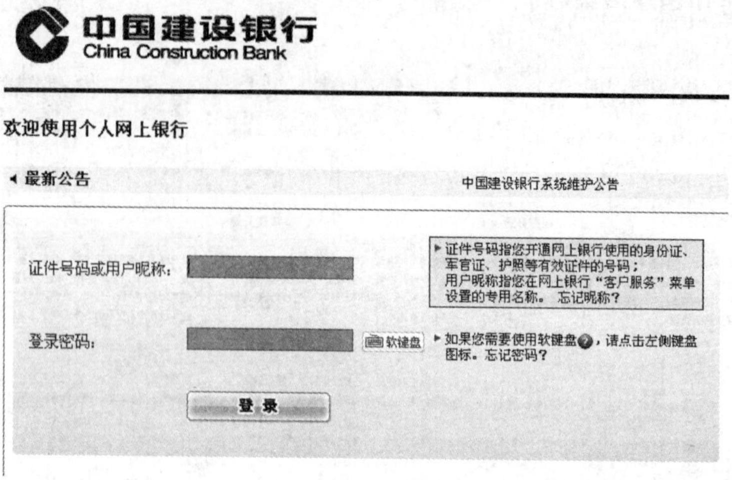

图 4－11　个人网上银行页面

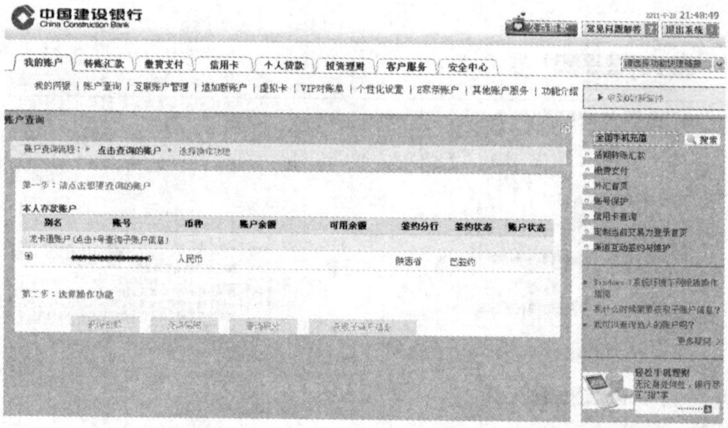

图 4－12　个人账户页面

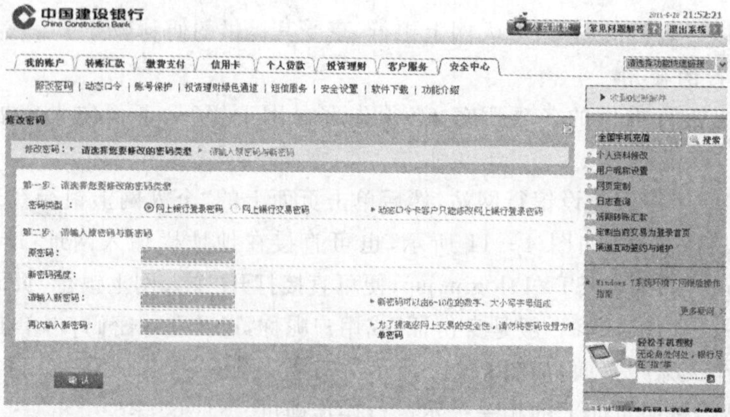

图 4－13　修改登录密码页面

此外，还可以利用“客户服务”的“用户昵称设置”选项，进行网上银行登录的昵称设置。这里不再详述。成功登录以后，就可以使用网上银行提供的丰富功能了。

任务要求

能够对诸如建设银行、交通银行等各大银行的网上银行服务有所了解，熟悉网上银行的申请流程，并能够熟练使用网上银行提供的服务。

任务二 支付宝的申请和使用

任务目的

1. 以第三方支付工具——“支付宝”为例，掌握支付宝的申请流程

2. 能够熟练使用支付宝进行在线交易

1. 支付宝的申请

支付宝申请以后才可以使用，根据 CNNIC 发布的报告显示，截至 2012 年 8 月网上支付机构中支付宝网民覆盖已达 1.29 亿，人均单日访问时长 200 秒。安全性和便捷性成网上支付用户最看重的因素。到现在为止，除淘宝网和阿里巴巴外，支持使用支付宝交易服务的商家已经超过 33 万家，涵盖了虚拟游戏、数码通讯、商业服务、机票等行业。而且目前国内多家银行均和支付宝建立了深入的战略合作关系，不断根据客户需求推出创新产品，成为金融机构在电子支付领域最为信任的合作伙伴。

现在每个身份证可以授权五个支付宝账户。支付宝申请需要在其官方网站进行，要先需准备一个电子邮箱，以便激活支付宝账户。当然，如果用户只是想申请淘宝网的支付宝，那就先登录淘宝网，在“我的淘宝”里找到支付宝，按照提示进行支付宝申请注册即可。这里主要介绍如何在支付宝官网进行申请。具体步骤如下：

第一步，进入支付宝官方网站，网址为 https://www.alipay.com/，点击“免费注册”按钮，如图 4－14 所示。

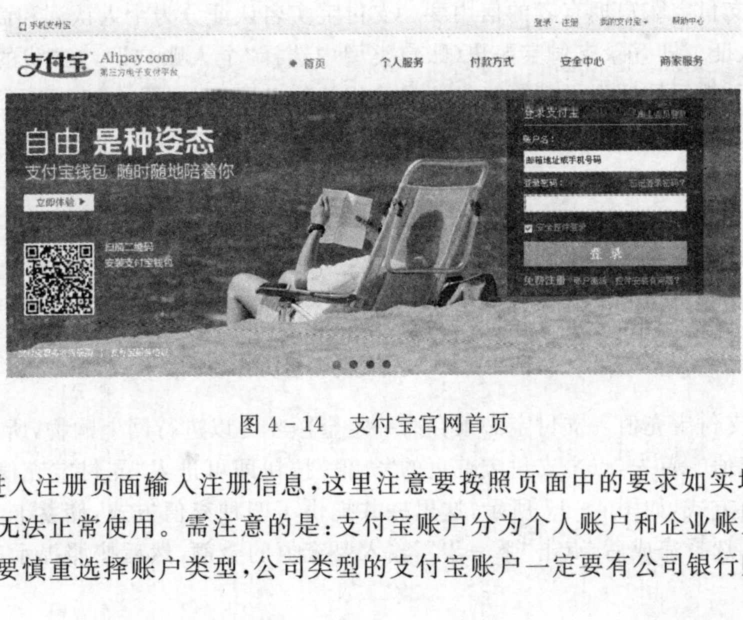

图 4－14 支付宝官网首页

第二步，进入注册页面输入注册信息，这里注意要按照页面中的要求如实填写，否则会导致支付宝账户无法正常使用。需注意的是：支付宝账户分为个人账户和企业账户两种类型，请根据自己的需要慎重选择账户类型，公司类型的支付宝账户一定要有公司银行账户与之匹配。

支付宝的注册可以分为四步：验证账户名→设置身份信息→设置支付方式→注册成功。如图 4－15 所示。

图 4－15　支付宝的注册页面

第三步，正确填写了注册信息后，点击"确认注册"，支付宝会自动发送一封激活邮件到注册时填写的邮箱中。

第四步，登录邮箱，点击邮件中的激活链接，激活注册的支付宝账户即可成功完成注册。

支付宝申请成功后，就可以享受网上交易的乐趣了。

2. 支付宝的使用

使用支付宝进行网上购物时，可以按照以下步骤进行：

第一步，进行支付宝的实名认证。"支付宝实名认证"是由支付宝(中国)网络技术有限公司提供的一项身份识别服务，支付宝实名认证同时核实会员身份信息和银行账户信息，通过支付宝实名认证后，相当于拥有了一张互联网身份证，可以在淘宝网等众多电子商务网站开店、出售商品，增加支付宝账户拥有者的信用度。支付宝实名认证分为个人认证和商家认证，这里主要介绍个人认证。即登录支付宝账户(账户类型中选择"个人账户")，在"我的支付宝"首页点击"实名认证"，然后按照提示填写身份证号等相关信息即可，如图 4－16 所示。

图 4－16　支付宝的实名认证

第二步，给支付宝充值。支付宝必须存有一定金额才可以进行网上购物，所以购物前需要对支付宝进行充值。首先，点击支付宝首页的"充值"按钮即可进入"支付宝充值"页面；其次，选择适合的充值方式，如图 4－17 所示，这里一共提供了四种充值方式：储蓄卡、支付宝卡、消费卡及充值码。选择完成后，点击"下一步"，输入要充值的金额，然后按照提示进行充值操作即可。

图 4－17 支付宝充值页面

第三步，在淘宝网上，利用支付宝对拍下的“宝贝”进行付款。

第四步，收取“宝贝”，确认“宝贝”没有任何问题之后，确认付款，此时支付宝将打款给卖家。

任务要求

能够对一些具有代表性的第三方支付工具有一定认识和了解，并可以熟练使用以实现在线交易。

项目小结

本项目的知识要求如下：掌握电子支付的基本概念、特征，熟悉电子支付的主要方式和工作流程；了解并掌握网络银行的概念、特点、发展模式，熟悉网络银行的申请流程；掌握第三方支付的基本概念、模式，熟悉第三方支付的交易流程、主要特点。

本项目的能力要求如下：能够进行网络银行的申请，熟悉网络银行的登录和使用方法，及网络银行开展的各项业务；能够熟练申请诸如支付宝、财付通等第三方支付工具，能够按照交易流程进行正确的操作和使用。

此外，在使用这些电子支付工具时，需要注意以下几点：

第一，申请网络银行的方式有很多种，如果想使用网络银行提供的全部功能，最好携带身份证件及银行卡到银行网点柜台进行办理。

第二，电子支付虽然给生活带来诸多便利，但同时也要注意使用电子支付工具的安全问题，应确保登录网络银行或使用第三方支付平台的电脑安全可靠，应尽量避免在网吧等公共场所使用电子支付工具。此外，一般银行都为客户提供了网络银行安全认证工具，如动态口令卡、U 盾、网银盾等，在使用网络银行进行交易时应尽量使用这些安全工具。

第三，结合电子支付工具的特点和网络环境，合理选择电子支付工具，在申请开通电子支付工具之前，最好先考察在网上交易时所支持的电子支付工具种类，按照适用性广、安全性高、使用快捷方便的原则选择适合的电子支付工具。

基本练习

1. 什么是电子支付？电子支付与传统支付相比有什么不同，具有哪些优势？

2. 电子支付系统由哪几个部分组成？

3. 常用的电子支付工具有哪些，选择一种你使用过的或比较熟悉的工具，简单介绍其特点和运行机制。

4. 什么是网上银行？网上银行有哪些特点？网上银行的主要业务包括哪些内容？

拓展训练

1. 浏览各商业银行网站，查看各银行主要提供了哪些网上银行服务，试将自己拥有的银行卡开通网上银行业务，通过网上银行进行账户的管理、查询，以及进行网上转账、交易等相关操作。

2. 试了解一些常用的第三方支付平台的使用情况，请分别登录支付宝（https://www.alipay.com/）、快钱（https://www.99bill.com）、财付通（https://www.tenpay.com）等网站，试分析这三家网站提供的支付工具，了解它们各自提供的服务、使用的具体流程，并进行申请，然后选择适合的网络交易平台尝试使用这些支付工具，体验电子支付的具体流程。

项目五 电子商务安全技术

项目概要

安全是影响电子商务发展的一个制约因素。电子商务活动中的安全是一个系统安全的概念,在电子商务交易中要求信息是保密的、完整的、交易者身份是真实的以及其交易是不可否认的。为保证这些安全要求,可采用数据加密技术、身份认证技术;采用防火墙技术和防病毒技术来保证内部网特别是服务器的安全和客户机的安全。

小王社会实践期间曾在一家企业实习,期间在负责管理公司网站的部门待过了一段时间,听部门负责人说起公司网站曾遭受攻击,多亏有防火墙才没有出现意外。小王由此想起以前在网上看过许多相关报道,比如黑客对韩国银行的补丁更新服务器部署恶意软件,造成受攻击企业内部的计算机全面无法开机,业务被迫瘫痪;另一攻击则针对韩国的企业网站,有的网站遭攻击瘫痪,有的网站则是使用户访问该网站会被指向位于海外的假网站,并被要求提供许多个人信息。此外,黑客还针对个人用户发动电子邮件钓鱼攻击,假冒韩国银行事务历史记录名义,诱骗使用者下载内含木马程序的可执行文件,用户计算机引导区遭到破坏,导致使用户无法开机。

小王还记得自己的计算机也曾被病毒入侵导致系统瘫痪,文件丢失,自己的网游账号也曾经被盗。由此小王认识到电子商务交易安全是一个十分重要的问题,也是人们可以放心参与电子商务的信心保障。

导入案例

近日,国家信息中心信息安全研究与服务中心联合瑞星公司发布了《2013 年上半年中国信息安全综合报告》。报告指出,伴随着虚拟化、云应用、BYOD 及可穿戴智能设备的广泛应用,其已成为目前威胁我国企业信息安全的重要原因,并导致互联网全面泄密时代的来临。

此外,"棱镜门"事件也暴露了国内政企安全意识匮乏、安全体系建设不完善等信息安全方面存在的盲区。

报告显示,2013 年 1 至 6 月,瑞星"云安全"系统共截获新增病毒样本 1633 万余个,比去年下半年增长 93.01%,呈现出爆发式增长,其中广东省病毒感染为 2379 万人次,位列全国第一,河北省及河南省位列第二和第三。

在瑞星"云安全"系统拦截的钓鱼网站攻击中,广东省为 2733 万次,位列全国第一,其次为河北省 1249 万次及黑龙江省 665 万次。此外,在报告期内,瑞星"云安全"系统截获钓鱼网站共计 399 万个,比去年下半年增长了 41%,其中假冒中奖类钓鱼网站占总体的 32%,位列第一,众多热点电视选秀节目都成为了钓鱼网站的诱饵。

无线路由器成网络安全新盲区

今年上半年，多款无线路由器被曝存在重大安全漏洞，其中包括 TP-Link、D-Link 等国内外知名品牌。

由于绝大部分用户只会在安装路由器时进行初步的简单设置，并不会定期检查路由器并刷新固件程序，所以路由器一旦被黑客入侵，黑客便可以利用无线路由器的漏洞对整个网络中的电子设备进行全面监控，包括所有电子设备中内置的麦克和摄像头、硬盘中存储的文件以及用户对电子设备进行的所有操作。而用户将被终身监控。

无线路由器成网络安全新盲区

同时目前虚拟化、云应用在成为时下热点的同时也存在安全问题。

其中，云应用托管商受资金、社会环境、当地法律等因素制约，不可避免地发生服务中断事故；其次，企业数据存储安全也成为另一个信息安全隐患，一旦云端服务器遭到黑客入侵，企业的重要数据就面临丢失或被窃的风险。

而 BYOD 虽然让办公变得更加方便，但也使得办公数据与私人设备的物理边界消失，尤其是无线 Wi-Fi 的应用，扩大了网络接入的范围，使接入位置不再固定于某个物理网络端口，外来人员可能通过破解无线信号潜入企事业单位的内网之中。

“棱镜门”暴露安全新隐患

报告认为，上半年“棱镜门”事件的曝出，暴露了国内企业在安全方面存在的诸多盲区。如重体验轻安全、盲目选择外国品牌的电子类产品等问题。同时，众多国内企业在安全体系建设方面也存在着隐患，如信息安全认知差、意识薄弱，信息安全体系建设尚未开始等。

为了避免更多的“棱镜门”事件发生，政府、企业乃至个人应尽量选择安全可靠的国产信息安全类产品，同时应尽快建立、健全信息安全体系。

注：BYOD(bring your own device)指携带自己的设备(包括笔记本电脑、手机、平板电脑等)进行移动办公。

资料来源：王玲玲.“棱镜门”折射互联网全面泄密时代来临[EB/OL].[2013-07-19] www.fawan.com/Article/fw3ck/2013/07119/151415205020.html.

项目分析

在传统交易过程中，买卖双方是面对面的，因此很容易保证交易过程的安全性和建立起信任关系。但在电子商务过程中，买卖双方是通过网络来联系的，因而建立交易双方的安全和信任关系相当困难。电子商务交易双方(销售者和购买者)都面临不同的安全威胁。如何建立一个安全、便捷的电子商务应用环境，对信息提供足够的保护，已经成为电子商务发展中的一个重要方面。

通过计算机网络完成电子商务交易的过程就是使用客户端来访问服务器端以获取商务服务的过程，所以对于普通用户来说，最关心的是如何保证客户端的交易安全。小王决定先从客户端安全入手学习电子商务安全措施，主要包括 Windows 防火墙及其他防火墙软件的设置和使用、计算机杀毒及防护软件的使用等，鉴于数字证书对于网上交易安全的重要作用，小王决定申请一个个人数字证书并结合正在使用的客户端邮件工具尝试加密签名邮件的发送，确保信息传递的安全。

本项目的目的在于让我们对电子商务的安全问题有一个大概的了解，能够意识到电子商务活动面对各种的潜在威胁并懂得采取相应的对策。换句话说，在学习完本项目的内容后能够树立起“安全意识”，并对相关的防范措施有一定的了解。

项目知识

一、电子商务安全概述

(一)电子商务系统安全架构

电子商务系统是在公开的网上进行的，支付信息、订单信息、谈判信息等商务往来文件大量在计算机系统中存放、传输和处理，其安全问题被引起广泛的重视。计算机诈骗、计算机病毒等造成的商务信息被窃、篡改和破坏，以及机器失效、程序错误、操作错误、传输错误等造成的信息失误或失效，都严重地危害着电子商务系统的安全。因此，保证商务信息的安全是进行电子商务的前提。

电子商务系统是计算机网络及电子商务应用系统的集成，其安全性更为复杂，不仅面临计算机网络系统共有的安全问题，而且还与电子商务应用的环境、人员素质和社会因素等密切相关。

因此，电子商务安全从整体上可分为三大部分：计算机网络安全、商务交易安全和电子商务安全立法。

计算机网络安全的内容包括：计算机网络设备安全、计算机网络系统安全、数据库安全等。其特征是针对计算机网络本身可能存在的安全问题，实施网络安全增强方案，以保证计算机网络自身的安全性为目标。

商务交易安全要解决网络交易活动所面临的各种安全问题，其目标是实现电子商务交易的保密性、完整性、不可否认性和身份的真实性。

电子商务安全立法是通过法律法规，规范电子商务交易、管理和运行过程。这是电子商务活动开展的根本基础。电子商务的安全架构如图 5-1 所示。

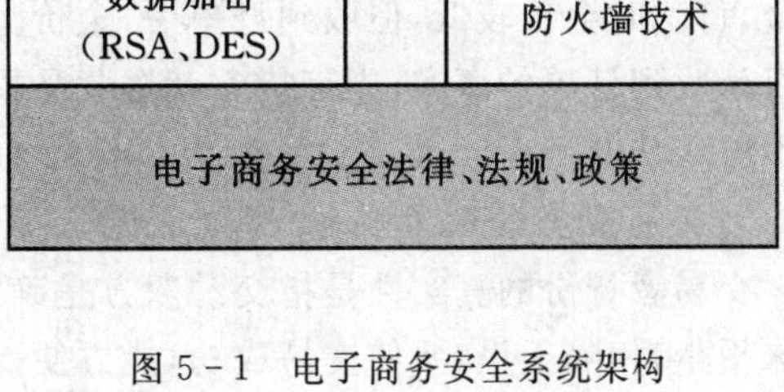

图 5-1 电子商务安全系统架构

(二) 电子商务的安全威胁

在电子商务广泛应用的同时，其安全性越来越受到人们的关注。统计表明，人们对网络交易，特别是网络支付的安全顾虑，已经成为阻碍电子商务发展和普及的重要因素。事实上，由于在 Internet 设计之初，更多地考虑了方便性、开放性，缺乏安全控制技术设计，使得 Internet 非常脆弱，极易受到黑客的攻击或有组织的群体的入侵，也会由于系统内部人员的不规范使用和恶意破坏，使得网络信息系统遭到破坏，信息泄露。

电子商务中的安全隐患主要表现为以下几种类型：

(1)信息截获和窃取。截获传输的机密信息，如客户的银行账号、密码以及企业的商业机密等。

(2)信息篡改。如:改变信息流的次序、更改信息的内容、购买商品的出货地址;或者删除某个消息或消息的某些部分;或者在信息中插入一些让接收方读不懂或接收错误的信息。

(3)信息假冒。假冒合法用户或发送假冒信息来欺骗其他用户。如通过钓鱼网站,给用户发电子邮件,收订货单欺骗合法主机及合法用户。

(4)交易抵赖。交易抵赖包括多个方面,如:发信者事后否认曾经发送过某条信息或内容;收信者事后否认曾经收到过某条信息或内容;购买者做了订货单不承认;商家卖出的商品因价格差而不承认原有的交易。

(三) 电子商务交易安全要求

一个安全的电子商务交易系统,必须满足如下几个条件。

1.信息的保密性

信息的保密性是指信息在传输或存储过程中不被他人窃取。因此在信息传输中一般均有进行加密的要求,同时在必要的节点设置防火墙。在利用网络进行的交易中,要预防信息大量传输过程中被非法窃取,如信用卡的账号和用户名等不能被他人知悉,必须确保只有合法用户才能看到数据。

2.信息的完整性

信息的完整性包括信息传输和存储两个方面。数据传输过程中的信息丢失、信息重复或信息传送的次序差异会导致交易各方信息的不同,所以在传输中要防止数据传送过程中信息的丢失和重复,并保证信息传送次序的统一。在存储方面,要预防对信息的随意生成、修改和删除。此外,由于数据输入时的意外差错或欺诈行为也可能导致交易各方信息的差异。交易各方信息的完整性将影响到交易各方的交易和经营活动,电子商务系统信息存储必须保证正确无误。

3.信息的有效性

信息的有效性是指接收方可以证实所接收的数据是原发方发出的;而原发方也可以证实只有指定的接收方才能接收。电子商务交易中,一旦签订合同后,这项交易就应受到保护以防止被篡改或伪造。交易的有效性在价格、时间及数量条款方面显得尤为重要。

4.信息的不可否认性

信息的不可否认性是指信息的发送方在发送信息后不能否认,接收方不能否认已收到的信息。在实际交易中,交易一旦达成是不能被否认的,否则正常的交易就不能进行。例如订购黄金,订货时金价较低,但收到订单后,金价上涨了,如收单方能否认收到订单的实际时间,甚至否认收到订单的事实,则订货方就会蒙受损失。因此电子交易通信过程的各个环节都必须是不可否认的。

5.交易者身份的真实性

交易者身份的真实性是指交易双方是确实存在的,不是假冒的。网上交易的双方很可能素昧平生,相隔千里,要使交易成功,能方便而可靠地确认双方身份是交易的前提。

二、电子商务安全技术的种类

(一)加密技术

1.加密技术概述

数据加密技术是为提高信息系统及数据的安全性和保密性,防止秘密数据被外部窃取所采用的主要技术手段之一，也是网络安全控制的基本技术。加密技术是一种主动的信息安全防范措施，其原理是利用一定的加密算法，将明文转换成从字面上无法正确理解的密文，阻止非法用户获取和理解原始数据，从而确保数据的保密性。

变换前的数据称为明文，变换后的数据称为密文，加密和解密的规则称为算法。数据经加密模块加密后变成密文在网络中传输，由接收端的解密模块进行解密，还原成明文。如图 5-2 所示。

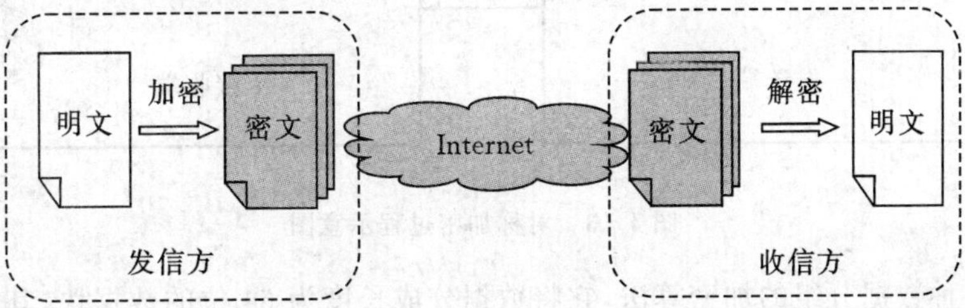

图 5-2 加密通信示意图

加密过程中依靠两个元素，即算法和密钥。加密或解密的函数称为算法。即对明文或密文加密或解密时采用的一级规则。密钥是用于加解密的一些特殊信息，是控制明文与密文之间变换的关键参数。它可以是数字、字母、语句等。算法在密钥的控制下进行操作，对应不同的密钥，相同的算法和相同的明文可以产生完全不同的密文。从而密钥可以充分地发挥已设计的加密算法的作用。在实际加密过程中，一般来说加密算法是不变的，存在的加密算法也是屈指可数，但密钥是经常变化的。也就是说，加密技术的关键是密钥，其优点如下：

(1)由于设计算法很困难，因此基于密钥的变化解决了这一难题。

(2)简化了信息发送方与多个接收方加密信息传递，即发送方只需使用一个算法，用不同的密钥向多个接收方发送密文。

(3)如果密文被破译，换一个密钥就能解决问题。

我们用最简单的凯撒密码来说明一个加密系统的构成。它的原理是把每个英文字母向前推 x 位，如 $x=3$，即字母 a,b,c,d,…,x,y,z 分别变为 d,e,f,g,…,a,b,c。例如要发送的明文为“Caesarwasagreatsolider”，则对应的密文为“Fdhvduzdvdjuhdwvroglhu”。这个简单的例子说明了加密技术的构成：明文被 character+3 算法转换成密文，解密的算法是反函数 character−3，其中算法为 character$+x$，x 是起密钥作用的变量，此处 x 是 3。

加密技术从原理上可分为两类：对称密钥加密技术和非对称密钥加密技术。它们的主要区别在于所使用的加密和解密的密钥是否相同。

2. 私钥加密技术与标准

(1)基本概念。私钥加密技术属于传统密钥加密技术，这种方法已经使用几个世纪了，它是指在对信息的加密和解密过程中使用相同的密钥。或者，加密和解密的密钥虽然不同，但可以由其中一个推导出另一个。这就是说，解密方必须使用加密方加密用的密钥才能解密。私钥加密技术也称为对称加密技术。对称加密过程如图 5-3 所示。

私钥加密技术的加密标准主要有两个，一个是数据加密标准 DES(data dncryption standard)；另一个是国际数据加密算法(international data encryption algorithm, IDEA)。DES 标

准是由 IBM 公司开发,现在已成为国际标准,由美国国家安全局和国家标准与技术局来管理。国际数据加密算法于 1992 年正式提出,它比 DES 的加密性好,而且需要的计算机功能也不那么强。

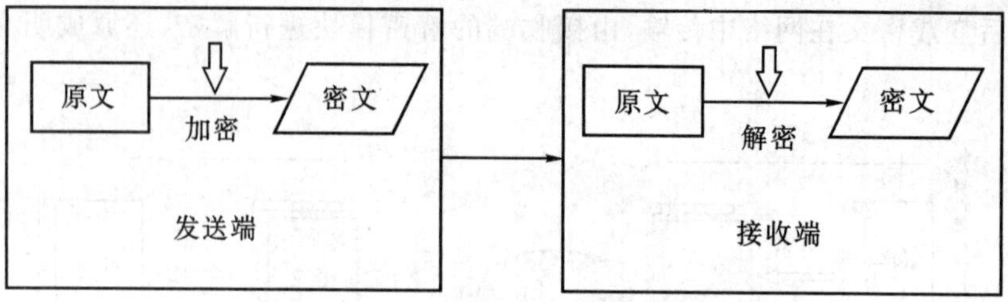

图 5-3　对称加密过程示意图

DES 是一种数据分组的加密算法,它将数据分成长度为 64 位的数据块,其中 8 位作为奇偶校验。有效的密钥长度为 56 位。首先将明文数据进行初始置换,得到 64 位的混乱明文组,再将其分成两段,每段 32 位。然后进行乘积变换,在密钥的控制下,做 16 次迭代,最后进行逆初始变换而得到密文。

IDEA 同样也是采用分组迭代的加密方法,但使用的有效密钥长度为 128 位,因此其加密性能更好,可以有效消除任何穷尽搜索秘钥的可能性。

(2)私钥加密技术的特点。私钥加密技术使用的加密算法简捷高效,加密和解密的速度快、效率高,适合于大信息的加密和解密。由于加密解密使用同一密钥,比较适合专用网络中通信各方相对固定的情况,如金融、军事、外交和商业通信专网的加密通信。

但在电子商务交易中,私钥加密无法完全满足基本的安全要求。

首先,密钥难于安全传递。对称加密的算法是公开的,在前面的例子中,可以把算法 character$+x$ 告诉所有要交换信息的对方,但要对每个消息使用不同的密钥,某一天这个密钥可能是 3,而第二天则可能是 9。交换信息的双方采用相同的算法和同一个密钥,将简化加密解密的处理,加密解密速度快是对称加密技术的最大优势,但双方要交换密钥,密钥管理困难是一个很大的问题,因此密钥必须与加密的消息分开保存,并秘密发送给接收者,而密钥在传递过程中容易泄漏。

其次,密钥量大,难以进行管理。如果网内任意两个用户通信时都使用互不相同的密钥,N 个人就要使用 $N(N-1)/2$ 个密钥,当 N 的数字很大时,密钥的分配、保存和管理将面临极大的困难。

另外,密钥不能提供信息完整性鉴别,无法验证收发双方的身份,也无法在素不相识的两方传送保密信息,而这在商业交易中是必需的功能。

3. 公钥加密技术与标准

为解决密钥管理问题,Diffie 和 Hellman 于 1976 年提出一种密钥交换协议,允许在不安全的媒体上通信双方交换信息,安全地达成一致的密钥。在此新思想的基础上,很快出现了公钥加密技术。

(1)基本概念。公钥加密技术是现代密码学最重要的发明和进展。它是将加密密钥和解密密钥分开,加密和解密分别由两个密钥来实现,并使得由加密密钥推导出解密密钥(或由解密密钥推导出加密密钥)在计算上是不可行的。

每个用户都有一对密钥,一个私钥(private key)和一个公钥(public key),它们在数学上相关、在功能上不同。私钥由所有者自己持有,而公钥则可以对外公开,就像用户的姓名、电话、E-mail 地址一样向他人公开。如果其他用户希望与该用户通信,就可以使用该用户公开的密钥进行加密,而只有该用户才能用自己的私钥解开此密文。当然,用户的私钥不能透露给自己不信任的任何人。因为加密和解密使用的是两个不同的密钥,所以这种算法也叫做非对称加密算法。

非对称密钥加密技术实现机密信息交换的基本过程如下:

①用户生成一对密钥并将其中的一个作为公钥向其他用户公开;

②发送方使用该用户的公钥对信息进行加密后发送给接收方;

③接收方利用自己保存的私钥对加密信息进行解密,接收方只能用自己的私钥解密由其公钥加密后的信息。

非对称加密过程如图 5-4 所示。

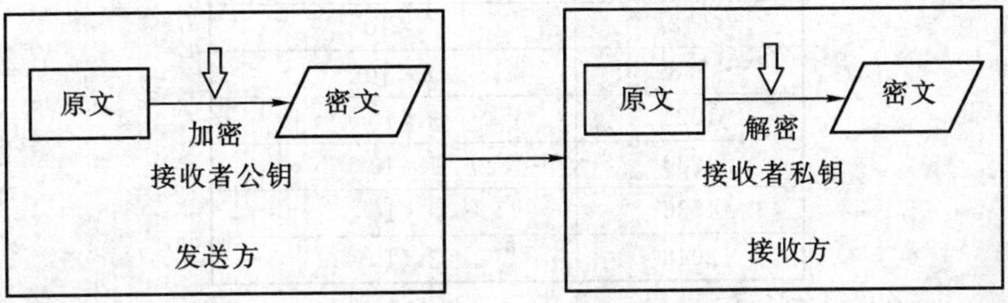

图 5-4 非对称加密过程示意图

(2)RSA 加密标准。公钥加密技术的典型算法是 RSA 标准。RSA 算法是 1978 年由 Ronald Rivest、Adi Shamir 和 Leonard Adleman 三人开发的,所以该算法以他们三人名字的首字母命名为 RSA。RSA 是第一个既能用于数据加密也能用于数字签名的算法。

RSA 算法基于难于找出大数字的素因子这个事实。例如,数字 7 的素因子是 1 和 7,很容易计算出,但是要计算有几百位的大数字的素因子就非常困难。即使使用计算机也要花费很长的时间。在 RSA 算法中,公钥和私钥都是两个人素数的函数。从 个密钥和密文推断出明文的难度等同于分解两个大素数的积。

(3)公钥加密技术的特点。公钥加密技术成功解决了私钥加密技术中密钥分配、密钥管理和收发双方身份认证困难的问题。如由于公钥可以通过各种公开渠道传递,因此,密钥分配非常简单;另外,密钥的保存量少,便于密钥管理;而且,私钥的私密性,可以作为实现数字签名和数字鉴别的主要工具。用户的一对密钥在使用的时候,用私钥加密的信息,只能用公钥才能解开;而用公钥加密的信息,只能用私钥才能解开。这种加密和解密的唯一性就构成了认证的基础。

但是,公钥技术加密算法复杂,加密解密速度慢,难于满足大信息量文件的快速加密。统计表明,对于相同体积的数据块进行加密,DES 算法的加密效率比 RSA 算法的加密效率高出数十倍。

下面的表 5-1 列出了两种加密标准的特点对比。

表 5-1　两种加密标准对比

比较项目	代表标准	密钥关系	密钥传递	数字签名	加密速度	主要用途
私钥加密	DES	加密密钥与解密密钥相同	必要	困难	快	数据加密
公钥加密	RSA	加密密钥与解密密钥不同	不必要	容易	慢	数字签名、密钥分配加密

4.**加密强度与密钥长度**

无论是DES还是RSA加密标准,其算法都是公开的,只有密钥是保密的。要攻击加密系统,只能采用穷举法强力攻击,就是试验每种可能的密钥。在这种情况下,加密强度取决于密钥长度。表5-2显示了RSA不同密钥长度需要的估计计算时间。

表 5-2　RSA 不同密钥长度需要的估计计算时间

密钥长度(位)	需要的计算时间(MIPS年)
512	3×10^{4}
768	2×10^{8}
1024	3×10^{11}
1280	1×10^{14}
1536	3×10^{16}
2048	3×10^{20}

注:采用通用数字字段筛分(GNFS)算法。

理论上讲,使用上述标准加密的安全性是相对的,随着计算机性能和网络并行计算技术的发展,人们破译密码需要的时间越来越短。例如,DES是56位密钥,有2的56次方种密钥数,即72,100,000,000,000,000种不同密钥。这个数字看起来很大,但其实不然。数字设备公司开发了每秒进行16,000,000次DES运算的芯片,如果机器中有1000个这种芯片,则不用八个星期就能攻破DES加密的信息。1997年6月17日,Rocke Verser领导的小组调动Internet上的78000台计算机,在几个月内攻破了DES加密的信息。

幸好这种攻击只有大规模犯罪集团和国家的代码破译组织才能进行,不是一般黑客能够做到的。而且,随着代码强度改进成本的增加,攻击密码的成本呈指数级增加。

目前要保证电子商务交易信息的安全性,DES等私钥加密系统至少需要75位密钥,70年安全性至少需要90位密钥;而公钥加密系统,由于可以用分解因子之类的快捷攻击,不需要试验所有密钥,所以需要更长的密钥,对RSA密钥应有268或1024位。

5.**私钥加密和公钥加密技术的综合应用**

在实际的加密实践中,人们常常结合私钥加密和公钥加密技术的不同特点来灵活使用,用私钥加密技术加密要传送的信息,用公钥加密技术加密私钥加密密钥。这样,既提供了保密性又提高了通信速度。例如数字信封,其过程如图5-5所示。

第一步:发送者先产生一个随机数(即私钥加密密钥,每次加密密钥不同),并用它对要发送的信息进行加密。

第二步:发送者用接收者的公钥对该随机数(即私钥加密密钥)加密。

第三步：将上两步加密后的两个密文通过网络一起发送给接收者。

第四步：接收者接收到密文后，首先用私钥解密随机数(即私钥加密密钥)。

第五步：接收者再用解密后的随机数(即私钥加密密钥)对信息进行解密。

这种加解密方式，既有 RSA 算法的保密性，又有 DES 或 IDEA 算法的快捷性。

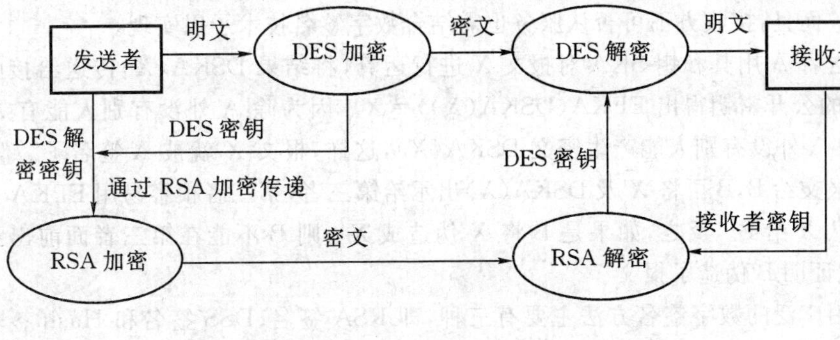

图 5-5　两种加密技术的综合运用

(二)数字认证技术与应用

电子商务交易安全在技术上要解决两大问题：安全传输和身份认证。数据加密能够解决网络通信中的信息保密问题，但是不能够验证网络通信对方身份的真实性。因此，数据加密仅解决了网络安全问题的一半，另一半需要身份认证解决。

认证技术是为了满足电子商务系统的安全性要求而采取的一种常用而且必需的安全技术。它主要包括数字摘要、数字签名、数字时间戳、数字证书、身份识别等技术。

1. 数字摘要 (digital digest)

数字摘要，也叫数字指纹(finger print)是采用单向 Hash 函数对文件中若干重要元素进行某种变换运算得到固定长度(一般是 128 位)的摘要码，并在传输信息时将之加入文件一同发送给接收方，接收方接到文件后，用相同的方法进行变换计算，若得出的结果与发送来的摘要码相同，则可断定文件未被篡改。相同明文的数字摘要必定相同，不同明文的数字摘要必定不同，这是数字摘要最重要的应用特征。在电子商务交易中，数字摘要可以有效地检测交易信息是否完整或是否被篡改。其过程如图 5-6 所示。

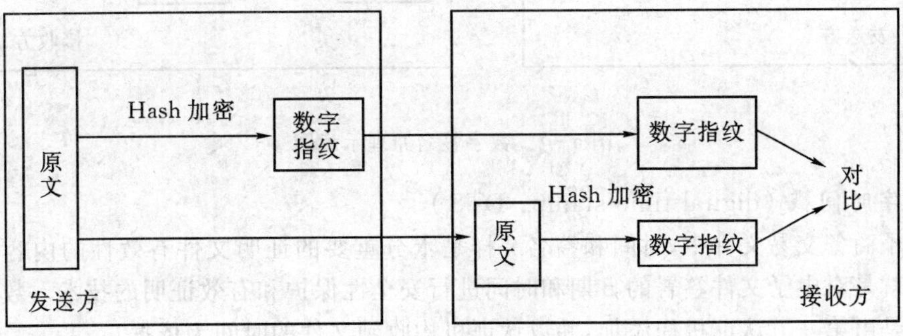

图 5-6　数字摘要原理示意图

2. **数字签名**（digital signature）

数字签名，就是只有信息的发送者才能产生的，而别人无法伪造的一段数字串，这段数字串同时也是对发送者发送信息的真实性的一个有效证明。

电子商务交易中，数字签名技术主要用于三个方面：一是鉴别原始信息，保证信息传输过程中信息的真实性和完整性；二是对信息发送者的身份认证；三是保证信息发送者对发送的信息不能否认。而且，接收方不可否认服务也需结合数字签名技术予以实现。

例如发送者 A 用其私钥 SKA 对报文 X 进行运算，将结果 DSKA(X)传送给接收者 B，B 用已知的 A 的公开密钥得出 EPKA(DSKA(X))＝X。因为除 A 外没有别人能有 A 的私钥 SKA，所以除 A 外没有别人能产生密文 DSKA(X)，这样，报文 X 就被 A 签名了。假如 A 要抵赖曾发送报文给 B，B 可将 X 及 DSKA(X)出示给第三者，第三者很容易用 EPKA 去证实 A 确实发送消息 X 给 B。反之，如果是 B 将 X 伪造成 X'，则 B 不能在第三者面前出示 DSKA(X')，这样就证明 B 伪造了报文。

目前应用广泛的数字签名方法主要有三种，即 RSA 签名、DSS 签名和 Hash 签名。其中 Hash 签名是最主要的数字签名方法，也称为数字摘要法。用 Hash 编码法(secure hash algorithm，SHA)实现数字签名的原理如下：

发送方将要发送的文件生成一个 128 位的数字摘要；然后发送方用自已的私钥加密生成的数字摘要，这就形成了数字签名。

发送方将生成的数字签名会同密文一起通过网络发送给接收方；接收方用发送方的公钥对数字签名进行解密，若解密出的数字摘要与其从接收到的文件计算出的数字摘要相同，则可确定发送方的身份是真实的。同时说明文件在传输过程中没有被破坏或篡改。

数字签名的生成与使用过程如图 5－7 所示。

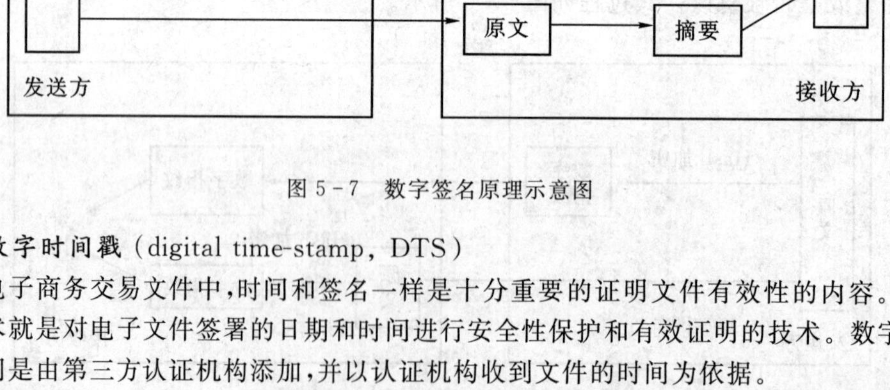

图 5－7　数字签名原理示意图

3. **数字时间戳**（digital time-stamp，DTS）

在电子商务交易文件中，时间和签名一样是十分重要的证明文件有效性的内容。数字时间戳技术就是对电子文件签署的日期和时间进行安全性保护和有效证明的技术。数字时间戳上的时间是由第三方认证机构添加，并以认证机构收到文件的时间为依据。

时间戳(time-stamp)是一个经加密后形成的凭证文档，它包括三个部分：①需加时间戳的文件摘要(digest)；②DTS 收到文件的日期和时间；③DTS 的数字签名。

时间戳产生的过程为用户首先将需要加时间戳的文件用 HASH 编码加密形成摘要，然后将该摘要发送到 DTS，DTS 在加入了收到文件摘要的日期和时间信息后再对该文件用其私钥加密形成 DTS 的数字签名，然后送回用户。其过程如图 5-8 所示。

值得注意的是，书面签署文件的时间是由签署人自己写上的，而数字时间戳则不然，它是由认证单位 DTS 来加的，以 DTS 收到文件的时间为依据。

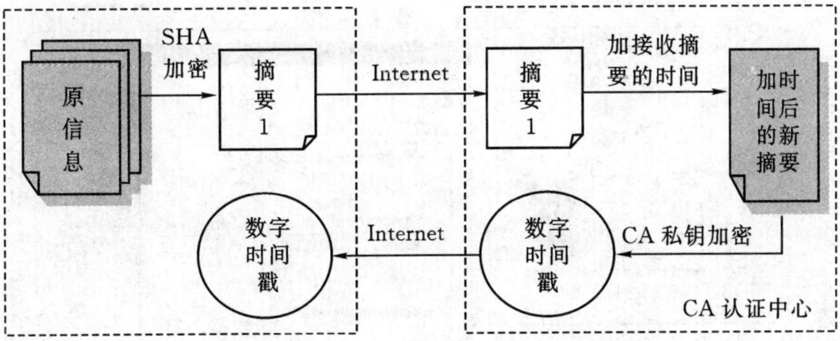

图 5-8 数字时间戳的生成过程

4. **数字证书**（digital certificate）

数字证书(digital ID)又称为数字凭证、数字标示，是一个经证书认证机构数字签名的、包含用户身份信息以及公开密钥信息的电子文件。在网上进行信息交流及商务活动时，数字证书可以证实一个用户的身份，以确定其在网络中各种行为的权限。在网上交易中，若双方出示了各自的数字证书，并用它来进行交易操作，那么双方都可不必为对方的身份真伪担心。与日常生活中的司机驾照或身份证相似。通俗地讲，数字证书就是个人或单位在 Internet 上的身份证。数字证书是由认证中心，即 CA 中心颁发的。

数字证书可用于安全电子邮件、网上缴费、网上炒股、网上招标、网上购物、网上企业购销、网上办公、软件产品、电子资金移动等安全电子商务活动。

有了数字证书，我们在网络上就可以畅通无阻。数字证书采用公钥体制，即利用一对互相匹配的密钥进行加密、解密。每个用户自己设定一把特定的仅为本人所知的私有密钥(私钥)，用它进行解密和签名；同时设定一把公共密钥(公钥)并由本人公开，为一组用户所共享，用于加密和验证签名。当发送一份保密文件时，发送方使用接收方的公钥对数据加密，而接收方则使用自己的私钥解密，这样信息就可以安全无误地到达目的地了。

比如，登录中国建设银行的网上服务站点(https://ibsbjstar.ccb.com.cn/index.html)，双击右下角的黄色小锁标志，就可以看到建设银行的相关认证信息。如图 5-9 和图 5-10 所示。

目前数字证书的内部格式一般采用 X.509 国际标准，一个标准的 X.509 数字证书包含以下内容：证书的版本信息、证书的序列号、证书所使用的签名算法、证书的发行机构、证书的有效期、证书所有人的名称、证书所有人的公开密钥、证书发行者对证书的签名等。

数字证书主要包括以下三种类型：

(1)个人证书。个人证书属于个人所有，帮助个人用户在网上进行安全交易和安全的网络行为。个人的数字证书安装在客户端的浏览器中，通过安全电子邮件进行操作。

(2)企业(服务器)证书。企业如果拥有 Web 服务器,即可申请一个企业证书,用具有证书的服务器进行电子交易,而且有证书的 Web 服务器会自动加密和客户端通信的所有信息。

(3)软件(开发者)证书。软件(开发者)证书是为网络上下载的软件提供凭证,用来和软件的开发方进行信息交流,使用户在下载软件时可以获得所需的信息。

图 5-9　建设银行的认证信息

图 5-10　建设银行数字证书的详细信息

5. **认证中心**

认证中心(certification authority,CA)承担网上安全电子交易的认证服务,主要负责产生、分配并管理用户的数字证书。创建证书的时候,CA 系统首先获取用户的请求信息,其中包括用户公钥(公钥一般由用户端产生,如电子邮件程序或浏览器等),CA 将根据用户的请求信息产生证书,并用自己的私钥对证书进行签名。其他用户、应用程序或实体将使用 CA 的公钥对证书进行验证。对于一个大型的应用环境,CA 往往采用一种多层次的分级机构,各级的

CA类似于各级行政机关，上级CA负责签发和管理下级CA的证书，最下一级的CA直接面向最终用户。

CA是一个负责发放和管理数字证书的权威机构，主要有以下几种功能：

(1)证书的颁发。CA接收、验证用户的数字证书的申请，将申请的内容进行备案，并根据申请的内容确定是否受理该数字证书申请。如果CA接受该数字证书申请，则进一步确定给用户颁发何种类型的证书。新证书用CA的私钥签名以后，发送到目录服务器供用户下载和查询。为了保证信息的完整性，返回给用户的所有应答信息都要使用CA的签名。

(2)证书的更新。CA可以定期更新所有用户的证书，或者根据用户的请求来更新用户的证书。

(3)证书的查询。证书的查询可以分为两类，其一是证书申请的查询，CA根据用户的查询请求返回当前用户证书申请的处理过程；其二是用户证书的查询，这类查询由目录服务器来完成，目录服务器根据用户的请求返回适当的证书。

(4)证书的作废。当用户的私钥由于泄密等原因造成用户证书需要申请作废时，用户需要向CA提出证书作废请求，认证中心根据用户的请求确定是否将该证书作废。另外一种情况是证书已经过了有效期，CA自动将该证书作废。CA通过维护证书作废列表(certificate revocation list，CRL)来完成上述功能。

(5)证书的归档。证书具有一定的有效期，过了有效期之后就将被作废，但是不能将作废的证书简单地丢弃，因为有时可能需要验证以前的某个交易过程中产生的数字签名，这时就需要查询作废的证书。基于此类考虑，认证中心还应当具备管理作废证书和作废私钥的功能。

现在，国内CA中心如雨后春笋般发展起来，下面选择一些比较知名而且与日常生活密切联系的CA进行介绍。这些CA主要可分为两大类：行业性CA和区域性CA。

(1)天威诚信安全身份认证服务中心(http://www.itrus.com.cn/)。北京天威诚信电子商务服务有限公司(iTruschina)是经信息产业部批准的全国性PKI/CA企业，是专门从事数字信任服务、PKI/CA建设服务、PKI/CA应用服务、PKI/CA运营管理咨询服务和PKI/CA体系整体规划服务的专业化信息安全技术与服务公司，是信息产业部批准的首家从事商业PKI/CA认证服务试点企业，也是VeriSign(http://www.verisign.com/)在中国的唯一合作伙伴。这个网站提供了安全电子邮件证书试用、服务器证书试用。首页如图5-11所示。

图5-11 天威诚信安全身份认证服务中心网站首页

(2)广东省电子商务认证中心(http://www.cnca.net)。广东省电子商务认证中心是我国成立最早的数字认证机构之一,已签发数字证书接近 20 万张。广东省电子商务认证中心的技术体系已在全国跨省市建立了“网证通”认证体系,为实现各省认证系统的互联互通、低成本建设、高效运营奠定了良好的基础。首页如图 5-12 所示。

图 5-12　广东省电子商务认证中心网站首页

(3)上海市数字认证中心(http://www.sheca.com)。上海市数字认证中心是由上海市政府授权建立的上海市唯一从事数字证书签发和管理业务的权威性认证中心。在全国有近 400 余个证书受理网点,证书种类齐全,市场化程度比较高。该认证中心目前颁发的数字证书包括个人证书(个人身份证书、个人 E-mail 证书)、单位证书(单位证书、单位 E-mail 证书、部门证书、职位证书)、设备证书(应用服务器证书、Web 服务器证书、VPN 网关证书、VPN 客户端证书)、代码签名证书(个人代码签名证书、企业代码签名证书)等。首页如图 5-13 所示。

图 5-13　上海市数字认证中心网站首页

(4)中国金融认证中心(http://www.cfca.com.cn)。中国金融认证中心(China Financial Certification Authority,CFCA),是由中国人民银行牵头,联合14家全国性商业银行共同建立的国家级权威金融认证机构。中国金融认证中心的突出特点是其金融特色,CFCA证书发放前须经过金融机构审批,以规避交易中可能发生的支付风险,证书申请者必须具备合格的金融资信和支付能力才能获得CFCA证书。此外CFCA证书实现了不同银行之间、银行与客户之间信任关系的连接与传递,为全面解决网上安全支付提供了有力支持。目前,CFCA证书已实现了网上银行业务的跨行身份认证,用户只需持有一张CFCA证书,即可在多个银行的网银系统中进行身份鉴别。首页如图5-14所示。

图5-14 中国金融认证中心网站首页

(三)防火墙技术

1.防火墙的概念

防火墙(fire wall)是Internet上广泛应用的一种安全措施的形象说法。它是指两个网络之间执行访问控制策略(允许、拒绝、检测)的一系列部件的组合,包含硬件和软件,目的是保护网络不被他人侵扰。如图5-15所示。

图5-15 防火墙的概念

防火墙是不同网络之间信息的唯一出口,能根据企业网络安全策略控制出入网络的信息流且本身具有较强的抗攻击能力。防火墙可通过检测、限制、更改跨越防火墙的数据流,阻止对企业内部网络信息资源的非法访问,也可以使用防火墙阻止内部信息从公司的网络上被非法窃取。以此来实现网络的安全。它是一种访问控制机制。

防火墙可以是一套用于安全控制的软件系统,也可以是固化有安全控制软件的硬件设备。一般讲,企业内联网常采用局域网技术,外部网络常为广域网,用路由器来互连内联网和外部网络,因此路由器所在的位置也应是防火墙的位置;有时,路由器中也集成了防火墙的功能。

防火墙技术有助于提高计算机系统总体的安全性，其优点体现在以下几个方面：

(1)防火墙是网络安全的屏障。防火墙能极大地提高内部网络的安全性，并能通过过滤不安全的服务而降低风险。由于只有经过精心选择的应用协议才能通过防火墙，所以网络环境变得更安全。如防火墙可以禁止诸如众所周知的不安全的NFS协议进出受保护的网络，保护网络免受基于路由的攻击，如IP选项中的源路由攻击和ICMP重定向中的重定向路径。

(2)控制对主机系统的访问。防火墙有能力控制对主机系统的访问。例如，某些主机系统可以由外部网络访问，而其他主机系统则被有效的封闭起来，防止有害的访问。通过配置防火墙，允许外部主机访问WWW服务器和FTP服务器，而禁止外部主机对内部网络上其他系统的访问。

(3)监控和设计网络访问。如果所有的访问都经过防火墙，那么防火墙就能记录下这些访问并作出日志记录，同时也能提供网络使用情况的统计数据。当发生可疑动作时，防火墙能进行适当的报警，并提示网络是否收到监测和攻击的详细信息。

(4)防止内部信息的外泄。通过利用防火墙对内部网络的划分，可实现内部网重点网段的隔离，从而限制了局部重点或敏感网络安全问题对全局网络造成的影响。另外，使用防火墙可以隐蔽那些会泄露内部细节的服务，如Finger、DNS等。

尽管防火墙有上述这些优点，但它不一定是Internet安全问题的灵丹妙药，因为其本身也存在以下缺点：

(1)限制使用合乎需要的服务。防火墙最明显的缺点是它可能封锁用户所需的某些服务，如TELNET、FTP、NFS等。但这一缺点并不是防火墙所独有的。对主系统的多级限制也会产生这个问题。

(2)后门访问的广泛可能性。防火墙不能防护从后门进入网点。例如，如果对调制解调器不加限制，仍然许可访问由防火墙保护的网点，那么攻击者可以有效地跳过防火墙。调制解调器的速度现在快到足以使SLIP(串行线IP)和PPP(点对点协议)切实可行。在受保护子网内SLIP和PPP连接在本质上是另一个网络连接点和潜在的后门。如果允许调制解调器从后门访问，那么前门的防火墙又有什么用呢？

(3)几乎不能防护来自内部的攻击。虽然防火墙可以用来防护局外人获取敏感的数据，但它不能防止内部人员将数据拷贝到磁盘上，并把数据带出。因此，如果忽略其他窃取数据或攻击系统的手段，把大量资源存放在防火墙上也是不明智的。

(4)其他问题。

①病毒。防火墙不能防止用户从Internet中下载受病毒感染的程序，或把这些程序附加到电子邮件上传输出去。由于这些程序可能以各种方法编码或压缩，因而防火墙不能精确地对这些程序进行扫描来搜寻病毒特征，必须用其他政策和抗病毒控制措施进行处理。

②吞吐量。防火墙是一种潜在的瓶颈，所有的连接都必须通过防火墙，许多信息都要经过检查，信息的传递可能要受到传输速率的影响。

③集中性。防火墙系统把安全性集中在一点上，而不是把它分布在各系统间，防火墙受损可能会对子网上其他保护不力的系统造成巨大的损害。

2.防火墙的主要类型

根据防火墙所采用的技术不同，可以将它分为两种基本类型：包过滤型、代理型。

(1)包过滤型防火墙。包过滤型是目前使用最为广泛的防火墙，其原理很简单：根据数据包的源地址、目的地址、端口号、协议类型等标志确定是否允许数据包通过，满足过滤逻辑的数据包才被转发，否则丢弃。其工作过程如图 5-16 所示。

包过滤软件通常集成到路由器上，允许用户根据某种安全策略进行设置。提供包过滤功能的路由器可以通过分析 IP 地址和端口号来决定是否转发一个分组。例如：可以建立一个对应端口号为 23 的防火墙过滤器来阻止向内部计算机上发送远程登录分组；建立一个对应端口号为 21 的防火墙过滤器来阻止外部用户向内部计算机发送文件传输分组(FTP)等。

基于分组过滤的防火墙的安全性依赖于用户制定的安全策略，用户可以按照两种策略来设置系统："不允许的就是禁止的"和"不禁止的就是允许的"。

包过滤技术的优点是简单实用，实现成本较低，在应付环境比较简单的情况下，能够以较小的代价在一定程度上保证系统的安全。

但包过滤技术的缺陷也是明显的。包过滤技术是一种完全基于网络层的安全技术，只能根据数据包的来源、目标和端口等网络信息进行判断，无法识别基于应用层的恶意侵入，如恶意的 Java 小程序以及电子邮件中附带的病毒。有经验的黑客很容易伪造 IP 地址，骗过包过滤型防火墙。

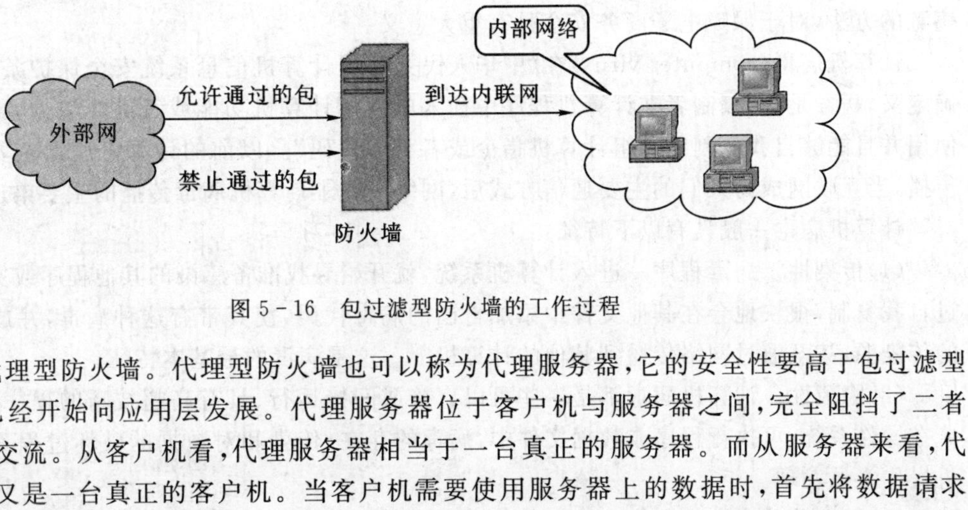

图 5-16　包过滤型防火墙的工作过程

(2)代理型防火墙。代理型防火墙也可以称为代理服务器，它的安全性要高于包过滤型产品，并已经开始向应用层发展。代理服务器位于客户机与服务器之间，完全阻挡了二者间的数据交流。从客户机看，代理服务器相当于一台真正的服务器。而从服务器来看，代理服务器又是一台真正的客户机。当客户机需要使用服务器上的数据时，首先将数据请求发给代理服务器，代理服务器再根据这一请求向服务器索取数据，然后再由代理服务器将数据传输给客户机。由于外部系统与内部服务器之间没有直接的数据通道，外部的恶意侵害也就很难伤害到企业内部网络系统。通常代理服务是针对特定的应用服务而言的，不同的应用服务可以设置不同的代理服务器，如 FTP 代理服务器、TELNET 代理服务器等。目前，很多内部网络都同时使用分组过滤路由器和代理服务器来保证内部网络的安全性，并且取得了较好的效果。

代理型防火墙的工作过程如图 5-17 所示，标号表示服务的顺序。

代理型防火墙的优点是安全性较高，可以针对应用层进行侦测和扫描，对付基于应用层的侵入和病毒都十分有效。其缺点是对系统的整体性能有较大的影响而且代理服务器必须针对客户机可能产生的所有应用层安全逐一进行设置，大大增加了系统管理的复杂性。

上述防火墙类型的不同组合，可以形成各种不同的防火墙应用系统，如单一包过滤防火墙系统、双宿主网关防火墙系统、主机过滤防火墙系统和子网过滤防火墙系统等，网络管理员应遵循既能保护内部网络的安全而又不影响网络使用的原则，选择适用于自己网络需求的防火墙配置。

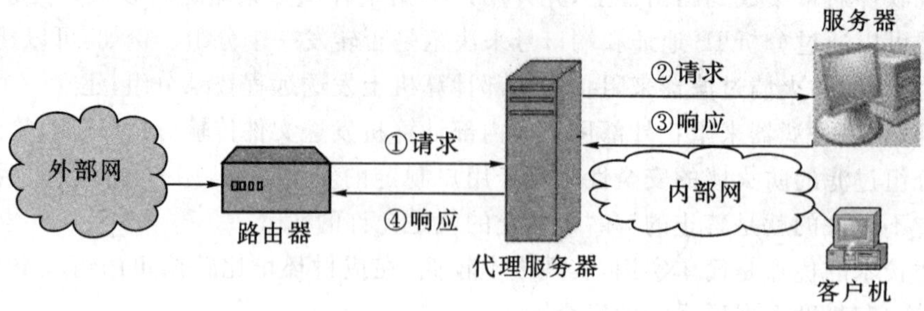

图 5-17 代理型防火墙的工作过程

(四)计算机病毒防范措施

1. 计算机病毒的概念

计算机病毒是电子商务网络安全的重大威胁，了解计算机病毒的特征并掌握防治计算机病毒的方法，对于保障电子商务安全具有重大意义。

计算机病毒(computer virus)在《中华人民共和国计算机信息系统安全保护条例》中被明确定义，病毒是指"编制者在计算机程序中插入的破坏计算机功能或者破坏数据，影响计算机使用并且能够自我复制的一组计算机指令或者程序代码"。以前的计算机病毒主要通过软盘传播，当互联网成为人们的主要通信方式后，网络又成了计算机病毒传播的主要渠道。

计算机病毒一般具有以下特征：

(1)传染性。病毒程序一进入计算机系统，就开始寻找准备感染的其他程序或文件。它通过自我复制，很快地会在其他文件中添加自己的病毒代码，使其带有这种病毒，并成为一个新的传染源，甚至通过网络传播到其他的计算机上。这是病毒的最基本特征。

(2)隐蔽性。计算机病毒都是一些可以直接或间接运行、具有高超技巧的程序，它可以隐藏在操作系统、可执行程序或数据文件中，病毒的存在、传染和对数据的破坏过程不易被计算机操作人员发现。

(3)触发性。病毒的发作一般都有一个激发条件，即一个条件控制。这个条件根据病毒编制者的要求可以是日期、时间、特定程序的运行或程序的运行次数条件等。

(4)破坏性。病毒在触发条件满足时，立即对计算机系统运行进行干扰或对数据进行恶意的修改。如发一些恶意邮件或破坏硬盘上的文件，造成数据丢失，有的甚至会损坏计算机硬件，造成系统瘫痪。

2. 计算机病毒的分类

(1)计算机病毒有多种分类方式，按病毒特有的算法分类，可分为以下几种：

①伴随型病毒。这类病毒并不改变文件本身，它们根据算法产生 EXE 文件的伴随体。当加载文件时，伴随体优先执行，再加载执行原来的文件。

②"蠕虫"病毒。这类病毒是一种网络病毒，利用网络从一台主机传播到其他主机。它们一般不改变文件和资料信息，而是自动计算网络地址，不断复制自身，通过网络发送。

③寄生型病毒。除了以上两种，其他均为寄生型病毒。它们依附在系统的引导扇区和文

件中，通过系统的功能进行传播。

(2)按病毒的寄生方式分类，计算机病毒可分为以下几种：

①文件型病毒。这类病毒主要以感染文件扩展名为.COM、.EXE和.OVL等可执行文件为主。它的安装必须借助于病毒的载体程序，需要运行病毒的载体程序，才能把文件型病毒引入内存。

②引导型病毒。这类病毒感染软盘的引导区以及硬盘的主引导记录或者引导扇区。它是在BIOS启动之后，系统引导时出现的病毒，其先于操作系统，依托的环境是BIOS中断服务。

③混合型病毒。这类病毒兼具引导型病毒和文件型病毒的特性，可以传染.COM、.EXE等可执行文件，也可以传染磁盘的引导区。计算机一旦被传染此类病毒，就会经开机或执行程序而感染其他的磁盘或文件。因此，此类病毒有相当大的感染性，很难清除干净。

(3)按病毒的连接方式分类，计算机病毒可分为以下几种：

①源码型病毒。该病毒攻击高级语言编写的程序，在源程序编译之前就插入其中。被感染的源程序再编译、链接和生成可执行文件时便已经带病毒。

②嵌入型病毒。这种病毒将自身嵌入到现有程序中，把计算机病毒的主体程序与其攻击对象以插入的方式链接。这种病毒只攻击特定程序，针对性强。

③外壳病毒。这种病毒将自身依附在正常程序的开头和结尾，对原来的程序不作修改。大部分文件病毒属于这一种。

④操作系统型病毒。这类病毒可用其自身部分加入或取代部分操作系统进行工作，具有很强的破坏性。

计算机病毒的分类还有许多其他的分法，例如按攻击的程度分，按寄生方式分等。因此，同一种病毒可以有不同的类属。

3.计算机病毒的防治

计算机病毒可以说是无孔不入，从用户的角度而言，对于计算机病毒的防范可以从以下几个方面进行：

(1)建立有效的计算机病毒防护体系。建立完整的病毒防护体系，对应用服务器、局域网内部所有的客户机进行全面的防毒扫描，保证建立及时、快速的病毒响应机制，发现病毒及时进行处理，迅速抑制病毒传播。

(2)慎重使用来源不明的磁盘，有些病毒即便计算机上安装有防病毒软件也不一定能够做到百分之百地查杀，别忘记病毒总是走在防病毒的前面。

上网浏览时，对于网站的选择也很重要，下载文件时一定要查杀后方能使用。不要回陌生人的邮件，有些钓鱼网站可能会冒充某些正规网站，然后要求输入账户账号与密码，如果按下"确定"，账号和密码就被黑客所掌握。所以一定要注意认真甄别虚假网站。

作好IE的安全设置，ActiveX控件和Applet有较强的功能，但也存在被人利用的隐患，网页中的恶意代码往往就是利用这些控件编写的小程序，只要打开网页就会被运行。所以要避免恶意网页的攻击只有禁止这些恶意代码的运行。IE对此提供了多种选择，具体设置步骤是："工具"→"Internet选项"→"安全"→"自定义级别"，建议将ActiveX控件与相关选项禁用。另外，在IE的安全性设定中我们只能设定Internet、本地Intranet、受信任的站点、受限制的站点。

(3)及时修补系统和应用软件安全漏洞。绝大多数计算机病毒都是利用操作系统或第三方软件漏洞进行传播和对用户进行攻击的,应及时下载安装补丁修复各种漏洞,切断病毒入侵的渠道。

(4)在网络环境中应用防火墙。防火墙的主要功能是实现对网络中传输的数据进行过滤,配置合理的访问策略能够有效阻止来自外部网络的非法攻击,建立起一道安全保护屏障。

(5)做好系统和重要数据的备份,以便能够在遭受病毒侵害后及时恢复。最好在有条件的情况下做异地备份或多点备份。

计算机病毒虽然发作起来破坏力大,但仍是可以避免和控制的,只要对其有充分的认识,加强电脑技术和技能的学习,掌握各种基础软件的使用技巧,就能筑起心理上和技术防范措施上的防线,区别出是病毒危害还是误操作所引起的后果,将其影响降至最低。

阅读材料

2006年12月初,我国互联网上大规模爆发"熊猫烧香"病毒及其变种。一只憨态可掬、颔首敬香的"熊猫"在互联网上疯狂"作案"。在病毒卡通化的外表下,隐藏着巨大的传染潜力,短短三四个月,"烧香"潮波及上千万个人用户、网吧及企业局域网用户,造成直接和间接损失超过1亿元。

2007年2月3日,"熊猫烧香"病毒的制造者李俊落网。李俊向警方交代,他曾将"熊猫烧香"病毒出售给120余人,而被抓获的主要嫌疑人仅有6人,所以不断会有"熊猫烧香"病毒的新变种出现。

随着中国首例利用网络病毒盗号牟利的"熊猫烧香"案情被揭露,一个制"毒"、卖"毒"、传"毒"、盗账号、倒装备、换钱币的全新地下产业链浮出了水面。中了"熊猫烧香"病毒的电脑内部会生成带有熊猫图案的文件,盗号者追寻这些图案,利用木马等盗号软件,盗取电脑里的游戏账号密码,取得虚拟货币进行买卖。

李俊处于链条的上端,其在被抓捕前,不到一个月的时间至少获利15万元。而在链条下端的涉案人员张顺目前已获利数十万了。一名涉案人员说,该产业的利润率高于目前国内的房地产业。

有了大量盗窃来的游戏装备、账号,并不能马上兑换成人民币。只有通过网上交易,这些虚拟货币才得以兑现。盗来的游戏装备、账号、QQ账号甚至银行卡号资料被中间批发商全部放在网上游戏交易平台公开叫卖。一番讨价还价后,网友们通过网上银行将现金转账,就能获得那些盗来的网络货币。

李俊以自己出售和由他人代卖的方式,每次要价500元至1000元不等,将该病毒销售给120余人,非法获利10万余元。经病毒购买者进一步传播,该病毒的各种变种在网上大面积传播。据估算,被"熊猫烧香"病毒控制的电脑数以百万计,它们访问按流量付费的网站,一年下来可累计获利上千万元。

有关法律专家称,"熊猫烧香"病毒的制造者是典型的故意制作、传播计算机病毒等破坏性程序,影响计算机系统正常运行的行为。根据刑法规定,犯此罪后果严重的,处5年以下有期徒刑或者拘役;后果特别严重的,处5年以上有期徒刑。

通过上述案例可以看出随着互联网和电子商务的快速发展,利用网络犯罪的行为会大量出现,为了保证电子商务的顺利发展,法律保障是必不可少的。目前我国对网络的立法明显滞后,如何保障网络虚拟财物还是个空白。除了下载补丁、升级杀毒软件外,目前还没有一部完善的法律来约束病毒制造和传播,更无法来保护网络虚拟钱币的安全。

根据法律,制造传播病毒者,要以后果严重程度来量刑,但很难衡量"熊猫烧香"病毒所导致的后果。而病毒所盗取的是"虚拟财物",就不构成"盗窃罪",这可能导致李俊之外的很多嫌疑人量刑很轻或定罪困难。

资料来源:电子商务安全案例[EB/OL].[2009-12-08]12342672.blog.hexun.com/41727643_d.html.

三、电子商务安全交易协议

针对电子商务交易安全的要求,IT业界与金融行业共同推出了许多不同的安全协议和整体解决方案。主要的协议标准有:安全套接层协议SSL和安全电子交易协议SET。

(一)安全套接层协议(SSL)

安全套接层协议是由美国Netscape公司首先提出的、基于RSA算法,用于浏览器和Web服务器之间的安全交易协议。它能把在网页和服务器之间传输的信息自动加密以防止在传输过程中被窃取,同时提供认证服务和传送信息的完整性服务。因此,采用SSL协议传输密码和信用卡号等敏感信息以及身份认证信息是一种比较理想的选择。

SSL可以被理解成一条受密码保护的通道。通道的安全性取决于协议中采用的加密算法。SSL协议实现简单,内置于IE等大部分浏览器和WWW服务器中,便于在电子交易中应用。目前,SSL协议已经成为网络上保密通信的一种工业标准,在C/S和B/S的构架下都有广泛的应用。

SSL主要目的是解决Internet上主要协议TCP/IP难以确定用户身份的问题,以便保证Internet上通信服务的安全性。

但是,SSL也存在着一些安全上的弱点,首先,SSL只能提供交易中客户与服务器间的双方认证,在涉及多方的电子交易中,SSL协议并不能协调各方间的安全传输和认证服务;其次,SSL只能保证信息传递过程的安全,而传递过程是否有人截取就无法保证了。所以,SSL并没有完全实现电子支付所要求的保密性、完整性、不可抵赖性,而且实现多方互相认证也是很困难的。

(二)安全电子交易协议(SET)

1996年6月,Visa、MasterCard、IBM、Netscape、Microsoft等金融和IT公司共同制定并正式发布了安全电子交易(SET)标准。SET规范的主要目标是为了在Internet上进行在线交易时保证信用卡支付的安全。它涵盖了信用卡在电子商务交易中的交易协议、信息保密、资料完整及数据认证、数据签名等各个部分。

SET协议采用公钥加密技术、私钥和公钥长度在512位到2048位之间、并采用联机动态授权和认证检查、数字签名和数字摘要等措施,解决了客户资料的安全性问题;解决了网上交易存在的客户、银行和商家之间的多方认证问题;保证了网上交易的实时性问题等,这些都是SSL所无法解决的,可见SET协议是目前进行电子商务的最佳协议标准。但SET也有自己的缺点,就是实现过于复杂,对客户、商家和银行要求都非常高。

SET协议的工作流程如图5-18所示。

根据SET协议的工作流程图,可将整个工作程序分为下面几个步骤:

(1)客户在网上商店选购商品并得到确认后进行网上支付,此时进入SET系统。

(2) 在 SET 中,客户必须对订单和付款指令进行数字签名。同时利用双重签名技术保证商家看不到客户的账号信息。

(3) 在线商店接受订单后,向客户所在银行请求支付认可。信息通过支付网关到收单银行,再到电子货币发行公司确认。批准交易后,返回确认信息给在线商店。

(4)在线商店发送订单确认信息给客户。客户端软件可记录交易日志,以备将来查询。

(5)在线商店发送货物或提供服务,并通知收单银行将钱从客户的账号转移到商店账号,或通知发卡银行请求支付。

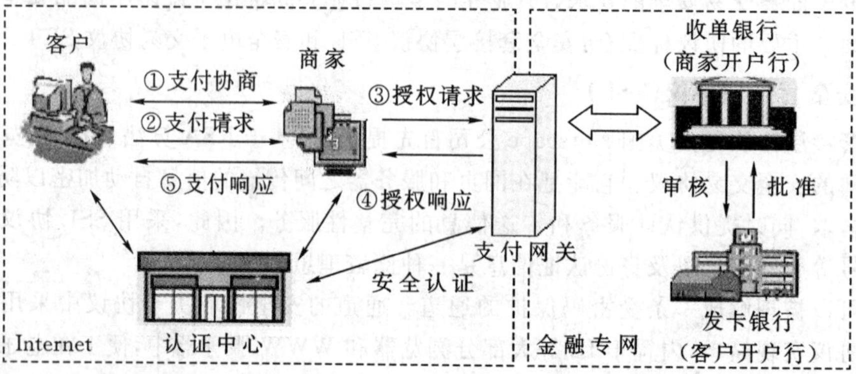

图 5-18 SET 协议的工作流程

在认证操作和支付操作中间一般会有一个时间间隔,例如,在每天下班前请求银行结一天的账。

在上述处理过程中,通信协议、请求信息的格式、数据类型的定义等,SET 都有明确的规定。在操作的每一步,客户、在线商店、支付网关都通过认证中心来验证通信主体的身份,以确保通信的对方不是冒名顶替。所以,也可以简单地认为,SET 规格充分发挥了认证中心的作用,以维护在任何开放网络上的电子商务参与者提供信息的真实性和保密性。

项目任务

任务一 Windows 自带防火墙的设置

任务目的

了解 Win 7 自带防火墙的功能和基本设置方法

Windows 防火墙是自 XP 系统开始内置的一个安全防御系统,用于帮助用户保护电脑,免遭黑客和恶意软件的攻击。但是在发布之初,Windows 防火墙只提供简单、初级的功能,仅仅保护入站流量,在经历了 Windows Vista 的过度之后,Win 7 中的防火墙功能开始显现出专业性。新的 Windows 防火墙有着不少革命化的改进,它不仅具备了过滤外发信息的能力,使其更具可用性,而且针对移动计算机增加了多重作用防火墙策略的支持,更加灵活而且更易于使用。

对于 Win 7 防火墙，可贵之处在于它的易用性，通过控制面板中的选项可以完成所有相关的设置和调整，而且对于大多数普通用户来说，设置所要的操作仅仅是作出选择和点击鼠标。打开控制面板，进入"系统和安全"分类 后，在右侧就可以看到"Windows 防火墙"的选项。如图 5－19 所示。

图 5－19　从控制面板中进入 Windows 防火墙

进入控制面板的 Windows 防火墙选项，或许 Win 7 系统并没有开启防火墙功能，则在界面上会有所提示，建议打开 Windows 防火墙，以保障上网安全。只要点击"使用推荐的设置"即可让 Windows 防火墙自动使用推荐的设置开始保护计算机。如图 5－20 所示。

图 5－20　启用 Windows 防火墙

在 Win 7 中，Windows 防火墙默认将网络划分为家庭、工作网络和公共网络。在不同的网络情况下，我们可以方便地切换配置文件，选择不同级别的网络保护措施。如当处于家庭网络中，其他的计算机和设备都是熟悉的，那么这时的配置文件就允许传入连接，可以方便地互相共享图片、音乐、视频和文档库，也可以共享硬件设备，如打印机等；而如果携带笔记本到了机场、咖啡吧等公共场所，那么在无线连接这样的公共网络中则必须更加重视连接安全，可能需要中断一些传入连接，可以通过 Windows 防火墙方便地将网络位置切换为“公用网络”，以获得更有保障的安全防护。如图 5－21 所示。

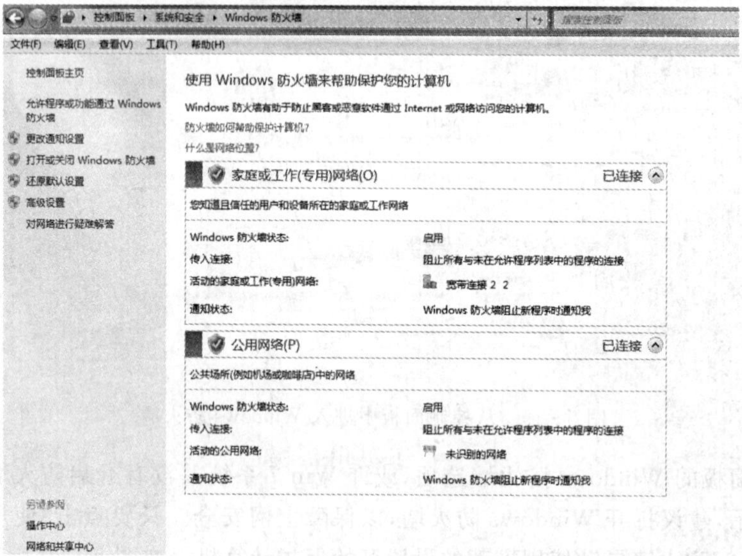

图 5－21　不同的网络位置有不同的安全配置

对于不同网络位置的配置状况，也可以进行一些微调和开启设置。点击 Windows 防火墙界面左侧的“更改通知设置”或“防火墙开关”，都可以进入“自定义设置”的界面，在此可以对各种网络位置的设置进行微调，如防火墙开启、通知方式、阻止传入连接等，如图 5－22 所示。Windows 防火墙都会阻止对不在可允许程序名单上的程序的连接，但通常情况下，建议可以在公共网络中阻止所有传入连接以提高安全性，但是这并不会影响一般的网页浏览和即时通讯。

提示：如何更改自己的网络位置呢？在控制面板中依次选择“网络和 Internet”→“网络和共享中心”，然后点击界面上的网络类型区域，然后在弹出的“设置网络位置”窗口中选择即可，如图 5－23 所示。

还可以根据需要在左侧点击“高级设置”，进入高级安全设置控制台。在这里，可以为每种网络类型的配置文件进行设置，编辑入站、出站规则等。如图 5－24 所示。

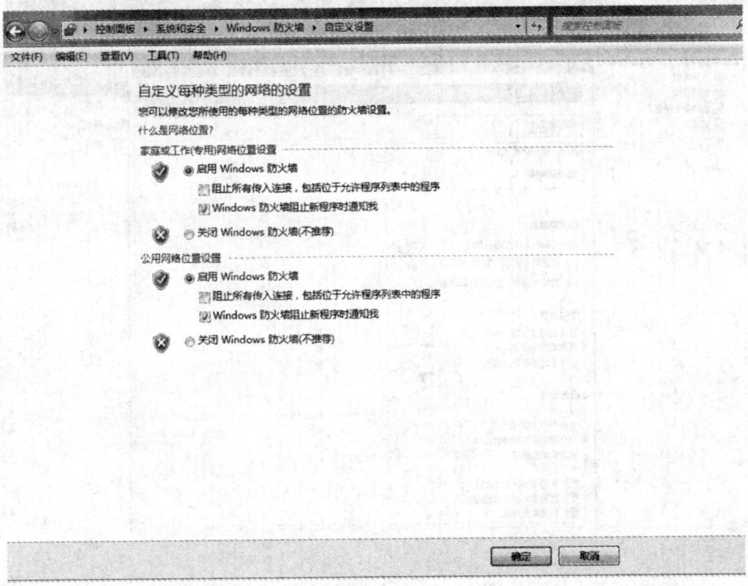

图 5-22　自定义网络类型设置

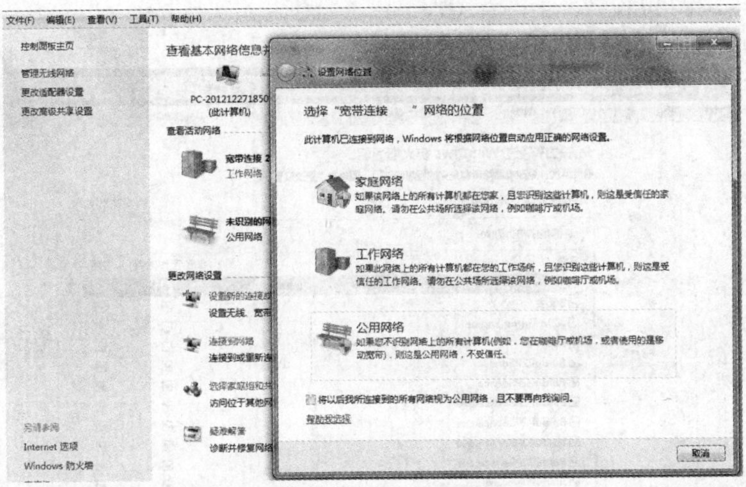

图 5-23　设置网络位置

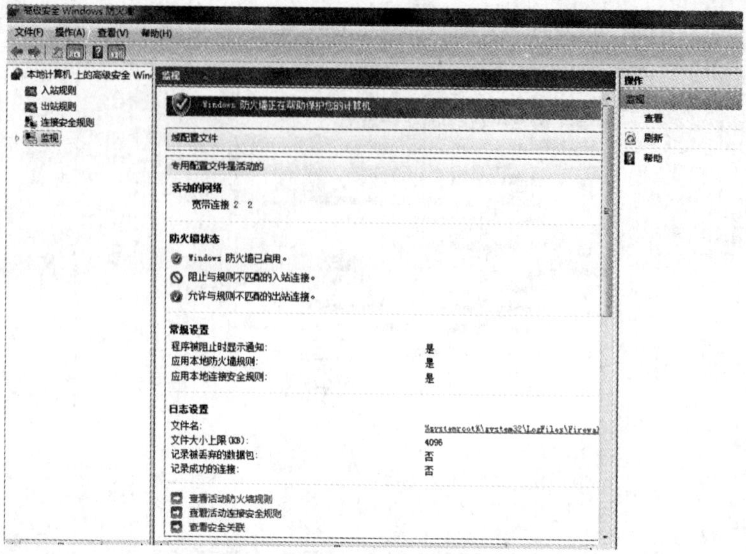

图 5-24　高级安全设置

在防火墙的“允许的程序”设置中,可以就已经设置允许通过防火墙进行通讯的程序进行设置和管理,可以将要用到的程序都添加进来,赋予它们允许进行通讯的权限。如图 5-25 所示。

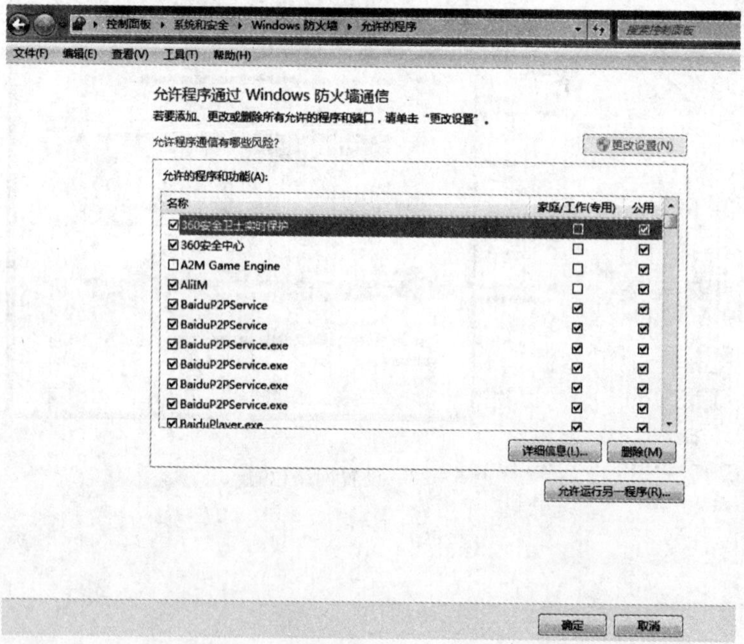

图 5-25　允许通讯的程序设置

从以上可以看出 Win 7 防火墙在功能和使用上都有不少的改进,它可以带来有效的网络防火墙保障。

任务要求

1. 了解 Win 7 自带防火墙的功能和基本设置方法。

2. 上网了解目前比较常用的防火墙软件，下载其中一款免费软件并学习进行安装和设置。

任务二　360 杀毒软件的安装和使用

任务目的

掌握 360 杀毒软件的安装和使用方法

360 杀毒是 360 安全中心出品的一款免费的云安全杀毒软件。360 杀毒具有以下优点：查杀率高、资源占用少、升级迅速等。同时，360 杀毒可以与其他杀毒软件共存，是一个杀毒备选方案。

1. 安装 360 杀毒

首先通过 360 杀毒官方网站下载最新版本的 360 杀毒安装程序。

双击运行下载好的安装包，弹出 360 杀毒安装向导。在这一步可以选择安装路径，可以按照默认设置，也可以点击"更换目录"按钮选择安装目录，如图 5－26 所示。

图 5－26　360 杀毒安装向导

接下来安装开始，图 5－27 为安装进度显示。

图 5－27　安装进度显示

安装完成之后就可以看到杀毒界面了，如图 5-28 所示。

图 5-28　360 杀毒初始界面

2. 病毒查杀

360 杀毒具有实时病毒防护和手动扫描功能，为系统提供全面的安全防护。

实时防护功能在文件被访问时对文件进行扫描，及时拦截活动的病毒。在发现病毒时会通过提示窗口发出警告，如图 5-29 所示。

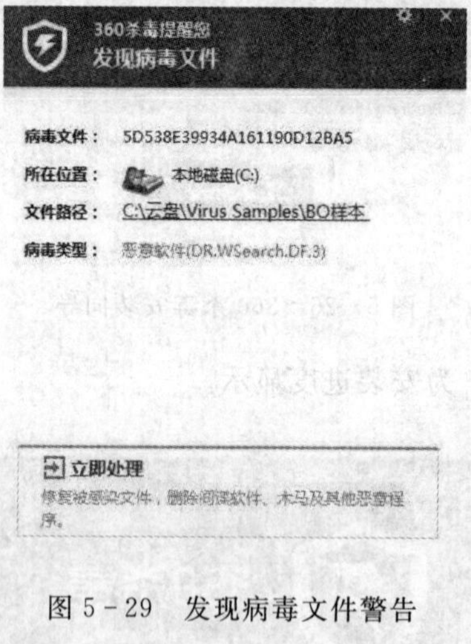

图 5-29　发现病毒文件警告

360 杀毒提供了四种病毒扫描方式：①快速扫描：扫描 Windows 系统目录及 Program Files 目录；②全盘扫描：扫描所有磁盘；③自定义扫描：扫描指定的目录；④右键扫描：当在文件或文件夹上点击鼠标右键时，可以选择“使用 360 杀毒扫描”对选中文件或文件夹进行扫描。

4.0 版的 360 杀毒通过主界面可以直接使用快速扫描、全盘扫描、自定义扫描和常用工具栏，其中指定位置扫描下还有以下几种扫描方式：office 文档、我的文档、U 盘、光盘、手机病毒和桌面。如图 5－30 所示。

图 5－30　360 杀毒提供的病毒扫描方式

除了主界面上的三个常用工具，点击更多就能看到全部的工具，可以解决电脑的一些常见问题，如图 5－31 和图 5－32 所示。

3. 升级 360 杀毒病毒库

360 杀毒具有自动升级功能，如果开启了自动升级功能，360 杀毒会在有升级可用时自动下载并安装升级文件。360 杀毒 4.0 版本默认不安装本地引擎病毒库，如果想使用本地引擎，点击主界面右上角的“设置”，打开设置界面后点击“多引擎设置”，然后勾选上常规反病毒引擎查杀和防护，可以根据自己的喜好选择 Bitdifender 或 Avira 及其他常规查杀引擎，选择好了之后点击“确定”按钮，如图 5－33 所示。

图 5－31　点击“更多”选项

图 5－32　全部工具列表

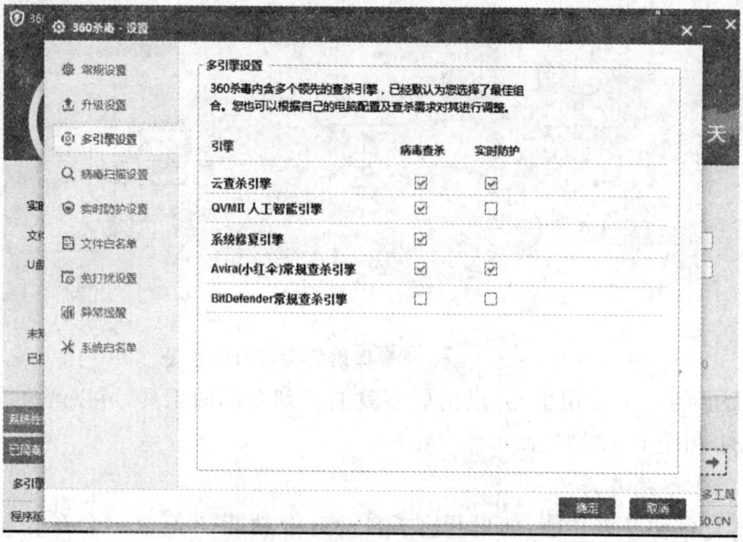

图 5-33　设置杀毒引擎

4.0 版本的 360 杀毒，也可以直接在主界面进行本地引擎的开启和关闭，如图 5-34 所示。

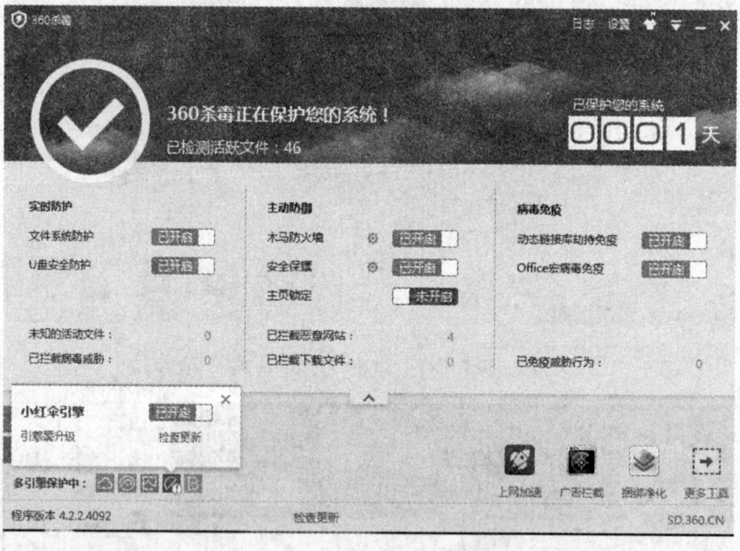

图 5-34　直接在主界面进行本地引擎的开启和关闭

设置好了之后回到主界面，点击“产品升级”标签，然后点击“检查更新”按钮进行更新。升级程序会连接服务器检查是否有可用更新，如果有的话就会下载并安装升级文件，如图 5-35 和图 5-36 所示。

360 杀毒扫描到病毒后，会首先尝试清除文件所感染的病毒，如果无法清除，则会提示用户删除感染病毒的文件。木马和间谍软件由于并不采用感染其他文件的形式，而是其自身即为恶意软件，因此会被直接删除。

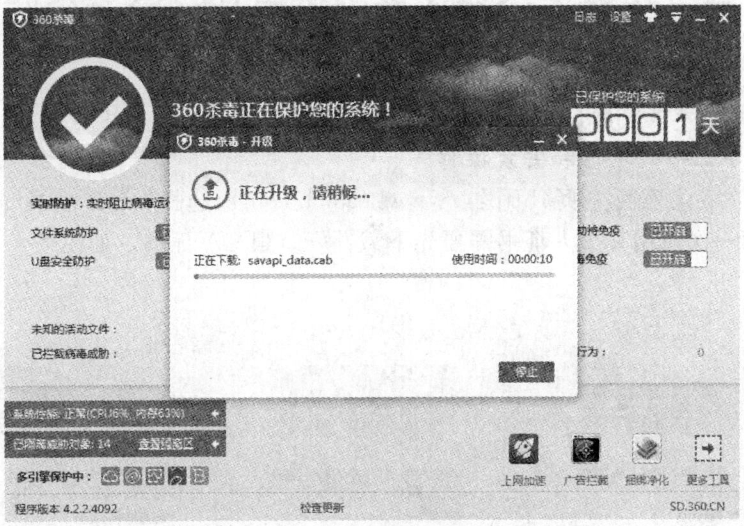

图 5－35　病毒库升级

图 5－36　升级完成后会提示

任务要求

1. 掌握 360 杀毒软件的安装和使用方法。

2. 在网上查找、下载一款杀毒软件并安装到本地计算机，比较其与 360 杀毒的查杀效率和用户体验的差别。

3. 360 安全卫士是一款由奇虎 360 推出的功能强、效果好、受用户欢迎的上网安全软件。360 安全卫士拥有查杀木马、清理插件、修复漏洞、电脑体检、保护隐私等多种功能，并独创了“木马防火墙”功能，依靠抢先侦测和云端鉴别，可全面、智能地拦截各类木马，保护用户的账号、隐私等重要信息。下载安装 360 安全卫士并熟悉其提供的各种安全防护功能。

任务三　免费个人数字证书申请、安装、导入和导出

任务目的

了解个人数字证书申请、安装、导入和导出的操作步骤

1. 免费数字证书的申请和安装操作

访问中国数字认证网主页(http://www.ca365.com)，选择“免费证书”栏的“根 CA 证书”。如果是第一次使用其个人证书需要先下载并安装根 CA 证书。如图 5－37 所示。

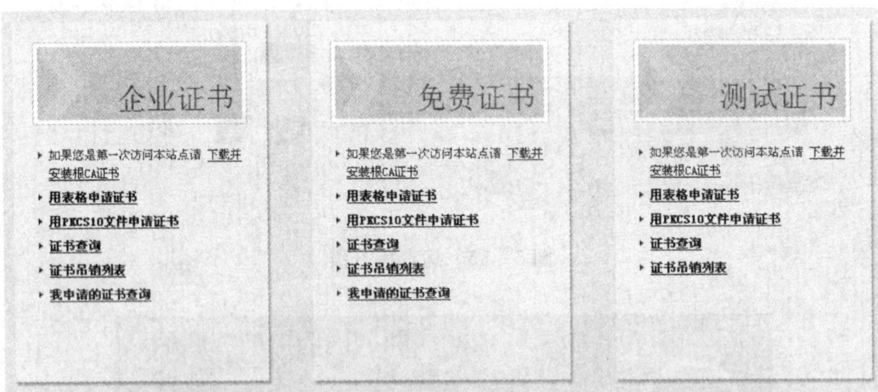

图 5－37　打开中国数字认证网

2. 下载并安装根证书

只有安装了根证书链的计算机，才能完成网上申请的步骤和证书的正常使用。出现“下载文件—安全警告”对话框，点击选择打开“rootFree.cer”。在弹出的对话框中点击“安装证书”按钮，根据证书导入向导提示，完成导入操作。如图 5－38 至图 5－42 所示的步骤。

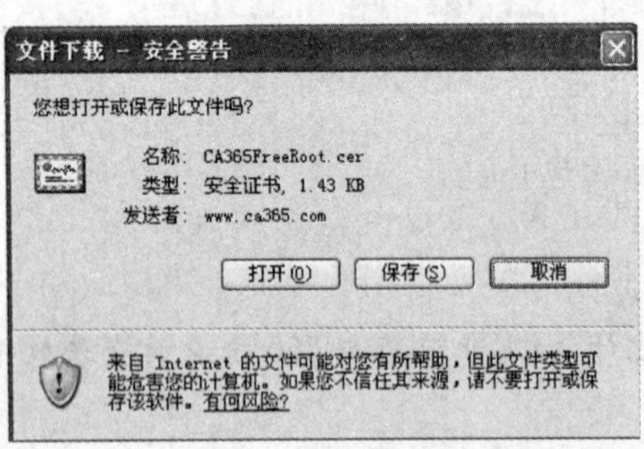

图 5－38　安装数字证书

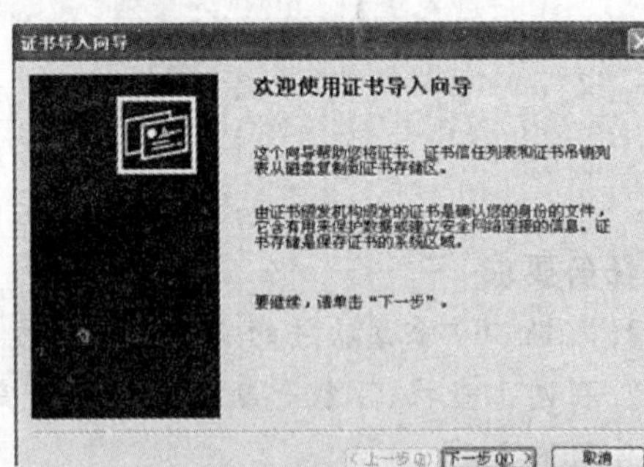

图 5－39　证书导入向导

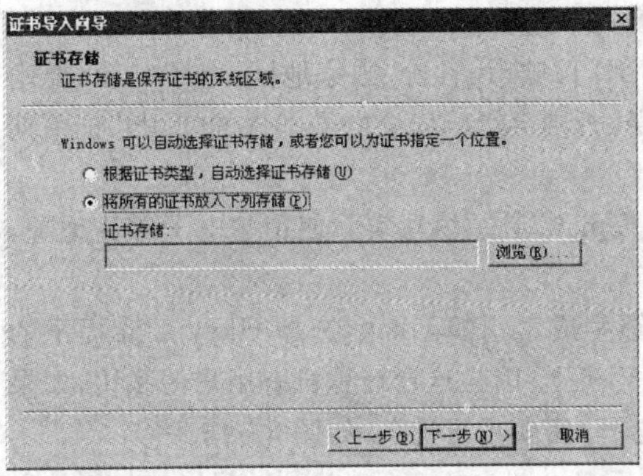

图 5 - 40　证书导入向导—证书储存

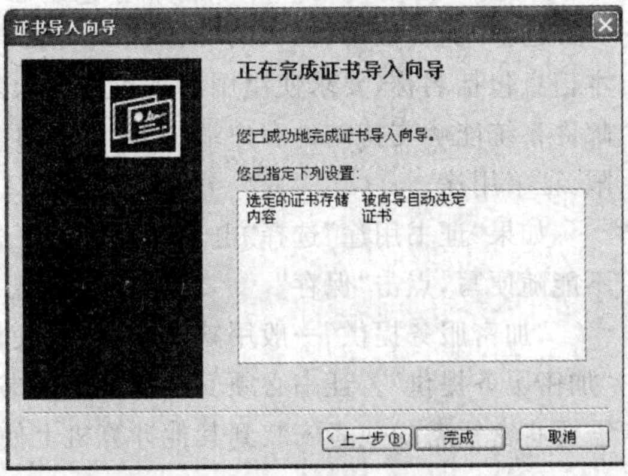

图 5 - 41　完成证书导入

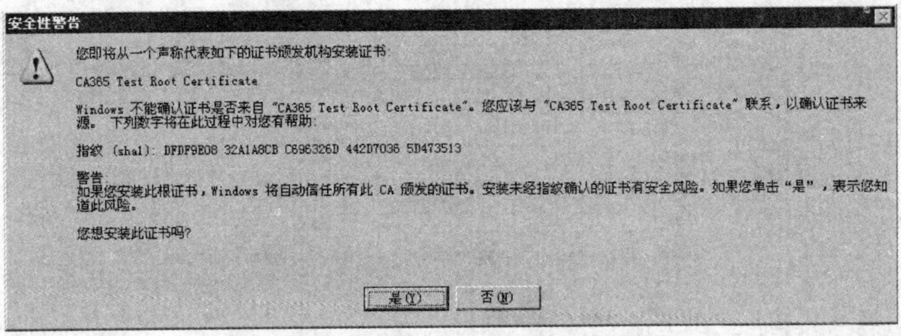

图 5 - 42　安全警告

通过执行浏览器的“工具”→“Internet 选项”→“内容”→“证书”→“受信任的根证书颁发机构”可以看到已安装的所有 CA 根证书，以便确认根证书安装正确。如图 5 - 43 所示。

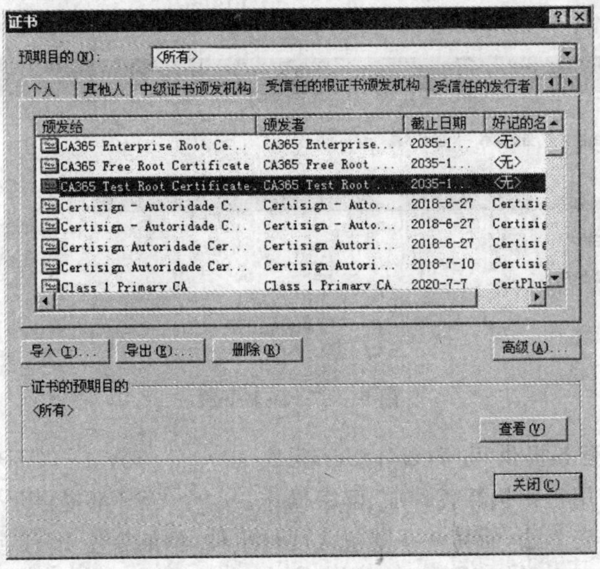

图 5 - 43　查看已安装的根证书

3. **在线填写并提交申请表**

选择“免费证书”栏目的“用表格申请证书”，填写申请表，如图 5－44 所示。用户填写的基本信息包括名称（要求使用用户真实姓名）、公司、部门、城市、省份、国家地区、电子邮箱（要求邮件系统能够支持邮件客户端工具，不能填写错误，否则会影响安全电子邮件的使用）、证书期限、证书用途。

如果“证书用途”选择“电子邮件保护证书”，“E-mail”必须填写实际使用的电子邮件地址，不能随便写，点击“保存”。

“加密服务提供”一般用缺省值，如果使用能够生成密钥的 Ukey，选择 Ukey 厂商提供的“加密服务提供”。证书必须安装在申请证书的计算机上，因为这台计算机有用户的私钥，如果需要将密钥备份或者安装到其他计算机上使用，选择“密钥可导出”。如图 5 - 45。

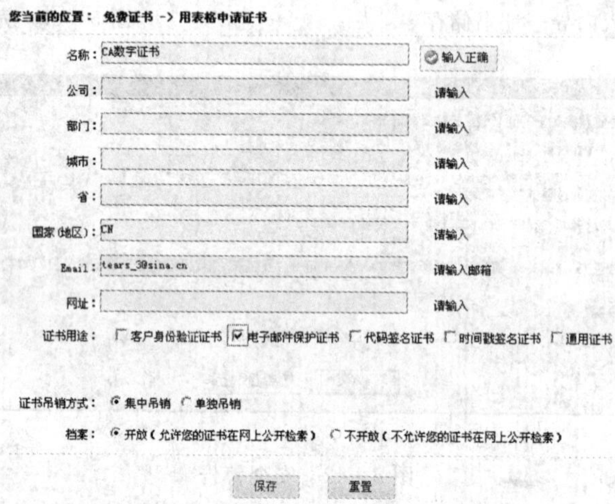

图 5 - 44　表格申请证书

图 5 - 45　证书下载

注意：选择加密服务提供程序（cryptographic service provider，CSP）。CSP 负责创建密钥、吊销密钥，以及使用密钥执行各种加、解密操作。每个 CSP 都提供了不同的实现方式。某些提供了更强大的加密算法，而另一些则包含硬件组件，例如智能 IC 卡或 USB 电子令牌。当用户使用特别的数字证书存储介质（如智能 IC 卡或 USB 电子令牌）存储数字证书及其相应的私有密钥时，可以在“加密服务提供程序(CSP)”下拉框中选择该存储介质生产厂商提供的CSP。建议选择“Microsoft Strong Cryptographic Provider”。

系统继续提示“正在创建新的 RSA 交换密钥”，单击“确定”按钮，如图 5-46 所示。进行上述步骤后，系统提示安装证书。如图 5-47 所示。完成操作后，一张属于申请者个人的数字证书已经生成。如图 5-48 所示。

图 5-46　创建新的 RSA 交换密钥

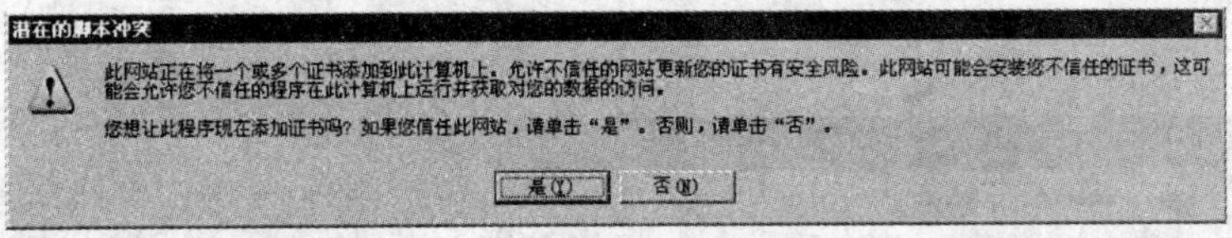

图 5-47　系统提示用户安装证书

图 5-48　证书成功安装

4. 查看下载安装的数字证书

证书安装成功后，我们可以在浏览器的“工具”→“Internet 选项”→“内容”→“证书”→“个人”可以看到已安装的个人证书，如图 5-49 所示。

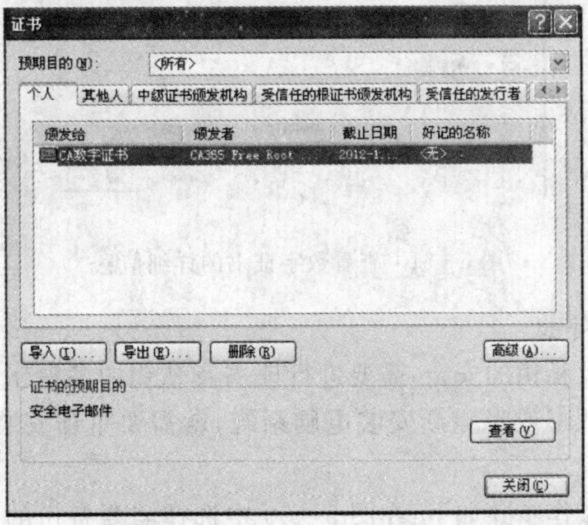

图 5-49　已安装的证书

选择并双击个人数字证书，可查看证书的信息。如图 5-50 所示。

图 5-50　查看证书内容

如果要查看数字证书“持有人”的详细信息，打开“详细信息”选项卡，就有证书的各项具体信息。如图 5-51 所示。

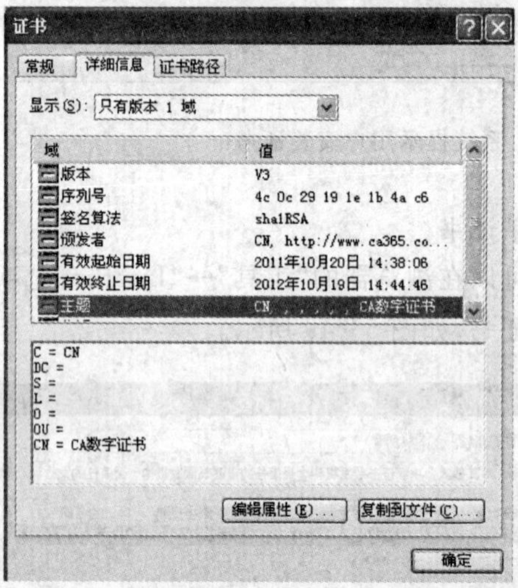

图 5-51　查看数字证书的详细信息

5. 个人数字证书的导出

为了保护数字证书及私钥的安全，需要进行证书及私钥的备份工作。如果需要在不同的电脑上使用同一张数字证书或者重新安装电脑系统，就需要重新安装证书，导入个人证书及私钥。

备份证书和私钥的操作步骤如下：在图 5-50 中选择需要备份的个人数字证书，单击“导出”按钮，出现“证书导出向导”，单击“下一步”按钮，可以选择将私钥跟证书一起导出，选择

“是，导出私钥”，单击“下一步”按钮，选择文件导出格式，可以选择默认选项，单击“下一步”按钮，键入并确认保护私钥的密码（可以任意设置），单击“下一步”按钮，单击“浏览”按钮确定证书及私钥导出保存的路径和文件名（文件扩展名为.pfx），单击“下一步”按钮，提示已经成功完成证书的导出向导，单击“完成”按钮，提示证书导出成功，按“确定”按钮。这样证书就可以成功导出。上述过程如图 5－52 至图 5－59 所示。

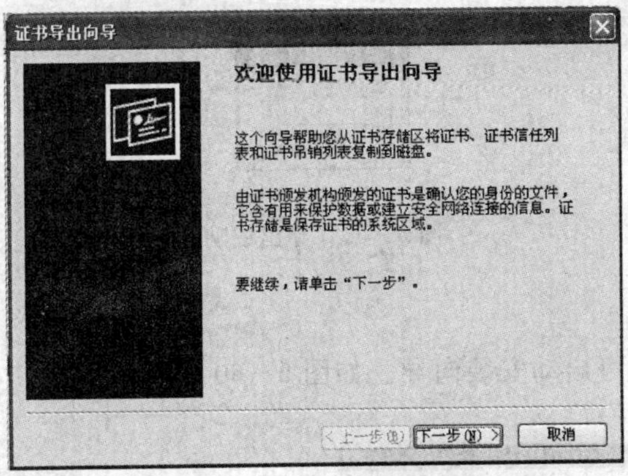

图 5－52　证书导出向导

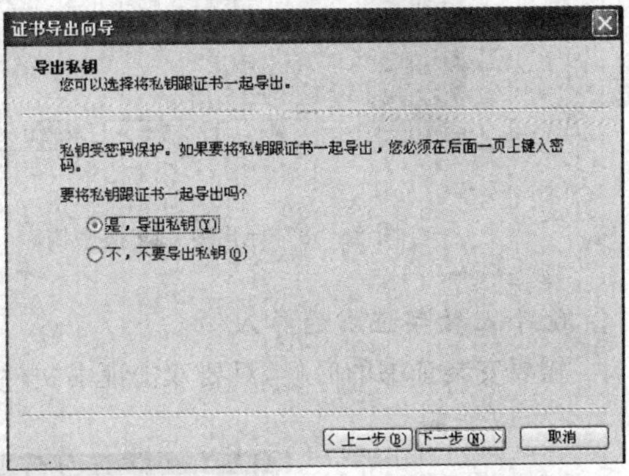

图 5－53　导出私钥

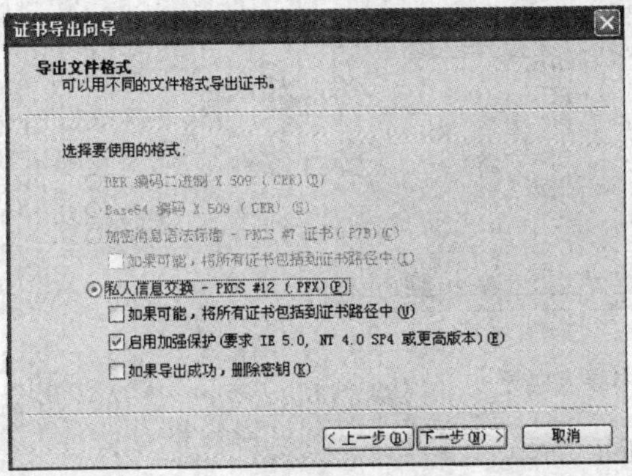

图 5－54　导出文件格式

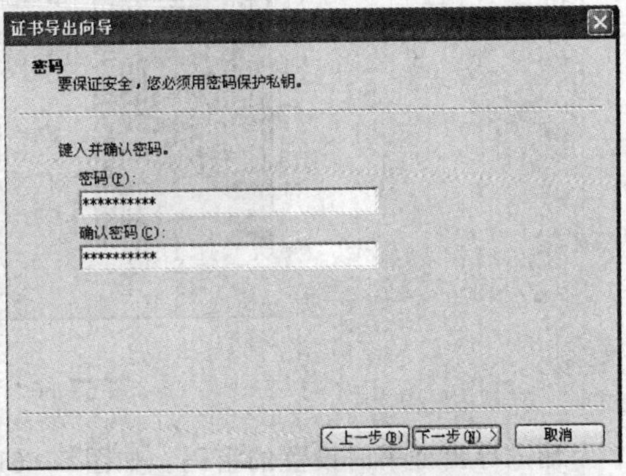

图 5－55　键入密钥保护密码

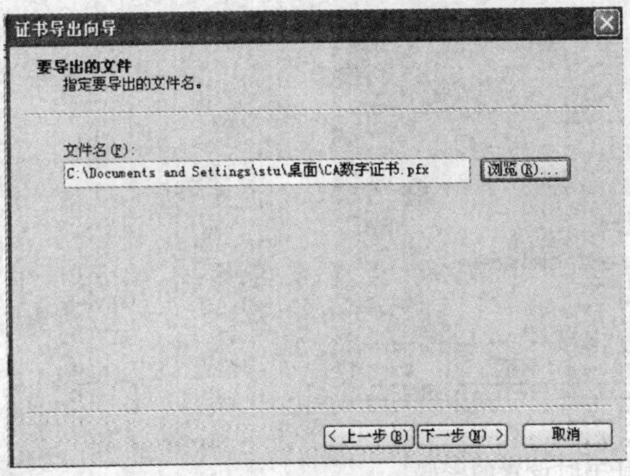

图 5－56　设定保存的路径

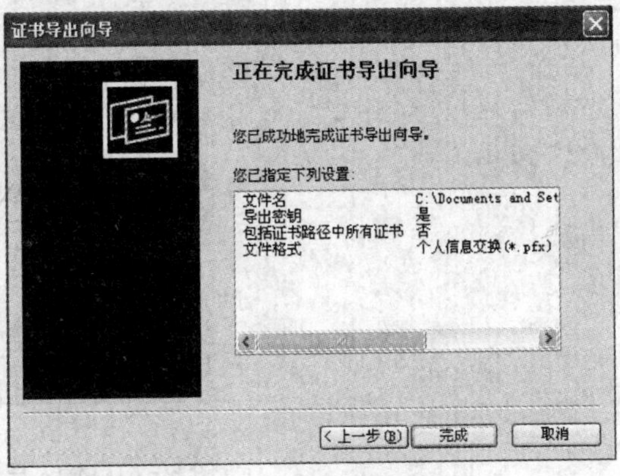

图 5－57　完成证书导出

图 5-58　导出专用交换密钥

图 5-59　导出成功

6. 个人数字证书的导入

需要安装证书的时候，只要双击证书文件即可启动安装向导。如图 5-60 所示。

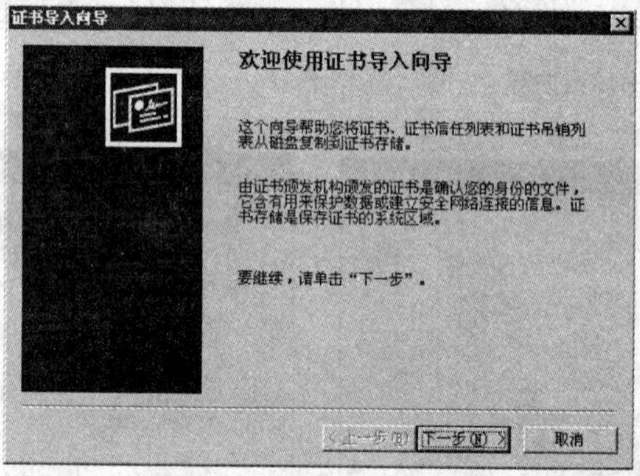

图 5-60　证书导入向导

输入导出证书时设置的密码。如图 5-61 所示。

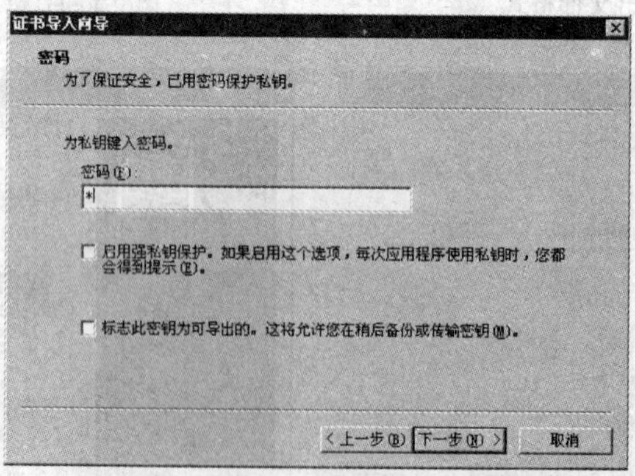

图 5-61　输入导出证书时设置的密码

一般情况下，系统会根据证书类型自动选取正确的存储区，如果系统不能正确选择存储区，也可以手动选择，如图 5－62 所示，点击“浏览”进行选择在跳出的图 5－63 所示选项中选择“个人”，以下按照提示即可完成证书导入，如图 5－64 至图 5－65 所示。

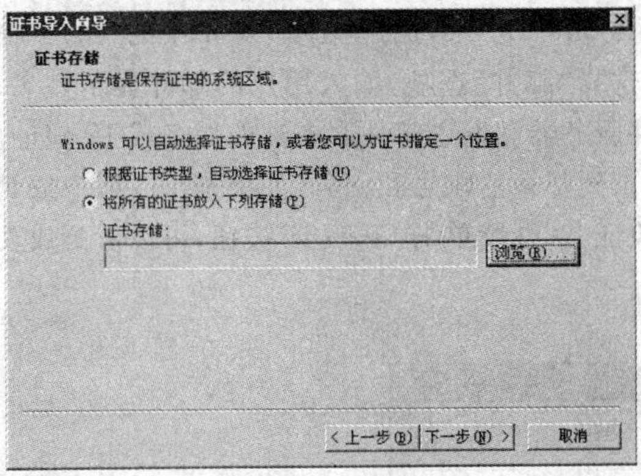

图 5－62 选择证书存储

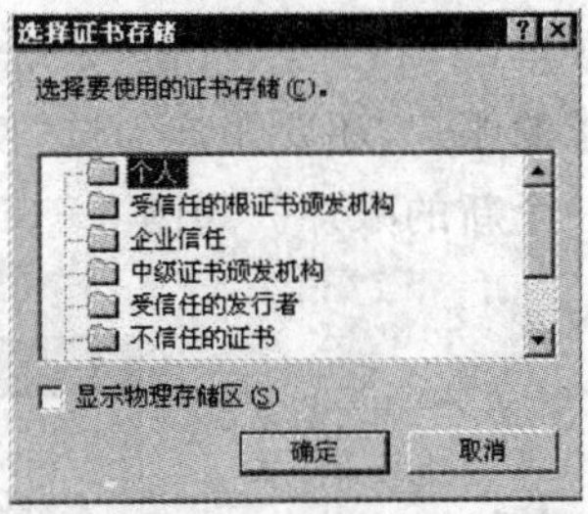

图 5－63 选择“个人”，按系统提示完成向导

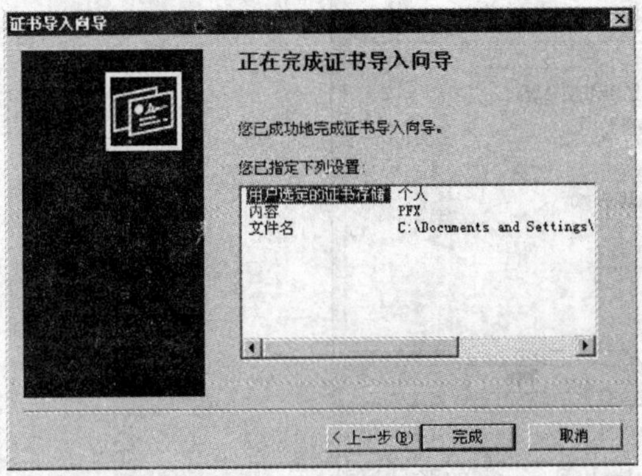

图 5－64 完成证书导入向导

图 5－65 导入成功提示

任务要求

掌握个人数字证书申请、安装、导入和导出操作步骤；登录 Myca 数字认证中心网站(http://www.myca.cn/myca/)申请并下载数字证书。

任务四 使用 Outlook Express 发送签名、加密的电子邮件

任务目的

掌握使用客户端邮件收发软件，发送签名、加密的电子邮件的方法

目前 FoxMail、Outlook Express 等主流的电子邮件客户端软件都能够支持发送签名邮件或是邮件的加密、解密。我们所要做的只是申请电子证书，并在电子邮件客户端软件上指定每个电子邮件地址将使用哪种电子证书。在需要为发送的电子邮件签名或加密时单击相应的按

钮即可完成。而当收到使用电子签名的邮件时,验证邮件是否完整和解密的工作也将由电子邮件客户端软件自动完成。这里我们以 Outlook Express 为例,分析对邮件加密、解密和签名的过程。

1. 在 Outlook Express 中设置数字证书

(1)设置 Outlook Express 的账号。打开 Outlook Express,执行"工具"菜单中的"账户"命令,在弹出的对话框中,单击右边的"添加"按钮,选择"邮件"选项,输入用户的邮件显示姓名;单击"下一步"按钮,输入电子邮件地址、接收邮件服务器和发送邮件服务器的域名或 IP 地址。

继续单击"下一步"按钮,系统让用户输入登录到邮箱的账号和密码,如果是 163 账户或其他有要求的账户,还要用户勾选"使用安全密码验证"。继续单击"下一步"按钮,可以看到成功设置了一个新的账户。如图 5-66 所示。

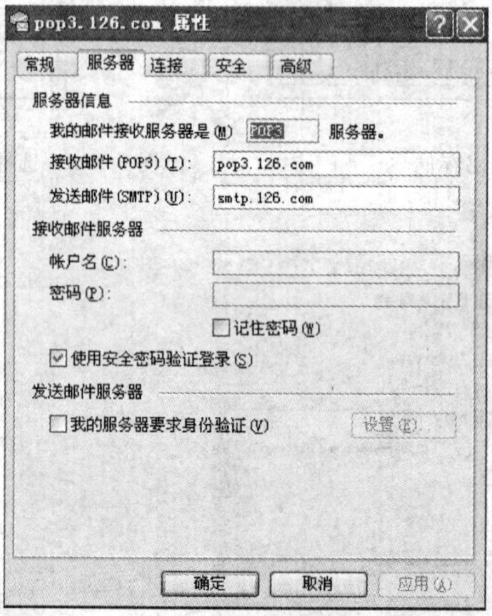

图 5-66 设置 Outlook Express 的账号属性

(2)设置邮箱与数字证书的绑定。在 Outlook Express 中,执行"工具"菜单中的"账户"命令,选取"邮件"选项卡中用于发送安全电子邮件的邮件账号,然后单击"属性"。选择上面的"安全"标签,可以看到"签署证书"和"加密首选项"两栏。通过相关设置,就可以进行邮件的签名和加密了,如图 5-67 所示。

在"签名证书"项后,点击"选择"按钮,可以看到申请的证书,选择用户的数字证书,点击"确定"按钮,完成邮箱与证书的绑定,用户也可以点击"查看证书",了解自己证书的详细信息。

注意:如果点击"选择"按钮,没有相关的证书弹出来,请确认用户的证书已经正确安装且没有过期;同时要确认用户在 Outlook Express 中所设置的邮箱与用户在申请数字证书时所提供的邮箱一致。查看用户在申请数字证书时所提供的邮箱操作如下:在 Internet Explorer 中,依次选择"工具"→"Internet 选项"命令,在弹出对话框中选择"内容"选项卡中的"证书",选中用户的数字证书,点击"查看",找到"详细信息"中的"主题",用户就可以看到邮箱。

(3)设置"加密首选项"。按照同样的方法,用户也可以在"加密首选项"中把用户自己的证书选中，如图 5－68 所示。我们还可以选择算法，如 3DES、DES、RC2 等。

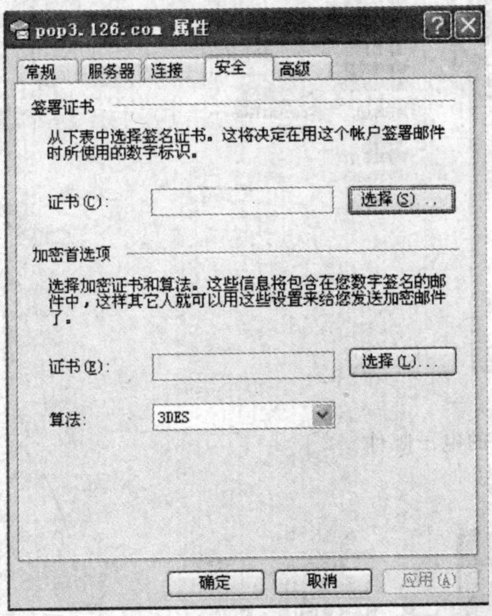

图 5－67　设置签名证书首选项

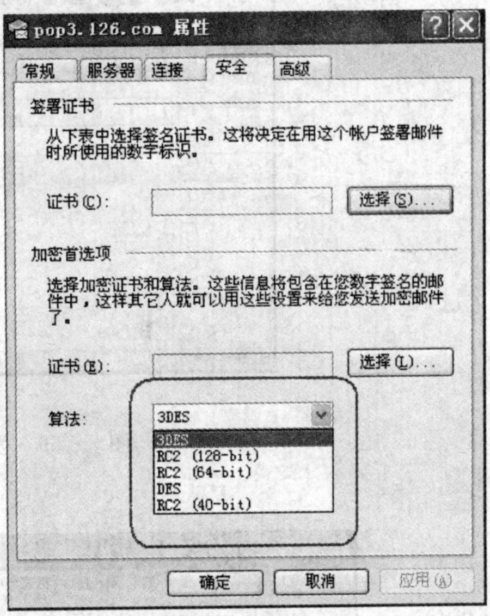

图 5－68　设置加密首选项

2. 发送签名、加密的电子邮件

通过使用 Outlook Express 的“数字标示”，我们可以在电子事务中证明身份，就像兑付支票时要出示有效证件一样。数字标示结合了 S/MIME 规范来确保电子邮件的安全。数字标示由公用密钥、私人密钥和数字签名三部分组成。当在邮件中添加数字签名时，用户就把数字签名和公用密钥加入到邮件中。数字签名和公用密钥统称为证书。用户可以使用 Outlook Express 来指定他人向自己发送加密邮件时所需使用的证书。这个证书可以不同于用户的签名证书。收件人可以使用用户的数字签名来验证身份是否正确，并可使用公用密钥再给用户发送加密邮件，当然，这些邮件必须是用户个人的私人密钥才能阅读。

如果要发送加密邮件，通讯簿必须包含收件人的数字标示。这样，用户就可以使用收件人的公用密钥来加密邮件了。当收件人收到加密邮件后，用他们自己的私人密钥来对邮件进行解密才能阅读。

在能够发送带有数字签名的邮件之前，我们必须获得数字标示。如果正在发送加密邮件，通讯簿中必须包含每位收件人的数字标示。用户可以首先让接收方给用户发一份签名邮件来获取对方的数字标示或者直接到电子商务安全认证中心的网站上面去查询下载来获取对方的数字标示。

启动 Outlook Express 6.0，点击“新邮件”，撰写新邮件。同时我们选中右上方的“加密”选项，如图 5－69 所示。注意，选中后在发件人的旁边会出现一个蓝色的小锁。

如果是发送签名的电子邮件，则选择“Sign Message”，如图 5－70 所示。

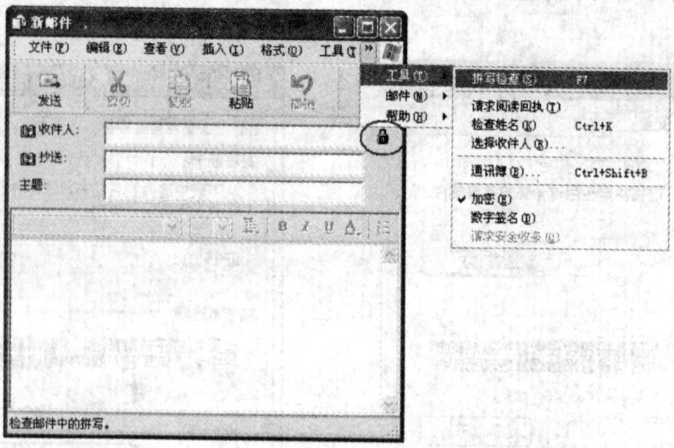

图 5-69　发送加密的电子邮件

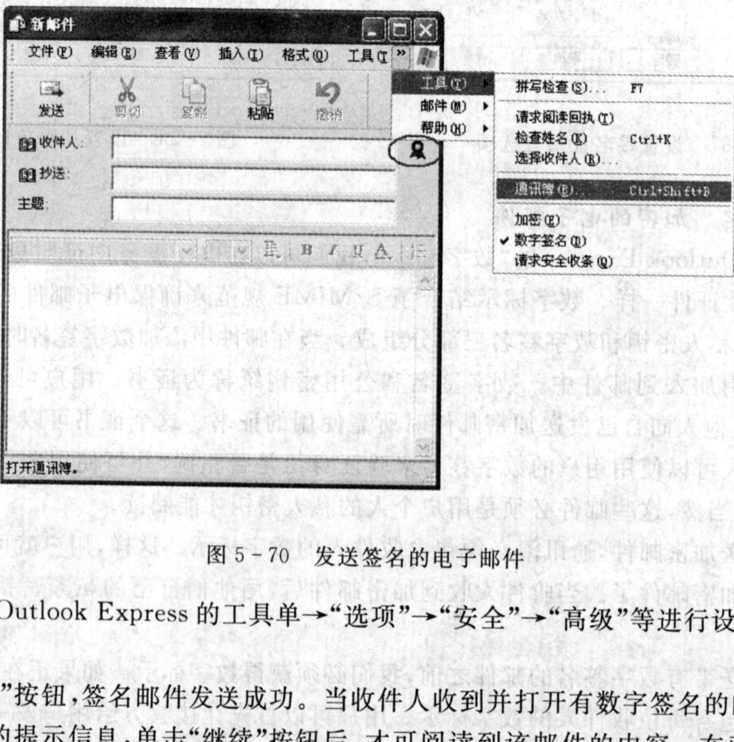

图 5-70　发送签名的电子邮件

也可以在 Outlook Express 的工具单→"选项"→"安全"→"高级"等进行设置，如图 5-71 所示。

单击"发送"按钮，签名邮件发送成功。当收件人收到并打开有数字签名的邮件时，将看到数字签名邮件的提示信息，单击"继续"按钮后，才可阅读到该邮件的内容。在已发送邮件夹，我们也可以看到类似的情况。若邮件在传输过程中被他人篡改或发信人的数字证书有问题，将出现"安全警告"提示。收到邮件后，可以看到，邮件的右边中间有一个小图标，点击它，可以看到相关的数字证书信息，包括把查看它的相关信息、发信人的数字证书添加到自己的通讯簿。点击签名的标志，弹出相关的安全信息对话框，如图 5-71 所示。

单击"发送"按钮，签名邮件发送成功。当收件人收到并打开有数字签名的邮件时，将看到数字签名邮件的提示信息，单击"继续"按钮后，才可阅读到该邮件的内容。如图 5-72 所示。在已发送邮件夹中，也可以看到类似的情况。若邮件在传输过程中被他人篡改或发信人的数字证书有问题，将出现“安全警告”提示。

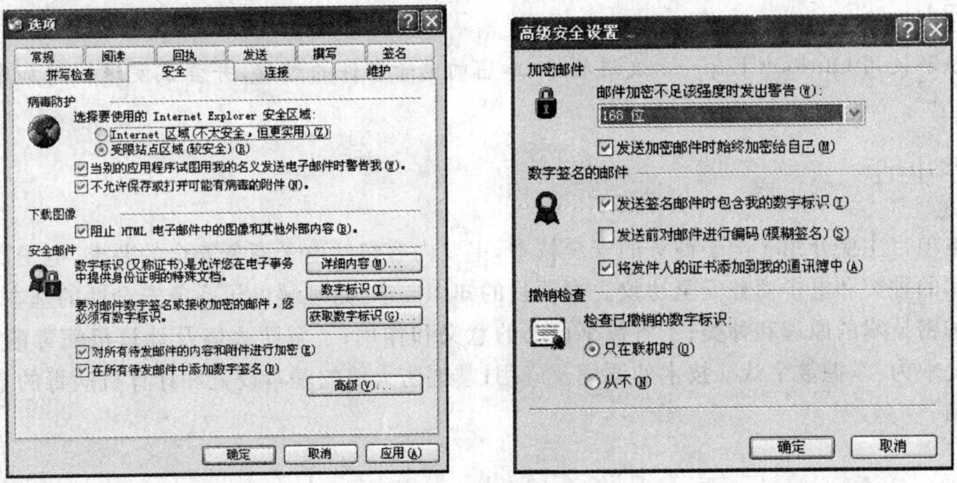

图 5－71　把数字证书添加到通讯簿

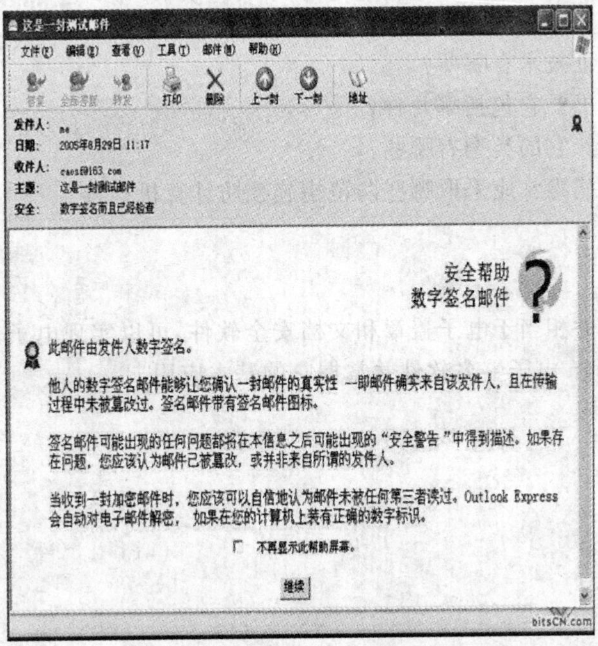

图 5－72　数字签名邮件的提示信息

收到邮件后，可以看到，邮件的右边中间有一个小图标，点击它，可以看到相关的数字证书信息，包括把查看它的相关信息、发信人的数字证书添加到自己的通讯簿。点击签名的标志，弹出相关的安全信息对话框。

通过撤消检查，可以验证带数字签名的邮件的合法性。进行检查时，Outlook Express 会向相应的证书颁发机构索取该数字标识的有关信息。证书颁发机构发回该数字标识的状态信息，其中包括该标识是否已被撤消。

任务要求

了解使用 Outlook Express 发送签名、加密的电子邮件的过程，并尝试发送一封加密电子邮件。

项目小结

本项目主要介绍了电子商务的安全技术，主要内容包括电子商务安全的要求、电子商务安全技术的种类和电子商务安全协议。本项目的知识要求为：理解电子商务安全性的基本含义；了解加密技术的原理和种类；了解数字证书的意义和作用；了解防火墙及计算机病毒的常识。能力要求为：掌握数字认证技术的原理及应用；掌握防火墙的基本设置和计算机病毒的基本防范措施。

基本练习

1. 电子商务的安全威胁主要体现在哪些方面？
2. 电子商务的安全性要求有哪些？
3. 什么是数据加密？对称加密和非对称加密各有什么特点？
4. 常用的身份认证技术有哪些？
5. 什么是数字证书？它包括哪几种？
6. 什么是防火墙？它的类型有哪些？
7. 什么是计算机病毒？应采取哪些防范措施预防计算机病毒？

拓展训练

文档电子签名软件相当于电子盖章和文档安全软件，可以实现电子盖章、文档加密、签名等功能，下载安装 Esign 电子签名软件并掌握它的基本应用。

项目六

网络营销

项目概要

网络营销是电子商务的重要环节之一。在电子商务交易链中,从交易前的商品展示、商务沟通到交易中的网络谈判、网上签约、网上支付直至交易后的网上配送和售后服务都或多或少、或独立或协同地与网络营销相联系。如果没有充分的以客户为导向的网上商品和服务的展示、推广,没有围绕商品和服务的买卖双方或多方的充分沟通,电子商务的交易、支付、配送等环节和过程就无从谈起,也无法实现。

小王亲戚那家公司的网站平时是少有人问津,对公司的宣传、销售发挥不了什么作用,亲戚打电话给小王,希望他能帮助出出主意,让公司的网站能够增加一些流量。小王意识到对方可能忽视了网站的推广工作,好的商品同样需要好的推广,网络上同样也需要对自己的信息进行大力推广才能取得较好的效果,但对于如何着手开展这项工作,小王一时还不太清楚。于是他利用课余时间找了几本关于网络营销的书籍进行阅读,了解了一些网络营销的常识,准备做一个网站推广方案供亲戚参考。

导入案例

必胜客有一款沙拉,是自助的28元水果沙拉。必胜客会给你一个碗,你能拿多少,就给你多少,前提是,只允许拿一次。

盛沙拉的碗并不大,很浅,简单地装沙拉,装不了多少。所以,如何保证自己的28元花得最划算,尽可能把那只可怜的小碗装满你喜欢的水果沙拉,也就成了一门有趣的学问。

为了吸引更多的人来吃必胜客,台湾必胜客发动了一次叫做"吃垮必胜客"的网络营销活动。在这个题目叫做《吃垮必胜客》的邮件里面,介绍了盛取自助沙拉的好办法,巧妙地利用胡萝卜条、黄瓜片和菠萝块搭建更宽的碗边,可一次堆到七层沙拉,同时还配有真实照片。

所有收到邮件的网友,第一时间把邮件发给自己身边的亲友或同事,并去必胜客一试身手。

有一位网友这样在网上留言:"我当时马上把邮件转发给我爱人了,并约好了去必胜客一试身手。到了必胜客,我们立即就要了一份自助沙拉,并迫不及待地开始按照邮件里介绍的方法盛取沙拉。努力了几次,终于发现盛沙拉用的夹子太大,做不了那么精细的搭建工艺,最多也就搭2—3层,不可能搭到15层。"

而到必胜客试过身手,并且真的装满更多层沙拉的热心网友,会在网上发帖子,介绍自己"吃垮必胜客"的成功经验。

甚至有网友从建筑学的角度,用11个步骤来论述他的方法。但是,必胜客却通过一个个的消费的诱惑以及网友自发地在网上传递,不但没有被"吃垮",利润反而大大上升了。

资料来源:[网络营销]阴谋"吃垮必胜客"[EB/OL][2008-08-07]www.glzh.com.cn/shownews_gl.asp? lanmud=11&id=46258page=1.

项目分析

对于亲戚公司网站的推广,小王经过研究分析,考虑主要通过搜索引擎营销来实现,因为搜索引擎是目前网民获取信息的主要渠道,要想自己的信息能够在网上被更多的人发现,那么推广的渠道就应该和用户获取信息的渠道接轨。小王准备首先主动向主要搜索引擎提交网站信息,申请被对方收录。其次对其网站从结构到内容,从功能到服务,都从搜索引擎优化的角度进行规划,使其能够体现出对搜索引擎的友好性,可以在搜索引擎的结果排名中获得好的位置,更容易被用户关注,突出优化的效果。此外小王还考虑为网站选取合适的关键词投放关键词广告,以此弥补优化效果的不确定性。

小王觉得对于网站推广的手段应该适当多元化,在使用搜索引擎之外还考虑使用其他一些推广手段加以配合,比如论坛、博客、邮件广告、QQ推广、交换链接等。小王准备按这个思路写一份可行的推广方案出来。

项目内容

一、网络营销概述

(一) 网络营销的概念

网络营销是随着互联网进入商业应用而逐渐诞生的,尤其是万维网(WWW)、电子邮件(E-mail)、搜索引擎等得到广泛应用之后,网络营销的价值才越来越明显。E-mail虽然早在1971年就已经诞生,但在互联网普及应用之前,并没有被应用于营销领域;到了1993年,才出现基于互联网的搜索引擎;1994年10月网络广告诞生;1995年7月,目前全球最大的网上商店亚马逊成立。1994年对于网络营销的发展被认为是重要的一年,因为网络广告诞生的同时,基于互联网的知名搜索引擎Yahoo!、Webcrawler、Infoseek、Lycos等也相继于1994年诞生。另外,由于曾经发生了"第一起利用互联网赚钱"的"律师事件",促使人们对于E-mail营销开始进行深入思考,也直接促成了网络营销概念的形成。从这些事实来看,可以认为网络营销诞生于1994年。

网络营销是企业整体营销战略的一个组成部分,是为实现最终产品销售、提升品牌形象而进行的活动。因此,无论传统企业还是基于互联网开展业务的企业,也无论是否发生电子化交易,都需要网络营销。但网络营销本身并不是一个完整的商业交易过程,而是为促成交易提供支持,因此,网络营销主要发挥信息传递作用。

理解这一定义,我们应该注意:

第一,网络营销建立在传统营销理论基础之上。因为网络营销是企业整体营销战略的一个组成部分,它不可能脱离一般营销环境而独立存在,网络营销理论是传统营销理论在Internet环境中的应用和发展。传统营销中4P理论,即产品(product)、价格(price)、渠道(place)和促销(Promotion)之营销组合理论,现代营销中4C理论,即顾客(consumer)、成本(cost)、便利(convenience)、沟通(communication)组合理论同样是网络营销的基石。同时,在网络环境下,时空的概念、市场的性质和内涵、消费者行为方式都在发生着深刻的变化,由此引发了企业经营理念、营销运作模式、市场竞争形态甚至整个商品流通领域的变化。网络营销是基于计算机网络的环境下开展营销活动,其营销方法又有自己的特点,使得信息传递更便利、更充分、更有效率。

第二,网络营销不等同于网上销售。网络营销是为实现产品销售目的而进行的一项基本活动,但网络营销本身并不等于网上销售。网络营销的目的并不仅仅是为了促进网上销售,还体现在企业品牌价值的提升、增加顾客的忠诚度、拓展对外信息发布的渠道、改善对顾客服务等方面。同时,网上销售的推广手段也不仅仅靠网络营销,往往还要采取许多传统的方式,如传统媒体广告、发布新闻、印发宣传册等。

(二)网络营销的基本职能

网络营销的基本职能表现在八个方面:网络品牌、网站推广、信息发布、销售促进、网上销售、顾客服务、顾客关系和网上调研。这也是网络营销的主要内容。

1.网络品牌

网络营销的重要任务之一就是在互联网上建立并推广企业的品牌,以及让企业的网下品牌在网上得以延伸和拓展。网络营销为企业利用互联网建立品牌形象提供了有利的条件,无论是大型企业还是中小企业都可以用适合自己企业的方式展现品牌形象。网络品牌建设是以企业网站建设为基础,通过一系列的推广措施,达到顾客和公众对企业的认知和认可。网络品牌价值是网络营销效果的表现形式之一,通过网络品牌的价值转化实现持久的顾客忠诚和更多的直接收益。

2.网站推广

获得必要的访问量是网络营销取得成效的基础,尤其对于中小企业,由于经营资源的限制,发布新闻、投放广告、开展大规模促销活动等宣传机会比较少,因此通过互联网手段进行网站推广的意义显得更为重要,这也是中小企业对于网络营销更为热衷的主要原因。即使对于大型企业,网站推广也是非常必要的,事实上许多大型企业虽然有较高的知名度,但网站访问量也不高。因此,网站推广是网络营销最基本的职能之一,是网络营销的基础工作。

3.信息发布

网络营销的基本思想就是通过各种互联网手段,将企业营销信息以高效的手段向目标用户、合作伙伴、公众等群体传递,因此信息发布就成为网络营销的基本职能之一。互联网为企业发布信息创造了优越的条件,不仅可以将信息发布在企业网站上,还可以利用各种网络营销工具和网络服务商的信息发布渠道向更大的范围传播信息。

4.销售促进

市场营销的基本目的是为最终增加销售提供支持,网络营销也不例外,各种网络营销方法大都直接或间接具有促进销售的效果,同时还有许多针对性的网上促销手段。这些促销方法并不限于对网上销售的支持,事实上,网络营销对于促进网下销售同样很有价值,这也就是为什么一些没有开展网上销售业务的企业一样有必要开展网络营销的原因。

5.网上销售

网上销售是企业销售渠道在网上的延伸。一个具备网上交易功能的企业网站本身就是一个网上交易场所,网上销售渠道建设并不限于企业网站本身,还包括建立在专业电子商务平台上的网上商店,以及与其他电子商务网站不同形式的合作等。因此网上销售并不仅仅是大型企业才能开展,不同规模的企业都有可能拥有适合自己需要的在线销售渠道。

6. 顾客服务

互联网提供了更加方便的在线顾客服务手段，从形式最简单的FAQ（常见问题解答），到电子邮件、邮件列表，以及在线论坛和各种即时信息服务等。在线顾客服务具有成本低、效率高的优点，在提高顾客服务水平、降低顾客服务费用方面具有显著作用，同时也直接影响到网络营销的效果，因此在线顾客服务成为网络营销的基本组成内容。

7. 顾客关系

顾客关系对于开发顾客的长期价值具有至关重要的作用，以顾客关系为核心的营销方式成为企业创造和保持竞争优势的重要策略。网络营销为建立顾客关系、提高顾客满意和顾客忠诚提供了更为有效的手段，通过网络营销的交互性和良好的顾客服务手段，增进顾客关系成为网络营销取得长期效果的必要条件。

8. 网上调研

网上市场调研具有调查周期短、成本低的特点。网上调研不仅为制定网络营销策略提供支持，也是整个市场研究活动的辅助手段之一。合理利用网上市场调研手段对于市场营销策略具有重要价值。网上市场调研与网络营销的其他职能具有同等地位，既可以依靠其他职能的支持而开展，同时也可以相对独立进行，网上调研的结果反过来又可以为其他职能更好地发挥提供支持。

开展网络营销的意义就在于充分发挥各种职能，让网上经营的整体效益最大化，因此，仅仅由于某些方面效果欠佳就否认网络营销的作用是不合适的。网络营销的职能是通过各种网络营销方法来实现的，网络营销的各个职能之间并非相互独立的，同一个职能可能需要多种网络营销方法的共同作用，而同一种网络营销方法也可能适用于多个网络营销职能。

（三）网络营销的基本工具

1. 基本工具

在现阶段的网络营销活动中，常用的网络营销工具包括企业网站、搜索引擎、电子邮件、即时通讯、浏览器工具条等客户端专用软件、电子书、博客、RSS等。借助于这些手段，才可以实现营销信息的发布、传递、与用户之间的交互，为企业营造一个有利的销售环境。

（1）企业网站。企业网站是一个综合性的网络营销工具，在所有的网络营销工具中，企业网站是最基本、最重要的一个，若没有企业网站许多网络营销方法将无用武之地，企业网络营销的功能也会大打折扣。因此，企业网站是网络营销的基础。这里从营销的角度分析企业网站的类型与功能。

企业网站主要为了外界了解企业本身、树立良好企业形象并适当提供一定服务的网站。根据企业建站的目的、网站的功能及主要目标群体的不同，大致分为两类：信息发布型和网上销售型。

①信息发布型。信息发布型网站属于企业网站的初级形式，不需要太复杂的技术，将网站作为一种企业基本信息的载体，主要功能定位于企业信息发布，包括公司新闻、产品信息、采购信息、招聘信息等用户、销售商和供应商所关心的内容，多用于产品和品牌推广以及与用户之间沟通，网站本身并不具备完善的网上订单跟踪处理功能。这种类型的网站由于建设和维护比较简单，资金投入也较少，初步解决了企业开展网络营销的基本需要，因此，在开展实质性电子商务之前是中小企业网站的主流形式，一些大型企业网站初期通常也是属于这种形式，当具备开展电子商务的条件时，才逐步将在线销售、客户关系管理、供应链管理等环节纳入到电子

商务流程中去。其实,这些基本功能和信息也是所有网站必不可少的基本内容,即使是一个功能完善的电子商务网站,一般也离不开这些基本信息,因此信息发布型网站是各种网站的基本形态。

互联网作为一种有效的沟通渠道,许多企业都利用互联网提供技术支持服务与售后服务,我们将这类售后服务型网站也列入信息发布型网站。

②网上销售型。网上销售型网站以订单为中心,以实现交易为目的。这类网站一般具有在线交易、支付、订单管理、用户管理、商品配送等功能,一般说来比信息发布型网站更复杂。并且网站的经营重点也有一定的差异,除了一般的网络营销目的之外,获得直接的销售收入也是其主要目的之一。而信息发布型网站由于不具备直接在线销售的功能,因此主要的目的在于企业品牌、产品促销等方面。例如DELL公司的网站就具有在线销售功能,如图6-1所示。

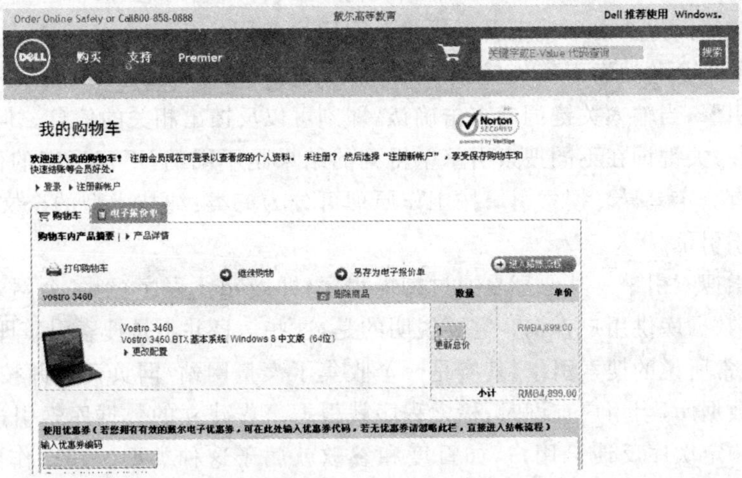

图6-1 戴尔官网的购物车页面

建设一个企业网站,不是为了赶时髦,也不是为了标榜自己的实力,重要的在于让网站真正发挥作用,让网站成为有效的网络营销工具和网上销售渠道。

网站的功能主要表现在八个方面:品牌形象、产品/服务展示、信息发布、顾客服务、顾客关系、网上调查、网上联盟、网上销售。

A. 品牌形象。网站的形象代表着企业的网上品牌形象,人们在网上了解一个企业的主要方式就是访问该公司的网站,网站建设的专业化与否直接影响企业的网络品牌形象,同时也对网站的其他功能产生直接影响。

B. 产品/服务展示。顾客访问网站的主要目的是为了对公司的产品和服务进行深入的了解,企业网站的主要价值也就在于灵活地向用户展示产品说明及图片甚至多媒体信息,即使一个功能简单的网站至少也相当于一本可以随时更新的产品宣传资料。

C. 信息发布。网站是一个信息载体,在法律许可的范围内,可以发布一切有利于企业形象、顾客服务以及促进销售的企业新闻、产品信息、各种促销信息、招标信息、合作信息、人员招聘信息等。因此,拥有一个网站就相当于拥有一个强有力的宣传工具。

D. 顾客服务。通过网站可以为顾客提供各种在线服务和帮助信息,比如常见问题解答

(FAQ)、在线填写寻求帮助的表单、通过聊天实时回答顾客的咨询等。

E. 顾客关系。通过网络社区等方式吸引顾客参与，不仅可以开展顾客服务，同时也有助于增进顾客关系。

F. 网上调查。通过网站上的在线调查表，可以获得用户的反馈信息，用于产品调查、消费者行为调查、品牌形象调查等，是获得第一手市场资料有效的调查工具。

G. 网上联盟。为了获得更好的网上推广效果，需要与供应商、经销商、客户网站，以及其他内容互补或者相关的企业建立合作关系，没有网站，合作就无从谈起。

H. 网上销售。建立网站及开展网络营销活动的目的之一是为了增加销售，一个功能完善的网站本身就可以完成订单确认、网上支付等电子商务功能，即网站本身就是一个销售渠道。

(2)搜索引擎。搜索引擎是常用的互联网服务之一。搜索引擎的基本功能是为用户查询信息提供方便，随着互联网上信息量的爆炸式增长，如何寻找有价值的信息显得日益重要，因此搜索引擎便应运而生。由于搜索引擎成为上网用户常用的信息检索工具，这种可以为用户提供发现信息的机会的搜索引擎，也就理所当然地成为网络营销的基本手段之一。

通过搜索引擎，当输入关键词后点击确认，即刻可以反馈出相关的信息。但当使用不同的搜索引擎时，同一关键词在不同搜索引擎中得到的结果是不同的，不仅反馈的信息数量不同，排列位置也会有一定差异。搜索引擎按工作原理可分为三类：纯技术型的全文检索搜索引擎和分类目录搜索引擎。

①全文检索搜索引擎。其原理是通过蜘蛛程序(即 spider 程序)到各个网站收集、存储信息，并建立索引数据库供用户查询。需要说明的是，这些信息并不是搜索引擎即时从互联网上检索得到的，通常所说的搜索引擎，其实是一个收集了大量网站/网页资料并按照一定规则建立索引的在线数据库，当用户查询时，检索程序就根据事先建立的数据库索引进行查找，并将查找的结果按一定次序反馈给用户，如百度和谷歌就属于这种类型。其工作原理如图 6-2 所示。

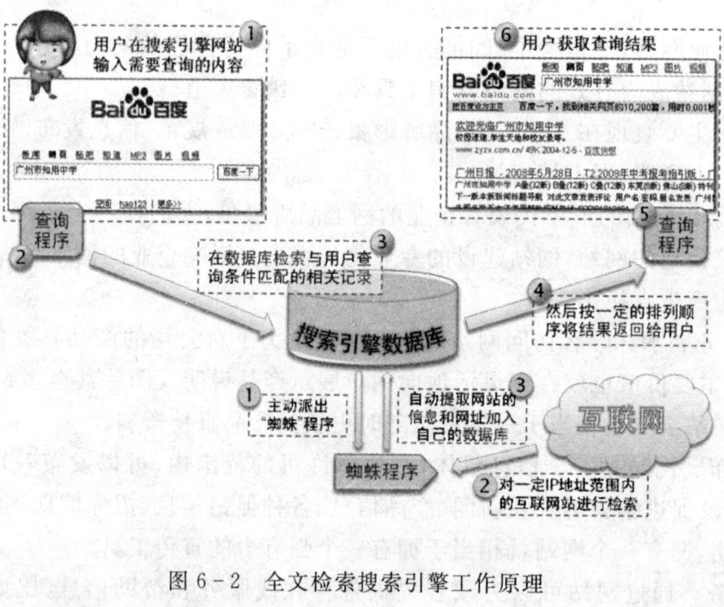

图 6-2　全文检索搜索引擎工作原理

②分类目录搜索引擎。这种搜索引擎并不采集网站的任何信息,而是利用各网站向“搜索引擎”提交网站信息时填写的关键词和网站描述等资料,经过人工审核编辑后,如果符合网站登录的条件,则输入数据库以供查询。Yahoo是分类目录的典型代表,国内的搜狐、新浪等搜索引擎也是从分类目录发展起来的。分类目录搜索引擎虽然有搜索功能,但严格意义上不能称为真正的搜索引擎,只是按目录分类的网站链接列表而已,用户完全可以按照分类目录找到所需要的信息。该类搜索引擎因为加入了人的智能,所以信息准确、导航质量高,缺点是需要人工介入、维护量大、信息量少、信息更新不及时。图6-3为国内有代表性的新浪分类目录搜索。

图6-3 新浪分类目录搜索

③多元搜索引擎。多元引擎是一种起检索中介作用的搜索引擎。多元引擎本身没有存放网页信息的数据库。当用户查询一个关键词时,它把查询请求转换成其他数个搜索引擎能够接受的命令格式,并行地或者有选择性地访问这些搜索引擎并查询这个关键词,处理这些搜索引擎返回的结果,然后再返回给用户。多元搜索引擎是在基本搜索引擎的基础上演变而来,但又不同于传统的搜索引擎模式。

多元搜索引擎并不像全文搜索引擎那样拥有自己的索引数据库,而是当用户提交搜索申请时,通过对多个独立搜索引擎的整合和调用,然后按照多元搜索引擎自己设计的规则将搜索结果进行取舍和排序并反映给客户。从用户的角度讲,利用多元搜索引擎,可以同时获得多个资源搜索引擎的结果。

美国专业搜索引擎咨询网站“search engine watch”评出的最佳多元搜索引擎咨询网站：Dogpile;vivisimo;Mamma。国内的多元搜索引擎目前还处于起步阶段，目前只有少数的网站开始涉足，尚没有非常优秀品牌的多元搜索引擎出现。图 6 - 4 为 Mamma 的首页。

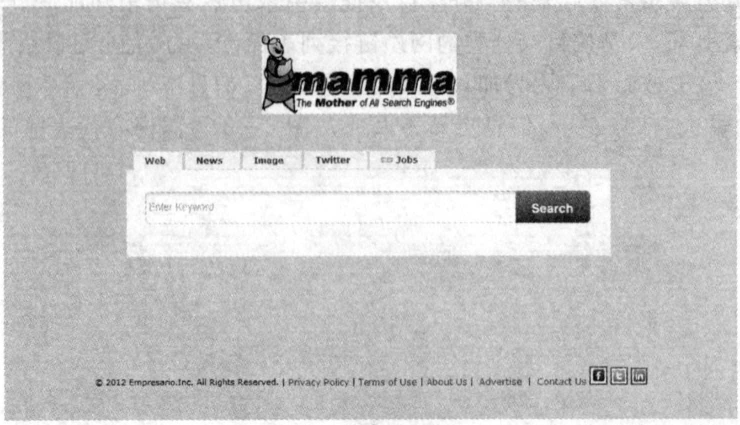

图 6 - 4　Mamma 首页

搜索引擎作为一种营销工具，它的网络营销目标可以被大致分为四个层次。如图 6 - 5 所示。

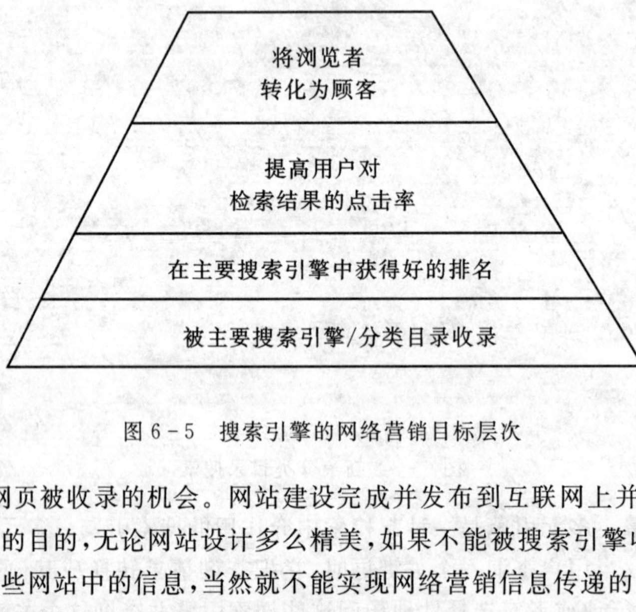

图 6 - 5　搜索引擎的网络营销目标层次

①提高网站/网页被收录的机会。网站建设完成并发布到互联网上并不意味着自然可以达到搜索引擎营销的目的，无论网站设计多么精美，如果不能被搜索引擎收录，用户便无法通过搜索引擎发现这些网站中的信息，当然就不能实现网络营销信息传递的目的。因此，让尽可能多的网页被搜索引擎收录是网络营销的基本任务之一。

②搜索结果获得好的排名。网站/网页仅仅被搜索引擎收录还不够，还需要让企业信息出现在搜索结果中靠前的位置，这就是搜索引擎优化所期望的结果，因为搜索引擎收录的信息通常都很多，当用户输入某个关键词进行检索时会反馈大量的结果，如果企业信息出现的位置靠后，被用户发现的机会就大为降低，营销效果也就无法保证。

③提高用户对检索结果的点击率。通过对搜索引擎检索结果的观察可以发现，并非所有的检索结果都含有丰富的信息，用户通常并不能点击浏览检索结果中的所有信息，需要对搜索

结果进行判断，从中筛选一些相关性最强、最能引起用户关注的信息进行点击，进入相应网页之后获得更为完整的信息。

④将浏览者转化为顾客。用户通过点击搜索结果而进入网站/网页，是搜索引擎营销产生效果的基本表现形式，用户的进一步行为决定了搜索引擎营销是否可以最终获得收益。在网站上，用户可能会进一步了解某个产品的详细介绍，或者成为注册用户。

(3)电子邮件。电子邮件是最常用的互联网服务，电子邮件不仅作为一种个人交流工具，同时也日益与企业经营活动有着密不可分的关系。因此电子邮件成为有效的网络营销信息传递工具之一，在网络营销中发挥着极其重要的作用。电子邮件在网络营销中的作用有以下几个方面：

①企业品牌形象。在商务活动中，发件人的电子邮件地址对于企业形象和用户的信任具有重要影响。作为企业尽量不要用免费邮件。因为这会大大降低企业的形象。电子邮件地址本身代表了企业的品牌形象。因此通过传递营销信息时，在信息源的设置与信息的传递中，应注意与企业品牌相适应。

②在线客服。在企业网站公布的联系方式以及在线帮助工具信息中，电子邮件地址都是必不可少的一项内容，因此电子邮件是在线客服的重要工具之一。在线顾客服务除了一般的回复公开咨询之外，常见的形式还有自动回复、常见问题解答、重要信息提醒等。

③会员通讯与电子刊物。用户可以自愿成为企业会员通讯与电子刊物的订阅者。这种邮件列表为企业提供了通过电子邮件向用户传递有价值信息的基础条件，它已经成为企业开展顾客服务、增强竞争优势的工具之一。

④电子邮件广告。电子邮件是网民最经常使用的网络工具之一。电子邮件广告具有针对性强、费用低廉的特点，且广告内容不受限制。其针对性强的特点，可以让企业针对具体某一用户或某一特定用户群发送特定的广告，为其他网络广告方式所不及。

实践证明，电子邮件是最具效果的广告形式。在正确应用的前提下，其回应率远远高于其他所有类型的广告。最近一次电子邮件广告活动的统计数据显示，60%的上网用户在邮件发送的首月内阅读了该邮件，其中超过30%的用户点击邮件里的链接到达目标页面。

⑤网站推广。电子邮件在网站推广活动中也发挥着不可忽视的作用。同搜索引擎、资源合作、网络广告等一样，也是网络营销中最常见的网站推广手段。电子邮件同时也是网站推广方法中病毒性营销的主要载体。

⑥产品/服务推广。产品/服务推广是许可电子邮件营销的基本功能之一，无论是通过企业内部的邮件列表还是通过邮件服务商的用户电子邮件地址资源投放电子邮件广告，都是将产品促销信息通过合理设计，作为邮件的内容来向目标用户发送，从而达到产品推广的目的。

⑦收集市场信息。市场营销策略的制定离不开各种市场信息的收集，利用电子邮件可以获得许多有价值的第一手调查资料。

⑧在线市场调查。利用电子邮件在线调查是网络市场调研中的常用方法之一，具有问卷投放和回收周期短、成本低廉、调查活动较为隐蔽等优点。

2.其他网络营销工具

除了前面已经介绍的企业网站、搜索引擎和电子邮件之外，其他在网络营销实践中常会用到的网络营销工具还包括电子书、即时信息、博客(blog)、微博、在线百科等，这些工具既可以独立应用，也可以与企业网站等其他网络营销工具相结合。

(1)电子书。电子书(electronic book,E-Book)是一种作为传统印刷品替代技术的数字化出版方式,电子书的内容需要借助于一定的设备才能阅读,如专用的电子书阅读器、个人电脑、PDA 等。作为一种信息载体,电子书在网络营销中已经有许多成功应用,因而成为一种常用的网络营销工具,主要用于网站推广、产品推广、顾客服务等。

电子书的信息传递过程如下:

第一步,根据一定的营销目的,编写潜在用户感兴趣的书籍内容,在书中合理地插入产品促销信息,或者网站推广信息。

第二步,将书籍内容制作成某种或某几种格式的电子书。目前常见的电子书格式包括 PDF、CHM、EXE 等,每种格式的电子书均有相应的制作软件。

第三步,将电子书上传到网站上供用户下载,可以是自己的网站,也可以是一些提供公共服务的网站,如果自己的网站用户数量有限而希望扩大用户下载数量,可以采用一定的方法吸引用户下载,也可以采用一定的激励手段鼓励用户向更多的人转发或者传递下载电子书的信息。

第四步,用户在阅读电子书过程中,发现企业的促销信息,产生兴趣后来到企业网站或者通过其他方式与企业取得联系,从而达到了网站/产品推广的目的。

(2)即时通信工具。IM 是“instant messaging”的缩写,译为即时通讯或者实时传讯,是一种基于互联网的即时交流消息的业务,目前国内常见的 IM 工具包括腾讯 QQ、MSN、淘宝旺旺、飞信、新浪 UC 等。IM 推广是指以各种 IM 工具为平台,通过文字、图片等形式进行宣传推广的活动,上面提到的众多 IM 工具里,腾讯 QQ 的市场占有率最高,所以平时在作 IM 推广的时候,都是以 QQ 平台推广为主。

即时通信工具在网络营销中的应用主要有下列几个方面:

①实时交流增进顾客关系。快速、高效是即时信息的特点,如果存在信息传递障碍可以及时发现,而不是像电子邮件那样需要等待几小时甚至几天才能收到被退回的消息。即时信息已经部分取代了电子邮件的个人信息交流功能。与此同时,即时信息已经成为继电子邮件和搜索引擎之后的又一最常用的互联网服务。即时信息的实时交流功能在建立和改善顾客关系方面具有明显效果,尤其是一个网站内部中的即时信息应用,成为企业与顾客之间增强交流的有效方式。

②在线顾客服务。随着顾客对在线咨询要求的提高,已经不能满足于通过电子邮件提问几个小时甚至几天后才收到回复的状况,许多顾客希望得到即时回复,即时通信工具正好具有这种实时顾客服务的功能。

研究表明,实时的即时通讯服务对于网上销售中提升订单成功率有很大帮助,如果使用即时信息合理地开展顾客服务,顾客放弃购物车的比例可以降低 20%,顾客放弃购物车是网上销售中的一种常见现象,与顾客在超市的购买不同,在网上购物时放弃购物车的比例很高,是因为在顾客需要询问时销售商无法给出解答所造成的。

③网络广告媒体。由于拥有众多的用户群体,即时通信工具已经成为主要的在线广告媒体之一,并且具有与一般基于网页发布的网络广告有其独到的优势,如便于实现用户定位、可以同时向大量在线用户传递信息等。例如,国内用户所熟知的在线聊天工具 QQ 就有多种广告形式。

④病毒性营销信息传播工具。与电子书等网络营销工具一样,即时信息也可以作为一种

病毒性营销信息的传播工具。例如，一些有趣的笑话、加点的情感故事、节日祝福、Flash 等都可以成为这些病毒性营销的载体，而即时信息则成为这些信息的传播工具。

(3)博客与微博。博客有些地方也称为网志或者网络日志。当博客以名词形式出现时，通常指在网络上发表博客文章的人或者文章内容；当博客作为动词时，则指写博客文章。博客是继 E-mail、BBS、ICQ 之后出现的第四种网络交流方式，至今已十分受大家的欢迎，是网络时代的个人"读者文摘"。现在博客不仅被用于发布个人的网络日志，也成为企业发布信息的工具，因而成为一种新型的网络营销工具。

微博，即微博客(micro blog)的简称，是一个基于用户关系信息分享、传播以及获取平台，用户可以通过 WEB、WAP 等各种客户端组建个人社区，以 140 字左右的文字更新信息，并实现即时分享。微博作为营销平台，每一个听众(粉丝)都是潜在营销对象，企业利用更新自己的微型博客向网友传播企业信息、产品信息，树立良好的企业形象和产品形象。每天更新内容就可以跟大家交流互动，或者发布大家感兴趣的话题，这样来达到营销的目的，这样的方式就是新兴推出的微博营销。

(4)开放式在线百科平台。开放式在线百科平台已经成为众多企业新的网络营销工具之一，同时也是 Web2.0 推广的主要形式之一。百科平台之所以得到企业的重视，主要原因在于：百科平台首先具有免费性、开放性，人人可以参与编辑和创建词条。同时，百科词条具有公正性，人人可以监督修改。最为重要的是，百科平台对搜索引擎的友好性，可以提高企业在搜索引擎中的可见度。基于以上原因，百科平台成为企业的一种"廉价"的网络推广工具。

二、网络营销平台规划

(一)网络营销平台概述

传统的企业店铺从结构上来说，一般分为前台和后台。前台面向客户，承担公司介绍、产品展示、客户咨询等功能；后台面向企业内部员工，承担产品信息更新、业务处理等功能。网络营销平台是企业在虚拟世界中与客户交流的窗口，它同样也可以分为前台和后台，前台面向客户和其他公众，承担企业形象展示、产品介绍和客户服务的职能；后台面向内部管理人员，承担更新企业品牌和产品信息、处理客户业务和咨询的职能，所不同的是网络营销平台中前台和后台的表现形式是 Web 页面。图 6-6 为联想企业网站前台展示。

图 6-6　联想企业网站前台展示

1. 企业网络营销平台的构建方式

企业建设网络营销平台的方式有两种，一是自建营销型企业网站，二是在第三方电子商务B2B平台中构建企业商铺。这两种方式都各有特点，企业应该根据自己的实际情况来选择不同的方式。

一般来说，中小企业可从利用第三方平台开始，而大中型企业适合选择自建网站为主。目前，一般大型企业大都采取了自建网站的方式，且网站功能非常丰富，并能和企业的内部信息管理系统对接；而中小企业一般采取自建网站和利用第三方平台相结合的方式，但自建网站功能相对简单。

(1)企业自建网站的优势。

①网站式样多样化，有利于企业品牌的展示和企业文化的表达。

②网站的功能个性化，使企业可以灵活选择。

③企业网站可以和企业内部信息管理系统良好对接。

(2)企业自建网站的劣势。

①建设费用高，一般企业难以承受。

②后期管理与维护难度大。

③要求企业有专门的技术人员。

④推广费用高，难度大。

(3)利用第三方平台建商铺的优势。

①可借助第三方平台良好的人气，有利于企业的宣传。

②获取成本低廉。

③后期维护成本低。

(4)利用第三方平台建商铺的劣势。

①商铺样式单一，难以展示企业个性特色。

②商铺功能受到限制，企业选择性弱。

③大企业使用可能降低企业在公众心中的品牌地位。

2. 评价网络营销平台的关键要素

网络营销平台是企业在互联网中与客户沟通的重要接口，是企业服务客户的一个重要载体，影响其功能发挥和效益好坏的因素很多，但以下几点至关重要：

第一，是否体现了以客户为中心的理念。网络营销平台应尽可能方便客户阅读、查询相关资料，以及进行业务咨询。

第二，是否凸显了营销导向的建设原则。网络营销平台应有效宣传企业品牌及文化，充分展示企业特色和优势。

第三，是否拥有强大的后台支持系统。拥有良好后台支持系统的营销平台，才能避免企业网站成为与世隔绝的“信息孤岛”，成为缺乏生机活力的“空壳网站”。

(二)企业网站的规划、设计

1. 域名选择和注册

之所以将域名选择和注册列入网站建设的问题，是因为域名的好坏同样影响到网络营销的效果，一个好的域名对于网站推广具有重要意义，因此，从网络营销的角度来看，在选择域名时就应该考虑到以后的推广问题。

(1) 选择域名的一般原则。域名资源是有限的，甚至可以说是非常短缺的，一个企业或网站的域名并不仅仅是一个标示而已，域名在很大程度上也是重要的营销资源，需要慎重对待域名注册。

一个好的域名应该具备下列六个基本要素。

①短小。常用的.com、.net 等为后缀的域名中，许多字母少并且有一定字面含义的单词或者单词组合可能早就被别人注册了，不过仍然有一些方法可以组成比较短小的域名，通常可以利用一些单词的缩写，或者缩写字母加上一个有意义的简单词汇。

另外，有时英文单词虽然被注册完了，但碰巧汉语拼音比较短而且没有被人注册，这样的汉语拼音域名也是很好的选择，利用纯数字的域名也很常见，如 163.com，85818.com.cn 等。

②容易记忆。为了让别人所了解和记住，除了字符数少之外，容易记忆也是很重要的一项因素。一般来说，通用的词汇容易记忆，比如 Art.com、business.com、pets.com、bank.com、china.com、internet.com 等，不过，其他有特殊效果或读音的域名也容易记忆，如 yahoo.com，Amazon.com 等。

③不容易与其他域名混淆。造成域名混淆的原因可能有几种情况：一种是上面所说的组成一个域名的两部分使用连字符；第二种情况是后缀.com 或者.net 的域名分属不同所有人所有，例如，网易与 163 电子邮局就是这种情况，许多网民并不了解 163.net 和 163.com 归不同的网站所有，因而才会出现当 163 电子邮局无法登录时用户抱怨网易的现象。8848.net 和 8848.com 原来也分属不同的所有者，为了改变这种状况，提高 8848 网站的品牌知名度，最后 8848.net 只好购买了 8848.com 这一域名。如果这个域名为两家竞争者所拥有，可以想象将造成多大的混乱，对双方都将产生不利的影响。

④不容易拼写错误。这一点同样很重要，拼写错误的域名，就如同拨错的电话号码，有时甚至会被竞争对手利用而造成不可估量的损失，甚至有些网站专门靠别人拼写错误而增加点击数量。另外，字符数多的域名或者无规律的缩写字符组合而成的域名也容易造成拼写错误。

⑤与公司名称、商标或核心业务相关。我们看到“ibm.com”，就会联想到这是 IBM 公司的域名，看到“eTravel.com”或者“auctions.com”的域名就会想到分别是在线旅游或者拍卖网站，这无疑是一笔巨大的财富，难怪一些特殊的域名可以卖到数百万美元。也正因为如此，一些企业名称或者商标被别人作为域名注册之后，要花很大代价来解决。

⑥尽量避免文化冲突。2000 年中期，最大的中文网站新浪网的域名“sina.com.cn”也受到质疑，甚至被要求改名，其原因在于“SINA”在日语中和“支那”的发音相同，而“支那”是日本右翼对中国的蔑称，因此，新浪网的域名引起了一些在日本的华人的不满，被吵得沸沸扬扬。虽然新浪网最终没有因此改名，但是，应该引以为戒，在选择域名时应该尽量避免可能引起的文化冲突。

(2)多域名策略。从功能上讲，一个域名就足够了，为什么要注册多个域名呢？这是因为多域名策略具有下列七项重要功能。

①为了避免其他网站的混淆。不同后缀的顶级域名分属不同的所有者，很容易给用户造成混淆，例如前面所说的网易(163.com)与 163 电子邮局(163.net)的现象，如果 163.net 和 163.com 归一个网站所有，就不会出现这种现象。此外，国际域名和国内域名为不同公司所持有同样会造成混乱，所以比较理想的状况是同时注册国内域名和国际域名，并尽量保持不同后缀域名所有权的统一。

②避免竞争者因为域名拼写错误等原因而获得好处。因为域名拼写错误而让竞争者获得利益是很大的失误，虽然知名企业可以起诉那些恶意抢注域名者，法律也可能会倾向于保护知名品牌的利益，但是，要知道，打官司的费用远比当初注册一个域名要高，而且即使胜诉，也并不意味着就保护了品牌形象，因为域名被别人抢注毕竟不是什么值得宣传的事情，只能说明公司保护域名的意识比较薄弱。如著名的 Egroup 网站，将 egroup. com 和 egroups. com 两个域名同时归为自己所有。

③保护品牌名称或者注册商标。一个公司可以拥有多个商标名称，公司名也可能与商标名不一致，因此，除了以公司名申请域名外，还应该为每个商标名申请一个域名。

④让用户可以根据公司名称猜想其涉及的域名。由于现在域名的长度可以多达 67 个字符，因此，除了注册较短的公司名称缩写域名之外，也可以注册一个公司完整名字的域名，让顾客可以根据公司名称想象到网站域名。

⑤为拓展业务注册域名。在注册. com 域名的同时，最好注册一个同样名称的. net 域名，既可以为了将来业务的拓展，也可以避免其他公司注册该域名而引起混乱。

⑥注册汉语拼音域名。由于中文用户的语言背景，汉语拼音域名有时比英文域名更容易记忆，因此，汉语拼音域名显得也很重要，许多知名企业汉语拼音域名被抢注的现象也说明了这一点。

⑦保持国际域名和国内域名的统一。如果同一个名称的国际域名和国内域名不属于同一个网站，显然也是很麻烦的一件事情，应该尽量避免这种现象发生。

因此，假定一个公司叫“aaabbc”，那么至少应该注册 aaabbc. com 和 aaabbc. com. cn 两个域名。另外，可以保护性地注册 aaabbc. net 以及由汉语拼音组成的国际和国内域名。现在，由于两种不同形式的中文域名“中文. com”和“中文. cn”也都投入使用，还有必要注册公司名称或者主要商标的中文域名，以免被恶意抢注而陷入被动。但随着更多新域名后缀投入使用，域名的选择范围更大了，但也为注册多域名带来了一定的经济负担，可根据自己的需要决定注册域名的数量，不一定将所有可能被抢注的域名都保护起来，那样代价也太大了。

2. 规划企业网站用户和内容

网站的内容和功能模块是实现网站目的的基础，是网站进行产品宣传、品牌推广、客户服务和实现销售的重要载体。网站的内容选择和功能模块设置必须根据企业网络营销目的和充分考虑客户体验。

企业网站毕竟不同于专业的 ICP 或者门户网站，不可能也没有必要小而全，每个企业有自己特定的产品/服务，网站的内容理应围绕企业的核心业务设置。企业网站不应当只是一个摆设，网站是最有用的营销工具。当然，只有在网站可以满足用户需要信息的前提之下，网站的营销功能才能真正发挥作用。那么用户需要什么信息呢？

这个问题是网站规划者首先要考虑的，首先必须分析可能的访问者有哪些，然后有针对性地设计相关内容，这样才能做到有的放矢。一般来说，一个企业网站主要的访问者有几类，即：直接用户、经销商、设备和原材料供应商、竞争者等。前两类访问者是公司的现有用户和潜在用户，也是网站内容应该重点满足的对象。至于供应商，除去那些具备 B2B 功能的综合性电子商务网站来说，大多数以信息发布为主的企业网站很少顾及到，因此，也不是一般企业网站的重点内容。而竞争者来访的目的无非是了解公司的新动向，或者网站设计水平如何，是否有值得借鉴的地方，对此，在发布有关内容时应该给予适当的“防备”，而不是让竞争者满载而归。

表 6-1 列出了企业网站访问对象需求分析及内容与功能模块设计。

表 6-1 网站访问对象需求分析及内容与功能模块设计

访问对象	重要程度	访问者希望获取的信息	内容策略	功能模块
直接用户	最重要	品牌、产品、价格、促销、特色、服务、联系方式、订货方式、支付手段、送货时间和费用、退换商品政策等	突出用户关心的信息，通过良好的链接结构方便获取	会员管理、网上订单、产品搜索、在线咨询、留言、论坛
经销商	重要	产品、经销政策、实力、经销商管理信息等	突出实力和合作管理信息，涉及企业管理机密的通过非公开渠道沟通	在线咨询与留言
供应商	一般或者重要	采购计划、实力等	突出实力和采购招标信息，涉及企业管理机密的通过非公开渠道沟通	在线咨询与留言
竞争者	不重要	动态、新产品等	注意保密	
社会公众	一般	实力、品牌、社会活动	突出实力和文化，及时更新企业正面的新闻和事件	论坛
企业员工和应聘者	一般或者重要	实力、企业文化、员工管理等	突出实力和文化，可以单独建设员工园地栏目	在线招聘

公司的现有用户和潜在用户是网站的重点照顾对象，那么就要认真分析他们需要什么信息。以一个电视机生产企业为例，一个用户/潜在用户访问某企业网站的目的大致有几种：看看有什么新产品、对比不同规格产品的性能和价格、与其他品牌的同类产品进行对比、查询本地销售商和保修地址等，如果可以进行网上订购，用户自然也希望了解与此相关的信息，比如订货方式、支付手段、送货时间和费用、退换商品政策等。因此，这些内容应该作为网站的重点。

上面分析了企业网站建设中的部分重要内容，其中有些内容是许多具有一定知名度的企业在建立网络品牌和网络营销方面已经进行尝试并取得成功的经验，值得我们规划和管理自己企业的网站时参考和借鉴。

3. 网站的内容与功能模块设计

网站内容与功能模块的设计主要包括三个方面：网站内容和功能模块的筛选、网站栏目的设计和网站首页的布局。

(1)网站内容和功能模块的筛选。网站的内容是网站要传递的主要信息，现在很多网站在内容选择方面存在面目简陋、内容贫乏、千网一面、信息陈旧等问题。企业网站在内容选择和功能模块设置上应该思考以下问题：

①企业网站的主要访问者是哪些群体？企业网站最核心的访问对象是谁？

②网站的访问者希望从网站获取哪些信息？哪些信息对他们来说是最需要的？

③如何和网站的访问者实现在线即时沟通，随时解答他们的咨询？

④企业网站内容哪些是最重要的？哪些是必要但不太重要的？

⑤哪些是辅助的？哪些是可有可无的？哪些是画蛇添足的？

⑥网站的内容应该放置在哪些位置才更适合主要访问对象的访问习惯？

⑦网站内容之间如何确定链接？如何链接才能使得访问者最方便获取信息？

(2)网站栏目的设计。网站的栏目设计是对网站所有展示的内容的分类。良好的网站栏目设计对网站用户方便地找到自己想要的信息是至关重要的。所以企业在网站栏目设计是不仅仅要考虑企业在信息展示方面的侧重，更重要的思考如何让客户获取信息方便。在网站正式设计前，设计人员应该先对网站的所有栏目以文字的形式进行规划。下面以信息发布型网站为例介绍常见栏目设计。

信息发布型的网站是中小企业最常见的网站类型，这种类型的网站栏目相对比较简单，一般来说，网站的栏目应该包括以下几个方面的内容：

①企业简介。企业简介可以说是一般企业网站必备的栏目之一。一般都是通过企业介绍让客户能对公司的发展、文化有更深的认识。当然企业简介下面一般还会有总经理致辞、企业文化、企业理念等。这些的目的都是为了让客户对公司有更深层次的认识和了解。企业能否获得用户的信任，在很大程度上会取决于这些内容的安排。图 6－7 是格兰仕的企业概况页面。

图 6－7　格兰仕的企业概况页面

②产品信息。提供公司产品和服务的目录，方便顾客在网上查看，并根据需要决定资料的详略程度，或者配以图片、视频和音频资料，包括那些有助于消费者作出购买决策的信息，如有关机构的鉴定、相关产品知识、用户评价等。

产品信息一般分为列表页面和产品详细信息页面两个层次。列表页面的特点是：用户在列表页面的浏览目的已经相当明确，集中于某一主题下的可选信息丰富，是通向内容页面的最后一道桥梁；用户在此页扫描式浏览，希望尽快找到链接目标进入内容页面。因此列表页面应尽量减少干扰信息，突出内容的链接标题。图 6－8 是 SONY 网站的产品信息列表页面。

图 6－8 SONY 的产品信息列表页面

详细内容页面应属于网站最深层次的页面，如单条新闻的详细内容或是单个产品的详细内容。一般都有较多的文字。形式上主要分为文字排版和图文混排。

在详细内容页面上，用户获取信息的目的已经相当明确，此时不宜在页面左边或正前方视线最集中的地方出现干扰性内容，而应将相关内容置右侧或页面底部位置。图 6－9 是西门子网站的产品详细信息页面。

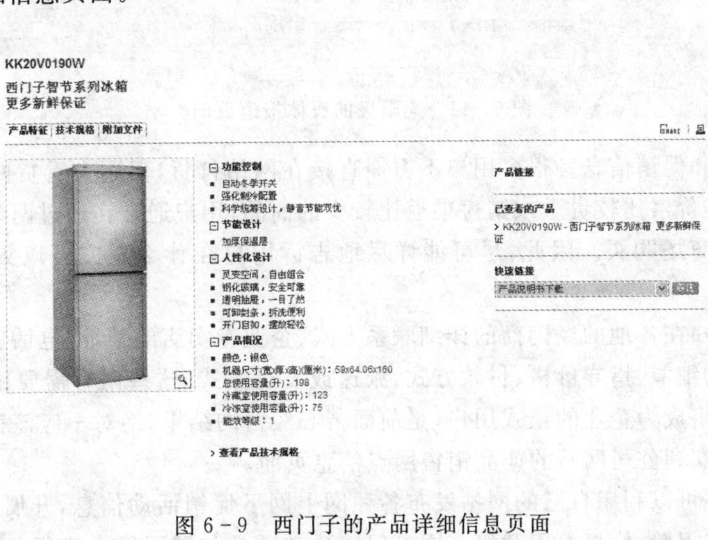

图 6－9 西门子的产品详细信息页面

当公司产品种类比较多,无法在简单的目录中全部列出,那么,为了让用户能够方便地找到所需要的产品,除了设计详细的分级目录之外,还应该增加一个搜索功能。下图是 SONY 的站内搜索功能。

图 6-10　SONY 的站内搜索功能

另外,即使没有像 DELL 那样方便的网上直销功能和配套服务,针对相关产品为用户设计一个简单的网上订购程序仍然是必要的。

③公司动态和媒体报道。通过公司动态可以让用户了解公司的发展动向加深对公司的印象,从而达到展示企业实力和形象的目的。因此,如果有媒体对公司进行了报道,及时转载到网站上。图 6-11 是无限极网站的媒体报道页面。

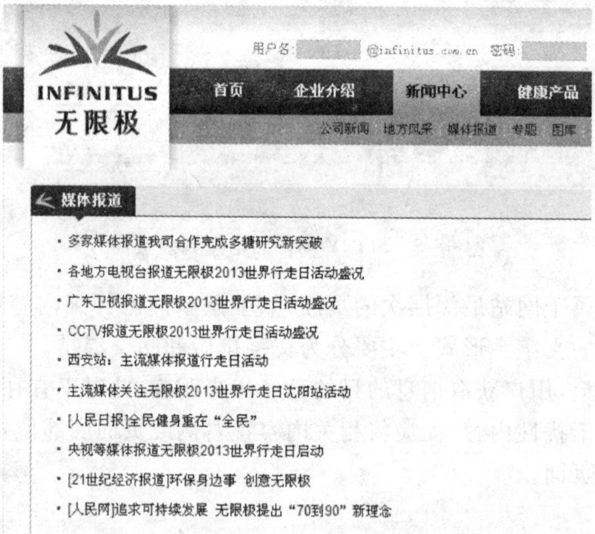

图 6-11　无限极的媒体报道页面

④产品购买和促销信息。很多用户不习惯直接在网站订货,但网上看货网下购买的现象比较普遍,尤其是价格比较贵重或销售渠道比较少的商品,用户通常在通过网络获取足够信息后在本地的实体商场购买。因此,尽可能详尽地告诉用户在什么地方可以买到他所需要的产品。

可以提供用户在各地的经销商的详细联系方式、企业专卖店的地址、电话、交通方式、营业时间、产品的订购细节、指导价格、付款方式、派送或发运方式,这些内容需要精确、细致,这些内容的消费者即将成为企业的正式用户,是前面苦心经营的结果,绝对不应该在这里让他们流失。图 6-12 为安利公司网站的产品销售网点信息页面。

同时,企业还可以利用自己的网站发布各种网上网下促销活动信息,开展在线促销活动,如积分抵价、抽奖促销、优惠券下载等。网上促销活动通常与网下结合进行,网站可以作为一种有效的补充，供用户了解促销活动的规则、参与报名等。图 6－13 为康师傅的网站促销活动广告。

图 6－12　安利的产品销售网点信息页面

图 6－13　康师傅的网站促销活动广告

⑤服务与支持。企业网站越来越成为企业提供服务与支持的中心，在电话中向用户反复解答的各种问题，都应该在服务与支持中体现，这可以使用户在 24 小时之内随时获得帮助。服务与支持内容可以包括产品文档、使用技巧、疑难排解、安装与维护说明等，企业应当不断积累服务与支持方面的内容，并对这些内容组织、整理、规范，形成完整的产品知识库，这可以显著降低人工支持的成本和压力。图 6－14 为三星官网的服务中心页面。

⑥客户案例。成功的客户案例能增强其他客户对企业能力的信任，所以将企业应该把以往的和客户合作的成功案例以及配套的方案和图例展示在企业网站上，一方面可以为新客户提供一个参考；另一方面也可以体现企业的能力。但这些信息的展示应该先征求合作企业的同意，以免带来不必要的麻烦。图 6－15 为某企业网站的客户案例页面。

图 6－14　三星官网的服务中心

图 6－15　某企业网站的客户案例页面

⑦联系信息。网站上应该提供足够详尽的联系信息，除了公司的地址、电话、传真、邮政编码、网管 E-mail 地址等基本信息之外，最好能详细地列出客户或者业务伙伴可能需要联系的具体部门的联系方式。对于有分支机构的企业，同时还应当有各地分支机构的联系方式，在为用户提供方便的同时，也起到了对各地业务的支持作用。图 6－16 为美的公司网站的“联系我们”页面。

图 6－16　美的的“联系我们”页面

上述信息仅仅是企业网站应该关注的基本内容，并非每个企业网站都必须涉及，同时也有一些内容并没有罗列进去，在规划设计一个具体网站时，主要应考虑企业本身的目标所决定的网站功能导向，让企业上网成为整体战略的一个有机组成部分，让网站真正成为有效的品牌宣传阵地、有效的营销工具，或者有效的网上销售场所。

(3)规划企业网站首页。在网站内容设计中，网站首页的设计非常重要，因为首页的设计直接影响企业客户在网络中对企业的第一印象。首页中的内容和功能设计是企业网络营销功能定位目标对象的体现，企业首页中的内容应该是企业网络营销最需要展示的内容，也是企业客户通过企业网站最希望获取的内容，企业应该将客户最关心的内容放在企业的首页。一些企业希望通过向客户和其他公众展示企业文化和实力，将很多企业自身信息(如企业文化、企业历史、企业管理人员、内部活动、相关新闻等)放置在企业网站很重要的位置，而对客户关心的产品和服务信息却没有突出。这样的设计对企业的网络营销来说是很不利的，因为客户访问网站不能很快地找到他感兴趣的内容。

首页布局对用户获取信息有重要影响，合理的页面布局令用户快速发现网站的核心内容和服务；如果页面布局不合理，用户不知道如何开始获取所需的信息、或者怎么执行操作来获得相应的服务，那么他们就会离开这个网站，甚至以后都不会再访问这个网站。

根据用户浏览网页的注意力的“F”现象，我们可以总结出一些规律性的布局因素，也就是相关信息的位置应当相对固定。如：企业 LOGO 区，一般放置在网页及各内页的左上角；站内服务功能区，一般放置在首页的右上角或中上方显眼位置；重要信息区，一定要放在首页的显著位置，而且要大要醒目；一级栏目区，呈条形横置在网页中间；首页 BANNER，一般放置在网页中间明显位置；公共服务区，包括联系方式、公司介绍、网站地图等内容，是网页设计中不可缺少的重要部分，一般放置在网页的最下端，并且应当主页、内页都有，以方便访客使用。图 6

-17 基本体现了这些布局规律。

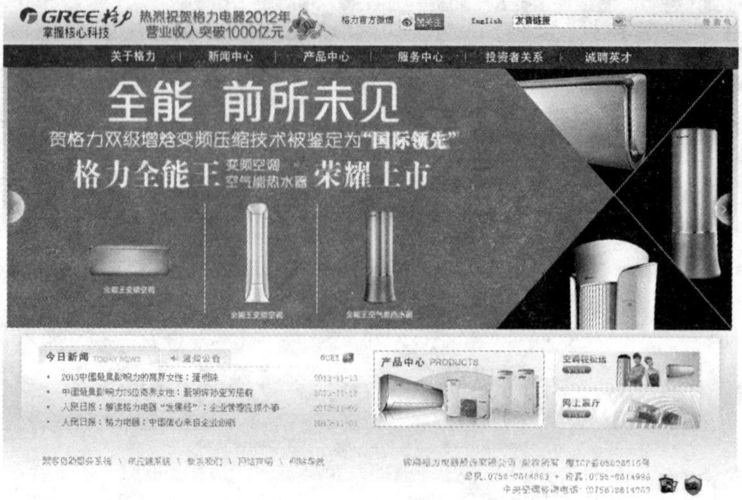

图 6-17　格力公司网站首页

(三)规划企业网站风格

把企业网站看做企业在网络中的“门面”,那么风格设计就是网站的装修。网站的风格能形成网站访问者对企业通过网站所展示品牌的第一印象。良好的网站风格是企业品牌形象、企业文化和实力展示的重要途径。企业网站风格设计时应该注意以下几个问题。

1. 注重首页设计技巧

网站首页是企业网上的虚拟门面,精良和专业网站的设计会大大刺激消费者(访问者)的购买欲望;反之,企业所提供的产品或服务将不会给消费者(访问者)留下较好的印象。

2. 风格要突出企业/产品的个性气质

企业网站的风格要体现独特性而不是与其他网站千篇一律的风格,比如套用模板程序做出来的网站通常就难以体现个性气质。很多创意类的工作室或者广告公司的网站常常喜欢采用红黑、黑白这样对比强烈的颜色。以此来体现网站的品牌气质,使网站整体显得个性张扬,饱满精致。如设计公司力锐的网站整体色调为黑加浅灰,搭配协调,外观设计体现了其独特的个性气质,设计意味强烈的配图更是对这点加以强调,给人很深的印象。如图 6-18 所示。

再如品客薯片的网站,其网上设计采用与代表产品薯片包装相同的抢眼的红色为主色调,飞散的薯片在勾人食欲的同时,让人感觉到活泼趣味性,充分体现了产品的特性,如图 6-19 所示。

3. 网站风格要符合品牌视觉形象

塑造网站的品牌形象的关键是将企业的 VI 视觉元素运用于网页设计,使得网站的整体风格符合企业品牌的内涵,达到线上线下整体风格一致,有助于品牌形象的统一塑造。养生源网站的“绿色系+黄色系”与企业品牌的 VI 视觉基本一致,突出了蜂业公司的产品特性,传达品牌与绿色自然生态一致的健康理念。如图 6-20 所示。

图 6-18　设计公司力锐的网站

图 6-19　品客薯片的网站

养生源公司网站	养生源企业 VI 图片

图 6-20　养生源网站与 VI

因此,可以通过以下几点确立网站的整体风格和品牌形象:①理解网站要传达的品牌理念;②网站VI主色调与企业VI识别一致;③在页面头部的醒目位置放LOGO,并配以品牌口号,贯通全站每个页面;④同一级别的页面在设计上保持一致性。

4. **重视版面布局**

在版面布局中主要是考虑导航、必要信息与正文之间的布局关系。比较多的情况是采用顶部放置必要的信息,如公司名称、标志、广告条以及导航条,或将导航条放在左侧而右侧是正文等,这样的布局结构清晰、易于使用。同时也可以尝试这些布局的变化形式,如:左右两栏式布局,一半是正文,另一半是形象的图片、导航;或正文不等两栏式布置,通过背景色区分,分别放置图片和文字等。

(四)设计网站的客户体验

网站良好的客户体验是企业营销型站点建设的基本要求,也是提高企业网站访问客户转化率的一个非常重要的要素。网站的客户体验设计是一项全面的、具有统领性的工作。网站的客户体验设计涵盖到企业网站设计的每一个细节,这里将从客户咨询、常见问题答疑和导航设计三个方面来分析网站客户体验的设计。

1. **设计网站客户咨询**

网站客户咨询设计是为网站访问客户提供及时沟通的工具,网站可以借助一些工具来实现这些功能。

(1)QQ在线服务。将自己的QQ标示挂在网上,如果对方登录了自己的QQ,就可以直接点击公司的QQ图标进行联系。

(2)设置阿里旺旺"旺遍天下"。如果企业是阿里巴巴的会员,而且潜在客户中阿里巴巴会员比例也很大的话,企业网站中也可以加入阿里旺旺的"旺遍天下"功能来设置在线旺旺业务咨询服务。

2. **设计网站的FAQ**

FAQ的意思是常见问题解答。将用户在使用网站服务、了解和选购产品过程中可能遇到的问题整理成为一个详细的常见问题解答列表;并根据用户提出的新问题不断增加和完善这个FAQ,这样做不仅方便了用户,也节省了企业的顾客服务成本,提高了企业顾客服务的效率。据统计,一个优秀的FAQ可以完成80%的在线顾客服务任务。图6-21是格兰仕公司网站的FAQ页面。

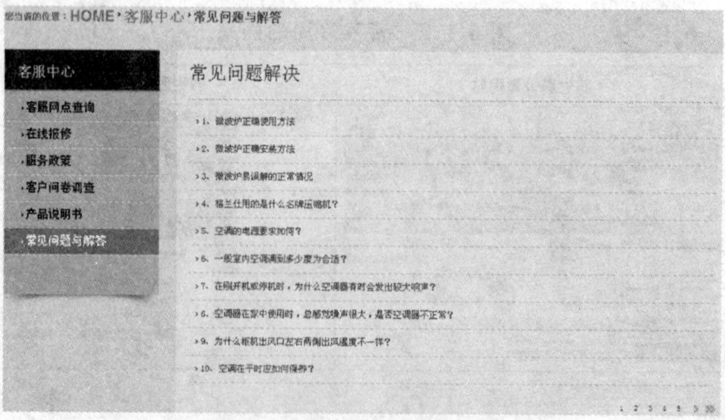

图6-21 格兰仕公司网站的FAQ

3.设计网站导航和网站地图

导航条的目的是让网站的层次结构以一种有条理的方式清晰展示，并引导用户毫不费力地找到并管理信息，让用户在浏览网站过程中不致于迷失。网站导航设计是网站用户对于网站感受最直接的一个因素，一个网站导航设计对提供丰富友好的用户体验有至关重要的地位。简单直观的导航不仅能提高网站易用性，而且能够方便用户找到想要的信息，从而可有助提高用户转化率。要让企业网站的导航设计能够给客户良好的体验，就应该站在用户的角度，分析用户在访问每个信息节点时希望获取的相关信息，并设计相应的链接，使得用户能直观地找到他进一步要了解的信息。同时还应该设计好页面的回路和设计在新窗口中打开页面，使得用户不会在众多信息页面中迷失。图 6－22 是 Dell 网站的导航条设计。

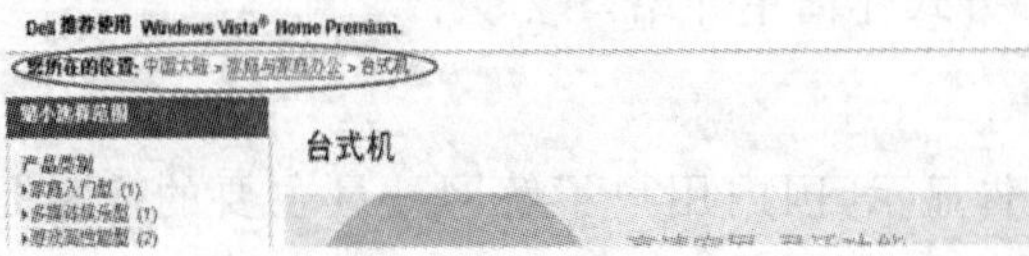

图 6－22 Dell 网站的导航条

网站地图(site map)将网站内深层次的链接关系以一个扁平的页面呈现出来，同它的命名一样，让用户对网站的内容与结构全局快速了解。就如大卖场指示图一样让我们对各个卖场的区域划分具体位置有个初步的了解。图 6－23 是蒙牛公司网站地图页面。

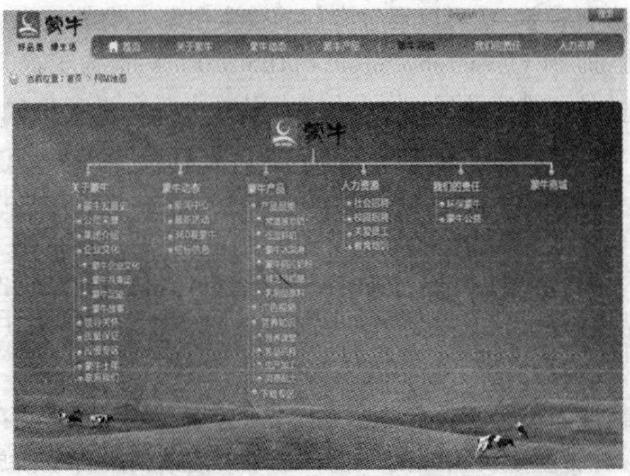

图 6－23 蒙牛网站地图页面

(五)规划网站的后台管理

任何一个商务网站都必须有一个健全的后台管理系统作为支撑。良好的后台管理是网站后续信息更新、客户关系管理和推广效果分析的重要基础。企业在网站后台规划时要从将来企业网络营销业务管理的角度出发，规划好不同部门在网站管理中的权利和职责，如信息发布、客户咨询、网站流量统计与分析、客户订单处理等。所以在后台管理模块中要将这些要素考虑进去，而不是仅仅设计一个简单的后台管理系统，从而导致在今后工作的具体实施中给管理带来麻烦。一般来说，企业营销型网站至少需要配备以下几个后台管理功能模块：

(1) 信息发布管理系统：用于发布企业有关的新闻报道、促销信息、加盟合作信息和供求信息。

(2) 产品管理系统：用于发布和更新企业产品信息。

(3) 客户咨询管理系统：用于在线客户咨询和客户留言处理。

(4) 网站流量统计系统：用于监控网站访问者信息，包括访问时间、访问者地域来源、搜索引擎来源、客户端配置的、访问页面等信息。网站流量管理软件可以使用网络中免费软件，也可以购买具有高级功能的付费软件。如百度、谷歌等网站都可以提供免费的流量统计功能。

三、常见的网络推广方式

随着网络科技发展的日新月异，网络推广手段也层出不穷。下面我们就对当前企业实际应用较多的几种网络推广方式作简单介绍。

(一)搜索引擎推广

据 CNNIC 的统计报告显示，国内用户了解网站最主要的途径是搜索引擎，占到 70%以上，位列所有途径之首，因此，搜索引擎已成为电子商务网站推广的最为重要的方式之一。通过在搜索引擎上进行有效地推广，企业的网站就有更多机会被潜在用户发现、了解，对于企业吸引客户、扩大市场具有非同寻常的意义。搜索引擎推广的主要方式有登录搜索引擎、搜索引擎优化和搜索引擎广告。

(1)搜索引擎的登录：大部分搜索引擎都提供了免费的登录方式，如百度、谷歌、搜狗等，只要我们找到登录入口，并对网站信息进行登录就有机会被免费收录，我们既可以分别去各种搜索引擎站点手工完成递交表单，也可以通过专门的搜索引擎递交软件来完成递交工作。

(2)搜索引擎优化：即 SEO(search engine optimization)，指为了提升网站/网页在搜索引擎搜索结果中的收录数量和排序位置，为了从搜索引擎中获取更多免费流量、高质量用户，针对搜索引擎的检索特点、排序规律，合理调整优化网站设计和建设方法，使其符合搜索引擎的检索规则的网站建设、网站运营行为。从而使搜索引擎收录尽可能多的网页，并在搜索引擎自然检索结果中排名靠前，最终达到网站推广的目的。

SEO 又分为站外 SEO 和站内 SEO。站内 SEO 优化包括：网站结构的设计、网站代码优化和内部链接优化、网站内容的优化、网站用户体验优化等内容。站外 SEO 优化包括：网站外部链接优化、网站的链接建设、网站的外部数据分析等。

(3)搜索引擎关键词广告：是指广告主根据自己的产品或服务的内容、特点等，确定相关的关键词，撰写广告内容并自主定价投放的广告。当用户搜索到广告主投放的关键词时，相应的广告就会展示(关键词有多个用户购买时，根据竞价排名原则展示)，并在用户点击后按照广告主对该关键词的出价收费，无点击不收费。图 6-24 是百度关键词广告的三种展现形式。

竞价排名的基本特点是按点击付费，推广信息出现在搜索结果中(一般是靠前的位置)，如果没有被用户点击，则不收取推广费。

在搜索引擎营销中，竞价排名的特点和主要作用如下：

(1)按效果付费，费用相对较低；

(2)出现在搜索结果页面，与用户检索内容高度相关，增加了推广的定位程度；

(3)竞价结果出现在搜索结果靠前的位置，容易引起用户的关注和点击，因而效果比较显著；

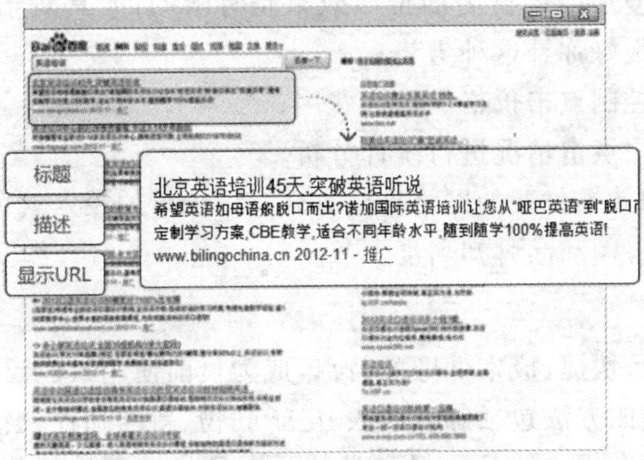

(1)形式一:左侧"百度推广链接"位置

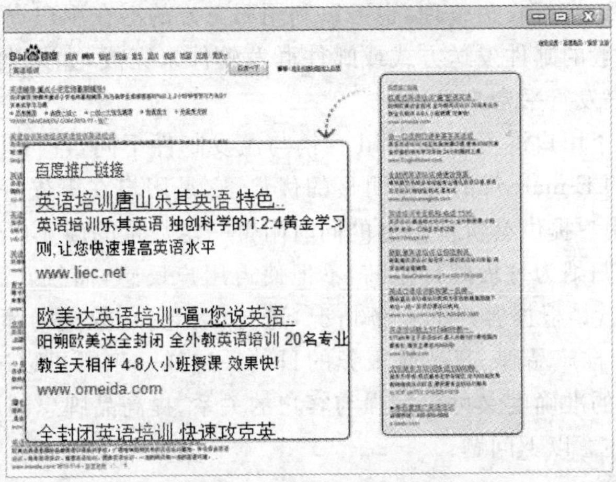

(2)形式二:右侧"百度推广链接"位置

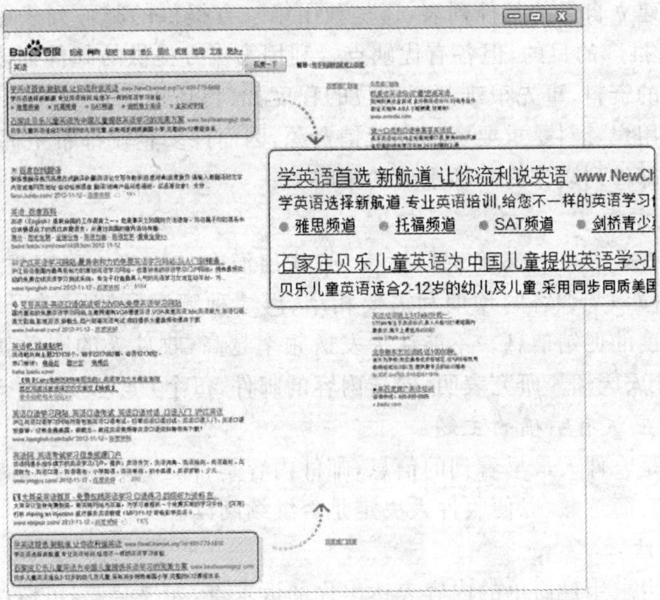

(3)左侧底纹"百度推广链接"位置

图 6-24　百度关键词广告的三种展现形式

(4)搜索引擎自然搜索结果排名的推广效果是有限的，尤其对于自然排名效果不好的网站，采用竞价排名可以很好弥补这种劣势；

(5)企业可以自己控制点击价格和推广费用；

(6)企业可以对用户点击情况进行统计分析。

竞价排名是一种按效果付费的网络推广方式。用少量的投入就可以给企业带来大量潜在客户，有效提升企业销售额和品牌知名度。

(二)电子邮件推广

电子邮件因为方便、快捷、成本低廉的特点，成为目前使用最广泛的互联网应用，是一种有效的推广工具。它常用的方法包括邮件列表、电子刊物、新闻邮件、会员通讯、专业服务商的电子邮件广告等。拥有潜在用户的E-mail地址是开展E-mail营销的前提，这些地址可以是企业从用户、潜在用户资料中自行收集整理，也可以利用第三方的潜在用户资源。如果邮件发送规模比较小，可以采取一般的邮件发送方式或邮件群发软件来完成，如果发送规模较大，就应该借助于专业的邮件列表发行平台来发送。

需要说明的是，基于用户许可的E-mail营销与滥发邮件不同，许可E-mail营销比传统的推广方式或未经许可的E-mail营销具有明显的优势，它是用户在事先许可的前提下，通过电子邮件的方式向目标用户提供有价值信息的同时附带一定数量的商业广告信息。未经用户许可的电子邮件，通常被归纳为垃圾邮件范畴，不但使得用户反感，而且对企业本身形象也有负面影响。许可E-mail营销根据客户的业务情况，进行目标受众数据的筛选，设计策划有针对性的E-mail方案，达到推广品牌、产品或服务的目的。这样一来既可以减少广告对用户的滋扰、增加潜在客户定位的准确度又可以增强与客户的关系、提高品牌忠诚度。

E-mail推广需要注意以下问题：

1. 确定目标顾客群

首先考虑是建立自己的邮件列表，还是利用第三方提供的邮件列表服务。这两种方式都可以实现E-mail推广的目的，但各有优缺点。利用第三方提供的邮件列表服务，费用较高，很难了解潜在客户的资料，事先很难判断定位的程度如何，还可能受到发送时间、发送频率等因素的制约。由于用户资料是重要资产和营销资源，因而许多企业都希望拥有自己的用户资料，并将建立自己的邮件列表作为一项重要的策略。

2. 制订发送方案

应尽可能与专业人员一起确定目标市场，找出潜在的用户。确定发送的频率。发送E-mail联系的频率应该与顾客的预期和需要相结合，这种频率预期因时因地因产品而异，从每小时更新到每季度的促销信息。不能认为发送频率越高，收件人的印象就越深。过于频繁的邮件"轰炸"，会让人厌烦。研究表明，同样内容的邮件，每个月以发送2～3次为宜。

3. 电子邮件应该有明确的主题

邮件的主题是收件人最早看到的信息，邮件内容是否能引人注意，主题起到相当重要的作用。邮件主题应言简意赅，以便收件人决定是否继续阅读。

4. 内容要简洁

电子邮件应力求用最简单的内容表达出你的诉求点，如果必要，可以给出一个关于详细内容的链接(URL)，收件人如果有兴趣，会主动点击你链接的内容，否则，内容再多也没有价值，只能引起收件人的反感。要用通俗易懂的语言介绍你的产品能为客户带来什么好处，特别是产品与你的竞争对手有什么不同，或许在功能上，或许是在服务上，必须与众不同。不要夸夸其谈，丝毫不注意客户的感受。内容一定要以客户为中心，让客户感到你在实实在在地为他着想。

5. 邮件格式要清楚

虽然说电子邮件没有统一的格式，但它毕竟作为一封商业函件，应该参考普通商务信件的格式，包括对收件人的称呼、邮件正文、发件人签名等因素。邮件要能够方便顾客阅读。有些发件人为图省事，将一个甚至多个不同格式的文件作为附件插入邮件内容，给收件人带来很大麻烦。最好采用纯文本格式的文档，把内容尽量安排在邮件的正文部分，除非插入图片、声音等资料。

6. 发送 E-mail，收集反馈信息，及时回复

可以选定群发邮件，也可针对某些顾客进行单独发送。开展营销活动应该获得特定计划的总体反应率(例如点击率和转化率)并跟踪顾客的反应，从而根据顾客过去的反应行为作为将来的细分依据。当接到业务问询时，应及时作出回复，最好在 24 小时以内。拖的时间越长，对企业形象损害越大。注意养成一天查收信件数次的习惯，并做到及时回复。这样做，不仅表示重视客户的问询，也显示出你的工作高效。在对潜在顾客的问询作出及时回复之后，还应该在两三天内，跟踪问询 2～3 次。很多人一天会收到大量的电子邮件，你的回复很有可能被忽略了，或者不小心被删掉了。跟踪联系意在确认对方是否收到了你的回复，同时也给对方受重视的感觉，还传达出你希望赢得这笔业务的诚意。

7. 更新邮件列表

根据从顾客那里得到的信息进行整理，更新邮件列表，创建一个与产品和服务相关的客户数据库，改善“信噪比”，增加回应率，同时了解许可的水平。客户许可的水平有一定的连续性，每封发送的邮件中都应该包含着允许加入或退出营销关系的信息，没有必要用某些条件限制顾客退出营销关系。通过这些信息，可以加深个性化服务，增强顾客的忠诚度。

(三)信息发布推广

这种方法是将有关的网站推广信息发布在其他潜在用户可能访问的网站上，利用用户在这些网站获取信息的机会实现网站推广的目的，适用于以下信息发布的网站，包括在线黄页、分类广告、论坛、博客网站、供求信息平台、行业网站等。信息发布是免费网站推广的常用方法之一，在互联网发展早期的时候经常为人们所采用，不过随着网上信息量爆炸式的增长，这种依靠免费信息发布的方式所能发挥的作用日益降低，同时由于更多更加有效的网站推广方法的出现，信息发布在网站推广的常用方法中的重要程度也有明显的下降，仅仅依靠大量发送免费信息的方式作用也越来越不明显，因此免费信息发布需要更有针对性、更具专业性，而不是一味强调多发。下面简单介绍一下论坛推广和博客推广。

1. 论坛推广

论坛推广就是“利用论坛这种网络交流的平台，通过文字、图片、视频等方式发布企业的产品和服务的信息，从而让目标客户更加深刻地了解企业的产品和服务，最终达到宣传企业的品牌、加深市场认知度的网络营销活动”，同时可以帮助企业培育客户忠诚度，及时有效地进行双向信息沟通。图 6-25 是千挑网在网易论坛发的推广贴。

论坛推广有以下特点：

(1)利用论坛的高人气，可以有效地为企业提供营销传播服务。而由于论坛话题的开放

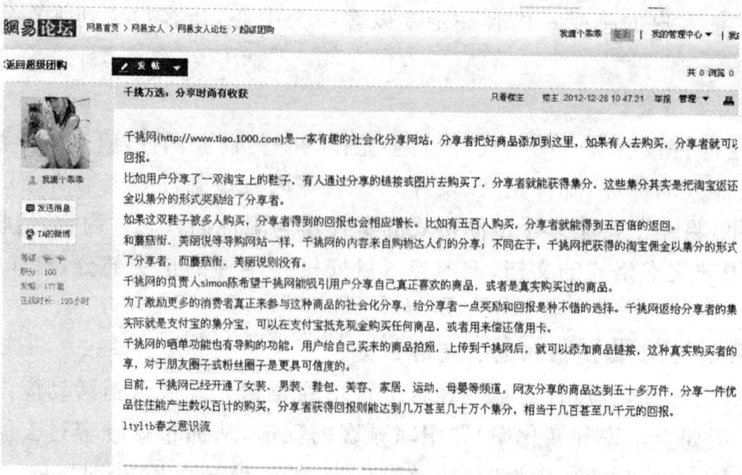

图 6-25 千挑网在网易论坛发的推广贴

性，几乎企业所有的营销诉求都可以通过论坛传播得到有效的实现。

(2)论坛活动具有强大的聚合能力。

(3)事件炒作通过炮制网民感兴趣的活动，将客户的品牌、产品、活动内容植入传播内容，并展开持续的传播效应，引发新闻事件，导致传播的连锁反应。

(4)运用搜索引擎内容编辑技术，不仅使内容能在论坛上有好的表现，而且在主流搜索引擎上也能够快速寻找到发布的帖子。

论坛推广首先要找准企业网站的目标论坛。论坛发帖不是哪个论坛都可以，选择论坛要注意，论坛一定是集中了大量的企业潜在客户，人气也相对比较旺，具备个人签名功能，提供链接功能，并且发帖后能够作修改的论坛，这几点非常重要，关系到论坛推广的成功与否。否则无论文章写得多精彩，如果放在一个冷清的论坛上，同样无济于事。不同的文章主题选择的论坛是不一样的，如服装经销商把文章发到军事论坛，这会不合时宜，而发到阿里巴巴商人社区就适合了。

目标论坛不一定越多越好，而要量力而行，视自身的人力、物力而定。最关键的是用户群要精准，行业相关性的论坛，外链的质量会相对更高一些。

其次选择的帖子内容要存在争议性。发帖要注意选择具备争议性内容的帖子，一面倒的帖子，不会让帖子受众产生回复和点击的兴趣，只有话题有争议、有看点、有热点，才会引发关注和点击，当然也要注意不要一味地为了争议而争议，而要与自己的产品和网站相关，不然再热的话题也不能给网站增加点击量。下面的阅读材料是一个论坛推广成功的案例。

阅读材料

安琪酵母股份有限公司，是国内最大的酵母生产企业。酵母在人们的常识中是蒸馒头和做面包用的必需品，很少直接食用。而安琪酵母公司却开发出酵母的很多保健功能，并生产出可以直接食用的酵母粉。

要推广酵母粉这种人们完全陌生的食品，安琪公司首选论坛进行推广。于是，他们开始在新浪、搜狐、TOM等有影响力的社区论坛里制造话题。之所以这样做，是因为在论坛里，单纯的广告帖永远是版主的“眼中钉”，也会招来网友的反感，制造话题比较让人能够接受。

2008年6月，当时有很多关于婆媳关系的影视剧在热播，婆媳关系的关注度也很高。因此，公司策划了《一个馒头引发的婆媳大战》事件。

事件以第一人称讲述了南方的媳妇和北方的婆婆关于馒头发生争执的故事。

帖子贴出来后，引发了不少的讨论，其中就涉及了酵母的应用。这时，由专业人士把话题的方向引入到酵母的其他功能上去，让人们知道了酵母不仅能蒸馒头，还可以直接食用，并有很多的保健美容功能，比如减肥。由于当时正值六月，正值减肥旺季，而减肥又是女人永远的关注点。于是，论坛上的讨论，让这些关注婆媳关系的主妇们同时也记住了酵母的一个重要功效——减肥。为了让帖子引起更多的关注，公司选择有权威的网站，利用它们的公信力把帖子推到好的位置。当时，安琪酵母就选择了新浪女性频道中关注度比较高的美容频道，把相关的帖子细化到减肥沙龙板块等。果然，有了好的论坛和好的位置，马上引发了更多普通网民的关注。

除了论坛营销，安琪酵母公司又在新浪、新华网等主要网站发布新闻，而这些新闻又被网民转到论坛里作为谈资。这样，产品的可信度就大大提高了。

在接下来的两个月时间里，安琪酵母公司的电话量陡增。消费者在百度上输入了“安琪酵母”这个关键词，页面的相关搜索里就会显示出“安琪即食酵母粉”、“安琪酵母粉”等十多个相关搜索，安琪酵母获得了较高的品牌知名度和关注度。

从中我们可以看出，选择好目标顾客群常去的论坛，使用能吸引大家关注的话题展开论坛或者社区营销，为品牌推广的一个好办法。它通过在有影响力的论坛制造话题、利用网友的争论以及企业有意识的引导，把产品的特性和功能诉求详细地告知潜在的消费者，激发他们关注和购买。

通过安琪酵母在网上推广的案例，我们可以得出一个结论：论坛营销它真正的价值还在于互动，真正好的网络传播一定是网友自动顶帖或者转帖率高的传播，那些发一个帖子，找无数ID自己顶帖和转帖的做法效果并不好，原因是普通网民的参与度差，广告的到达率也就低了许多。

2.博客推广

博客推广是企业或者个人利用博客这种网络交互性平台，发布并更新企业、公司或个人的相关概况及信息，密切关注并及时回复平台上客户对于企业或个人的相关疑问以及咨询，并通过较强的博客平台帮助企业或公司零成本获得搜索引擎的较前排位，以达到宣传目的的营销手段。图6-26和6-27分别是个人和企业博客推广实例。

博客推广的特点包括：

(1)细分程度高，广告定向准确。博客是个人网上出版物，拥有其个性化的分类属性，因而每个博客都有其不同的受众群体，其读者也往往是一群特定的人，细分的程度远远超过了其他形式的媒体。而细分程度越高，广告的定向性就越准。

(2)互动传播性，口碑效应好。每个博客都拥有一个相同兴趣爱好的博客圈子，而且在这个圈子内部的博客之间的相互影响力很大，可信程度相对较高，朋友之间互动传播性也非常强，因此可创造的口碑效应和品牌价值非常大。虽然单个博客的流量绝对值不一定很大，但是受众群明确，针对性非常强，单位受众的广告价值自然就比较高，所能创造的品牌价值远非传统方式的广告所能比拟。

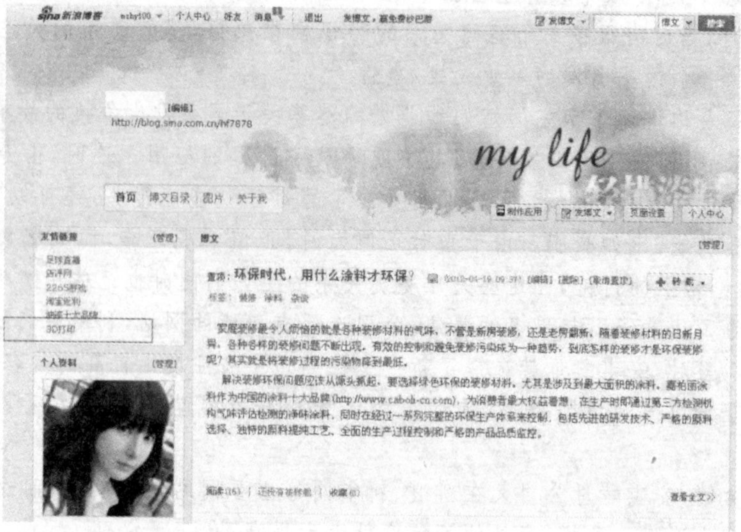

图 6-26　个人博客推广实例

图 6-27　企业博客推广实例

(3)影响力大，引导网络舆论潮流。随着“芮成钢评论星巴克”、“上海钓鱼执法案件”等多起博客门事件的陆续发生，证实了博客作为高端人群所形成的评论意见影响面和影响力度越来越大，博客渐渐成为了网民们的“意见领袖”引导着网民舆论潮流，他们所发表的评价和意见会在极短时间内在互联网上迅速传播开来，对企业品牌造成巨大影响。

(4)降低传播成本。口碑营销的成本由于主要仅集中于教育和刺激小部分传播样本人群上，即教育、开发口碑意见领袖，因此成本比面对大众人群的其他广告形式要低得多，且结果也往往能事半功倍。

如果企业在营销产品的过程中巧妙地利用口碑的作用，必定会达到很多常规广告所不能达到的效果。例如，博客规模赢利和传统行业营销方式创新，都是现今社会热点议题之一，因而广告客户通过博客口碑营销不仅可以获得显著的广告效果，而且还会因大胆利用互联网新媒体进行营销创新而吸引更大范围的社会人群、营销业界的高度关注，引发各大媒体的热点报道，这种广告效果必将远远大于单纯的广告投入。

(5)保证长远利益。运用口碑营销策略，激励早期采用者向他人推荐产品，劝服他人购买产品。最后，随着满意顾客的增多会出现更多的“信息播种机”、“意见领袖”，从而使企业赢得良好的口碑，长远利益也就得到保证。

博客推广需要注意的问题：

(1)博客平台的选择。如果要进行博客的外部链接建设，应该首先选择适合的博客平台，并获得发布博客文章的资格，也就是注册并创建博客。博客平台的选择有很多，国内的门户网站几乎都有博客平台，比较出名的是新浪、搜狐、网易、凤凰……另外还有腾讯的 QQ 空间，虽然其不是真正意义上的博客。一般来说，企业应该选择和自己网站主题相关、和网站销售产品的潜在受众比较吻合的博客平台。

(2)博客定位。一个博客，一般都有一个主题。新浪的那些名博，基本都有自己的主题，比如喜欢文学的主题就是文学，背包客主题就是旅途风光，SEO 人员主题就是搜索引擎优化。所以，没有主题的博客是不被搜索引擎看好的，既然没有主题，搜索引擎也就没办法为其定性，自然也就不能为其排名，所以，一个主题明确的博客才能走得更远，否则就会像 QQ 空间一样，永远都只有自己的好友问津。

(3) 内容更新。选择好博客并确立标题后，要做的便是对内容进行更新。在建立博客初期，文章最好不加或少加链接，建议在文章最后注明文章来源并加上关键字链接即可。这里需要注意的是，在确立标题之后，博客更新的内容应围绕标题进行更新，这样才能更好地对网站关键词排名进行优化。

阅读材料

中国酒业大王五粮液集团全资子公司——五粮液葡萄酒有限责任公司——与国内最大的跨平台博客传播网络 BOLAA 网携手合作，通过该博客平台在红酒爱好者中组织了一次大规模的红酒新产品体验主题活动。利用互联网新媒体对其红酒新产品进行大规模市场推广，这是传统名牌酒类企业利用互联网渠道进行的一次重要的营销突破。活动开展后短短几天报名参加体验活动的人数就突破了六千多人，最终五粮液葡萄酒公司在其中挑选了来自全国各地的 500 名知名的红酒爱好者参加了此次活动，分别寄送了其新产品国邑干红以供爱好着品尝。爱好着们体验新产品后，纷纷在其博客上发表了对五粮液国邑干红的口味感受和评价，迅速在博客圈内引发了一股关于五粮液国邑干红的评价热潮，得到了业界的普遍关注。五粮液国邑公司通过此次活动受益匪浅，不仅产品品质得到大家的认可，品牌知名度得到了大幅度提升，而且还实实在在地促进了产品销售，许多参加活动的爱好着表示五粮液新产品口感确实不错，以后他们自己也会去购买五粮液国邑干红。

据五粮液葡萄酒有限责任公司相关负责人介绍，此次活动是五粮液国邑干红通过互联网传递企业品牌及产品特性的一次重要尝试，希望通过博客体验的方式找到打开网络营销的突破口。随着博客在中国的蓬勃发展，一些目光敏锐的商家注意到了隐藏在博客中的巨大营销商机，他们不再拘泥于长期沿袭的传统广告，而是开始把新产品信息直接投放到定向准确的终端消费者中间，其中博客的消费特性更是与红酒产品的受众定位非常吻合，因此五粮液葡萄酒有限责任公司计划利用 BOLAA 网跨平台的博客渠道优势，对博客中的红酒爱好者组织一次新产品体验活动，即由部分爱好者实际品尝体验五粮液国邑干红后，以博客的方式描述自己切身感受和中肯意见，或围绕红酒文化开展系列的讨论，并进一步在同类属性的博友中大范围传播，逐步吸引红酒爱好者们加入五粮液红酒博友联盟圈子中，以达到宣传产品和培养忠实用户的效果。

五粮液葡萄酒有限责任公司负责人认为，通过让博客真实品尝国邑干红葡萄酒，不仅能在第一时间获得用户体验的第一手资料，而且通过博客体验进行的口碑传播，更能使红酒品牌得到广泛的传播，激发消费者的购买欲望，培育忠实用户群体，博客体验不失为一种十分有效的营销方式。获得国邑干红葡萄酒的博客纷纷表示这样的体验方式很好，不仅可以优先免费获得最新产品的体验机会，而且整个主题活动和产品本身具备的文化韵味可以更好地唤起人们心中的情感记录，很能让人产生共鸣。

由此我们可以预见，众口相传的口碑传播方式将成为最有效的营销方式之一。与传统方式的口碑传播相比，基于互联网的口碑传播，在传播速度和传播范围上已发生了质的飞跃，因而广告效果也是几何倍增，而以博客为载体的口碑传播则更具备了受众精准和高信任度传播的特点，在提升企业品牌的同时，也更易于激发销售行为。

(四)资源合作推广

网站推广常常是利用外部资源，即当网站具备一定的访问量以后，网站本身也拥有了网络营销的资源，而具备这样条件的网站之间可以进行资源合作，通过网站交换链接、交换广告、内容合作、用户资源合作等方式实现互相推广的目的。网站资源合作最简单的方式为交换链接，在合作网站上提供自己网站链接可以大大增加被搜索引擎搜索到的几率。对于大多数中小网站来说，这种免费的推广手段由于其简单、有效而成为常用的网站推广方法之一。

链接交换的意义主要体现在如下几方面：

1.提升 PR

这是交换友情链接最根本的目的。PR 值全称为 page rank，是谷歌发明的网页的级别技术，即用来评测一个网页“重要性”的一种方法，级别为 1～10 级，10 级为满分。PR 值越高说明该网页越受欢迎(越重要)，同时也将在搜索引擎中获得更好的排名。一般 PR 值达到 4 就算是一个不错的网站。想要提升自身的 PR 值，最有效的办法之一就是与 PR 值高的网站交换链接。

2.提高关键词排名

关键词排名的原理可以简单理解为投票原理，一个网站想获得好的排名，就需要有很多网站为其投票，也就是外部链接，所以若想在搜索引擎中获得好的关键词排名，寻找优质外链是必不可少的一步。

3.提高网站权重

网站权重是指搜索引擎对网站(包括网页)的重视程度，一个网站权重越高，在搜索引擎所占的分量就越大，在搜索引擎排名就越好。提高网站权重，不但利于网站(包括网页)在搜索引擎的排名更靠前，还能提高整站的流量，提高网站信任度，所以提高网站的权重相当重要。提高权重主要分为两个方面：对内，需要网站结构合理，内容充实，符合用户使用习惯，即优化；对外，则需获得大量优质的外部链接。

4.提高知名度

提高知名度是有针对性的，对于一些特定的网站和特定的情况，才会达到此效果。一个不知名的新站，如果能与新浪、搜狐、网易、腾讯等知名网站全都链接的话，那肯定对其知名度及品牌形象是一个极大的提升。

我们所提的优质链接一般包括以下几个特征：

(1)Alexa 排名。Alexa 是 Amazon 公司的一个子公司，成立于 1996 年，是一家专门发布网站世界排名的网站。Alexa 排名代表的是流量，排名越高的网站意味着流量越高，流量高代表用户认可这家网站，自然搜索引擎也会青睐此类网站，这样的网站往往属于优质的外链对象。我们可以在站长之家之类的站长工具类站点查到这一排名。图 6－28 是网站 985.net 的 Alexa 排名变化。

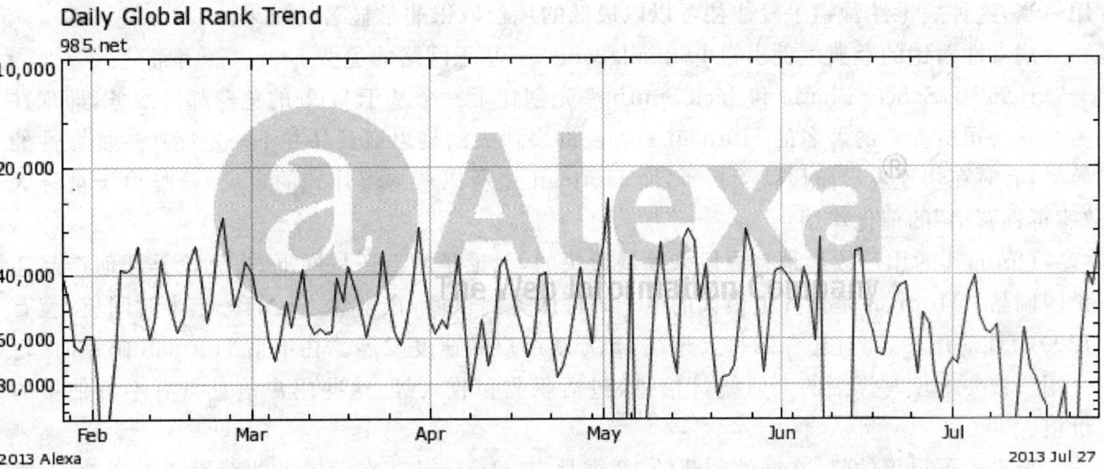

图 6－28 网站 985.net 的 Alexa 排名变化

(2)PR 值。RR 值代表的是网站的权重，只有与权重高的网站交换链接，才会提升自己的权重。通常来说，只要对方的 PR 值比自身高就可以。不过至少应该达到 4 才算是一个优质的链接。

(3)知名度。对方网站最好具有一定的知名度，或在行业内具有一定的影响力。

(4)关联性。对方网站的主题内容要与我方网站有一定的关联性。因为关联度越高，搜索引擎越重视。

(5)网页快照。对方的网页快照时间，如果日期很新，说明搜索引擎经常关注这个网站，相反则说明搜索引擎对该网站重视不够。(通俗的说，网页快照就是搜索引擎在收录网页时，都会做一个备份，大多是文本的，保存了这个网页的主要文字内容，这样当这个网页被删除或连接失效时，用户可以使用网页快照来查看这个网页的主要内容，由于这个快照以文本内容为主，所以会加快访问速度，如图 6－29 所示。

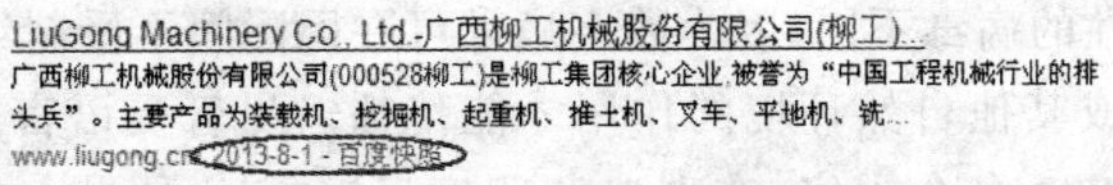

图 6－29 网页快照时间

(6)收录数。收录数特征主要包括以下两方面:第一,搜索引擎的收录数与其网站的实际内容数,不应该相差太大。第二,对方网站在百度与谷歌的收录数最好不要相差太大,这个可以参考其同类网站在不同搜索引擎的收录比例。

(7)更新速度。对方网站的内容最好是天天有更新,只有天天更新的网站,搜索引擎才会重视,用户才会喜欢,链接也才有价值。

(五)病毒性营销

病毒性营销并非是以传播病毒的方式开展营销,而是利用用户的口碑宣传网络,让信息像病毒那样传播和扩散,像滚雪球一样的方式传向数以百万计的网络用户,从而达到推广的目的。病毒性营销方法实质上是在为用户提供有价值的免费服务的同时,附加上一定的推广信息。病毒性营销是一种营销思想和策略,并没有固定模式,适合大中小型企业和网站,如果应用得当,这种病毒性营销手段往往可以以极低的代价取得非常显著的效果。

病毒性营销的经典范例出自 hotmail. com——基于网络的免费 E-mail 服务商之一。

1996 年,Sabeer Bhatia 和 Jack Smith 率先创建了一个基于 Web 的免费邮件服务,即现在为微软公司所拥有的著名的 Hotmail. com。许多伟大的构思或产品并不一定能产生征服性的效果,有时在快速发展阶段就夭折了,而 Hotmail 之所以获得爆炸式的发展,就是由于被称为"病毒性营销"的催化作用。

Hotmail 的用户数量是有史以来发展最快的,无论是网上还是网下,也无论是任何产品还是印刷品。Hotmail 是世界上最大的电子邮件服务提供商,在创建之后的一年半时间里,就有 1200 万注册用户,而且还在以每天超过 15 万新用户的速度发展。在申请 Hotmail 邮箱时,每个用户被要求填写详细的人口统计信息,包括职业和收入等,这些用户信息具有不可估量的价值。

令人不可思议的是,在网站创建的 12 个月内,Hotmail 花在营销上的费用还不到 50 万美元,而 Hotmail 的直接竞争者 Juno 的广告和品牌推广费用是 2000 万美元。在提供用户注册资料时,有些用户会担心个人信息泄密,因此比较谨慎,也就是说,免费邮件的推广也有一定的障碍,那么 Hotmail 是如何克服这些障碍的呢?答案就在于病毒性营销。

当时,Hotmail 提出的病毒性营销方法是颇具争议性的,为了给自己的免费邮件做推广,Hotmail 在邮件的结尾处附上"P. S. Get your free E-mail at Hotmail",因为这种自动附加的信息也许会影响用户的个人邮件信息,后来 Hotmail 将"P. S."去掉,同时将强行插入的具有广告含义的文字去掉,不过邮件接收者仍然可以看出发件人是 Hotmail 的用户,每一个用户都成了 Hotmail 的推广者,这种信息于是迅速在网络用户中自然扩散。

这就是病毒性营销的经典范例。这种营销手段其实并不复杂,下面是基本程序:①提供免费 E-mail 地址和服务;②在每一封免费发出的信息底部附加一个简单标签:"Get your private, free E-mail at http://www. hotmail. com ";③然后,人们利用免费 E-mail 向朋友或同事发送信息;④接收邮件的人将看到邮件底部的信息;⑤这些人会加入使用免费 E-mail 服务的行列;⑥Hotmail 提供免费 E-mail 的信息将在更大的范围扩散。

病毒性营销与生物性的病毒不同,因为数字病毒可在国际间不受制约地迅速传播,而生物病毒往往需要直接接触或其他自然环境的作用才能传播。尽管受语言因素的限制,Hotmail 的用户仍然分布在全球 220 多个国家,在瑞典和印度,Hotmail 是最大的电子邮件服务提供商,尽管没有在这些国家做任何的推广活动。尽管 Hotmail 的战略并不复杂,但是,其他人要重复利用这种方法，却很难取得同样辉煌的效果，因为这种雪球效应往往只对第一个使用者才具有杠杆作用。

美国著名的电子商务顾问 Ralph F. Wilson 博士将一个有效的病毒性营销战略归纳为六项基本要素，一个病毒性营销战略不一定要包含所有要素，但是包含的要素越多，营销效果可能越好。这六个基本要素是：①提供有价值的产品或服务；②提供无须努力地向他人传递信息的方式；③信息传递范围很容易从小向很大规模扩散；④利用公共的积极性和行为；⑤利用现有的通信网路；⑥利用别人的资源。

成功实施病毒性营销有以下五个步骤：

1.进行病毒性营销方案的整体规划

确认病毒性营销方案符合病毒性营销的基本思想，即传播的信息和服务对用户是有价值的，并且这种信息易于被用户自行传播。

2.病毒性营销需要独特的创意

需要精心设计病毒性营销方案（无论是提供某项服务，还是提供某种信息）。最有效的病毒性营销往往是独创的。独创性的计划最有价值，跟风型的计划有些也可以获得一定效果，但要做相应的创新才更吸引人。同样一件事情，同样的表达方式，第一个是创意，第二个是跟风，第三个做同样事情的则可以说是无聊，甚至会遭人反感，因此病毒性营销之所以吸引人之处就在于其创新性。在方案设计时，一个特别需要注意的问题是，如何将信息传播与营销目的结合起来？如果仅仅是为用户带来了娱乐价值（例如一些个人兴趣类的创意）或者实用功能、优惠服务而没有达到营销的目的，这样的病毒性营销计划对企业的价值就不大了，反之，如果广告气息太重，可能会引起用户反感而影响信息的传播。

3.信息源和信息传播渠道的设计

虽然说病毒性营销信息是用户自行传播的，但是这些信息源和信息传递渠道需要进行精心的设计，例如要发布一个节日祝福的 FLASH，首先要对这个 FLASH 进行精心策划和设计，使其看起来更加吸引人，并且让人们更愿意自愿传播。仅仅做到这一步还是不够的，还需要考虑这种信息的传递渠道，是在某个网站下载（相应地在信息传播方式上主要是让更多的用户传递网址信息），还是用户之间直接传递文件（通过电子邮件、IM 等），或者是这两种形式的结合？这就需要对信息源进行相应的配置。

4.原始信息的发布和推广

最终的大范围信息传播是从比较小的范围内开始的，如果希望病毒性营销方法可以很快传播，那么对于原始信息的发布也需要经过认真筹划。原始信息应该发布在用户容易发现，并且用户乐于传递这些信息的地方（比如活跃的网络社区），如果必要，还可以在较大的范围内去主动传播这些信息，等到自愿参与传播的用户数量比较大之后，才让其自然传播。

5.病毒性营销的效果需要进行跟踪管理

当病毒性营销方案设计完成并开始实施之后（包括信息传递的形式、信息源、信息渠道、原始信息发布），对于病毒性营销的最终效果实际上自己是无法控制的，但并不是说就不需要进行这种营销效果的跟踪和管理。实际上，对于病毒性营销的效果分析是非常重要的，不仅可以及时掌握营销信息传播所带来的反应（例如对于网站访问量的增长），也可以从中发现这项病毒性营销计划可能存在的问题，以及可能的改进思路，将这些经验积累为下一次病毒性营销计划提供参考。

(六)IM 推广

IM(即时通讯)作为互联网的一大应用,其重要性显得日益突出。有数据表明,IM 工具的使用已经超过了电子邮件的使用,成为仅次于网站浏览器的第二大互联网应用工具。

早期的 IM 只是个人用户之间信息传递的工具,而现在随着 IM 工具在商务领域内的普及使得 IM 营销也日益成为不容忽视的话题。最新调查显示,IM 已经成为人们工作上沟通业务的主要方式,有 50%的受调查者认为每天使用 IM 工具目的是方便工作交流,49%的受调查者在业务往来中经常使用 IM 工具,包括更便捷地交换文件和沟通信息。图 6－30 是一个利用 QQ 群推广的例子。

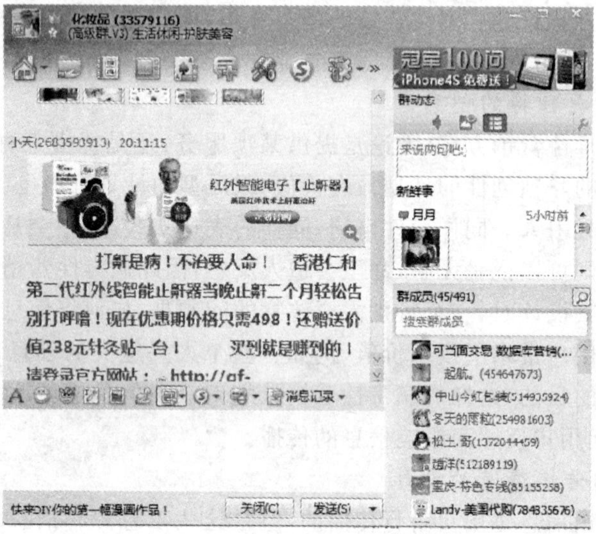

图 6－30 QQ 群推广

IM 推广的优势主要体现在以下几个方面:

(1)高适用性。腾讯 QQ 目前注册人数 9 亿多,活跃用户目前是 4 亿多,同时在线人数已经突破 1 亿。上网没有 QQ 就等于现实生活中没有手机一样稀奇,用户覆盖率如此之大,平台具有极高的推广价值。

(2)精准。IM 具有针对性:比如销售美容产品,就可以加入关于美容类的 QQ 群,或者淘宝群,先尝试建立感情,然后再进行信息推广。可以根据用户不同的特点进行一对一的实时沟通,这个是别的方式所不具备的。

(3)成本低。近乎零成本,一般不需要费用。

(4)互动性强。无论是 QQ 还是 MSN,都有各自庞大的用户群,即时的在线交流方式可以让企业掌握主动权,摆脱以往等待关注的被动局面,将品牌信息主动地展示给消费者。当然这种主动不是让人厌倦的广告轰炸,而是巧妙利用 IM 的各种互动应用,可以借用 QQ 的虚拟形象服务 QQ 秀,也可以尝试 QQ 聊天表情,将品牌不露痕迹地融入进去,这样的隐形广告很少会遭到抗拒,用户也乐于参与这样的互动,并在好友间广为传播,在愉快的氛围下自然加深对品牌的印象,促成日后的购买意愿。

(5)反应速度快。可能刚发完广告,马上就有成交的客户,这就是 IM 营销最大的好处,也是企业希望看到的效果。

(6)持续性和及时性。网络广告以及一些传统广告,这些方式的推广根本无从得知谁观看了发布的广告,看完后有什么感受,但是在QQ上,可以明确地知道用户是谁,并在第一时间获得信息反馈。

(7)传播范围比较大众化,覆盖面广,接触的人群多。IM有无数庞大的关系网,好友之间有着很强的信任关系,企业的任何有价值的信息,都能在IM开展病毒式的扩散传播,产生的口碑影响力远非传统媒体可比。

阅读材料

10月23日,上海购龙信息科技有限公司宣布,购龙旗下知名购物搜索社区——特价王——开始采购大量个人QQ、MSN签名及QQ群公告栏广告。购龙CEO王海涛称:"这是一个创新举措。我们认为QQ、MSN签名将成为极具影响力的互联网广告形式。"据透露,特价王初步预算达百万元,预计广告将触及数百万网民,这也是QQ、MSN签名首次成为广告采购对象。

只要在QQ、MSN签名,或QQ群公告栏位置,放上一条广告语,就能坐收广告费?据悉,特价王的这一签名活动创意,来自于其公司内部的实验。作为国内最知名的购物搜索社区,特价王提供上百家知名B2C网店的让利。为此,特价王员工经常在QQ、MSN上写"通过特价王到当当、卓越买书,便宜12%"、"通过特价王到PPG买衣服,便宜10%"或"通过特价王到戴尔官网买电脑,每台便宜280元"等签名,结果不少人看到后进行咨询,并成为特价王的忠实用户。

王海涛说:"采购QQ、MSN签名,首先是特价王的广告有价值和吸引力。通过特价王到当当、卓越、99网上书城、YES! PPG、红孩儿、七星购物、七彩谷商城、戴尔等网店购物,都能更便宜。只是很多人还不了解这一渠道。"

由于业界此前尚未有QQ、MSN签名广告先例,特价王已开始为期一周的测试期。正式活动期内,QQ群一月广告费暂定12元,个人QQ、MSN为10元。同时,特价王还将举行个性广告签名大比拼活动等。王海涛说:"参与签名活动的网民能轻松赚点小钱。同时我们希望用户叫上各自朋友,一起享受创意生活的乐趣。这也是互联网的魅力所在。"

对于特价王的举措,相关业内人士表示,QQ、MSN个性签名被许多网民重视。不少人每天更换签名,就像更换着每天的心情,或向别人推荐自己喜欢的电影、音乐等。同时,很多网民也比较愿意用签名赚点小钱。

"很多人喜欢在QQ签名里,挂'此广告位招商'的句子。特价王的活动,刚好给他们一个玩着赚钱的机会。"该业内人士表示,QQ、MSN签名和QQ群广告的价值比门户、博客广告更高,也更具互联网的创新精神。如特价王采购了1万个QQ群广告,其服务将立即覆盖100多万网民。这些个性、互动签名广告的启用,意味着一个"互联网2.0广告时代"的到来。

(七)网络会员制营销

网络会员制营销是指通过电脑程序和利益关系将无数个网站连接起来,将商家的分销渠道扩展到世界的各个角落,同时为会员网站提供了一个简易的赚钱途径,最终达到商家和会员网站的利益共赢。目前国内比较典型的应用就是网络广告联盟。

网络广告联盟，又称联盟营销，指集合中小网络媒体资源（又称联盟会员，如中小网站、个人网站、WAP 站点等）组成联盟，通过联盟平台帮助广告主实现广告投放，并进行广告投放数据监测统计，广告主则按照网络广告的实际效果向联盟会员支付广告费用的网络广告组织投放形式。

网络广告联盟包括三要素，即广告主、联盟会员和广告联盟平台，涉及的内容有广告与联盟会员网站匹配、联盟广告数据监测和统计、联盟广告付费方式、联盟分成模式等内容。

(1)网络广告联盟广告主，即指通过网络广告联盟投放广告，并按照网络广告的实际效果（如销售额、引导数、点击数和展示次数等）支付广告费用的广告主。

相较网络广告代理而言，通过广告联盟投放广告的广告主多为中小型企业或者是互联网网站，品牌广告主投放的广告费用还相对较少，通过广告联盟投放广告能节约营销开支，提高营销质量，同时节约大量的网络广告销售费用。

(2)网络广告联盟会员，即注册加入网络广告联盟平台并通过审核，至少投放过一次联盟广告并获得收益的站点。

(3)网络广告联盟平台，即通过联结上游广告主和下游加入联盟的中小网站，通过自身的广告匹配方式为广告主提供高效的网络广告推广，同时为众多中小站点提供广告收入的平台。本报告中的网络广告联盟平台指拥有中小站点资源的联盟平台。

网络广告联盟具有以下几种平台类型：

(1)搜索竞价联盟，即指以搜索引擎应用为核心广告联盟。联盟的组织者为搜索引擎服务商，搜索联盟是伴随谷歌、百度等搜索引擎网站的发展而成立的，主要以 CPC 支付给加盟网站一定比例的分成费用，见图 6-31。

(2)电子商务网络广告联盟，即以电子商务广告主为主的广告联盟。联盟的付费方式以 CPS（按销售额付费）为主的广告联盟，如易购网、唯一联盟等等。

(3)综合网络广告联盟，即聚集中小站点资源，以综合付费形式 CPM、CPC、CPA 为依托联盟平台为主的广告联盟。这类广告联盟有自身的广告主资源也兼营网络广告分销业务，如阿里妈妈、智易营销、亿起发、黑马帮、软告网等。

图 6-31　百度网盟推广

阅读材料

淘宝客是指通过互联网帮助淘宝卖家推广商品，并按照成交金额获得佣金的人或者集体（可以是个人、网站、团体、公司）。

组成模式：在淘宝客中，有淘宝联盟（见图 6-32）、卖家、淘客以及买家四个角色，他们每个都是不可缺失的一环，如图 6－33 所示。

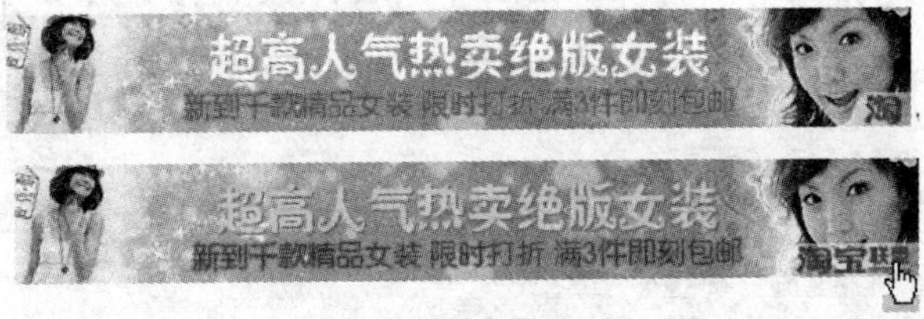

图 6－32　淘宝联盟脚标

(1)淘宝联盟：一个推广平台，帮助卖家推广产品，帮助淘客赚取利润，每笔推广的交易抽取相应的服务费用。

(2)卖家：佣金支出者，他们提供自己需要推广的商品到淘宝联盟，并设置每卖出一个产品愿意支付的佣金。

(3)淘宝客：佣金赚取者，他们在淘宝联盟中找到卖家发布的产品，并且推广出去，当有买家通过自己的推广链接成交后，那么就能够赚到卖家所提供的佣金(其中一部分需要作为淘宝联盟的服务费)。

(4)买家：就是单纯的购买者，网购的购物人群。

图 6－33　淘宝客与买家卖家的关系图

举例说明：淘宝客在淘宝联盟中找到一款梓龙膏的产品，这款产品的商品佣金是 12%，店里的类目佣金是 10%，那么当淘宝客在其他的网站发布成功后，买家点击并连接到网店里购买了梓龙膏，卖家就应该付给淘宝客成交金额的 12%，这个费用需要扣除运费。如果买家点击后没有当时购买，而在 15 天内进行了购买，卖家应该依旧付给淘宝客 12%的报酬。如果买家没有购买淘宝客发布的梓龙膏，而且在店里购买了其他的产品，卖家则按成交额的 10%付给淘宝客报酬，同样也是 15 天内有效的。

项目任务

任务一　将网址信息登录到百度搜索引擎

任务目的

掌握搜索引擎登录的基本方法，包括人工方式和登录工具方式。

1. 人工登录

登录百度搜索引擎登录页面(http://www.baidu.com/search/url_submit.htm)将网站在搜索引擎进行免费注册,如图 6-34 所示。

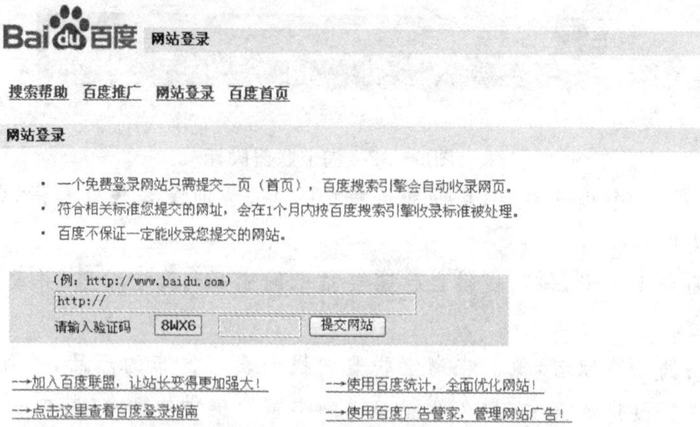

图 6-34 百度搜索引擎登录页面

2. 搜索引擎登录工具登录

这里以旺道 SEO 优化检测工具为例。旺道 SEO 优化登录功能,全面地概括了所有的搜索引擎登入口,只要将网站通过旺道 SEO 优化软件提交,等待各大搜索引擎审核通过后,那么网站就可以在这些搜索引擎中查找到,当然做关键字排名就需要使用其他的功能。

旺道 SEO 软件的下载地方有很多,官方网站下载地址如下:http://www.wandot.com/wandot.seo.download.asp 。在这里先下载,下载后解压文件,如图 6-35 所示。

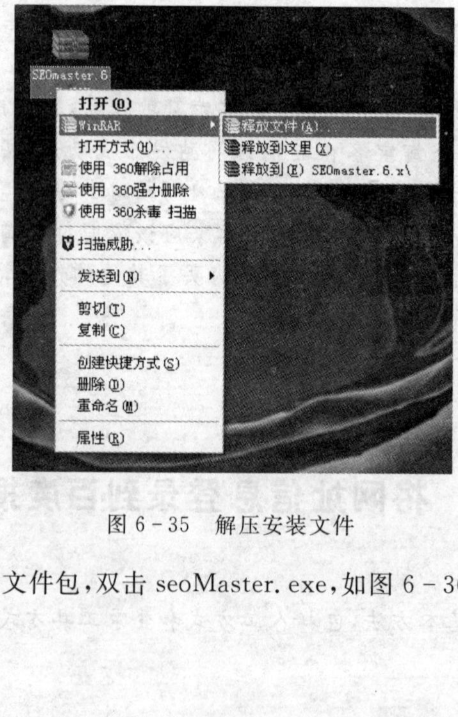

图 6-35 解压安装文件

解压文件,解压后打开文件包,双击 seoMaster.exe,如图 6-36 所示。

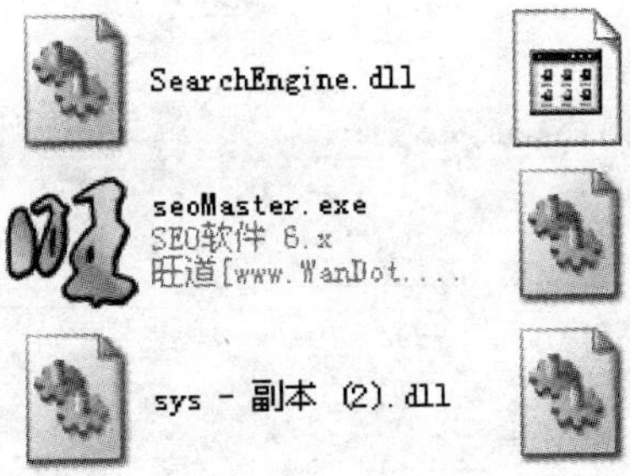

图 6 - 36　双击 seoMaster.exe

即可打开图 6 - 37 这个界面。

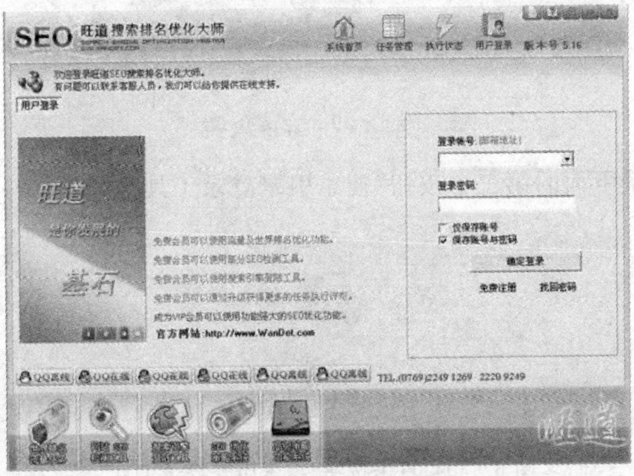

图 6 - 37　旺道搜索排名优化大师界面

点击免费注册,填好基本资料。如图 6 - 38 所示。

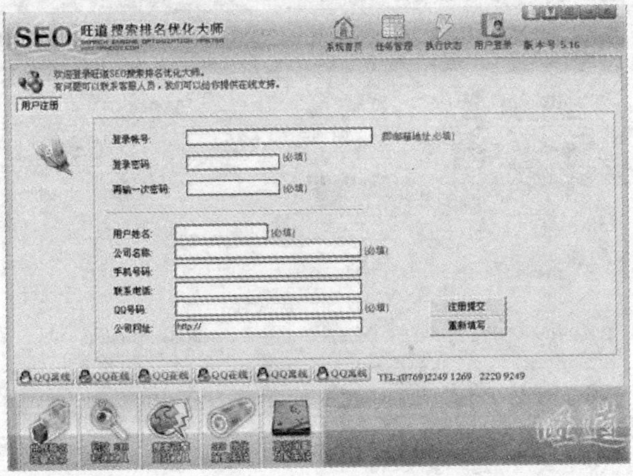

图 6 - 38　填写注册资料

会员登录如图 6 - 39 所示。

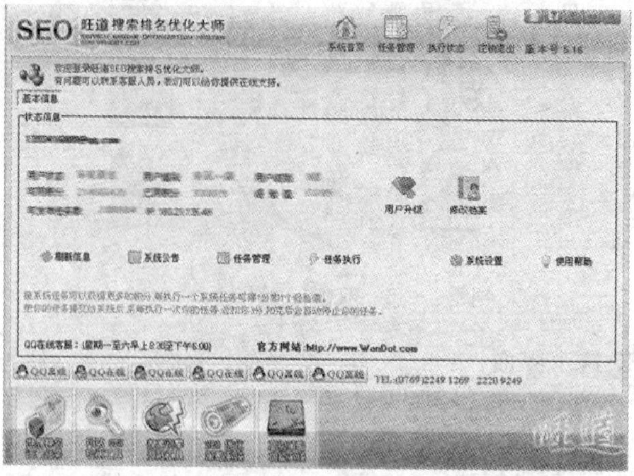

图 6 - 39　会员登录

点击打开，点击最下面的第三个按钮“搜索引擎登录工具”，如图 6 - 40 所示。

图 6 - 40　点击按钮“搜索引擎登录工具”

就可以列出各大搜索引擎登录工具，如图 6 - 41 所示。

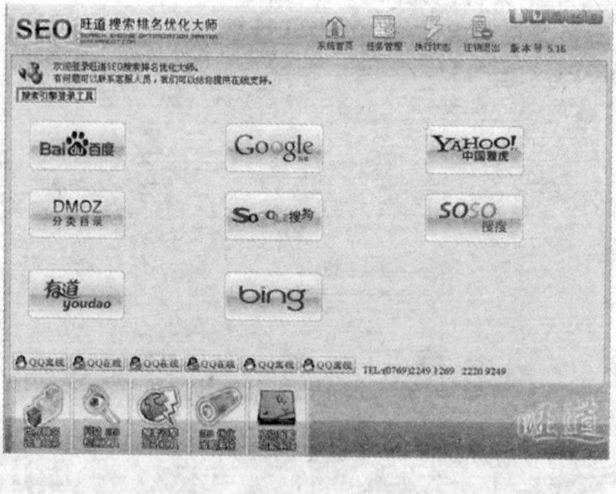

图 6 - 41　各大搜索引擎登录工具

例如百度登录，可以点击百度登录，填写好网址及验证码，按提交网站，等待百度审核通过后就可以在百度搜索引擎中搜索到你的网站，如图 6-42 所示。

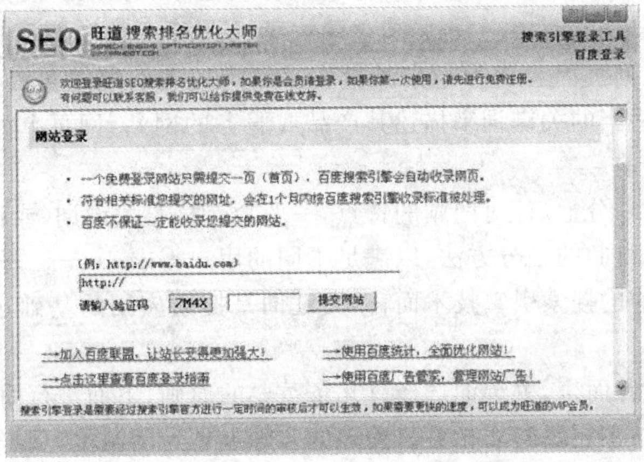

图 6-42　百度登录

再如谷歌登录，点击谷歌登录，填写好网址及评论，按添加网址，等待谷歌审核通过后就可以在谷歌搜索引擎中搜索到目标网站，如图 6-43 所示。

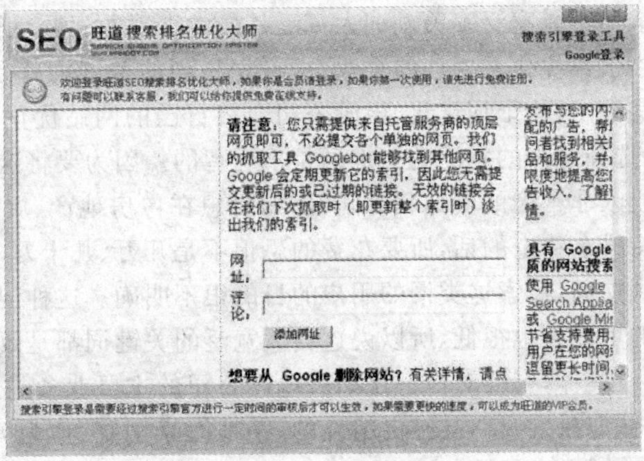

图 6-43　谷歌登录

任务要求

选择需要推广的对象网站（最好为企业网站），并尝试为其在主要搜索引擎进行登录。

任务二　搜索引擎营销中的关键词策略

任务目的

熟悉关键词选择的方法和步骤，能够根据对象情况为其合理选择关键词，体现搜索引擎营销导向。

关键词的选择是搜索引擎营销活动中至关重要的一步。SEO工作是围绕产品关键词进行的，因此关键词的选取事关整个SEO工作能否有效地开展。众所周知，大多数人在网上寻找信息都是从搜索引擎开始。我们都是通过输入关键词段来寻找想要的信息。因此，选择恰当的关键词对于优化网页内容变得越来越重要。因为搜索引擎主要提供与关键词有关的内容，比起那些没有用适当的关键词来描述其产品或服务的网站，网页上如果有相关的关键词，该网站的排名会更靠前。

在具体关键词的划分上，针对网站的特点，一般会有核心关键词（或称主要关键词）和辅助关键词（或称长尾关键词）的划分方法，以满足不同的用户需求。

简单归纳，就目前的搜索引擎技术而言，关键词是搜索应用的基础，也是搜索引擎优化的基础。

对搜索引擎优化者而言，关键词选择有几条重要的原则，下面进行简单介绍。

(1)关键词与网站主题要密切相关。关键词实际上是为网站主题服务的，因此关键词需要与网站主题紧密相关。这一点很简单，也容易理解，但是千万不能忽略。

对于一个网站来说，所有的内容都应该围绕主题展开，关键词也不例外。如果选择的关键词是和网站的主题不相关、没有联系，那么这样的关键词即使能给网站带来很高的流量，也不能选择，因为这样的关键词对网站品牌、网络营销没有任何意义，还会引起来访者的疑问和反感。

(2)关键词要精准而不能宽泛。关键词太宽泛是最常出现的问题，很多网站都会犯这个错误，在很多意识到搜索引擎优化重要性的企业中，首先想到的关键词就是本行业的名称，比如房地产公司会选择“房地产”这个词优化，旅游公司会将自己的网站优化到“旅游”关键词的靠前位置。但是事实上选择这样的宽泛的关键词是不明智的。因为要将这些非常宽泛的关键词排名优化上去，需要投入非常大的资金和时间，比如要想在像房地产、旅游这样的关键词排到前几名的位置，并保持排名稳定的话，所要花费的恐怕不是几万、几十万，而是上百万才能看到效果。其次，即使排到前面，搜索这类词的用户的目的很不明确。这种词带来的流量是目标性很差的，转化为订单的可能性也很低，所以说这类太宽泛的关键词都是效率比较低的。我们所选择的关键词应该比较具体，有针对性。比如房地产公司的主要业务是进行海景别墅的开发销售，那就完全可以将“海景别墅”，甚至更精确的“某地海景别墅”作为关键词，如图6-44所示。总之，在关键词的选择上，精准、具体、有针对性是重要原则，太宽泛的关键词往往不能获得好的效果。

(3)关键词不要太特殊。关键词要精准，但也不要走进非常特殊的误区，涵盖范围太小的关键词也是不好的。比如一个销售婴儿服装的网站，如果将核心关键词定位“××市6～24个月男婴上衣销售”，就是很不合适的，完全没有考虑到受众群体的数量。应该将核心关键词定位为“婴儿服装销售”才比较合理，至于前者，如果有必要，可以作为长尾关键词存在。

(4)站在用户角度思考。网站经营者由于过于熟悉自己的行业和自己的产品，在选择关键词的时候，容易想当然地觉得某些关键词是用户会搜索的，但真正的用户思考方式和商家不一定一样。比如说一些技术专用词，普通客户可能很不熟，也不会用它去搜索，但卖方却觉得这些词很重要。所以在选择关键词的时候，应该做一下调查，比如询问公司之外的亲戚朋友，如果要搜索这类产品，他们会用什么词来搜索。最有效率的关键词就是那些竞争程度不高，同时被用户搜索次数较多的词。

图 6-44　海景别墅主题

(5)选择竞争度小的关键词。网络上同样主题的站点很多,搜索同样的含义,但使用不同的关键词的人也很多,在为网站选择关键词的时候,应该尽量挑选那些搜索多、竞争度小的关键词。下面介绍一下关键词选择的步骤。

首先,可以建立一个备选的关键词库,只有将各种关键词罗列出来,才可能进行筛选比较,也才有选择的余地。途径有很多种,第一,可以根据自己的理解和常识,列出一些关键词。第二,可以问一下自己的家人、朋友、同事会在搜索引擎中使用什么词来搜索。比如产品是雨伞,那么精打细算的主妇可能会选"便宜的雨伞",年轻人可能会选"漂亮的雨伞",前卫的同事可能会选"创意雨伞",商人可能会选"雨伞批发",等等。第三,可以分析同类优秀站点,找出同行业比较优秀的站点,分析它们在标题、描述中使用了哪些关键词,如图 6-45 所示。另外还可以利用搜索引擎提供的"相关搜索"、"搜索提示"等功能来发现有价值的关键词,如图 6-46、图 6-47 所示。

其次,可以使用一些关键词选择工具来搜集关键词。比如百度的推广助手和谷歌的站长工具等。下图是百度推广的关键词推荐工具,只要输入产品或服务的关键词,点击"获取推荐关键词",系统将提供与之相关的关键词,如图 6-48 所示。

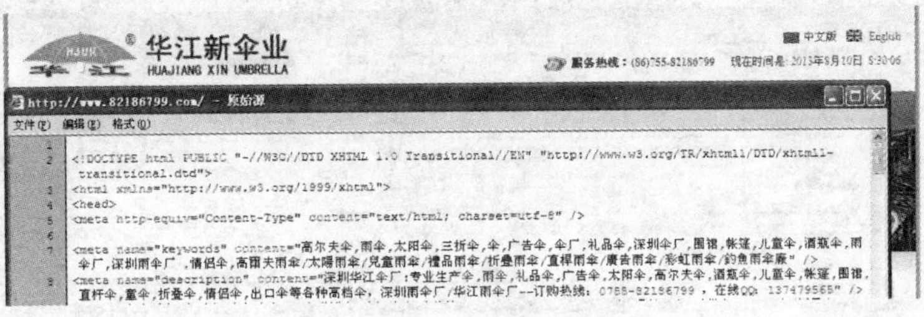

图 6-45　同行网站的关键词

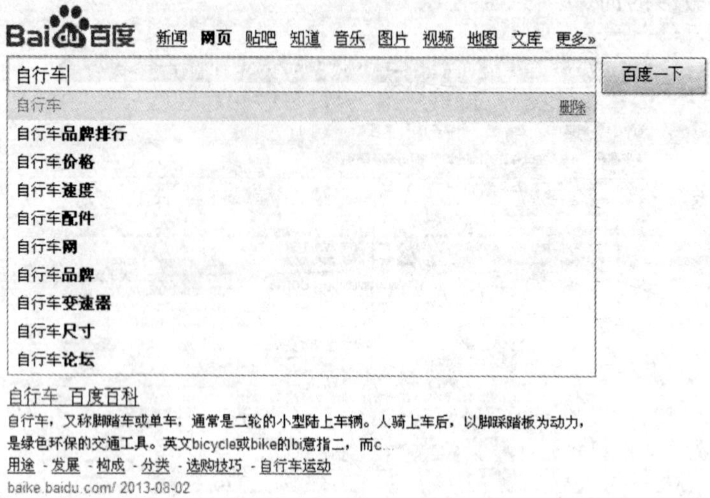

图 6－46　搜索引擎提示的相关词

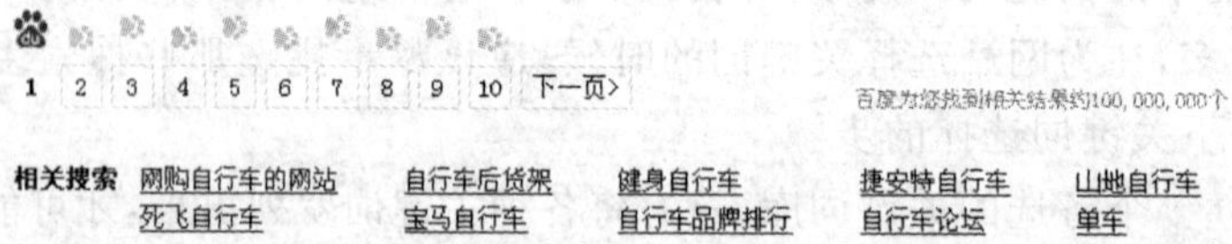

图 6－47　搜索引擎提供的“相关搜索”

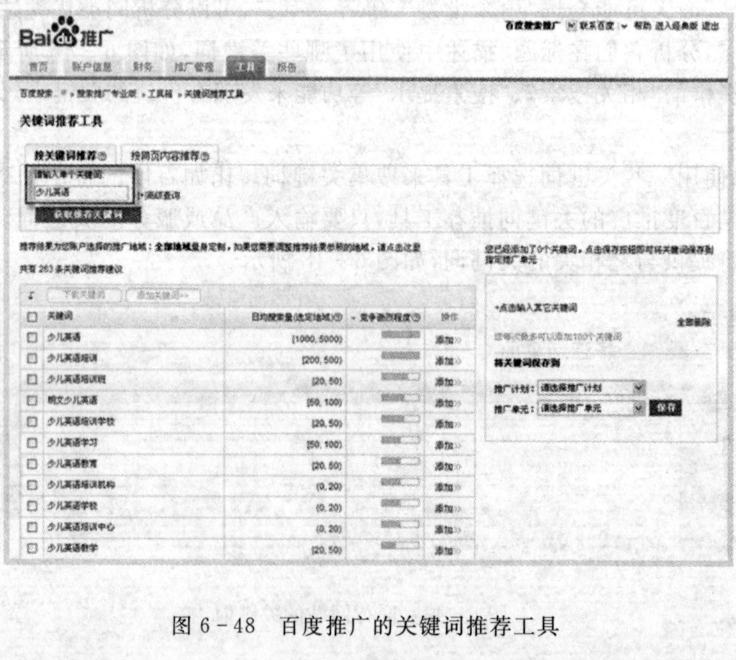

图 6－48　百度推广的关键词推荐工具

再次，关键词的竞争度分析。我们可以在百度搜索框内输入关键词然后在底部查看关键词搜索结果，了解竞争度的大小。小于50万表示竞争度小，50万～100万表示偏小一点，100万～300万表示中等，300万～500万表示中等偏上，超过500万表示难度偏大。图6-49所示为使用“婴儿奶粉”搜索时的搜索结果数。我们还可以利用百度指数来查询一个关键词被搜索次数和用户关注度等信息，图6-50所示为对比“山地自行车”和“变速自行车”的用户关注度。

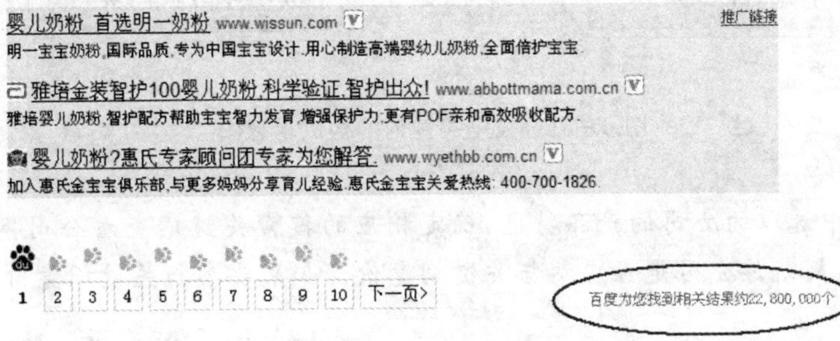

图6-49　百度搜索结果数显示

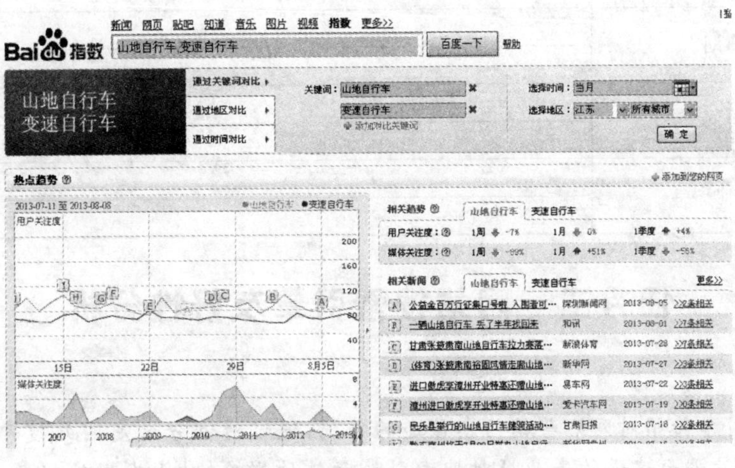

图6-50　百度指数分析

最后，确定主关键词的长尾关键词，真正用意是找出具有高度转化率的长尾关键词。例如关键词“服装”，它的长尾词可以分为很多类，如男性服装、女性服装、冬装、夏装等，以及它的品牌拓展如某品牌服装等，还有按照面料拓展如棉类、皮类等。所以选择长尾关键词进行优化明显更有转换价值。因为一般搜索某产品的细分品牌的用户都是奔着购买它的产品而来的。把这些高转换率的词进行长尾词的优化，网站的流量所转换的价值就非同小可了。图6-51为长尾关键词的构成示意图。

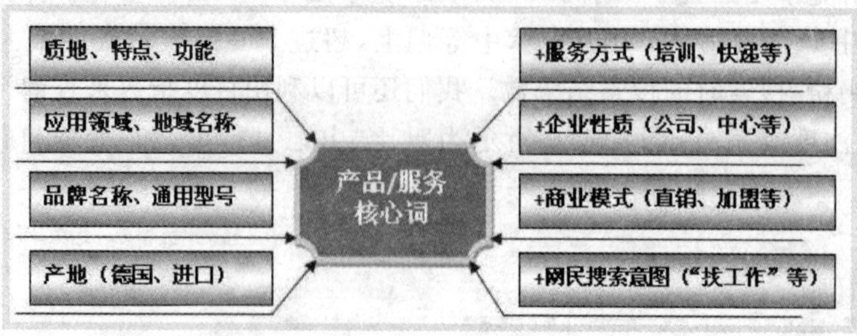

图 6-51　长尾关键词的构成示意图

任务要求

根据任务一中选取的公司的产品特色，确定相应的搜索关键词查看公司网站在搜索引擎中的表现，并作出判断该公司是否应参与关键词竞价。如果要参与关键词竞价，请设计参与竞价的关键词。

产品词	
品牌词	
促销词	
其他	

任务三　网站搜索引擎友好性分析

任务目的

了解搜索引擎营销对网络营销信息传递的作用，通过对部分选定网站搜索引擎进行友好性分析，思考网站平台建设的专业性对搜索引擎营销的影响，对于发现的问题，提出相应的改进建议。

任务要求

(1)选定一个你比较熟悉或关注的企业，以它的网站作为分析对象。

(2)浏览该网站并确认该网站最相关的 2—3 个核心关键词(比如主要产品名称、所在行业等)。

(3)用每个关键词分别在谷歌和百度进行检索，了解该网站在搜索结果中的表现，如排名、网页标题和摘要信息内容等，同时记录同一关键词检索结果中与被选企业同行的其他竞争者的排名和摘要信息情况。

(4)根据有关信息分析被分析网站的搜索引擎友好性。

完成一篇不少于 1000 字的实验报告，实验报告主要内容：通过调查中获得的信息分析网站设计对网站搜索引擎友好性的影响，可重点突出某些关键因素，如网站结构的影响、网站内容信息质量及核心关键词的影响等，如果利用同一关键词进行检索，同一网站在不同搜索引擎中的表现有较大差异，请分析问题产生原因并提出合理的建议。

任务四 网络营销平台实施策略规划

任务目的

分析比较不同类型网站；把握企业域名设计的思路，为相关企业科学合理地命名域名。能够根据企业实际情况，为企业网站合理规划栏目。

任务要求

(1)分别访问美的集团、海尔集团和戴尔这三家公司的网站，注意它们的栏目内容设置、网站功能模块设置和网站风格三个方面的相同点和不同点。完成下表并结合三家公司的业务特点，分析不同类型的公司是如何来选择企业网站类型的。

公司名称	网址	企业业务分析	网站类型	网站主要栏目	网站主要功能

(2)小王是一名在校学生，他想和几位同学一起开始网络创业，着手建设一个以本地区为主要服务范围的城市生活信息网，请帮他们设计几个域名，并查询这些域名的注册情况，最后选出你认为最合适的三个可用域名供其参考。

序号	设计域名	注册情况	所有者信息	注册时间	到期时间	注册或者交易价格

(3)选定你熟悉的行业中某家企业作为分析对象，分析主要访问者和业务需求，从满足客户需求和突出企业特色的角度出发，对网站栏目和内容进行规划，填写下表。

一级目录	二级目录		内容描述(或三级目录)	内容说明
	编号	名称		
	1—1			
	1—2			
	1—3			
	……			
	2—1			
	2—2			
	2—3			
	……			
	3—1			
	3—2			
	3—3			
	……			

不同类型网站设计风格各不相同，搜索几家不同类型的公司，分析比较它们在设计风格上的差异，设计本网站风格。

任务五　网络推广方案的制订

任务目的

能够根据企业需要并结合企业实际制定出一份科学合理且切实可行的网络推广方案，能够熟悉不同推广手段的具体特点和应用场合，并能够根据企业推广目标有选择地将不同推广手段结合运用，使其相互补充，共同发挥作用。

任务要求

以小组为单位，联系熟悉的企业，经过网络和实地调研，为该公司撰写一份符合企业实际、切实可行的网络推广方案。方案应包括以下主要框架：网络推广企业简介、网络推广目标、主要竞争对手及其网络推广方式分析、网络目标市场分析、网络推广具体方式。

具体要求：

(1) 字数在3000～4000之间；

(2) 推广目标明确、网络目标市场分析到位，至少有5种以上的网络推广方式；

(3) 推广方案符合企业具体实际情况，具备较强的可行性和操作性。

项目小结

本项目主要介绍了网络营销的一些基本知识。知识要求主要包括：了解网络营销的基本概念和主要职能；了解网络营销的主要工具及其营销职能；掌握企业网络营销平台的分类并重点掌握企业自建平台的规划；了解主要的网络推广方式及其使用。能力要求主要包括：能够针对企业实际对企业网站进行总体规划；能够根据实际需要合理安排网络推广方案并实施；能够运用网络营销策略对网络营销活动进行综合分析。

基本练习

1. 什么是网络营销？如何正确认识网络营销？
2. 网络营销有哪些职能？网络营销职能与方法之间是什么对应关系？
3. 企业网站有哪几种类型？它的营销职能有哪些？
4. 搜索引擎按工作原理可分为哪几类？它的营销目标是什么？
5. 常见的企业网站栏目有哪些？
6. 常用的网络推广方式有哪些，选择一种进行介绍。

拓展训练

淘宝是屏蔽搜索引擎外链接的，所以想在搜索引擎直接搜索到你的淘宝店基本上是没有可能性的。做淘宝网店的SEO，一般来说只能在淘宝自有的搜索引擎下做，就是购买直通车业务，投放关键词，竞价获得排名。

淘宝直通车是淘宝网为广大卖家量身定制的一款推广工具，主要通过设置与推广宝贝相关的关键词获得流量,按照获得流量个数(点击数)付费,进行宝贝的精准推广。如果想推广一件宝贝,就需要给该宝贝设置相应的关键词、类目出价及宝贝推广标题。当买家在淘宝网通过输入关键词搜索或按照宝贝分类进行搜索时,推广中的宝贝就会出现在直通车的展示位,买家点击才会收费,不点击不收费,具体介绍如图 6-52 所示。

通过淘宝网站的帮助信息,可以了解直通车业务的原理、表现形式、作用和开通办法,同时可进一步了解淘宝还提供了哪些网店推广方式(比如前面提到的淘宝客)。

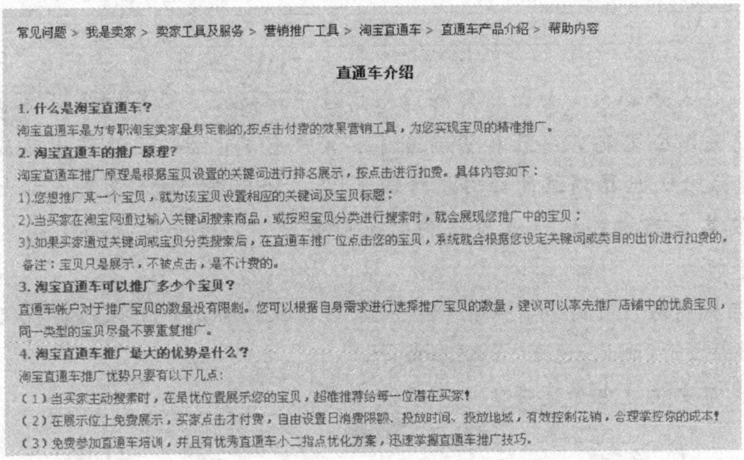

常见问题 > 我是卖家 > 卖家工具及服务 > 营销推广工具 > 淘宝直通车 > 直通车产品介绍 > 帮助内容

直通车介绍

1. 什么是淘宝直通车?

淘宝直通车是为专职淘宝卖家量身定制的,按点击付费的效果营销工具,为您实现宝贝的精准推广。

2. 淘宝直通车的推广原理?

淘宝直通车推广原理是根据宝贝设置的关键词进行排名展示,按点击进行扣费。具体内容如下:

1).您想推广某一个宝贝,就为该宝贝设置相应的关键词及宝贝标题;

2).当买家在淘宝网通过输入关键词搜索商品,或按照宝贝分类进行搜索时,就会展现您推广中的宝贝;

3).如果买家通过关键词或宝贝分类搜索后,在直通车推广位点击您的宝贝,系统就会根据您设定关键词或类目的出价进行扣费的。

备注:宝贝只是展示,不被点击,是不计费的。

3. 淘宝直通车可以推广多少个宝贝?

直通车帐户对于推广宝贝的数量没有限制。您可以根据自身需求进行选择推广宝贝的数量,建议可以率先推广店铺中的优质宝贝,同一类型的宝贝尽量不要重复推广。

4. 淘宝直通车推广最大的优势是什么?

淘宝直通车推广优势只要有以下几点:

(1)当买家主动搜索时,在最优位置展示您的宝贝,超准推荐给每一位潜在买家!

(2)在展示位上免费展示,买家点击才付费,自由设置日消费限额、投放时间、投放地域,有效控制花销,合理掌控你的成本!

(3)免费参加直通车培训,并且有优秀直通车小二指点优化方案,迅速掌握直通车推广技巧。

图 6-52 淘宝直通车业务介绍页面

项目七 电子商务物流

项目概要

戴尔公司创始人迈克尔·戴尔将经营理念定位于按照客户需求制造计算机，并向客户直接发货，从而使戴尔公司能够有效和明确地了解客户需求，继而迅速作出回应。凭借其直销模式，戴尔迅速成长为世界顶级的计算机跨国集团。1996 年，戴尔在其网站上嵌入了电子商务功能，从而使其直销模式从传统商务向电子商务进军，进一步提高了戴尔公司的服务水平，增强了竞争能力。

戴尔的物流从确认订货开始，确认订货以收到货款为标志，在收到货欲之后需要两天时间进行生产准备、生产、测试、包装、发运准备等。

戴尔公司现需要构建电子商务环境下物流模式。

导入案例

马云不会闲着，刚刚宣布将于 2013 年 5 月 10 日卸任阿里巴巴集团 CEO，现在宣布要投资一个前所未有的智能物流骨干网络(CSN)，让全国任何一个地区做到 24 小时内送货必达。此项目投资规模将达 1000 亿，由阿里巴巴集团牵头，马云拟担任董事长，银泰集团董事长沈国军拟出任 CEO。

信息流、资金流、物流三流之中，物流最复杂最艰难，马云自 2011 年开始布局物流业。阿里巴巴公关部负责人表示：以前是方向制定阶段，“项目”立项则表明实施的方法已定，进入实操阶段。

电子商务界的大佬马云为什么花重资建物流？

(1)京东做物流开放平台，淘宝受到了冲击。

(2)快递物流服务糟糕，用户体验差，现实要自足。例如，2012 年的“光棍节”淘宝卖疯了，但消费高潮一过，淘宝不得不面对物流不给力的现象。许多商品短则 3～5 天，长则 7～8 天才能到达消费者的手里，这严重影响了消费者的购物体验。

(3)制造业艰苦，不做智能物流不能对接终端消费者，不能很好应对跨国和国内市场，以便长远地走出去。

马云通过进行物流的可行性分析，以为投资物流，条件和时间都算成熟。

(1)他有雄厚的资本，强大的社会资源，精英的团队，具备所有建立新业务条件。

(2)现在物流行业，除了几家国有企业和外资物流，中国还没有真正强大民营物流。其实马云投资物流并不是多元化，而深耕电子商务行业。众所周知，电子商务的发展是要靠强大物流能力来实现的，之所以选择物流，主要有以下原因：①是为能更快更好地发展电子商务；②有肥水不流外人田的味道；③拥有自己的物流公司就可以避免将来因物流涨价制约了电子商务。

资料来源：马云千亿物流梦[EB/OL][2013 - 01 - 25]www. 21cbh. com/HTML/2013 - 1

-25/5MHzE4XzYxMjE5MA. html.

项目分析

戴尔公司通过电话、网络以及面对面的接触，和顾客建立了良好的沟通和服务支持渠道。另一方面，戴尔也通过网络，利用电子数据交换连接，让上游的零件供应商能够及时准确地知道公司所需零件的数量、时间，从而大大降低了存货，这就是戴尔所称的“以信息代替存货”。这样，戴尔公司和供应商建立起一个“虚拟”的企业，形成了供应链的前半段。供应链的后半段的核心是物流，戴尔公司在电子商务环境下选择什么样的物流模式至关重要。戴尔公司采取直销的模式，就意味着再偏远的区域都会有客户，任何一个订单都要满足。而戴尔中国公司不是由原来的制造企业转型而来，没有现成的分销网络物流系统可以利用。

自建一个覆盖面较大、反应迅速、成本有效的物流网络和系统物流对戴尔来讲是一件耗时耗力的庞大工程，而且戴尔公司又在物流管理方面不具备核心专长，因送货不经济导致的运作及其他相关成本上升而增加的费用是无法弥补的。面对全球化激烈竞争的趋势，企业的战略对策之一是专注于自己所擅长的经营领域，力争在核心技术方面领先而将本企业不擅长的业务则分离出去，委托给在该领域有特长的、可信赖的合作伙伴。所以戴尔公司应考虑将物流外包给专业的第三方物流公司。

项目知识

一、物流概述

1. 物流的定义

物流是物品从供应地到接收地的实体流动过程，根据实际需要，将运输、储存、装卸、搬运、包装、流通加工、配送、信息处理等基本功能实施有机的结合。

2. 现代物流

在当今的电子商务时代，全球物流产业有了新的发展趋势。现代物流服务的核心目标是在物流全过程中以最小的综合成本来满足顾客的需求。现代物流具有以下几个特点：电子商务与物流的紧密结合；现代物流是物流、信息流、资金流和人才流的统一；电子商务物流是信息化、自动化、网络化、智能化、柔性化的结合；物流设施、商品包装的标准化，物流的社会化、共同化也都是电子商务下物流模式的新特点。

电子商务的不断发展使物流行业重新崛起，美国的物流业所提供的服务内容已远远超过了仓储、分拨和运送等服务。物流公司提供的仓储、分拨设施、维修服务、电子跟踪和其他具有附加值的服务日益增加。物流服务商正在变为客户服务中心、加工和维修中心、信息处理中心和金融中心，根据顾客需要而增加新的服务是一个不断发展的观念。

3. 物流活动

企业物流活动的构成要素有六个，其中实现物质、商品空间移动的运输以及时间移动的存货是两个中心要素，另外四个要素是因包装物流顺利进行而开展的搬运、流通加工和信息，它们对物流的顺利进行起着十分重要的作用。

(1)运输。运输是用设备和工具，将物品从一地点向另一地点运送的物流活动，其中包括集货、分配、搬运、中转、装入、卸下、分散等一系列操作。

(2)储存、保护、管理、贮藏物品。物品流通活动中的存货行为是为了调整生产和消费之间的时间差而进行的。例如,我们的主食大米,集中在秋天收获,而消费者每天都要食用,为了调整集中生产、平均消费的时间性,就要放在仓库里保存。因此,在生产和消费(或销售)之间,多多少少存在这样的一些时间差,在供需之间,时间方面的调整就是存货活动的主要功能。其他方面,如提高商品时间效用的功能,也是存货的功能。反之,提高商品的场所效用是运输的功能。这就是说,提高商品的场所效用和时间效用这两个功能,即运输和存货,成为物流活动的支柱。

对仓储管理与库存控制定义理解如下:仓储管理是指对"储备"实物本身进行的操作(对在库货在途商品的数量和品质以及运作进行的管理,以防商品数量短少,质量发生变化,同时提高劳动生产率)。库存控制是指对库存数量和结构进行变化和管理的物流作业活动。

(3)包装。包装是为在流通过程中保护产品、方便储运、促进销售,按一定技术方面而采用的容器、材料及辅助物等的总体名称,也指为了达到上述目的而采用容器、材料和辅助物的过程中施加一定技术方法等的操作活动。

包装与物流领域有直接的关系,这种包装称为工业包装,也称运输包装或外包装运输包装(transport package),是以满足运输贮存要求为主要目的的包装。它具有保障产品的安全,方便储运装卸,加速交接、点验等作用。与商品零售有关的包装称为商品包装或零售包装、消费者包装。销售包装(sales package)又称内包装,是直接接触商品进入零售网点和消费者或用户直接见面的包装。

(4)搬运。搬运是在同一场所内,对物品进行水平移动为主的物流作业。搬运是为产品的货物运输和保管的需要而进行的企业。

在仓库管理中,物料搬运是一项重要的活动。产品必须有人接收、分拣、组装,以满足顾客的订货需要。在物料搬运设备中投入的直接劳动和资金是物流总成本的一个主要组成部分。产品搬运的过程越少,产品损坏的可能性也就越小,而仓储的整体效率却会增加。现实中还利用各种各样的机械化和自动化设施来协助物料搬运。实际上每一个仓库及其物料搬运能力都反映了整个物流过程中的一个微系统。

(5)流通加工。流通加工(distribution processing)是物品在从生产地到使用地的过程中,根据需要施加包装、分割、计量、分拣、刷标志、拴标签、组装等简单作业的总称。

流通与加工的概念本不属同一范畴。加工是改变物质的形状和性质,形成一定产品的活动;而流通则是改变物质的空间状态与时间状态。流通加工则是为了弥补生产过程加工不足,更有效地满足用户或本企业的需要,使产需双方更好地衔接,将这些加工活动放在物流过程中完成,而成为物流的一个组成部分。流通加工是生产加工在流通领域中的延伸,也可以看成是流通领域为了更好地服务,在职能方面的扩大。

(6)信息。所谓信息,是指能够反映事物内涵的知识、资料、信函、情报、数据、文件、图像、语言、声音等。信息是事物的内容、形状及其发展变化的反映。

物流信息是指物流活动过程中所必需的各种信息。迅速和准确的信息交流能够改善物流,可以制定新的和独特的物流解决方案,使物流达到前所未有的作用。

然而,这种技术与信息质量密切相关。信息质量上的缺陷会给物流作业带来许多问题,信息质量的缺陷主要划分为两大类:

①所收到的信息会在趋势和事件方面不准确。由于大量的物流是在未来的需求之前发生的,不准确的判断或预测都会引起存货非正常损耗或过剩,而过分乐观的预测又会导致不恰当

的存货定位。

②有关订货的信息与顾客的具体需求一旦产生误差，处理误差的订货将会增加物流成本。由于退回存货的费用往往会增加物流成本，即使另外存在着销售机会，设法向其他顾客提供所需的服务也会再次产生费用。

二、电子商务与物流的关系

电子商务同专业物流的关系如同企业与银行的关系。但是，由于电子商务公司同传统的公司比较具有更加容易建立、营运成本低的特点，其竞争将会更加激烈，估计将会发展为与物流融合，形成一个公司既有电子商务，也有物流，而各个公司之间如同现在一样，既有合作，又有竞争。垄断企业的规模会进一步扩大，其垄断不仅仅在某一行业，也可以是某一地区的商务，即产生商务垄断。它们的关系表现在以下几个方面：

(一)物流——实现电子商务的保证

1.物流保障生产

无论在传统的贸易方式下，还是在电子商务下，生产都是商品流通之本，而生产的顺利进行需要各类物流活动支持。生产的全过程从原材料的采购开始，便要求有相应的供应物流活动，将所采购的材料到位，否则，生产就难以进行；在生产的各工艺流程之间，也需要原材料、半成品的物流过程，即所谓的生产物流，以实现生产的流动性；部分余料、可重复利用的物资的回收，就需要所谓的回收物流；废弃物的处理则需要废弃物物流。可见，整个生产过程实际上就是系列化的物流活动。合理化、现代化的物流，通过降低费用从而降低成本、优化库存结构、减少资金占压、缩短生产周期，保障了现代化生产的高效进行。相反，缺少了现代化的物流，生产将难以顺利进行，那无论电子商务是多么便捷的贸易形式，仍将是无米之炊。

2.物流服务于商流

在商流活动中，商品所有权在购销合同签订的那一刻起，便由供方转移到需方，而商品实体并没有因此而移动。在传统的交易过程中，除了非实物交割的期货交易，一般的商流都必须伴随相应的物流活动，即按照需方(购方)的需求将商品实体由供方(卖方)以适当的方式、途径向需方(购方)转移。而在电子商务下，消费者通过上网点击购物，完成了商品所有权的交割过程，即商流过程。但电子商务的活动并未结束，只有商品和服务真正转移到消费者手中，商务活动才告以终结。在整个电子商务的交易过程中，物流实际上是以商流的后续者和服务者的姿态出现的。没有现代化的物流，再轻松的商流活动都仍会退化为一纸空文。

(二)物流是电子商务概念的重要内容

自从1998年开始，电子商务就成为一个热门的话题，特别是与电子商务沾得上一点边的企业上市筹资，都获得成功。而为什么现在电子商务就开始慢慢降温了呢？最主要的还是一个物流和配送的瓶颈问题。

从国内电子商务的运行分析，我国电子商务行业并不乐观，所谓的电子商务其实也只能说是一块区域电子商务。打个比方，现在在宁波，如果利用电子商务形式购买商品的话，若购买本地的商品，电子商务可能的确可以实现，效果、优势可能马上就体现出来；但试想一下，如果购买的是新疆商品，而且不是很多，仅一个小玩具，能实现吗？如果能实现，是真正的实惠吗？优势还有吗？这就是一个物流瓶颈问题。

从电子商务降温之后就开始了物流热，物流作为一个年轻的行业，发展潜力很大。国家领导人也一再强调发展物流行业是中国经济新的增长点,降低物流成本也是企业的第三利润源泉。国家把物流行业的发展作为发展规划的一个方面。在这样一个政府支持的软环境下,物流的发展空间会更大。

不管从我国流通成本在 GDP 的比重看,还是流通成本占用流动资金的多少来看,物流的发展对我国都是一种全新的挑战。

(三)物流是实现"以顾客为中心"理念的根本保证

从原始买卖到如今的电子商务,其中最大改变就是电子商务不受时间、地点的限制。电子商务可以把所有的商品买卖虚拟成一个大的商场,在任何时间、地点都可以买到世界上任何一种商品。电子商务的出现,在最大程度上方便了最终消费者。他们不必再跑到拥挤的商业街,一家又一家地挑选自己所需的商品,而只要坐在家里,在 Internet 上搜索、查看、挑选,就可以完成他们的购物过程。但试想,他们所购的商品迟迟不能送到,或商家所送并非自己所购,那消费者还会选择网上购物吗?网上购物的不安全性,一直是电子商务难以推广的重要原因。不管是 B2B,还是 B2C,作为消费者、顾客,购买了商品,是不是商品就能安全迅速地送到买者手中?这才是买者最关心的问题,这当中就需要解决物流及配送等问题。总之,电子商务的发展需要物流做基础,物流是实现"以顾客为中心"理念的根本保证。

(四)电子商务服务于物流信息化

电子商务必须以信息化为基础,离开信息化,电子商务将成为无源之水,无本之木。物流信息化表现为物流信息的商品化、物流信息搜集的数据化和代码化、物流信息处理的电子化和计算机化、物流信息传递的标准化和实时化、物流信息存储的数字化等。随着电子商务的发展,在我国物流业中将得到普遍的应用。信息化是一切的基础,没有物流的信息化,任何先进的技术装备都不可能应用于物流领域,信息技术和计算机技术的应用将彻底改变我国物流业的面貌。

物流是电子商务中实现以"以顾客为中心"理念的最终保证,缺少了现代化的物流技术,电子商务给消费者带来的购物便捷便等于零,消费者必然会转向他们认为更为安全的传统购物方式,那网上购物就没有存在的必要了。

从以上的论述中可见,物流是电子商务重要的组成部分。我们必须摒弃原有的"重信息流、商流和资金流的电子化,而忽视物流电子化"的观念,大力发展现代化物流,以进一步推广电子物流。

三、电子商务物流模式

(一)自营物流

企业自身经营物流,称为自营物流。自营物流产生于电子商务刚刚萌芽的时期,那时的电子商务企业规模不大,从事电子商务的企业多选用自营物流的方式。企业自营物流模式意味着电子商务企业自行组建物流配送系统,经营管理企业的整个物流运作过程。在这种方式下,企业也会向仓储企业购买仓储服务,向运输企业购买运输服务,但是这些服务都只限于一次或一系列分散的物流功能,而且是临时性的纯市场交易的服务,物流公司并不按照企业独特的业务流程提供独特的服务,即物流服务与企业价值链的松散的联系。如果企业有很高的顾客服务需求标准,物流成本占总成本的比重较大,而企业自身的物流管理能力较强时,企业一般不应采用外购物流,而应采用自营方式。由于我国物流公司大多是由传统的储运公司转变而来的,还不能满足电子商务的物流需求,因此,很多企业借助于他们开展电子商务的经验也开展物流业务,即电子商务企业自身经营物流。目前在我国,采取自营模式的电子商务企业主要有两类:一类是资金实力雄厚且业务规模较大电子商务公司,电子商务在我国兴起的时候,国内第三方物流的服务水平远不能满足电子商务公司的要求。第二类是传统的大型制造企业或批发企业经营的电子商务网站,由于其自身在长期的传统商务中已经建立起初具规模的营销网络和物流配送体系,在开展电子商务时只需将其加以改进、完善,即可满足电子商务条件下对物流配送的要求。选用自营物流,可以使企业对物流环节有较强的控制能力,易于与其他环节密切配合,全力专门地服务于本企业的运营管理,使企业的供应链更好地保持协调、简洁与稳定。此外,自营物流能够保证供货的准确和及时,保证顾客服务的质量,维护了企业和顾客间的长期关系。但自营物流所需的投入非常大,建成后对规模的要求很高,大规模才能降低成本,否则将会长期处于不赢利的境地,而且投资成本较大、时间较长,对于企业柔性有不利影响。另外,自建庞大的物流体系,需要占用大量的流动资金。更重要的是,自营物流需要较强的物流管理能力,建成之后需要工作人员具有专业化的物流管理能力。

(二)物流联盟

物流联盟是制造业、销售企业、物流企业基于正式的相互协议而建立的一种物流合作关系,参加联盟的企业汇集、交换或统一物流资源以谋取共同利益;同时,合作企业仍保持各自的独立性。物流联盟为了达到比单独从事物流活动取得更好的效果,在企业间形成了相互信任、共担风险、共享收益的物流伙伴关系。企业间不完全采取导致自身利益最大化的行为,也不完全采取导致共同利益最大化的行为,只是在物流方面通过契约形成优势互补、要素双向或多向流动的中间组织。联盟是动态的,只要合同结束,双方又变成追求自身利益最大化的单独个体。选择物流联盟伙伴时,要注意物流服务提供商的种类及其经营策略。一般可以根据物流企业服务的范围大小和物流功能的整合程度这两个标准,确定物流企业的类型。物流服务的范围主要是指业务服务区域的广度、运送方式的多样性、保管和流通加工等附加服务的广度。物流功能的整合程度是指企业自身所拥有的提供物流服务所必要的物流功能的多少。必要的物流功能是指包括基本的运输功能在内的经营管理、集配、配送、流通加工、信息、企划、战术、战略等各种功能。一般来说,组成物流联盟的企业之间具有很强的依赖性,物流联盟的各个组成企业明确自身在整个物流联盟中的优势及担当的角色,内部的对抗和冲突减少,分工明晰,使供应商把注意力集中在提供客户指定的服务上,最终提高了企业的竞争能力和竞争效率,满足企业跨地区、全方位物流服务的要求。

(三)第三方物流

第三方物流(third-party logistics,简称 3PL 或 TPL)是指独立于买卖之外的专业化物流公司,长期以合同或契约的形式承接供应链上相邻组织委托的部分或全部物流功能,因地制宜地为特定企业提供个性化的全方位物流解决方案,实现特定企业的产品或劳务快捷地向市场移动,在信息共享的基础上,实现优势互补,从而降低物流成本,提高经济效益。它是由相对"第一方"发货人和"第二方"收货人而言的第三方专业企业来承担企业物流活动的一种物流形态。第三方物流公司通过与第一方或第二方的合作来提供其专业化的物流服务,它不拥有商品,不参与商品买卖,而是为顾客提供以合同约束、以结盟为基础的系列化、个性化、信息化的物流代理服务。服务内容包括设计物流系统、EDI 能力、报表管理、货物集运、选择承运人、选择货代人、海关代理、信息管理、仓储、咨询、运费支付和谈判等。第三方物流企业一般都是具有一定规模的物流设施设备(库房、站台、车辆等)及专业经验、技能的批发、储运或其他物流业务经营企业。第三方物流是物流专业化的重要形式，它的发展程序体现了一个国家物流产业发展的整体水平。第三方物流是一个新兴的领域，企业采用第三方物流模式对于提高企业经营效率具有重要作用。首先，企业将自己的非核心业务外包给从事该业务的专业公司去做；其次，第三方物流企业作为专门从事物流工作的企业，有丰富的专门从事物流运作的专家，有利于确保企业的专业化生产，降低费用，提高企业的物流水平。目前，第三方物流的发展十分迅速，有几个方面是值得我们关注的：第一，物流业务的范围不断扩大。商业机构和各大公司面对日趋激烈的竞争，不得不将主要精力放在核心业务，将运输、仓储等相关业务环节交由更专业的物流企业进行操作，以求节约和高效；另一方面，物流企业为提高服务质量，也在不断拓宽业务范围，提供配套服务。第二，很多成功的物流企业根据第一方、第二方的谈判条款，分析比较自理的操作成本和代理费用，灵活运用自理和代理两种方式，提供客户定制的物流服务。第三，物流产业的发展潜力巨大，具有广阔的发展前景。

(四)第四方物流

第四方物流主要是指由咨询公司提供的物流咨询服务。但咨询公司并不就等于第四方物流公司。目前，第四方物流在中国还停留在仅是“概念化”的第四方物流公司，东南沿海的一些物流公司、咨询公司甚至软件公司纷纷宣称自己的公司就是从事“第四方物流”服务的公司。这些公司将没有车队、没有仓库当成一种时髦，号称拥有信息技术，其实却缺乏供应链设计能力，只是将第四方物流当做一种商业炒作模式。第四方物流公司应物流公司的要求为其提供物流系统的分析和诊断，或提供物流系统优化和设计方案。所以第四方物流公司以其知识、智力、信息和经验为资本，为物流客户提供一整套的物流系统咨询服务。它从事物流咨询服务就必须具备良好的物流行业背景和相关经验，但并不需要从事具体的物流活动，更不用建设物流基础设施，只是对于整个供应链提供整合方案。第四方物流的关键在于为顾客提供最佳的增值服务，即迅速、高效、低成本和个性化服务等。第四方物流有众多的优势，具体表现为以下方面：

第一，它对整个供应链及物流系统进行整合规划。第三方物流的优势在于运输、储存、包装、装卸、配送、流通加工等实际的物流业务操作能力，在综合技能、集成技术、战略规划、区域及全球拓展能力等方面存在明显的局限性，特别是缺乏对整个供应链及物流系统进行整合规划的能力。而第四方物流的核心竞争力就在于对整个供应链及物流系统进行整合规划的能力，也是降低客户企业物流成本的根本所在。

第二，它具有对供应链服务商进行资源整合的优势。第四方物流作为有领导力量的物流服务提供商，可以通过其影响整个供应链的能力，整合最优秀的第三方物流服务商、管理咨询服务商、信息技术服务商和电子商务服务商等，为客户企业提供个性化、多样化的供应链解决方案，为其创造超额价值。

第三，它具有信息及服务网络优势。第四方物流公司的运作主要依靠信息与网络，其强大的信息技术支持能力和广泛的服务网络覆盖支持能力是客户企业开拓国内外市场、降低物流成本所极为看重的，也是取得客户的信赖，获得大额长期订单的优势所在。

第四，它具有人才优势。第四方物流公司拥有大量高素质国际化的物流和供应链管理专业人才和团队，可以为客户企业提供全面的卓越的供应链管理与运作，提供个性化、多样化的供应链解决方案，在解决物流实际业务的同时实施与公司战略相适应的物流发展战略。发展第四方物流可以减少物流资本投入、降低资金占用。通过第四方物流，企业可以大大减少在物流设施（如仓库、配送中心、车队、物流服务网点等）方面的资本投入，降低资金占用，提高资金周转速度，减少投资风险，降低库存管理及仓储成本。第四方物流公司通过其卓越的供应链管理和运作能力可以实现供应链"零库存"的目标，为供应链上的所有企业降低仓储成本。同时，第四方物流大大提高了客户企业的库存管理水平。发展第四方物流还可以改善物流服务质量，提升企业形象。

（五）物流一体化

物流一体化是指以物流系统为核心，由生产企业、物流企业、销售企业，直至消费者的供应链整体化和系统化。它是在第三方物流的基础上发展起来的新的物流模式。20 世纪 90 年代，西方发达国家如美、法、德等国提出物流一体化现代理论，并应用和指导其物流发展，取得了明显效果。在这种模式下物流企业通过与生产企业建立广泛的代理或买断关系，产品在有效的供应链内迅速移动，参与各方的企业都能获益，整个社会也获得明显的经济效益。这种模式还表现为用户之间的广泛交流供应信息，从而起到调剂余缺、合理利用、共享资源的作用。在电子商务时代，这是一种比较完整意义上的物流配送模式，它是物流业发展的高级和成熟的阶段。物流一体化的发展可进一步分为三个层次：物流自身一体化、微观物流一体化和宏观物流一体化。物流自身一体化是指物流系统的观念逐渐确立，运输、仓储和其他物流要素趋向完备，子系统协调运作，系统化得以发展。微观物流一体化是指市场主体企业将物流提高到企业战略的地位，并且出现了以物流战略作为纽带的企业联盟。宏观物流一体化是指物流业发展到这样的水平，即物流业占到国家国民总产值的一定比例，处于社会经济生活的主导地位，它使跨国公司从内部职能专业化和国际分工程度的提高中获得规模经济效益。物流一体化是物流产业化的发展形势，它必须以第三方物流充分发育和完善为基础。物流一体化的实质是一个物流管理的问题，即专业化物流管理人员和技术人员，充分利用专业化物流设备、设施，发挥专业化物流运作的管理经验，以求取得整体最佳效果。同时，物流一体化的趋势为第三方物流的发展提供了良好的发展环境和巨大的市场需求。

四、电子商务与供应链管理

1. 供应链与供应链管理的概念

迈克尔·波特对供应链定义为："围绕核心企业，通过对信息流、物流、资金流的控制，从采购原材料，制成中间产品及最终产品，最后由销售网络把产品送到消费者手中。它是将供应商、制造商、分销商、零售商，直到最终用户连成一个整体的功能网链模式。"所以，一条完整的供应链应包括供应商（原材料供应商或零配件供应商）、制造商（加工厂或装配厂）、分销商（代理商或批发商）、零售商（卖场、百货商店、超市、专卖店、便利店和杂货店）以及消费者。

供应链管理（supply chain management，SCM）指在满足一定的客户服务水平的条件下，为了使整个供应链系统成本达到最小而把供应商、制造商、仓库、配送中心和渠道商等有效地组织在一起来进行的产品制造、转运、分销及销售的管理方法。

供应链管理是一种集成的管理思想和方法，它执行供应链中从供应商到最终用户的物流的计划和控制等职能。从单一的企业角度来看，是指企业通过改善上、下游供应链关系，整合和优化供应链中的信息流、物流、资金流，以使企业获得竞争优势。

供应链管理是企业的有效性管理，表现了企业在战略和战术上对企业整个作业流程的优化，整合并优化了供应商、制造商、零售商的业务效率，使商品以正确的数量、正确的品质，在正确的地点、以正确的时间、最佳的成本进行生产和销售。

2.电子商务对现代供应链管理的影响

随着电子商务的不断发展，现代电子商务对供应链管理产生了越来越重大的影响。供应链管理作为对供应链中发生的物流、信息流、资金流以及贸易伙伴关系等要素，进行统一组织、规划、协调和控制的一种现代企业管理战略，需要充分的相关企业和市场信息。但是，要获得供应链较为完全的信息，依靠人工环境其成本是非常昂贵的。电子商务模式出现可以为企业实施供应链管理提供有力的信息技术支持和广阔的活动舞台。特别是B2B电子商务不仅使得供应链上各结点企业之间的信息容易共享、联系更加紧密，而且供应链的整体运作也更为高效。电子商务化的供应链管理(e-SCM)的根本优势就在于通过网络技术可以方便迅捷地收集和处理大量的供应链信息。有了这些信息资源，供应商、制造商和销售商就可以制定切实可行的需求、生产和供货计划，使信息沿着整个供应链顺畅流动，有助于整个产业运行的组织和协调。通过电子商务的应用，可以对供应链大量的信息资源进行有效的管理，提高整个供应链的运作效率。电子商务化的供应链管理可以提供诸如信息自动处理、客户订单执行、采购管理、存货控制以及物流配送等服务系统，以及提高货物和服务在供应链中的流动效率。电子商务的发展改变了企业应用供应链管理获得竞争优势的方式，成功的企业应用多层电子商务来支持它的经营战略并选择它的经营业务。这些企业利用信息技术(如EDI、Inter－net/Intranet、EOS、POS等)提高了供应链活动的效率，增强了整个供应链的经营决策能力。对于现代电子商务对供应链管理的影响我们可以归纳为以下几个方面：

(1)为供应链管理者建立了新型的客户关系。电子商务使供应链管理者通过与它的客户和供应商之间构筑信息流和知识流来建立新型的客户关系。

(2)提供给供应链管理者了解消费者和市场需要的新途径，消费者的信息成为企业获得消费者和市场需求信息的有效途径。例如，供应链的参与各方通过信息网络交换订货、销售、预测等消息。对于全球经营的跨国企业来说，电子商务的发展可以使得它们的业务延伸到世界的各个角落。

(3)开发高效率的营销渠道，企业利用电子商务与它的经销商协作建立零售商的订货和库存系统。通过它的信息系统可以获知有关零售商商品销售的信息，在这些信息的基础上，进行连续库存补充和销售指导，从而与零售商一起改进营销渠道的效率，提高顾客满意度。

(4)改变产品和服务的存在形式和流通方式。产品和服务的实用化趋势正在改变它们的流通和作用方式。例如，音像等软件产品多年来一直以CD或磁盘等方式投入市场进行流通销售，这需要进行大量的分拣和包装作业。现在，许多软件产品通过互联网直接向顾客进行销售，无需分拣、包装、运送等物流作业。

(5)构筑企业间或跨行业的价值链。通过利用每个企业核心能力和行业共有的做法，电子商务开始用来构筑企业间的价值链。当生产厂家和零售商开始利用第三方服务，把物流和信息管理等业务外包的时候，它们会发现管理和控制并不属于它们所有的供应链。然而，生产厂家、零售商以及物流信息服务业者组成的第三方服务供应链形成了一条价值链。另外，在航空运输行业，航空公司采用全行业范围的订票系统而不是各个企业独立订票系统。

3. 电子商务平台下供应链管理的优势

随着信息技术的不断发展，现代电子商务也在不断发展。基于现代电子商务平台的供应链管理是电子商务与供应链管理的有机结合，以顾客为中心，集成整个供应链过程，充分利用外部资源，实现快速敏捷反应，极大地降低库存水平。其优势主要表现在以下几个方面：

(1)有利于开拓新客户和新业务。企业实施基于电子商务平台的供应链管理，不仅可以提高整个供应链的效率，实现企业的业务重组，而且保留了现有客户。由于可以提供更多的功能、业务，这必然也会吸引新的客户加入供应链，同时也带来一些新业务。

(2)有利于分享信息。现代电子商务除了利用Internet和Web实现对消费者或客户的销售，更是综合所有商业网络中企业的信息来共同实现差别化的服务。如今我们正处在一个信息极度丰富的时代，企业可以通过信息系统将一些极为重要的数据，诸如现金流和订单管理信息传递给网络中需要这些数据的企业和个体，而且市场竞争的压力也促进企业不断改进这种信息共享的水平。随着信息实现强有力的衔接，企业运作就实现了高度的弹性化，能够更及时满足消费者的偏好以及供应商的供货情况，同时也便于让顾客网上订货并跟踪订货情况。

(3)有利于企业组织结构的精细化和营运绩效的提高。电子商务的发展最大的特点是实现了经营的网络化，这里指的网络化有两层含义：一是交易物流系统的计算机通讯网络实现连接，同样上下游企业之间的业务往来也要通过计算机网络来实现，例如订单的传输、交易的形成确认，等等，都可以借助增值网上的电子订货系统(EOS)和电子数据交换(EDI)进行。二是电子商务的网络化除了计算机网络外；另一层含义则是指组织的网络化。由于现代电子商务是通过业务外包组合成整个供应链的，单个企业的组织结构呈现出精细化、高效率特点。这种精细化和高效率主要表现在原来的组织由于全部业务的内部运作，造成组织庞大、从业人员增加、管理层次增多，造成经营效率偏低。而现代电子商务由于借助电子信息网络将各种不同的技术、技能有机地进行集成，不断降低运营和采购成本，大大提高了运营绩效。

4. 电子商务平台的供应链管理的发展趋势

基于电子商务平台的供应链管理的发展趋势随着电子商务的推广，集成化供应链管理(integrated supply chain management)系统研究已经成为国内外管理学研究的一个新领域。所谓集成化供应链管理，是指供应链中的节点企业摒弃传统的管理思想和观念，通过信息技术把所有供应链成员的采购、生产、销售、财务等业务进行整合，并看做一个整体的功能过程而开发的供应链管理功能。集成化供应链通过对生产过程中的物流、管理过程中的信息流以及决策协调过程的决策流进行有效的控制和协调，力图达到整体最优的目标，从而以一个有机整体的形式参与市场竞争，满足市场对生产管理过程提出的高质量、高柔性和低成本的要求。集成化供应链管理是企业在新世纪适应全球竞争的一种有效途径，这一点已为人们所公认。而供应链的集成化管理，在很大程度上要依赖于信息技术，很自然地，对信息技术也提出了更高的要求。通过信息技术的运用，可以有效地实现供应商、制造商、分销商和用户之间的信息集成。在企业内部，信息技术的应用也可以改善部门之间的联系。Internet加强了用户的“pull”机制，使用户可以直接从供应商那里获得产品的同时获得有用信息，而且通过Internet，可使企业能以更低的成本加入到供应链联盟Internet/Intranet的应用，可以节省时间和提高企业信息交换的准确性，它的应用使得在复杂、重复的工作中人为的错误减少了，同时它可以通过减少失误而节约经费，从而降低整个物流成本及物流费用水平，使物、货在整个供应链中的库存下降，并且通过供应链中的各项资源(人力、市场、仓储、生产设备等)运作效率的提升，赋予经营者更大的能力来适应市场的变化并作出及时反应，从而做到物尽其用、货畅其流。基于电子商务平台的集成化供应链管理是供应链管理未来的发展方向。供应链中的成员利用计算机网络，可以获得准确和及时的信息；通过共享信息，合作伙伴之间就可以制定切实可行的需求，采购、生产和销售计划，从而降低成本，减少库存，提高供应链的市场响应速度，增加顾客满意度，提高整个供应链的绩效。

项目任务

任务一　戴尔公司所在供应链的物流活动分析

任务目的

1. 了解戴尔公司所在供应链的物流活动应具备功能

2. 学会分析企业内外部物流活动所包含的功能

戴尔公司的物流从确认订货开始，确认订货以收到货款为标志，在收到货款之后需要两天时间进行生产准备、生产、测试、包装、发运准备等。戴尔公司承诺在款到后 2～5 天送货上门，某些偏远地区的用户每台计算机要加收 200 元～300 元的运费。戴尔公司通过供应链的管理与重组，有效地减低了库存，缩短了生产周期，大大地提高了竞争力。戴尔公司对待任何消费者都采用了定制的方式销售，其物流服务也应该配合这一销售政策而实施。因此戴尔公司所在供应链的物流活动应具备以下七个功能：

(1)订单处理功能。戴尔公司接收消费者的订单，首先检查项目是否填写齐全，然后检查订单的付款条件，只有确认支付完款项的订单才会立即自动发出零部件的订货并转入生产数据库中，订单也才会立即转到生产部门进行下一步作业。用户订货后，可以对产品的生产过程、发货日期甚至运输公司的发货状况等进行跟踪。

(2)预生产功能。戴尔公司从接收订单到正式开始生产之前，有一段等待零部件到货的时间，这段时间叫做预生产。预生产的时间因消费者所订的系统不同而不同，主要取决于供应商的仓库中是否有现成的零部件。订货确认一般通过两种方式，即电话或电子邮件。

(3)配件准备功能。当订单转到生产部门时，所需的零部件清单的出现也就意味着自动产生，物流必须将零部件备齐传送到装配线上。配工、组装人员将装配线上传来的零部件组装成计算机，然后进入测试过程。

(4)测试功能。物流将组装好的计算机送交检测部门用特制的测试软件进行测试，通过测试的机器被送到包装间。

(5)包装功能。物流对测试完后的计算机进行商品包装与运输包装。

(6)运输功能。一般在生产过程结束的次日完成运输准备，同时将顾客所订货物发出，并按订单上的日期运输到指定的配送中心。

(7)配送功能。根据订单中的时间与地点，配送中心将货物在预订的时间内送达到预订的地点。

任务要求

能够将企业的物流活动转换为整个供应链中的物流活动。

任务二 电子商务物流模式的比较

任务目的

1.掌握五种电子商务物流模式各自的定义与特点

2.能够从宏观上初步选择电子商务物流模式

根据项目知识点中提及电子商务物流模式有如下五种:企业自营物流、物流联盟、第三方物流、第四方物流、物流一体化。

戴尔计算机公司于1984年由企业家迈克尔·戴尔创立，在全球34个国家中拥有大约35800名员工。其理念非常简单,即按照客户要求制造计算机，并向客户直接发货，使戴尔公司能够更有效和明确地了解客户需求，继而迅速地作出回应。戴尔公司设计、开发、生产、营销、维修和支持一系列从笔记本电脑到工作站的个人计算机系统，每一个系统都是根据客户的个别要求量身订制的。结合本身业务及其公司状况,戴尔公司电子商务物流模式无法选择企业自营物流、物流联盟、第四方物流和物流一体化,只能选择第三方物流供应商外包的方式。

任务要求

能够全面理解五种电子商务物流模式。

任务三 电子商务物流模式的选择

任务目的

1.了解第三方物流供应商选择和评价指标体系

2.能够从微观上最终确定电子商务物流模式

在当今激烈的国际竞争中,企业需要集中精力发展自己的核心业务,同时要充分利用外部资源把非主营业务外包。在外包的业务中最主要的就是物流业务,物流作为供应链的重要组成部分,对于整个供应链的效率和成本起着重要作用。物流作为企业的“第三利润源泉”势必影响着企业的发展。因此企业充分利用第三方物流资源不但可以降低物流成本,还可以得到第三方物流的渠道资源和信息技术支持。然而由于物流的外包是企业的战略性问题,第三方物流与企业需要建立一种长期的、战略性的伙伴关系。因此企业有必要建立一个合适的物流供应商选择指标体系来帮助企业选择和评价潜在的第三方物流。第三方物流供应商选择和评价指标体系如图7-1所示。

该指标体系有两层,第一层包括质量、能力、财务、服务和信息技术等5项指标,第二层是第一层下属的子指标共23项。指标体系的详细说明如下:

(1)质量管理系统,指物流供应商用来评价、报告和改善其质量绩效的体系和工具。此指标用来明确供应商的质量管理程度。

(2)准时交货,指物流供应商根据订单数量交付物流服务的准确性,表示交付的服务的日期和订单需求的日期的匹配程度。

(3)订单履行准确率,指物流供应商履行的订单全部良好的比率,包括准时、无破损、数量准确等,目的是衡量物流供应商对订单的执行能力。

(4)损失和破损频率,指物流供应商在提供服务的过程中而带来的正常范围内的损失和破损频率,目的是衡量供应商在订单执行过程中对订单的控制力。

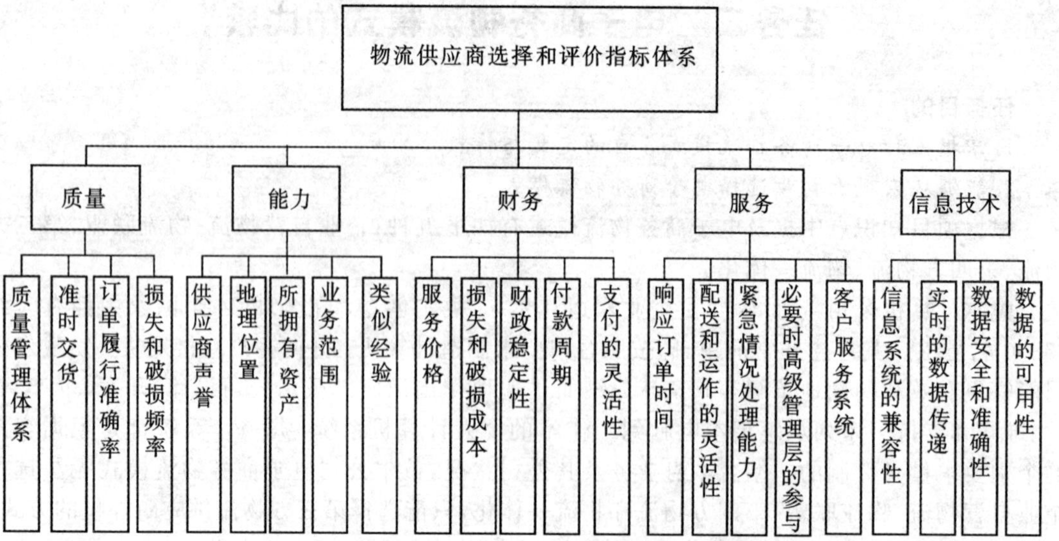

图 7-1　第三方物流供应商选择评价指标体系

(5)供应商声誉，指供应商在业界的声望和信誉。此指标衡量物流供应商在业界的名声和信誉情况。

(6)财政稳定性，指供应商的财政情况。供应商的健全的财政绩效能够保证服务的连续性以及装备和服务的持续改进。此指标衡量供应商的财政状况，从而减少业务风险。

(7)地理位置，指供应商的地理位置和业务的地理范围，供应商提供的广阔的地理范围能为客户提供增加深入市场的机会和途径，同时也可以使客户节省配送营销产品的费用。

(8)所拥有资产，供应商的资产情况。供应商的良好资产的可用性使其具备能够满足客户要求的能力。

(9)业务范围，指供应商提供的业务范围。供应商的业务范围广和服务种类多可以为采购方企业为其提供更好的服务，有利于其进一步的发展。

(10)从业经验，指供应商先前的相同行业或类似公司的经验，这些经验可以使物流供应商能够快速准确地为客户提供相似的服务。

(11)服务价格，指供应商为所提供的物流服务而收取的费用。它用来衡量供应商提供服务的价格水平。

(12)损失和破损成本，指供应商在提供服务的过程中而带来的正常范围内的损失和破损成本。此指标衡量供应商对订单的控制力，损失越小越好。

(13)付款周期，指企业付给供应商的服务款项的时间周期。周期越长对本企业越有利。

(14)支付的灵活性，指企业在给供应商付款时的灵活性。它能够增加双方的信任，体现供应商的诚意，增进双方的关系。

(15)订单响应时间，指从企业发出订单到接到供应商的回复的时间间隔。它衡量供应商对订单的反应态度。

(16)配送和运作的灵活性，指物流供应商按照企业的要求灵活地配送和运作的能力。这种灵活性可以使企业为它的客户提供定制化的服务，尤其对于特殊和非常规的需求的满足。

(17)紧急情况处理能力，指在紧急情况发生时物流供应商的处理能力，如报告提前通知、启动紧急预案等，这对于保证服务的连续性是必需的。

(18)必要时高级管理层的参与，指要建立长期的关系，供应商高级管理层要参与到质量改善、关系维护之中。此指标用来衡量供应商要建立长期关系的决心和诚意。

(19)客户支持服务，指供货商的客户支持服务的水平，是否提供24小时×7天帮助等。

(20)信息系统的兼容性，指供应商和客户的信息系统之间的兼容性，双方的兼容性好才能提高工作流的效率和信息的准确性。

(21)实时的数据传递，指供货商能否为客户提供数据的实时传递，这影响着客户对当前情况的分析和未来的预测。

(22)数据安全和准确性，指供货商IT系统对数据的加密。IT系统能够提供稳定、准确、完整、可靠的数据传递服务。

(23)数据可用性数据，指客户经过授权的用户应当能够根据需要及时地在供应商IT系统中访问到所需数据，目的是衡量供应商IT系统中数据的可利用能力。

戴尔公司的业务是全球范围，因此所选择的第三方物流公司必须是满足以上评价指标的大型跨国性的第三方物流公司。

任务要求

在网上查找与阅读其他四种电子商务物流模式的选择与评价指标。

项目小结

一个覆盖面广、反应迅速、成本低廉的物流系统是戴尔直销模式成功的重要支柱。戴尔的物流完全外包给第三方物流公司，主要由DHL、BAX、FedEx等跨国性物流企业承担。这些第三方物流公司具有健全的网络、专业化的运营和现代化的管理。通过采用第三方物流的门到门服务，戴尔大大降低了物流成本，提高了物流效率，改善了客户服务水平。

基本练习

1.物流的定义是什么？

2.电子商务与物流的关系是什么？

3.物流活动的种类有哪些？

4.电子商务物流模式有哪几种类型？

5.供应链与供应链管理的定义是什么？

6.电子商务对供应链管理有何影响？

拓展训练

作为荷兰TPG公司在欧洲各主要城市拥有网络的快件服务商旗下两个品牌之一，TNT快运的业务收入占到了TPG公司三大主营业务的41.3%。TNT快运目前主要提供以下五种门到门的服务：当日快件、早9点快件、午时12点快件、全球午后17点快件、经济快件等。另外，TNT快运还提供多种价值附加服务，如技术速递、夜间速递、保险速递等。多样化的服务能够满足不同层次、不同要求顾客的需要，多样化的服务使得快运网络更加稠密，通达不同的角落，促进了企业快运业务的增长。这五项服务均为标准化服务，服务的内容及要求都按照严格的标准及相关程序进行。就 TNT 快运的运作模式而言,其主要具有以下三个特点:统一销售、集中分级分拣、统一运输。

一、统一营销

客户服务中心统一负责整个快运业务的销售、售后服务以及财务结算等,实行统一业务受理、标准化服务、程序化管理、一个声音对外一站式的运作模式。TNT 快运共有五个客户服务中心,其中四个负责国际快运业务,一个负责国内快运业务。根据客户的需要,客户服务中心提供不同的服务。小型客户业务量小,要求方便,专门为小型客户设立了每天 24 小时的免费电话。对大型客户,则有固定人员定期联系。所有的业务受理电话由 TNT 快运付费。

二、集中分级分拣

TNT 快运欧洲空运网络有五个空运快件主集散站,分布在比利时的列日、英国的利物浦和德国的科隆等地。并在列日租用机场和跑道,每周飞行 500 个航班,加上利用商业网络,构成 250 条空运航线,每周飞行 13000 个飞行段,运送 1500 吨货物,与 745 个集散站相连。在欧洲路运网络中,卫星集散站到客户(门或货架)的配送 85%由 TNT 快运公司承担,卫星集散站到主集散站、主集散站之间的长途、大吨位厢式货车运输的 30%是 TNT 快运公司承担,70%是外包,由有运输协议的小型运输公司承担,但车辆和人员要使用 TNT 的标志和品牌。

集散站分为主集散站(main depot)和卫星集散站(satellite depot)。卫星集散站对货物进行粗检,按流向运到相应的主集散站,在主集散站进行集中分拣。重量小于 30 公斤的货物由货物到达地的主集散站运到卫星集散站配送,大于 31 公斤以上的货物由主集散站直接配送。

主集散站负责快运货物的分流向分拣(粗拣),卫星集散站负责快运货物的定向分拣(细拣),卫星集散站在进行货物收集(托运)业务时是粗略分拣,承担货物配送时是细拣。通过主集散站和卫星集散站的分级分拣,合理分工,加快了快运货物的分拣速度,便于货物按流向集中运输,降低了运输费用。

三、统一配送

TNT 快运服务网络覆盖面很广,按照服务功能和区域不同分为欧洲空运网络、欧洲路运网络、亚洲网络、商用网络、国内网络五个部分。货运量的 65%靠路运,25%靠空运,10%靠商业航班。

快件货物运输根据不同的服务项目的要求,采用空运或陆运(汽车或大型货车)。一般早 9 点、午 12 点快运选择空运方式;当日快件则比较灵活,只要能按时到达,则采用较经济的运输工具;经济快运一般采用汽车运输。通常在 800 公里范围内用汽车运输,超过 800 公里用航空运输。

由于 TNT 快运网络十分发达,能运达 200 多个国家,故快件的运送速度比邮件快。虽然快件和邮件由不同的网络运送,但有时邮件和快件会相互利用和协调,邮件也能通过快件网络运行。

TNT 快运运输组织形式的统一销售、集中分级分拣、统一运输,特别是集中分级分拣,将不同的货运站进行功能设置,有些大型货运站完全服务于粗拣后站与站间的运输。这种接力式的分拣、运输,强化了集团公司间的合作,也提高了分拣和运输的整体效率。这种在集团公司内部进行专业化分工的组织形式非常有利于提高整个网络的运输效率,降低营运成本。统一营销,统一调度,统一分拣,统一配送,信息共享,是今后快件运输发展的趋势,也是货物运输集团企业专业化、规模化、网络化的运作模式。

思考题:

1. 请画出 TNT 快运的运作模式示意图,并说明其有何特点?

2. 分析 TNT 快运的运作模式的优势。

项目八 移动电子商务

项目概要

戴尔公司的微博营销

戴尔公司通过自己的官方网站进行直销产品，这样也就带来一个问题，就是经常会有新产品产出，也经常有促销活动，仓库里的产品也在经常变动，这些信息仅仅在本公司的网站上公布有局限性，影响的人群不够多。

导入案例

早晨7点，阿Y被手机的闹钟声从睡梦中惊醒，新的一天开始了！今天阿Y要去北京出差，起床以后，他习惯性地打开手机。由于日程表中有阿Y的工作计划，手机自动显示了北京和上海的天气情况。今天两地天气晴好。阿Y于是抓紧时间洗漱、吃早点。之后，他拨通了出租车公司的声讯号码，10分钟后他就在去往浦东机场的公路上了。路上，阿Y用手机接入了浦东机场的服务网站，办理了登机手续，选择了一个靠窗的位置。9点整，阿Y登上飞机。11点整，飞机准时落在首都机场。

出机场后，阿Y接入附近租车中心的服务网站，预定了一辆轿车。租车公司很快回复说，车已停在D区20号车位。开着租来的汽车，阿Y把拟拜访公司的地址输入车载导航系统中，系统根据当前交通状态建议了一条最佳行车路线，还提供行车方向语音提示。路经几个收费站，但都无须停车，所有的收费都被自动记录在租车账单上。

11点40分，阿Y抵达那家公司，与客户交换了电子名片，由于有蓝牙功能，手机接近就可以互换名片，省去了携带纸质名片的烦恼。12点整，阿Y开始与客户谈业务。阿Y受雇的是第三方物流企业，他把手机连接到公司数据库，边谈判边检查报价方案，仿佛拥有一个远程支持团队。由于是老客户，双方很快达成一致，顺利地签下了订单。会谈过程中，阿Y不失时机地介绍了公司最新的服务内容：移动库存管理、短信查询平台和语音商务，通过RFID技术，客户可以随时查询在途货物，定位精度达到数米。顾客也可把订单号码发送至短信平台，查询货物的位置。通过语音服务，系统可以理解客户的自然语言，回答问题的准确度很高。客户对于这些业务内容很感兴趣。

会谈结束后阿Y离开公司，想找个餐馆享受一下美味。由于周围环境不熟，阿Y用手机搜索了一下周围的无线服务，输入了喜欢的“川菜”进行查询，很快找到了附近一个川菜馆。他手机预订了位置，然后驱车前往。餐馆里，服务生手持PDA请阿Y点菜，菜单被立刻传到厨房，他很快吃上了可口的饭菜。1小时后，阿Y满意地离开餐馆。到机场后，他用手机支付了租车费。16点30分，阿Y飞回了上海，北京之行只用了7小时。

乘磁悬浮列车回家的路上，阿Y用手机回复了几封同事的邮件。快到家时，又在超市采购了一些生活用品，结账时把购物车推出超市，就打印出了购物清单。手机靠近读卡器，就实现了自动支付，非常方便。18点30分，阿Y完成了一天的工作回到家里。他打开电视，开始享受幸福的周末生活了。

资料来源：移动商务——第五媒体时代[EB/OL][2008-09-19]lijunjie0091983.blog.sohu.com/100211314.html.

项目分析

戴尔公司的官网远远不能发布大量的新产品、翻修二手产品、清仓、促销的信息，随着智能手机、PDA、笔记本式计算机的普及，移动商务中的微博营销成为网络营销中的新宠。戴尔公司可以考虑使用微博来发布这些信息，以达到营销的目的。

项目知识

一、移动商务概述

(一)移动商务的概念

移动商务(mobile business)是电子商务的一条分支，是指通过移动通讯网络进行数据传输，并且利用移动信息终端参与各种商业经营活动的一种新电子商务模式，它是新技术条件与新市场环境下的新电子商务形态。

移动商务，移动是手段，商务是目的。一方面，“移动”便意味着轻便，好携带，指那些可以通过语音、文本、数据和视频进行通信、处理和传输信息的设备。这些通信设备包括智能手机、PDA、笔记本式计算机、GPS和移动支付系统。用户可以使用这些设备完成购物、交易、支付等应用业务，无论身处何地，也不需要被固定在某个位置再用有线来连接了。另一方面，“移动”是架构在不同的无线通信技术之上，具体包括全球性(如卫星通信)、地区性(如3G)和小范围(如蓝牙、Wi-Fi等)的无线通信技术。

(二)移动商务的分类

(1)按照商务实现的技术不同，可分为移动通信网络(GSM/CDMA)的移动商务、无线网络(WLAN)的移动商务和其他技术(如超短距通信、卫星通信、集群通信等)的移动商务。

(2)按照商务服务的内涵不同，可分为内容提供型移动商务(包括下载和定制服务两种类型)、信息消费型移动商务、企业管理型移动商务(如“移动商宝”就具有进、销、存、网上支付等多种管理职能)、资源整合型移动商务、快速决策型移动商务、公益宣传型移动商务、定位跟踪型移动商务、信息转移型移动商务、集成管理型移动商务和扫描收费型移动商务(如二维码电影票等)。

(3)按照确认方式不同，可分为密码确认型移动商务和短信回复确认型移动商务。

(4)按照用户需求的不同，可分为搜索查询型移动商务、需求对接型移动商务、按需定制型移动商务和预约接受型移动商务(如移动看病挂号系统)。

(5)按照移动商务的难易程度，可分为浅层应用移动商务、深层应用移动商务和移动转移对接型移动商务等。

(三)移动商务的特征

与传统的商务活动相比，移动商务具有如下几个特征：

(1)更具开放性、包容性。移动商务因为接入方式无线化,使得任何人都更容易进入网络世界,从而使网络范围延伸更广阔、更开放;同时,使网络虚拟功能更带有现实性,因而更具有包容性。

(2)具有无处不在、随时随地的特点。移动商务的最大特点是"自由"和"个性化"。传统商务已经使人们感受到了网络所带来的便利和快乐,但它的局限在于它必须有线接入,而移动电子商务则可以弥补传统电子商务的这种缺憾,可以让人们随时随地结账、订票或者购物,感受独特的商务体验。

(3)潜在用户规模大。中国的移动电话用户已接近4亿,是全球之最。显然,从电脑和移动电话的普及程度来看,移动电话远远超过了电脑。而从消费用户群体来看,手机用户中基本包含了消费能力强的中高端用户,而传统的上网用户中以缺乏支付能力的年轻人为主。由此不难看出,以移动电话为载体的移动电子商务不论在用户规模上,还是在用户消费能力上,都优于传统的电子商务。

(4)能较好确认用户身份。对传统的电子商务而言,用户的消费信用问题一直是影响其发展的一大问题,而移动电子商务在这方而显然拥有一定的优势。这是因为手机号码具有唯一性,手机SIM卡片上存贮的用户信息可以确定一个用户的身份,而随着未来手机实名制的推行,这种身份确认将越来越容易。对于移动商务而言,这就有了信用认证的基础。

(5)定制化服务。由于移动电话具有比PC机更高的可连通性与可定位性,因此移动商务的生产者可以更好地发挥主动性,为不同顾客提供定制化的服务。例如,开展依赖于包含大量活跃客户和潜在客户信息的数据库的个性化短信息服务活动,以及利用无线服务提供商提供的人口统计信息和基于移动用户位置的信息,商家可以通过具有个性化的短信息服务活动进行更有针对性的广告宣传,从而满足客户的需求。

(6)移动电子商务易于推广使用。移动通信所具有的灵活、便捷的特点,决定了移动电子商务更适合大众化的个人消费领域。比如:自动支付系统,包括自动售货机、停车场计时器等;半自动支付系统,包括商店的收银柜机、出租车计费器等;日常费用收缴系统,包括水、电、煤气等费用的收缴等;移动互联网接入支付系统,包括登录商家的WAP站点购物等。

(7)移动电子商务领域更易于技术创新。移动电子商务领域因涉及IT、无线通讯、无线接入、软件等技术,并且商务方式更具多元化、复杂化,因而在此领域内很容易产生新的技术。随着中国3G网络的兴起与应用,这些新兴技术将转化成更好的产品或服务。所以移动电子商务领域将是下一个技术创新的高产地。

(四)移动商务的功能

1.移动短信平台的功能

(1)来访信息查询。功能说明:可按时间、地域和访问栏目查询来访手机号及留言,此功能的运用可为企业主自动锁定目标受众,便于企业促销、宣传活动的高效开展,为企业省钱省力。

(2)通信簿功能。功能说明:具备用户分组、号码添加、号码查询、通信信息导出功能,用户可随时随身进行通信簿管理和功能使用,方便、快捷。

(3)短信功能。功能说明:短信群发与移动实名功能联合使用,移动实名能为企业锁定需求目标,而短信发送功能则能为需求用户发送需求信息,实施精确营销,花费少、效果好。

(4)抽奖功能。功能说明:此功能为企业客户维护和开发而设计,企业在某一时间和地域进行宣传活动时,可按时间、地域、中奖人数、奖项等条件进行设置,进行抽奖活动,给中奖者送出大礼,有效地维护了老客户和强有力地吸收了新客户。

(5)留言功能。功能说明:用户发送“移动实名+留言栏目号+内容”进行留言。此功能让用户和企业进行着亲密接触及有效的交流,使企业第一时间获得用户的反馈和建议。

2.移动商务 WAP 平台功能

(1)展示功能。在企业 WAP 上展示图文并茂的信息,可让客户进行全方位的了解,向客户传播企业的形象、实力等。

(2)陈列功能。通过企业 WAP 上完善的产品介绍,可以让产品突破时间、空间的限制走进客户生活。

(3)导购功能。为用户提供在线咨询和帮助,让企业和访问客户亲密交流,用户直接可以在线订单。

(4)移动办公功能。通过企业 WAP 上的移动邮局收发电子邮件,以“迅捷、安全、高效”的显著功能,提高办公效率。

(5)营销功能。企业 WAP 上的短信群发、准告的服务优势,让企业的品牌快速、精确定位地传播,是企业开展“移动定向营销”的最佳选择。

(6)支付功能。使手机变成新的金融及身份辨识工具,通过 WAP 上的无线支付功能,为企业、个人提供更安全、更可靠的个性化的服务。

(7)掌上娱乐。WAP 上更多的游戏、动漫、时尚、生活等休闲娱乐世界,更便捷的操作方式,让您随时随地畅想移动所带来的无限生活的乐趣。

二、移动电子商务技术基础

移动电子商务超越时间和空间的限制,只用一部手机或其他无线终端,使人们通过移动通信设备获得数据服务,通信内容包括语音、数字、文字、图片和图像等,在移动中进行电子商务操作。移动电子商务的发展主要取决于移动通讯技术的空前发展,移动通信工具与因特网连接的无线上网技术以及因特网服务商所提供的无线上网服务已具备,通讯能力的获取越来越便宜,更容易获得越来越高的带宽,并在近年内实现普及。

(一)移动通信新技术

1.无线通信协议标准(WAP)

就像 TCP/IP 是 Internet 网上信息互联和通讯的协议标准,WAP(wireless application protocol)技术是移动终端访问无线信息服务的全球主要标准,也是实现移动数据以及增值业务的技术基础。WAP 协议定义了一种移动通信终端连接因特网的标准方式,提供了一套统一、开放的技术平台,使移动设备可以方便地访问以统一的内容格式表示的因特网及因特网的信息。它是目前大多数移动通信终端和设备制造商及部分无线通信服务商、基础设施提供商普遍采用的统一标准。

2.通用分组无线业务(GPRS)

GPRS 突破了 GSM 网只能提供电路交换的思维定式,将分组交换模式引入到 GSM 网络中。它通过仅仅增加相应的功能实体和对现有的基站系统进行部分改造来实现分组交换,从而提高资源的利用率。GPRS 能快速建立连接,适用于频繁传送小数据量业务或非频繁传送大数据量业务。

3.移动 IP 技术

移动 IP 通过在网络层改变 IP 协议,从而实现移动计算机在 Internet 中的无缝漫游。移动 IP 技术使得节点在从一条链路切换到另一条链路上时无需改变它的 IP 地址，也不必中断正在进行的通信。移动 IP 技术在一定程度上能够很好地支持移动电子商务的应用。

4. “蓝牙”（Bluetooth）技术

Bluetooth 是由爱立信、IBM、诺基亚、英特尔和东芝共同推出的一项短程无线连接标准，旨在取代有线连接，实现数字设备间的无线互联，以便确保大多数常见的计算机和通信设备之间可方便地进行通信。“蓝牙”作为一种低成本、低功率、小范围的无线通信技术，可以使移动电话、个人电脑、个人数字助理（PDA）、便携式电脑、打印机及其他计算机设备在短距离内无需线缆即可进行通信。

5. 第三代（3G）移动通信系统

第三代移动通信（3G）包括一组支持无线网络的宽带语音、数据和多媒体通信的标准。IMT－2000，作为 ITU 推出的 3G 标准，至少提供了五种多路接入途径，即 CDMA2000、WCMA、WCDMA 的时分双工（Time Division Duplex）版本、136HS（基于 IIWCC 推荐）以及数字式增强型无绳电话（DECT）。GSM MAP 通过“标准集”的支持与 IS－41 网络相互作用。也就是说，必须在 WCDMA 规范前提下，允许与 IS－41 的相互连接，通过 CDMA 2000 为 GSMMAP 提供接口。

6. 基于 Wi-Fi 和 WiMAX 的无线宽带技术

Wi-Fi 是无线保真（Wireless Fidelity）的缩写，其核心的 WLAN（Wi-Fi 仅指 802. 11b，WLAN 则可分别采用 802. 11b 及 802. 11b＋）。麦肯锡管理学家 Reed E. Hundt 指出，这是一项全新的技术，它能重新激发经济增长，而且可以帮助任何人在任何地方以低成本接入互联网。

只要将一个便宜的 Wi-Fi 基站（芯片加上收发器）与 DSL、光缆调制解调器或 T1 线路等高速互联网接入设备相连，并将该基站放置在距用户两三百米的范围，这一范围内的所有用户都能通过带有廉价的 Wi-Fi 装置的个人电脑或 PDA 共享这一低价、高速的互联网接入，而无需分别支付专用 DSL 或光缆调制解调器较高的服务费用。另外，Wi-Fi 能以低廉的价格轻而易举地将互联网互联互通的脉络延伸到任何社区，把信息流汇入高速光纤主干网络的各个端点。根据美国 Visiongain 公司的分析报告，迄今为止全世界已经有超过 400 个城市（其中半数在美国）开始或正在建设无线宽带城域网络以满足公共接入、公共安全和公共服务的需要。建设无线宽带城域网络能在企业、学校、图书馆、医院、市民、外来访客和旅游者以及政府机构之间搭建一个能随时随地良性互动的和谐交互环境，提供方便快捷的、可支付得起的、丰富的、个性化的公共服务，并为城市经济发展提供新的商业机会。

(二)移动商务面临的安全威胁

尽管移动商务给工作效率的提高带来了诸多优势如减少了服务时间，降低了成本和增加了收入，但安全问题仍是移动商务推广应用的瓶颈。有线网络安全的技术手段不完全适用于无线设备，因为无线设备的内存和计算能力有限而不能承载大部分的病毒扫描和入侵检测的程序。例如，目前还没有有效抵制手机病毒的防护软件。

1. 网络本身的威胁

无线通信网络可以不像有线网络那样受地理环境和通信电缆的限制就可以实现开放性的通信。无线信道是一个开放性的信道，它给无线用户带来通信自由和灵活性的同时，也带来了诸多不安全因素，如通信内容容易被窃听、通信双方的身份容易被假冒，以及通信内容容易被篡改等。在无线通信过程中,所有通信内容,如通话信息、身份信息、数据信息等都是通过无线信道开放传送的。任何拥有一定频率接收设备的人均可以获取无线信道上传输的内容。对于无线局域网和个人网用户,其通信内容更容易被窃听。因为这些网络通信工作在全球统一开放的工业、科学和医疗频带(2.5GHz 和 5GHz 频带)。任何团体和个人都不需要申请就可以免费使用该频段进行通信。无线窃听可以导致通信信息和数据的泄漏,而移动用户身份和位置信息的泄漏可以导致移动用户被无线追踪。这对于无线用户的信息安全、个人安全和个人隐私都构成了潜在的威胁。

2. 无线 ad hoc 应用的威胁

除了互联网在线应用带来的威胁外,无线装置给其移动性和通信媒体带来了新的安全问题。考虑无线装置可以组成 ad hoc 网路。ad hoc 网络和传统的移动网络有着许多不同,其中一个主要的区别就是 ad hoc 网络不依赖于任何固定的网络设施,而是通过移动节点间的相互协作来进行网络互联。ad hoc 网络也正在逐步应用于商业环境中,比如传感器网络、虚拟会议和家庭网络。由于其网络的结构特点,使得 ad hoc 网络的安全问题尤为突出。ad hoc 网路的一个重要特点是网络决策是分散的,网络协议依赖于所有参与者之间的协作。敌手可以基于该种假设的信任关系入侵协作的节点。例如,入侵一个节点的敌手可以给网路散布错误的路由信息,甚至使所有的路由信息都流向被入侵的节点。同样,移动用户会漫游到许多不同的小区和安全域。通信由一个小区切换到另一个小区时,恶意的或被侵害的域可以通过恶意下载、恶意消息和拒绝服务来侵害无线装置。

3. 网路漫游的威胁

无线网路中的攻击者不需要寻找攻击目标,攻击目标会漫游到攻击者所在的小区。在终端用户不知情的情况下,信息可能被窃取和篡改,服务也可被经意或不经意地拒绝。交易会中途打断而没有重新认证的机制。由刷新引起连接的重新建立会给系统引入风险,没有再认证机制的交易和连接的重新建立是危险的。连接一旦建立,使用 SSL 和 WTLS 的多数站点不需要进行重新认证和重新检查证书。攻击者可以利用该漏洞来获利。

无线媒体为恶意用户提供了很好的藏匿机会。由于无线设备没有固定的地理位置,它们可以在不同区域间进行漫游,可以随时上线或下线,因此它们很难被追踪。因此,对无线网路发起攻击会是敌手对固定网路发起攻击的首选,尤其随着这些设备数量的增长。

4. 物理安全

无线设备另一个特有的威胁就是容易丢失和被盗窃。因为没有建筑、门锁和看管保证的物理边界安全和其小的体积。对个人来说,移动设备的丢失意味着别人将会看到电话上的数字证书,以及其他一些重要数据。利用存储的数据,拿到无线设备的人就可以访问企业内部网络,包括 E-mail 服务器和文件系统。目前手持移动设备最大的问题就是缺少对特定用户的实体认证机制。

(三)移动商务面临的隐私和法律问题

1. 垃圾短信息

在移动通信给人们带来便利和效率的同时,也带来了很多烦恼,遍地而来的垃圾短信广告打扰着我们的生活。在移动用户进行商业交易时,会把手机号码留给对方。通过街头的社会调查时,也往往需要被调查者填入手机号码。甚至有的用户把手机号码公布在网上。这些都是公司获取手机号码的渠道。垃圾短信使得人们对移动商务充满恐惧,而不敢在网络上使用自己的移动设备从事商务活动。目前,还没有相关的法律法规来规范短信广告,运营商还只是在技术层面来限制垃圾短信的群发。目前,信息产业部正在起草手机短信的规章制度,相信不久的将来会还手机短信一片绿色的空间。

2. 定位新业务的隐私威胁

定位是移动业务的新应用,其技术包括:全球定位系统 GPS(Global Positioning System),该种技术利用三颗以上 GPS 卫星来精确(误差在几米之内)定位地面上的人和车辆;基于手机的定位技术 TOA,该技术根据从 GPS 返回响应信号的时间信息定位手机所处的位置。定位在受到欢迎的同时,也暴露了其不利的一面——隐私问题。移动酒吧就是一个典型的例子,当在路上时,这种服务可以在 PDA 上列出距离最近的 5 个酒吧的位置和其特色。或者当你途经一个商店时,会自动向你的手机发送广告信息。定位服务在给我们带来便利的同时,也影响到了个人隐私。利用这种技术,执法部门和政府可以监听信道上的数据,并能够跟踪一个人的物理位置。如果定位技术被恐怖分子利用,他们通过定位通信用户的位置,可以对其抢劫和绑架而实施犯罪活动。

3. 移动商务的法律保障

电子商务的迅猛发展推动了相关的立法工作。目前,已经有 60 多个国家就电子商务和数字签名发布了相关的法规。美国犹他州 1995 年颁布的《电子签名法则》是全球最早的电子商务领域的立法。

2005 年 4 月 1 日,中国首部真正意义上的信息化法律《电子签名法》正式实施,电子签名与传统的手写签名和盖章具有同等的法律效力,标志着我国电子商务向诚信发展迈出了第一步。《电子签名法》立法的重要目的是为了促进电子商务和电子政务的发展,增强交易的安全性。

移动商务的另一个应用就是娱乐行业。据 IDC 公司的研究报告,2006 年移动游戏的总产值将高达 50 亿美元,其消费者将达到 1 亿人。随着生活水平的提高,越来越多的青少年拥有手机、PDA 等移动设备。游戏对青少年具有较大的诱惑力,而在什么类型的游戏适合青少年上有着不同的法律规定,在移动游戏领域也出现了相应的隐私和法律问题。在美国,游戏实行分级制度,哪一级的游戏适合儿童玩都有着详细的规定。在法国、韩国和日本,对于限制儿童接触不良网络游戏方面都通过技术屏蔽、税收和家庭公约等途径进行法律和制度上的管制。为了引导未成年人的网上娱乐活动,我国相关部门鼓励社会各方面“积极创作、开发和推荐”适合未成年人的网络游戏产品,净化网络文化环境。2005 年 8 月 5 日,文化部游戏产品内容审查委员会正式公布了第一批适合未成年人的网络游戏产品。

随着移动网络从 2.5G 到 3G 的演进和移动数据速率的提高,面向移动商务的领域快速发展。移动商务发展中面临的安全、隐私和法律问题。移动商务是一个系统工程,其发展不仅依赖于技术的成熟,也受法律、社会和管理等诸多因素的制约。在我国,随着计算机、互联网及电信技术的发展和人们生活水平的提高,移动商务为企业信息化创造了巨大的市场空间。

三、移动支付

(一)移动支付的概述

移动支付也称为手机支付,就是允许用户使用其移动终端(手机、PAD、移动 PC)对所消费的商品或服务进行账务支付的一种服务方式。单位或个人通过移动设备、互联网或者近距离传感直接或间接向银行金融机构发送支付指令产生货币支付与资金转移行为,从而实现移动支付功能。移动支付将终端设备、互联网、应用提供商以及金融机构相融合,为用户提供货币支付、缴费等金融业务。

移动支付主要分为近场支付和远程支付两种。所谓近场支付,是指用手机刷卡的方式坐车、购物等,很便利。远程支付是指,通过发送支付指令(如网银、电话银行、手机支付等)或借助支付工具(如通过邮寄、汇款)进行的支付方式,如掌中付推出的掌中电商、掌中充值、掌中视频等属于远程支付。目前支付标准不统一给相关的推广工作造成了很多困惑。移动支付标准的制定工作已经持续多年,主要是银联和中国移动两大阵营在比赛。数据研究公司IDC的报告显示,2017年全球移动支付的金额将突破1万亿美元。强大的数据意味着今后几年全球移动支付业务将呈现持续走强趋势,而在其背后,是各方快马加鞭的在该领域跑马圈地。

(二)技术支持

目前移动支付技术实现方案主要有五种:双界面CPU卡、SIM Pass技术、RFID-SIM技术、NFC技术和智能SD卡。

1. **双界面**CPU**卡(基于**13.56Hz)

双界面CPU卡是一种同时支持接触式与非接触式两种通讯方式的CPU卡,接触接口和非接触接口共用一个CPU进行控制,接触模式和非接触模式可自动选择。

2. SIM Pass **技术(基于**13.56MHz)

SIM Pass是一种多功能的SIM卡,支持SIM卡功能和移动支付的功能。SIM Pass运行于手机内,为解决非接触界面工作所需的天线布置问题给予了两种解决方案,即定制手机方案和低成本天线组方案。

3. RFID-SIM **(基于**2.4GHz)

RFID-SIM是双界面智能卡技术向手机领域渗透的产品。RFID-SIM既有SIM卡的功能,也可实现近距离无线通信。

4. NFC **技术(基于**13.56MHz)

NFC是一种非接触式识别和互联技术。NFC手机内置NFC芯片,组成RFID模块的一部分,可以当做RFID无源标签来支付使用,也可以当做RFID读写器来进行数据交换和采集。

5. **智能**SD**卡**

在目前SIM卡的封装形势下,EEPROM容量已经达到极限。通过使用智能SD卡来扩大SIM卡的容量,可以满足业务拓展的需要。

(三)支付种类

移动支付行业通过移动通信网络实现的商业交易和资金(从支付方到首付方)转移的服务,坚持以安全、快捷的硬软件的技术信念。

(1)按用户支付的额度,可以分为微支付和宏支付。

①微支付,是指交易额少于10美元,通常是购买移动内容业务,例如游戏、视频下载等。

②宏支付是指交易金额较大的支付行为,例如在线购物或者近距离支付(微支付方式同样也包括近距离支付,例如交停车费等)。

(2)按完成支付所依托的技术条件,可以分为近场支付和远程支付。

①远程支付是指通过移动网络，利用短信、GPRS等空中接口，和后台支付系统建立连接，实现各种转账、消费等支付功能。

②近场支付，是指通过具有近距离无线通讯技术的移动终端实现本地化通讯进行货币资金转移的支付方式。

(3)按支付账户的性质，可以分为银行卡支付、第三方支付账户支付、通信代收费账户支付。

①银行卡支付，是指直接采用银行的借记卡或贷记卡账户进行支付的形式。

②第三方账户支付，是指为用户提供与银行或金融机构支付结算系统接口的通道服务，实现资金转移和支付结算功能的一种支付服务。第三方支付机构作为双方交易的支付结算服务的中间商，需要提供支付服务通道，并通过第三方支付平台实现交易和资金转移结算安排的功能。

③通信代收费账户是移动运营商为其用户提供的一种小额支付账户。用户在互联网上购买电子书、歌曲、视频、软件、游戏等虚拟产品时，通过手机发送短信等方式进行后台认证，并将账单记录在用户的通信费账单中，月底进行合单收取。

(4)按支付的结算模式，可以分为及时支付和担保支付。

①及时支付，是指支付服务提供商将交易资金从买家的账户即时划拨到卖家账户。一般应用于“一手交钱一手交货”的业务场景(如商场购物)，或应用于信誉度很高的B2C以及B2B电子商务，如首信、yeepal、云网等。

②担保支付，是指支付服务提供商先接收卖家的货款，但并不马上支付给卖家，而是通知卖家货款已冻结，卖家发货；卖家收到货物并确认后，支付服务提供商将货款划拨到卖家账户。支付服务商不仅负责资本的划拨，同时还要为不信任的买卖双方提供信用担保。担保支付业务为开展基于互联网的电子商务提供了基础，特别是对于没有信誉度的C2C交易以及信誉度不高的B2C交易。目前做得比较成功的是支付宝。

(5)按用户账户的存放模式，可分为在线支付和离线支付。

①在线支付，是指用户账户存放在支付提供商的支付平台，用户消费时，直接在支付平台的用户账户中扣款。

②离线支付，是指用户账户存放在智能卡中，用户消费时，直接通过POS机在用户智能卡的账户中扣款。

四、移动商务的行业应用

(一)移动商务在旅游业中的应用

在传统旅游电子商务方式下，一般来说只能为旅游者提供信息内容和交易等售前服务，而旅途中及旅游后缺乏相应的服务支持。如在旅游过程中，游客难免出现不满意的状况，而问题如得不到及时解决，势必影响旅游活动的质量，严重破坏旅游企业的社会声誉。移动电子商务能提供基于现场的投诉手段和解决办法，通过移动设备与相关机构、人员进行协调，取得客户的理解与支持，使得后续旅游活动不受或少受影响。可见，旅游移动电子商务能提供全程24小时的创新服务，具体创新服务可分为以下三个阶段：

1.旅游前服务

在旅游前，旅游者搜索、计划和预订旅程的每一部分，需要详尽的信息和交易服务。此时传统的旅游电子商务由于大屏幕连接高速的互联网，在预览旅游地景色、预订机票和酒店、设计行程等方面更胜一筹。然而，移动旅游电子商务却能提供更好的机会。如果旅游者在行前计划阶段对其所感兴趣的目的地信息做标注，那么在途中就可以通过移动设备随时查询这些内容。另外旅游企业也可以通过桌面互联网接入设备捕捉和整合某一个性化线路所需的旅行内容，并将这些信息同步传递给旅游者的移动设备中，扩展旅游代理商和旅游信息供应商对整个旅游行程的影响。

2.旅途中服务

首先，在旅途中，旅游者会发现传统旅游电子商务所提供的所有内容和便利全部消失了，而这阶段旅游者才真正需要了解飞机检票、离港起飞的时间以及始发和终点港口的情况。同时，旅游过程的每一个环节都可能导致旅游行程被中断或改变，包括由于天气原因飞机延误或取消、由于管理原因行李被误递、交通事故，以及旅游者主动改变行程等。旅游移动电子商务提供商能够帮助用户既节约时间又节省费用地处理这些旅途中的突发事件。其次，旅游者在旅游活动过程中还需要各种与当前所处地理位置直接相关的服务内容，具体可概括为安全救援服务、交通和导航服务、移动导游服务、移动广告服务、基于位置的信息查询服务等。最后，旅游者在旅游活动过程中，可能产生一些事先未设想到的消费欲望，如更改旅游线路，增加旅游景点，获得额外的信息、服务等。传统的旅游电子商务无法解决这些费用的支付问题，游客可能不得不放弃，造成游客的意见或遗憾。而移动电子商务能随时随地完成支付过程，使得旅游活动更加完美。

3.旅游后服务

当旅游者拖着疲倦的身体返回时，旅游移动服务能让游客重温旅游中的美景，放松心情，减轻疲劳。另外，在旅游结束后，旅游移动服务能及时进行客户满意度调查，同时表达关切、友好之情，打消旅客由于各种原因在旅途中产生的疑虑。另外，通过对不满意的客户进行一定的补偿服务，可以重新得到这部分客户的认可。

(二)移动商务在教育系统的应用

1.移动教育的定义

移动教育通过将移动通信与教育相结合，在现代教育中将发挥巨大作用。移动教育，或称移动学习，相关定义如下：全国高等学校教育技术协作委员会的定义为，“移动教育是指依托目前比较成熟的无线移动网络、国际互联网，以及多媒体技术，学生和教师通过利用目前较为普遍使用的天线设备（如手机、PAD、笔记本式计算机等）来更为方便灵活地实现交互式教学活动，以及教育、科技方面的信息交流”。

2.移动教育的应用

移动商务在教育系统的应用，主要集中在两方面：一是校内的管理，如中国移动的“校讯通”；二是远程教育的支持，如诺基亚的“行学一族”。

(1)校讯通。“校讯通”是中国移动公司利用移动通信网、国际互联网资源，集成短信网络平台和现代教育信息技术，拟在教育系统内构建一个学校教育、社会教育、家庭教育三位一体的，不受时间、空间的限制，实时的、交互式的信息沟通平台——校讯通互动教育信息平台。它是一套可以有效解决老师和家庭之间沟通，帮助孩子健康成长的，集先进的计算机技术、互联网技术、无线通信技术和考勤信息化技术于一体的现代信息化管理系统。目前“校讯通”业务以覆盖全国绝大多数省市，受到了学校和家长的好评。“校讯通”是中国移动在基础教育领域开展移动信息化的重要成果，也是我国教育行业移动电子商务应用的首次尝试。

“校讯通”的业务主要有校务管理、家校互动、平安短信、亲情沟通和气象提醒五大功能模块，已成功为校园构筑了一个全新的信息生态环境，发挥了其应有的作用。

(2)诺基亚的“行学一族”。2007 年 5 月作为国际首屈一指的移动电话生产商，诺基亚推出了为中国手机用户服务的基于移动互联网的创新服务：一款真正意义上的在线移动学习系统——“行学一族”。“行学一族”是中国第一个互动在线移动学习服务，由“我的课程”、”英语充电”、“趣学百科”、“风云排行”、“行学社区”和“我的工具”六大部分组成。它整合了众多权威教育和出版机构的学习内容，充分发挥了融合移动通信和互联网的优势，使随时随地学习和交互学习真正成为可能。

(三)移动商务在物流业中的应用

移动商务应用于现代物流中，不仅为物流企业和物流管理者降低成本、提高管理效率提供了机会，而且可以为客户提供个性化、快捷、周到的服务，这些服务项目大致可分为以下几类：

1. 移动虚拟专网

VPMN 是基于运营商的移动虚拟专网。它是基于智能网技术实现，面向集团客户的移动语音业务。一组移动用户可组成 VPMN 集团。每个用户有专有小号，可以用短号实现国内移动手机用户的互相呼叫。VPMN 利用移动手机快速、灵活组建企业内部的小交换机网络，为集团内用户提供短号码，方便联络。VPMN 能使同在物流企业内的用户之间实现缩位拨号、短号显示并能获得资费优惠。

2. 集团 IP

物流企业外出车辆很多，因此长途费用较高，使用集团 IP 充值卡绑定可以帮助物流企业降低旅途费用。

3. 电话会议

物流企业人员所处位量不固定，而电话会议不受时间、地点的限制，适用于临时会议或异地会议的召开。电话会议增加视频，有移动电视会议，该业务基于流媒体技术，为用户带来随时、随地的可视化办公便利，属于为企业用户提供的移动办公业务中的一类。

4. 企业短信和彩信

企业短信和彩信既有点对点发送的功能，又有群发的功能，企业短信和彩信还有个性化通知、定时发送、邮件提醒、图片传送、信息通告和多媒体的功效，这解决了物流企业及时准确地下发调度通知并进行协商沟通的需求问题。企业短信和彩信不仅方便了各个工作环节的沟通，而且为物流企业节省了大量通话费用。

5. 设备与设备之间的通信 M2M 移动业务

M2M 这种移动业务涉及的是机器(设备)之间的通信。M2M 业务在物流企业的应用包括物品(财产)的安全业务、对汽车等设备的监控、自动仪表的测量和数据读取、设备维护业务、贩卖机状态监测、各种公众设施的流量监测业务、车队管理、工业处理自动化和远程信息处理、揽收贷款等。

(1)存货状态监控，是指进行远程监控，了解存货情况，对报警及时作出反应。

(2)车船队管理，是指通过安装在车船上的移动设备进行车队管理或者船只的跟踪和管理。

(3)安全业务，是指将移动传感器安装在各类贵重物品上，对该物品进行随时的安全跟踪。

(4)移动 POS,是指用移动 POS 机实现物流配送的接收货款,有着安全方便的特点。

6. GPRS 接入业务——GPS 车辆定位

根据物流企业外运组建灵活的无线指挥调度系统的需求,可以采用 GPRS 网络系统实现物流企业外运调度中心与运输车辆之间的双向信息传输。调度中心利用 GPRS 终端,通过移动的 GPRS 网络与物流企业外运调度中心主机相连。

项目任务

任务一 微博的选择与注册

任务目的

1. 选择合适的微博平台

2. 学会注册微博账号

目前的微博平台有很多,有美国的 Twitter、加拿大的 Plurk、中国的 digu、新浪微博、腾讯微博,以及其他的搜狐微博、网易微博,等等。戴尔公司是一家大型的跨国公司,因此戴尔在美国总部首先选择 Twitter,在中国选择新浪微博,作为其微博平台。

美国的 Twitter 注册步骤如下:

(1)要使用 Twitter 之前,要先注册一个自己的账号。打开 http://twitter.com/这个网页,按一下〔Get Started— Join!〕按钮,开始注册,如图 8-1 所示。

图 8-1 Twitter 注册 1

(2)请在 Username、Password、E-mail Address 填入账号、密码、E-mail 地址,然后在图片验证栏位中输入红色方框中的文字,如果看不懂的话,可以按一下按钮,让它重新产生新的图案。输入完后请勾选 I want the inside scoop... 最后再按下 I accept. Create my account 按钮，如图 8－2 所示。

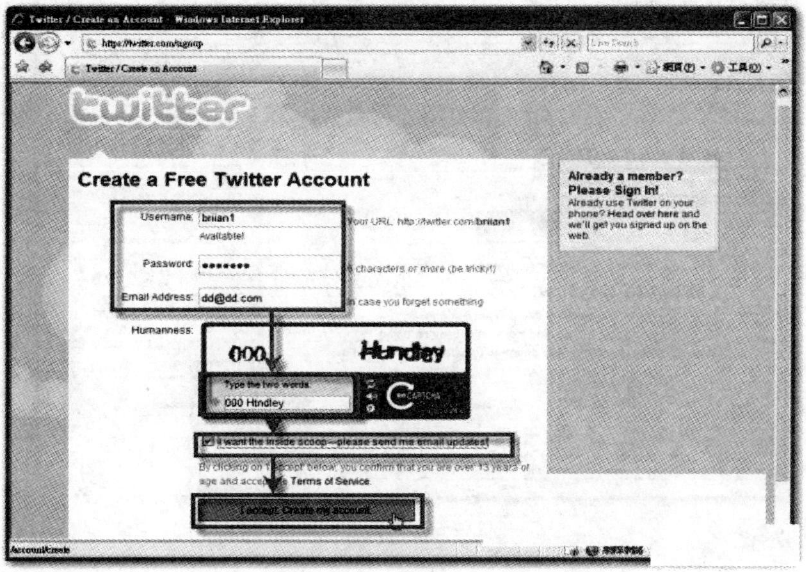

图 8－2　Twitter 注册 2

(3)注册完成后，计算机会问你要不要邀请其他人来 Twitter，请按一下最下面的 skip 先跳过这个步骤，以后自己再邀请即可，如图 8－3 所示。

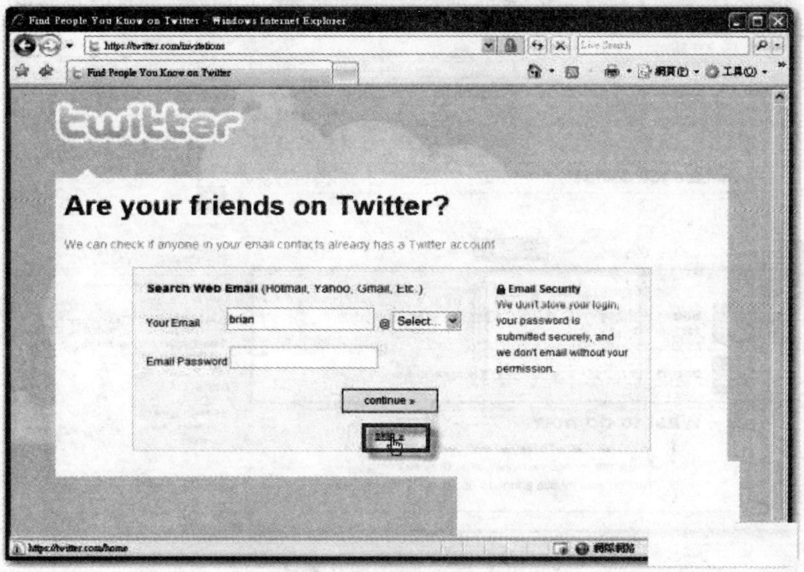

图 8－3　Twitter 注册 3

(4)顺利注册后，登录网站，可以在 What are you doing? 栏位中输入要讲的话，再按一下 update 按钮，即可将信息发布出去，如图 8－4 所示。

图 8-4　Twitter 注册 4

(5)Twitter 有一个特色，它限制每篇文章的字数必须在 140 字以内，这不是长篇大论的，而是“碎碎念”。因此，Twitter 上的使用者创造出了一种相当与众不同的文化与特色，如图 8-5 所示。

图 8-5　Twitter 注册 5

任务要求

分别在新浪微博平台、腾讯微博平台各注册一个微博账号

任务二　微博信息的发布

任务目的

1. 掌握 140 字内文字组织与阐述的方法。

2. 微博图片与视频发布的方法

戴尔的方法是在 Twitter 与新浪微博上注册许多账号，每个账号一个专门的内容，产品信息的账号专门发产品信息，指定给专门的受众看。戴尔在产品账号上，经常发表的信息内容是：①经过翻修的二手产品信息，价格很诱人，并且有库存数据；②超低价格的清仓甩卖活动信息；③新产品信息；④优惠信息。戴尔在 Twitter 上已经拥有 65 个群组，每个群组都有专人负责管理，像一个个一对多的在线客服窗口一样，让客户能得到丰富而实时的信息，同时客户还能看到其他用户的问题解答。在新浪微博上，戴尔中国是 3 月 7 日上线的且在新浪上的微博账号是戴尔中国。戴尔的客服用轻松活泼的方式和大家唠家常，分享最新的促销打折信息，时不时地搞一些互动活动。在戴尔中国微博的背后，是一个个鲜活的面孔，它们是来自戴尔员工的真实声音。

任务要求

分别在新浪微博平台、腾讯微博平台利用自己微博账号有目的性发布一些文字与图片。

任务三　迅速发展微博粉丝

任务目的

学会运用一些发展微博粉丝的方法。

微博营销是对粉丝数有要求的，只有有足够的粉丝才能达到传播的效果和目的，像一些刚注册用户的粉丝数远远不够，这种情况下只有靠自己优质内容的不断更新、善交客户，以友相待和相关的微博活动来提升粉丝的数量。戴尔在 2007 年 3 月注册 Twitter 后，现在已经有了 150 万粉丝。在每年的节假日，戴尔会向 Twitter 上的 150 万粉丝发送独家折扣优惠，有 12000 名购买戴尔新产品的人享受了七折优惠。戴尔在 Twitter 上发给客户的折扣礼券，可以链接到专门的网页，在订购产品时享受到优惠。通过 Twitter，戴尔在全球已经直接创造了近 700 万美元的营业额。

任务要求

利用发展微博粉丝的方法发展自己的微博粉丝。

项目小结

微博营销是刚刚推出的一个网络营销方式，因为随着微博的火热，既催生了有关的营销方式，就是微博营销。微博适应了用户互动交流的需求，顺应了信息传播方式大变革的趋势。作为互联网的一种最新应用模式，它的高度开放性，介于互联网与移动网之间，无论在何时何地，用户都能及时发布消息。戴尔公司是微博营销成功的第一个案例。

基本练习

1.移动商务的定义?

2.移动商务的特点与功能?

3.移动商务的技术?

4.移动商务面对安全威胁?

5.移动商务在教育行业中的应用?

6.移动商务在旅游行业中的应用?

拓展训练

微博营销方兴未艾,微信营销一夜之间已是巅峰重转气象万千。8月18日微信公众平台上线,首次允许媒体、品牌商及名人进行账户认证,并给认证用户更多的手段向粉丝们推送信息。于是,众品牌纷纷抢滩登录,微博上代理公司也正式挂起了"微信营销"这块招牌,一时间,微信成了品牌除官方微博外的另一大互联网营销热地。

从微信的特点看,它重新定义了品牌与用户之间的交流方式。如果将微博看做品牌的广播台,微信则为品牌开通了"电话式"服务。当品牌成功得到关注后,便可以进行到达率几乎为100%的对话,它的维系能力远远超过了微博。此外,通过LBS、语音功能、实时对话等一系列多媒体功能,品牌可以为用户提供更加有丰富的服务,制定更明确的营销策略。基于这种功能,微信已远远超越了其最初设计的语音通信属性,其平台化的商业价值显然更值得期待。

微信营销的前景究竟如何?品牌疯狂涌入的同时又有多少可以最终留在这个平台?我们观察并总结了时下最有效的六种营销模式:

模式一:活动式微信——漂流瓶

营销方式:微信官方可以对漂流瓶的参数进行更改,使得合作商家推广的活动在某一时间段内抛出的"漂流瓶"数量大增,普通用户"捞"到的频率也会增加。加上"漂流瓶"模式本身可以发送不同的文字内容甚至语音小游戏等,如果营销得当,也能产生不错的营销效果。

案例:招商银行的"爱心漂流瓶"

活动期间,微信用户用"漂流瓶"功能捡到招商银行漂流瓶,回复之后招商银行便会通过"小积分,微慈善"平台为为自闭症儿童提供帮助。根据观察,在招行展开活动期间,每捡十次漂流瓶便基本上有一次会捡到招行的爱心漂流瓶。不过,介于漂流瓶内容重复,如果可提供更加多样化的灵活信息,用户的参与度会更高。

模式二:互动式推送微信

营销方式:通过一对一的推送,品牌可以与"粉丝"开展个性化的互动活动,提供更加直接的互动体验。

案例:星巴克《自然醒》

当用户添加"星巴克"为好友后,用微信表情表达心情,星巴克就会根据用户发送的心情,用《自然醒》专辑中的音乐回应用户。

模式三:陪聊式对话微信

营销方式:现在微信开放平台已经提供了基本的会话功能,让品牌用户之间做交互沟通,但由于陪聊式的对话更有针对性,所以品牌无疑需要大量的人力成本投入。

案例:杜蕾斯

以杜蕾斯为例,杜蕾斯微信团队专门成立了8人陪聊组,与用户进行真实对话。延续了杜蕾斯微博上的风格,杜蕾斯在微信中依然以一种有趣的方式与用户“谈性说爱”。据杜蕾斯代理公司时趣互动透露,目前除了陪聊团队,还做了200多条信息回复,并开始进行用户的语义分析的研究。

模式四:O2O模式——二维码

营销方式:在微信中,用户只需用手机扫描商家的独有二维码,就能获得一张存储于微信中的电子会员卡,可享受商家提供的会员折扣和服务。企业可以设定自己品牌的二维码,用折扣和优惠来吸引用户关注,开拓O2O营销模式。

案例:深圳海岸城“开启微信会员卡”

深圳大型商场海岸城推出“开启微信会员卡”活动,微信用户只要使用微信扫描海岸城专属二维码,即可免费获得海岸城手机会员卡,凭此享受海岸城内多家商户优惠特权。

模式五:社交分享——第三方应用

营销方式:微信开放平台是微信4.0版本推出的新功能,应用开发者可通过微信开放接口接入第三方应用,还可以将应用的LOGO放入微信附件栏中,让微信用户方便地在会话中调用第三方应用进行内容选择与分享。

案例:美丽说微信

用户可以将“美丽说”中的内容分享到微信中,由于微信用户彼此间具有某种更加亲密的关系,所以当“美丽说”中的商品被某个用户分享给其他好友后,相当于完成了一个有效到达的口碑营销。

模式六:地理位置推送——LBS

营销方式:品牌点击“查看附近的人”后,可以根据自己的地理位置查找到周围的微信用户。然后根据地理位置将相应的促销信息推送给附近用户,进行精准投放。

案例:K5便利店新店推广

K5便利店新店开张时,利用微信“查看附近的人”和“向附近的人打招呼”两个功能,成功进行基于LBS的推送。

思考题:

1.微博营销与微信营销有何异同点?

2.微信营销所具有的优势是什么?

项目九

电子商务发展前沿——物联网技术和云计算

项目概要

物联网技术与云计算技术应用到电子商务中的应用

在认识物联网技术的基本概念和物联网电子商务技术构架、云计算技术的定义与特征的基础上，了解物联网技术与云计算技术应用到电子商务行业所形成的商业智能、物流智能、智慧旅游、精准农业等新领域。

导入案例

朝阳物联网示范园 试点无人驾驶公交

北京市朝阳区将修建一座占地4平方公里的物联网应用服务产业园。无人驾驶节能公交车、手机刷卡付费等生活方式将在园区内实现。

据市场调查资料显示，朝阳区一座占地4平方公里的物联网产业示范园已经进入规划阶段。这座物联网产业园区位于东五环外，朝阳区已初步为其选定建设用地，将采取"政企共建"的模式，将能够嵌入物联网的所有高科技产品在园内投入使用，初步划分为商业区域、企业区域、生活区域以及公共区域。

朝阳区的物联网应用案例使我们对物联网的含义有了一个基本的认识，"所谓物联网，通俗地说是将生活中的每个物件安装芯片，再通过无线系统综合联系起来，通过一个终端就能控制包括家中和户外所有设备"。该负责人表示，目前物联网技术中包括芯片嵌入、远程指令等很多内容已能够应用，关键是将这些内容在一个有限的空间内进行整合，实现综合应用，朝阳区物联网示范园的兴建，正是为这种综合应用提供实验场所。

据介绍，朝阳区物联网示范园最大的看点应该是无人驾驶的公交系统，市民在园区乘坐无人驾驶的节能环保公交车，经过十字路口的时候，红绿灯也能够自动感应到公交车驶近，从而迅速变灯。

资料来源：朝阳物联网示范园　试点无人驾驶公交车[EB/OL]．[2012－01－04]www.5lian.cn/html/2012/guonei－0104/590.html.

项目知识

一、物联网的基本概念

物联网(the internet of things)是指通过射频识别(RFID)、红外感应器、全球定位系统、激光扫描器等信息传感设备，按约定的协议，把任何物品与互联网连接起来，进行信息交换和通讯,以实现智能化识别、定位、跟踪、监控和管理的一种网络。物联网的概念是在1999年提出的。物联网就是“物物相连的互联网”。这里有两层意思:第一,物联网的核心和基础仍然是互联网,是在互联网基础上的延伸和扩展的网络;第二,其用户端延伸和扩展到了任何物品与物品之间,进行信息交换和通讯。

二、物联网电子商务技术构架

从技术架构上来看,物联网可分为三层,即感知层、网络层和应用层,如图10-1所示。

应用层	智能商业	智能物流	智能交通	精准农业	智能家居	军事航天
网络层	无线通信网	云计算平台	互联网	物联网管理中心	3G网络	4G网络
感知层	传感器	射频识别	扫描设备	视频监控	卫星定位	手机与移动设备

图10-1 物联网电子商务技术构架

下面详细介绍这三层构架:

①感知层,由各种传感器以及传感器网关构成,包括二氧化碳浓度传感器、温度传感器、湿度传感器、二维码扫描设备、RFID标签和读写器、视频监控摄像头、GPS、手机与移动设备等感知终端。感知层的作用相当于人的眼耳鼻喉和皮肤的神经末梢,它是物联网识别物体、采集信息的来源,其主要功能是识别物体、采集信息。

②网络层,由互联网、无线通信网、物联网络管理系统和云计算平台等组成,相当于人的神经中枢和大脑,负责传递和处理感知层获取的信息。

③应用层,是物联网和用户(包括人、组织和其他系统)的接口,它与行业需求结合,实现物联网的智能应用。

1.传感器技术

(1)传感器的定义。传感器的英文是“sensor”,意为感觉或知觉等。国际电工委员会(IEC)将传感器定义为:“传感器是测量系统中的一种前置部件,它将输入变量转换成可供测量的信号”,即其是能感知外界信息并能按一定规律将这些信息转换成可用信号的装置。它的前端由敏感元器件(感知元件)和转换器件两部分组成,有的半导体敏感元器件可以直接输出电信号,本身就构成传感器。

(2)传感器的应用。各种传感器用来监视和控制生产过程中的各种参数,使设备工作处在最佳或正常状态,并使产品达到质量要求。在家用电器领域,如全自动洗衣机、电饭煲、冰箱和微波炉等都离不开传感器。在医疗卫生领域,电子脉搏仪、体温计、医用呼吸机、超声波诊断仪、断层扫描(CT)及核磁共振诊断设备等,都大量地使用了各种各样的传感技术。在军事国防领域,各种侦测设备、红外夜视探测、雷达跟踪、武器精确制导等,没有传感器是难以实现的。在航空航天领域,空中管制、导航、飞机的飞行管理和自动驾驶着陆系统等,都需要大量的传感器。

2.无线网络

无线网络是物联网的基础,包括远距离无线连接的语音和数据网络,近距离无线连接的红外线及射频技术等。无线网络通常用于各种设备如便携式计算机、台式计算机、手持终端、个人数字助理(PDA)、移动电话、笔式计算机,以及大量带有无线传感器的装置等的接入。

(1)无线网络的分类。

①无线广域网(WWAN)。用户可通过公用或专用网络建立无线网络连接,以覆盖广大的地理区域,例如若干城市或国家和地区。

②无线城域网(WMAN)。它可在城区的多个场所之间创建无线连接(如一个城市或大学校园的多个办公楼之间),使用无线电波或红外光波传送数据,可为用户提供高速互联网接入的宽带无线接入服务。

③无线局域网(WLAN)。它可为用户创建本地无线连接,可用于临时办公室或其他流动场所,使用户能在不同时间、不同场所或同一办公楼的不同地方工作。

④无线个人网(WPAN)。它使用户能为个人操作空间(POS)设备(如 PDA、移动电话和笔记本电脑等)创建临时无线通讯。POS 指以个人为中心,最大距离为 10 米的一个空间范围,目前两个主要技术是蓝牙和红外线。

(2)无线网络的特点。无线网络能在很短的时间内以低成本在本地架设起接入系统,其诸多特点都是与有线网络相比较而言的。其特点如下:

①安装便捷。其最大优势就是免去或减少固定网络布线的工作量,一般只要安装一个或多个接入点设备,就可以立刻建立覆盖整个建筑物或地区的网络。

②使用灵活。在有线网络中,网络设备的安放位置受网络信息点的位置限制,而无线网络建成后,在信号覆盖区中任何一个位置都可以接入网络。

③经济节约。有线网络缺少灵活性,需要规划者尽可能考虑未来发展之需,往往导致预设大量利用率较低的信息点;而一旦网络的发展超越了设计规划,以要花费较多费用进行网络改造。而无线网络可以避免或减少以上情况的发生。

④易于扩展。无线网络有多种配置方式,能按需灵活选择。从只有几个用户的小型局域网到上千用户的大型网络它都能满足需求,并能实现漫游等有线网络无法提供的特性。

⑤更好的安全性。已广泛应用于远程访问的 VPN 采用了多种安全机制,其中互联网协议安全(IPSec)规范是使用最广泛的一种。它能够确保只有授权用户可以访问网络,数据不会被截取。

3. 无线传感器网络

无线传感器网络(Wireless Sensor Networks,WSN)是信息科学领域中一个全新的发展方向,从某种意义上说,物联网就是无线传感器网络。

无线传感器网络经历了三个阶段:①智能传感器,即将计算机能力嵌入到传感器中,使得传感器节点不仅具有数据采集能力,而且具有信息处理能力;②无线智能传感器,即在智能传感器的基础上增加到无线通信能力,大大延长了传感器的感知触觉;③无线传感器网络,将网络技术引入到无线智能传感器中,使得传感器不再是单个的感知单元,而是能交换信息、协调控制的有机体,实现物与物的互联,把感知触角伸入世界各个角落,成为了下一代互联网及物联网的重要组成部分。

无线传感器网络在电子商务应用主要集中在商场购物环境监测、自动通关结算、商品导购、智能营销、远程购物、客户关系管理等方面。

4. **无线接入技术**

无线接入技术(radio interface technologies,RIT),也称空中接口,是无线通信的关键问题。它是指通过无线介质将用户终端与网络节点连接起来,以实现用户与网络间的信息传递。无线信道传输的信号应遵循一定的协议,这些协议即构成无线接入技术的主要内容。国际电信联盟在2000年确定WCDMA、CDMA2000、TD-CDMA及WiMAX为四大主流无线接入标准。无线接入技术与有线接入技术的一个重要区别在于可以向用户提供移动接入业务。无线接入网是指部分或全部采用无线电波这一传输媒质连接用户与交换中心的一种接入技术。在通信网中,无线接入系统的定位是本地通信网的一部分,亦是本地有线通信网的延伸、补充和临时应急系统。无线接入技术除了项目八介绍过的Wi-Fi和蓝牙外,还有以下几种:

①近距离无线通讯技术(NFC)。NFC即near field communication,是一种近距离或近域非接触式识别和互联通信技术,可在移动设备、电子产品、PC和智能控件间进行近距离无线通信,可让消费者简单直观地交换信息、访问内容与开展电子商务。它可将非接触读卡器、非接触卡和点对点通信器件整合进一块芯片,为人们的生产、生活与商务提供了众多的开放接口与应用。

②紫蜂。紫蜂作为一种新兴的近距离、低复杂度、低功耗、低数据速率、低成本的无线网络技术,适用于自动和远程控制领域,可嵌入各种设备。由于采用低数据传输率、低工作频段和低容量单元,且紫蜂在未作用时能休眠以降低世界功耗,故紫蜂系统可包括大数量的节点,最高可达到6.5万个。

③UWB。UWB是一种无载波通信技术,利用纳秒至微微秒级的非正弦波窄脉冲传输数据,通过在较宽的频谱上传送极低功率的信号,能在10米左右的范围内实现数百Mbit/s至数Gbit/s的数据传输速率。它具有抗干扰性能强、传输速率高、带宽极宽、消耗电能小、发送功率小、保密性好、穿透力较高等诸多优势,能在室内提供与有线相媲美的性能。

5. **自动识别技术**

自动识别技术是应用一定的识别装置,自动获取被识别物品的相关信息,供给后台系统来完成相应处理与控制的一种技术。该技术近几十年在全球迅猛发展,形成了一个包括条形码技术、磁条磁卡技术、IC卡技术、光学字符识别、射频技术、声音识别及视觉识别等集计算机、光、磁、物理、机电、通信技术为一体的高新技术学科。

(1)无线射频识别技术。无线射频识别技术(radio frequency identification,RFID)是一种非接触式的自动识别技术,其基本原理是利用射频信号和空间耦合(电感或电磁耦合)或雷达反射的传输特性,实现对被识别物体的自动识别。

RFID单元包含电子标签和阅读器两部分。电子标签是其数据载体,由天线和芯片组成。依据供电方式不同,可分为有源电子标签(active tag)、无源电子标签(passive tag)和半无源电子标签(semi-passive tag)。有源电子标签有内装电池,无源电子标签没有内装电池,半无源电子标签部分依靠电池工作。依据封装形式的不同可分为信用卡标签、线形标签、纸状标签、玻璃管标签、圆形标签及特殊用途的异形标签等。无线射频识别阅读器(读写器)通过天线与无线射频识别电子标签进行无线通信,实现对标签识别码和内存数据的读出或写入操作。典型的阅读器包含有发送器和接收器模块、控制单元及阅读器天线。

(2)条形码技术。条形码由一组规则排列的条和空、相应的数字组成。“条”指光线反射率较低的部分,“空”指光线反射率较高的部分。这种用条、空组成的数据编码可以供机器识读,而且很容易译成二进制数和十进制数。这些条和空可有各种不同的组合方法,构成不同的图形符号,如一维与二维图形即各种符号体系,也称码制,适用于不同的应用场合。该自动识别技术,具有输入速度快、准确度高、成本低、可靠性强等优点,在当今的自动识别技术中占有重要的地位。

条形码技术分为两种种类:第一,一维条形码,用于记录较小的数据内容,在使用的过程中仅作为识别信息,其作用是通过计算机系统的数据库提取相应的信息而实现进一步的处理。第二,二维条形码,用于记录较大数据内容,它有“便携式数据库”之称。它的出现大大丰富了条形码的内容,拓展了自动识别领域与分布数据记录标签的应用。

三、云计算的定义及特征

1. 云计算(cloud computing)的定义

云计算是由分布式计算(distributed computing)、并行处理(parallel computing)、网格计算(grid computing)发展来的,是一种新兴的商业计算模型。目前,对于云计算的认识在不断的发展变化,云计算没有普遍一致的定义。中国网格计算、云计算专家刘鹏给出如下定义:“云计算将计算任务分布在大量计算机构成的资源池上,使各种应用系统能够根据需要获取计算力、存储空间和各种软件服务。”狭义的云计算是指厂商通过分布式计算和虚拟化技术搭建数据中心或超级计算机,以免费或按需租用方式向技术开发者或者企业客户提供数据存储、分析以及科学计算等服务。广义的云计算是指厂商通过建立网络服务器集群,向各种不同类型客户提供在线软件服务、硬件租借、数据存储、计算分析等不同类型的服务。

2. 云计算的特征

通过计算分布在大量的分布式计算机上,而非本地计算机或远程服务器中,企业数据中心的运行将与互联网更相似。这使得企业能够将资源切换到需要的应用上,根据需求访问计算机和存储系统,好比是从古老的单台发电机模式转向了电厂集中供电的模式。它意味着计算能力也可以作为一种商品进行流通,就像煤气、水电一样,取用方便,费用低廉,而两者最大的不同在于,它是通过互联网进行传输的。

云计算具有以下几个主要特征:

(1)资源配置动态化。根据消费者的需求动态划分或释放不同的物理和虚拟资源,当增加一个需求时,可通过增加可用的资源进行匹配,实现资源的快速弹性提供;如果用户不再使用这部分资源时,可释放这些资源。云计算为客户提供的这种能力是无限的,实现了IT资源利用的可扩展性。

(2)需求服务自助化。云计算为客户提供自助化的资源服务,用户无需同提供商交互就可自动得到自助的计算资源能力。同时云系统为客户提供一定的应用服务目录,客户可采用自助方式选择满足自身需求的服务项目和内容。

(3)以网络为中心。云计算的组件和整体构架由网络连接在一起并存在于网络中,同时通过网络向用户提供服务。而客户可借助不同的终端设备,通过标准的应用实现对网络的访问,从而使得云计算的服务无处不在。

(4)服务可计量化。在提供云服务过程中,针对客户不同的服务类型,通过计量的方法来自动控制和优化资源配置。即资源的使用可被监测和控制,是一种即付即用的服务模式。

(5)资源的池化和透明化。对云服务的提供者而言,各种底层资源(计算、储存、网络、资源逻辑等)的异构性(如果存在某种异构性)被屏蔽,边界被打破,所有的资源可以被统一管理和调度,成为所谓的“资源池”,从而为用户提供按需服务;对用户而言,这些资源是透明的、无限大的，用户无须了解内部结构，只关心自己的需求是否得到满足即可。

四、云计算电子商务中的应用

无论是从产业价值还是规模来看，被视为第三次 IT 变革的云计算都显示出强劲的发展势头。根据美国国际数据公司（IDG）的调查显示，2012 年，全球云计算服务市场规模将达到约 420 亿美元。据了解，目前云计算已在医药、就业、教育等多个领域得到广泛应用，其中电子商务更是风起“云”涌，成为云计算的先锋应用军团。

电子商务之所以对云计算需求强烈，主要是因为电子商务网站通常以超低的折扣和丰富的产品吸引用户。从电子商务的网站流量看其具有较强的突发性，如果没做充足的技术准备，服务器在面对众多网民同时登录的时候会出现堵塞甚至崩溃等现象。云计算的高稳定性、高可靠性和高安全性，正好解决了电子商务的这一难题。如 2012 年 11 月 11 日，淘宝举办了一个名为“光棍节”的网上秒杀活动，一家售卖护肤品的小店创造了 210 万元的销售业绩。一家网络小店能够在短时间内承受如此密集巨大的访问量，并且能够保证顾客正常浏览、下单、购买，背后正是“云计算”在发挥威力。

此外，云计算的低成本优势能够帮助用户最大限度节省 IT 成本开支。以带宽为例，电子商务企业由于用户访问时间集中、流量大，通常对带宽要求较高。以往，IDC 行业内的常规做法是为每位用户提供 100M 共享 2M 上限的免费带宽。而今，利用云计算的优势，带宽的费用则大幅度下调。据了解，中国万网在成功登云后，不仅推出免费 5M 独享带宽的优惠政策，还将超出部分的宽带价格降至 200 元/兆/月。按照一家网站每月需使用 5M 宽带来算，那么企业较以前每月在带宽方面则可以减少支出 3M 的费用，这对于很多小型电子商务企业来说，无疑是一笔不小的开支。

目前，国内众多企业纷纷发力云计算应用，为电子商务业务的飞速发展保驾护航。2012 年腾讯宣布将在上海建华东云计算中心和电子商务基地。用友、金蝶、金算盘等软件企业基于 SAAS 模式推出了在云端的全程电子商务。中国万网更是动作频频，于近期推出了基于云计算三大服务模式，IaaS（基础设施即服务）、PaaS（平台即服务）、SaaS（软件即服务）的全线产品，为电子商务企业提供全方位服务。

据悉，在 IaaS（基础设施即服务）领域，万网推出了云主机、云虚拟主机等系列产品，其中，万网云主机的电子商务用户约占 20%。在 SaaS（软件即服务）领域，基于云计算的网建在线服务平台“万网梦工厂”，全面助力电子商务企业开展全网营销。

中国万网副总裁张本伟表示，“在 PaaS 领域，万网即将推出功能强大的控制面板平台，集成更多的主流应用程序包，帮用户实现自助初始化系统、自助更换操作系统、自助恢复快照数据等一站式自助服务功能，让并不擅长技术的电子商务用户可自助便捷的使用云计算。”

项目任务

任务一　了解商业智能

任务目的

1. 掌握商业智能的定义

2. 了解商业智能中的智能零售业

商业智能(business intelligence,BI),又称商业智慧或商务智能,是指用物联网技术、云计算技术、数据仓库技术、线上分析处理技术、数据挖掘和数据展现技术进行数据分析以实现商业价值。商业智能通常被理解为将企业中现有的数据转化为知识,帮助企业作出明智的业务经营决策的工具。这里所谈的数据包括来自企业业务系统的订单、库存、交易账目、客户和供应商资料及来自企业所处行业和竞争对手的数据,以及来自企业所处的其他外部环境中的各种数据。而商业智能能够辅助的业务经营决策既可以是作业层的决策,也可以是管理层和策略层的决策。

智能零售业是将物联网等技术转化为交易与管理模式的过程。技术角度主要从移动销售、物品感知、过程数据采集、信息分析、自动控制和客户体验等应用上考虑,系统上则需建立成套的数据感知、接收和分析链,覆盖生产过程溯源、安全与合格证据、同类商品选择、购物提醒、虚拟效果模拟、电子钱包、自动结算、会员打折、缩短结算时间等方面上,具体如图 9-1 所示。

图 9-1 物联网在零售业的应用

1. 扩展商品包装

传统包装具有保护、装饰和宣传商品,提供基本消费信息等功能,而带有智能标签或二维条形码的包装,还能与手机等移动通信装置配合,将商品数据读入用户端,为其今后远程选货、移动购物提供方便。

2. 智能会员卡

手机现已是人人随身之物,不可或缺,而现代人已为各种银行卡、会员卡、贵宾卡、单位卡、社区卡及其他功能卡等拖累,因此,商店会员卡的最终发展方向是通过向手机内置程序来取代实体卡。这不仅可减少卡片数量,而且还能提供其他多种服务。

3. 广告宣传

商家的商品广告可直接发送到客户手机上,客户也可通过移动电子目录主动搜索商品信息。

4.自动扫描与结算

消费者在超市购物时,可用手机扫描商品,结算可通过手机电子钱包完成。

5.货品目录

用户可直接在手机上建购物目录,预存商品信息,就不会产生项目遗漏,且选货时会很方便。

6.货物定位

现代都市面积在日益扩大,人口流动性增加,经济发展使各类商铺越开越多,客户购物时往往难于找到合适的购物之地。带有GPS导航功能的手机就能帮客户实现这一功能。

7.支付

一些移动运营商已开通了电子钱包业务,能通过手机支付所购商品。

8.店内导航

用户购物不仅可能需要市内导航,而且大型商场不仅面积庞大,场内各区货架林立,数以万计商品摆设后更如迷宫,因此更需开展店内商品导航。

9.移动商务

消费者能通过手机在任何时间、任何地点浏览、查询、订货和支付货款。

10.兑奖

智能手机可以实现电子兑奖、自动打折和促销等。

任务要求

在网上查找商业智能相关的资料进行阅读,对其做进一步了解。

任务二　了解智慧旅游

任务目的

1.了解智慧旅游的智慧表现

2.了解智慧旅游的功能

"智慧旅游"是一个全新的命题,它是一种以物联网、云计算、下一代通信网络、高性能信息处理、智能数据挖掘等技术在旅游体验、产业发展、行政管理等方面的应用,使旅游物理资源和信息资源得到高度系统化整合和深度开发激活,并服务于公众、企业、政府等的面向未来的全新的旅游形态。它以融合的通信与信息技术为基础,以游客互动体验为中心,以一体化的行业信息管理为保障,以激励产业创新、促进产业结构升级为特色。智慧旅游,就是利用移动云计算、互联网等新技术,借助便携的终端上网设备,主动感知旅游相关信息,并及时安排和调整旅游计划。简单地说,就是游客与网络实时互动,让游程安排进入触摸时代。

智慧旅游利用信息化的技术,把一些旅游资源进行整合,然后为广大游客量身定做,提供适需对路的旅游产品。

1.智慧表现

智慧旅游的"智慧"体现 在"旅游服务的智慧"、"旅游管理的智慧"和"旅游营销的智慧"这三大方面。

(1)服务智慧。智慧旅游从游客出发,通过信息技术提升旅游体验和旅游品质。游客在旅游信息获取、旅游计划决策、旅游产品预订支付、享受旅游和回顾评价旅游的整个过程中都能感受到智慧旅游带来的全新服务体验。

智慧旅游通过科学的信息组织和呈现形式让游客方便快捷地获取旅游信息,帮助游客更好地安排旅游计划并形成旅游决策。

智慧旅游通过基于物联网、无线技术、定位和监控技术,实现信息的传递和实时交换,让游客的旅游过程更顺畅,提升旅游的舒适度和满意度,为游客带来更好的旅游安全保障和旅游品质保障。

智慧旅游还将推动传统的旅游消费方式向现代的旅游消费方式转变,并引导游客产生新的旅游习惯,创造新的旅游文化。

(2)管理智慧。智慧旅游将实现传统旅游管理方式向现代管理方式转变。通过信息技术,可以及时准确地掌握游客的旅游活动信息和旅游企业的经营信息,实现旅游行业监管从传统的被动处理、事后管理向过程管理和实时管理转变。

智慧旅游将通过与公安、交通、工商、卫生、质检等部门形成信息共享和协作联动,结合旅游信息数据形成旅游预测预警机制,提高应急管理能力,保障旅游安全,实现对旅游投诉以及旅游质量问题的有效处理,维护旅游市场秩序。

智慧旅游依托信息技术,主动获取游客信息,形成游客数据积累和分析体系,全面了解游客的需求变化、意见建议以及旅游企业的相关信息,实现科学决策和科学管理。

智慧旅游还鼓励和支持旅游企业广泛运用信息技术,改善经营流程,提高管理水平,提升产品和服务竞争力,增强游客、旅游资源、旅游企业和旅游主管部门之间的互动,高效整合旅游资源,推动旅游产业整体发展。

(3)营销智慧。智慧旅游通过旅游舆情监控和数据分析,挖掘旅游热点和游客兴趣点,引导旅游企业策划对应的旅游产品,制定对应的营销主题,从而推动旅游行业的产品创新和营销创新。

智慧旅游通过量化分析和判断营销渠道,筛选效果明显,从而构建可以长期合作的营销渠道。

智慧旅游还充分利用新媒体传播特性,吸引游客主动参与旅游的传播和营销,并通过积累游客数据和旅游产品消费数据,逐步形成自媒体营销平台。

2. 主要功能

从使用者的角度出发,智慧旅游主要包括导航、导游、导览和导购(简称“四导”)四个基本功能。

(1)导航。将位置服务(LBS)加入旅游信息中,让旅游者随时知道自己的位置。确定位置有许多种方法,如 GPS 导航、基站定位、Wi-Fi 定位、RFID 定位、地标定位等,未来还有图像识别定位。其中,GPS 导航和 RFID 定位能获得精确的位置。但 RFID 定位需要布设很多识别器,也需要在移动终端上(如手机)安装 RFID 芯片,离实际应用还有很大的距离。GPS 导航应用则要简单得多。一般智能手机上都有 GPS 导航模块,如果用外接的蓝牙、USB 接口的 GPS

导航模块，就可以让笔记本电脑、上网本和平板电脑具备导航功能，个别电脑甚至内置有 GPS 导航模块。GPS 导航模块接入电脑，可以将互联网和 GPS 导航完美地结合起来，进行移动互联网导航。

传统的导航仪无法做到及时更新，更无法查找大量的最新信息；而互联网则信息量大，但无法导航。高端的智能手机有导航，也可以上互联网，但二者没有结合起来，需要在导航和互联网之间不断地切换，不甚方便。

智慧旅游将导航和互联网整合在一个界面上，地图来源于互联网，而不是存储在终端上，无须经常对地图进行更新。当 GPS 确定位置后，最新信息将通过互联网主动地弹出，如交通拥堵状况、交通管制、交通事故、限行、停车场及车位状况，等等，并可查找其他相关信息。与互联网相结合是导航产业未来的发展趋势。通过内置或外接的 GPS 设备/模块，用已经连上互联网的平板电脑，在运动中的汽车上进行导航，位置信息、地图信息和网络信息都很好地显示在一个界面上。随着位置的变化，各种信息也及时更新，并主动显示在网页上和地图上，体现了直接、主动、及时和方便的特征。

(2)导游。在确定了位置的同时，在网页上和地图上会主动显示周边的旅游信息，包括景点、酒店、餐馆、娱乐、车站、活动(地点)、朋友/旅游团等的位置和大概信息，如景点的级别、主要描述等，酒店的星级、价格范围、剩余房间数等，活动(演唱会、体育运动、电影)的地点、时间、价格范围等，餐馆的口味、人均消费水平、优惠……

智慧旅游还支持在非导航状态下查找任意位置的周边信息，拖动地图即可在地图上看到这些信息。周边的范围大小可以随地图窗口的大小自动调节，也可以根据自己的兴趣点(如景点、某个朋友的位置)规划行走路线。

(3)导览。点击(触摸)感兴趣的对象(景点、酒店、餐馆、娱乐、车站、活动等等)，可以获得关于兴趣点的位置、文字、图片、视频、使用者的评价等信息，深入了解兴趣点的详细情况，供旅游者决定是否需要它。

导览相当于一个导游员。我国许多旅游景点规定不许导游员高声讲解，而采用数字导览设备，如故宫，需要游客租用这种设备。智慧旅游则像是一个自助导游员，有比导游员更多的信息来源，如文字、图片、视频和 3D 虚拟现实，带上耳机就能让手机/平板电脑替代数字导览设备，无须再租用这类设备了。

导览功能还将建设一个虚拟旅行模块，只要提交起点和终点的位置，即可获得最佳路线建议(也可以自己选择路线)，推荐景点和酒店，提供沿途主要的景点、酒店、餐馆、娱乐、车站、活动等资料。如果认可某条线路，则可以将资料打印出来，或储存在系统里随时调用。

(4)导购。经过全面而深入的在线了解和分析，已经知道自己需要什么了，那么可以直接在线预订(客房/票务)。只需在网页上自己感兴趣的对象旁点击“预订”按钮，即可进入预订模块，预订不同档次和数量的该对象。

由于是利用移动互联网，游客可以随时随地进行预订。加上安全的网上支付平台，就可以随时随地改变和制订下一步的旅游行程，而不浪费时间和精力，也不会错过一些精彩的景点与活动，甚至能够在某地邂逅特别的人，如久未谋面的老朋友。

任务要求

在网上查找智慧旅游相关的资料进行阅读，对其做进一步了解。

任务三 了解智能物流

任务目的

1. 掌握智能物流的定义

2. 了解智能物流的特点与应用前景

智能物流是综合利用集成智能化技术、传感器、射频技术等，使物流系统能模仿人的智能，具有思维、感知、学习、推理、判断和自行解决物流中某些问题的能力。

智能物流的未来发展将会呈现四个特点：①智能化，即在物流作业过程中大量运筹与决策的智能化。②一体化和层次化，即以物流管理为核心，实现物流过程中运输、存储、包装、装卸等环节的一体化和智能物流系统的层次化。③柔性化，即智能物流的发展会更加突出"以顾客为中心"的理念，根据消费者需求变化来灵活调节生产工艺。④社会化，即智能物流的发展将会促进区域经济的发展和世界资源优化配置，实现社会化。

通过智能物流系统的四个智能机理来分析，智能物流的应用前景有以下四种发展方向：

(1)智能获取技术使物流从被动走向主动，实现物流过程中的主动获取信息、主动监控车辆与货物、主动分析信息，使商品从源头开始被实施跟踪与管理，实现信息流快于实物流。

(2)智能传递技术应用于企业内部和外部的数据传递。智能物流的发展趋势是实现整个供应链管理的智能化，因此需要实现数据间的交换与传递。

(3)智能处理技术应用于企业内部决策。通过对大量数据的分析，对客户的需求、商品库存等作出决策。

(4)智能利用技术在物流管理的优化、预测、决策支持、建模和仿真、全球化管理等方面的应用，使企业的决策更加准确和科学。

任务要求

在网上查找智能相关的资料进行阅读，对其做进一步了解。

任务四 了解精准农业

任务目的

1. 掌握精准农业的定义

2. 理解精准农业

精准农业(precision agriculture)是现代农业与信息化融合的产物，它将传统作物学、农艺、土壤、植保、测量和优化控制技术等集成在农机装备上，与田间信息采集技术、优化与决策支持技术融为一体，在3S(即GPS全球定位系统、GIS地理信息系统、RS遥感监测系统)技术的支持下，实现小范围农田定位按照作物需要进行灌溉、施肥、病虫害管理等方面的作业，使农业进入高科技时代。

比如一棵西红柿的生长过程，用传感器对植物栽培的养分、水分、温度、湿度、光照等多种信息进行获取，然后无线传输到中心控制室的计算机系统里，实施全程监控和数据化管理，可以实时感知生产过程中植物的生长状态，适时灌溉、施肥，并将温度、湿度、光照控制在合适的范围。RFID电子标签可以对每批种苗来源、等级、培育场地以及在培育、生产、质检、运输等过程中具体实施人员等信息进行有效、可识别的实时数据存储和管理。基于物联网的精准农业管控系统可通过现代传感技术及通信技术对蔬菜从来源、生产、检测体系及流通等环节进行全过程可视数字化管理，并为消费者提供全过程可视追溯查询平台。

任务要求

在网上查找精准农业相关的资料进行阅读，对其做进一步了解。

项目小结

随着互联网技术的推陈出新，云计算、物联网、电子商务已被IT业界乃至社会疯狂追捧，三者相互关联，相辅相成。因此，这三大前沿技术也备受重视。三大前沿技术将成为影响全球科技格局和国家创新竞争力的趋势和核心技术。电子商务将成为中国经济发展的新增长点，云计算和物联网技术更像是电子商务发展的助推器。对此，电子商务的应用效果，则更加贴近了企业客户日益增长的发展需求。

基本练习

1. 物联网的定义是什么?
2. 物联网有哪些相关技术?
3. 无线网络的分类有哪些?
4. 无线射频识别技术是什么?
5. 条形码技术是什么?
6. 简述云计算的定义。

拓展训练

20世纪末，美国最庞大的数据仓库其规模只有数TB，且只有像沃尔玛、万事达这些极少数的公司才拥有如此庞大的数据。而如今，从生活中的购物交易，到工业上的生产制造，从社交网络媒体信息，到在线视频图像资料，从企业的信息管理系统，到政府部门的电子政务，都有着大量的数据产生。当TB骤然剧增到PB(1PB＝1024TB)时，常规技术显然难以维持现状应对需求。

在可以预见的时日里，随着物联网和云计算产业的蓬勃发展，大数据的价值还将进一步显现。物联网时代，成万上亿计的网络传感器被嵌入到现实世界的各种设备中，如移动电话、智能电表、汽车和工业机器。

与此同时，云计算的出现为物联网所产生的海量数据提供了存储的空间，并使得实时在线处理成为可能。近几年，IBM、甲骨文、微软、SAP、谷歌等IT企业不仅在全球部署了多个数据中心，还花费了150亿美元收购了专攻数据管理和分析方面的软件企业。

不难发现，当人们还在热衷于物联网和云计算概念炒作的时候，全球领先的IT企业们已经开始把注意力转向物联网和云计算产业背后的大数据，其潜在的价值正在被逐渐挖掘。“大数据比物联网、云计算更重要”的判断也许有点夸张，但是可以肯定的是：云计算不单是提供云存储等服务，对大数据的智能化处理不仅是云计算的题中之义，更是其核心与关键。

据IBM发布的“全球CIO调查之CIO重要启示”，已经有83%的CIO拥有涵盖商业智能和分析的远期计划，并且CIO们开始更多地关注数据，而非应用。

既然大数据关乎企业智商，那么，驾驭大数据的能力也自然成为了企业的核心能力，这种能力将帮助企业寻找最优的模式支持商业决策，并确保做出的商业决策最接近于最优。

未来五年，大数据将逐渐成为越来越多CIO工作中的一部分。一方面，商业智能的普及，让企业对数据的重要性已经有了充分认识；另一方面，社交媒体、电子商务、物联网等新应用的兴起，打破了企业原有价值链为围墙，仅对原有价值链各个环节的数据进行分析，已经不能满足需求，他们需要借助大数据战略打破数据边界，了解更为全面的运营及运营环境的全景图。

思考题：

1. 云计算为物联网提供了什么服务？

2. 云计算与物联网相结合为电子商务带来了什么样的机遇？

参考文献

[1] 宋文官. 电子商务概论[M]. 北京:清华大学出版社,2012.

[2] 章炳林. 电子商务概论[M]. 北京:中国水利水电出版社,2011.

[3] 李娜. 电子商务概论[M]. 北京:电子工业出版社,2011.

[4] 杭俊. 电子商务概论[M]. 北京:机械工业出版社,2013.

[5] 宋沛军. 电子商务概论[M]. 西安:电子科技大学出版社,2006.

[6] 刘纪元. 电子商务概论[M]. 北京:清华大学出版社,2009.

[7] 豆丁网. 电子商务案例分析 http://www.docin.com/p-274476870.html.

[8] 电子商务概论精品课程. http://jpkc.hdu.edu.cn/management/online/.

[9] 电子商务精品课程. http://jpkc.lszjy.com/dzsw/.

[10] 李娜. 戴尔公司电子商务物流模式选择及构建案例分析[J]. 中国集体经济,2007.

[11] 魏世奇,蔡临宁. 第三方物流供应商选择和评价指标体系的研究[J]. 商场现代化,2007.

[12] 冯英健. 网络营销基础与实践[M]. 3 版. 北京:清华大学出版社,2007.

[13] 周曙东. 电子商务概论[M]. 3 版. 南京:东南大学出版社,2011.

[14] 方玲玉. 网络营销实务:项目教程[M]. 北京:电子工业出版社,2011.

[15] 仲岩. 电子商务实务[M]. 北京:北京大学出版社,2009.

[16] 宋林林,张润卓. 电子商务实务项目教程[M]. 北京:清华大学出版社,2012.

[17] 史创明,王立新,王磊. 计算机网络原理与实践标准教程[M]. 北京:清华大学出版社,2006.

[18] 彭文波,彭圣魁,万建邦. 网络安全进阶笔记[M]. 北京:清华大学出版社,2011.

[19] 胡宝介,许依宁. 网站易用性建设[EB/OL]. 新竞争力网络营销顾问,www.jingzhengli.cn,2008.

[20] 1997—2009:中国电子商务十二年调查报告[R]. 中国电子商务研究中心,B2B.toocle.com,2009.

[21] 藏锋者,郝永清. SEO 实战指导 知识 策略 案例[M]. 北京:中国铁道出版社,2011.

[22] 江礼坤. 网络营销推广实战宝典[M]. 北京:电子工业出版社,2011.

[23] 中国互联网络发展状况统计报告[R]. 中国互联网络信息中心,www.cnnic.net.cn,2013.

[24] 宋林林,张润卓. 电子商务实务项目教程[M]. 北京:清华大学出版社,2012.

图书在版编目(CIP)数据

电子商务项目化教程/陈君,桑光淇主编.—西安:西安交通大学出版社,2013.12(2017.1重印)

高职高专"十二五"经济与管理类核心课程系列规划教材.

ISBN 978-7-5605-5786-1

Ⅰ.①电… Ⅱ.①陈… ②桑… Ⅲ.①电子商务-高等职业教育-教材 Ⅳ.①F713.36

中国版本图书馆CIP数据核字(2013)第261088号

书　　名	电子商务项目化教程
主　　编	陈　君　桑光淇
责任编辑	祝翠华　赵怀瀛
出版发行	西安交通大学出版社 (西安市兴庆南路10号　邮政编码710049)
网　　址	http://www.xjtupress.com
电　　话	(029)82668357　82667874(发行中心) (029)82668315(总编办)
传　　真	(029)82668280
印　　刷	陕西丰源印务有限公司
开　　本	787mm×1092mm　1/16　**印张** 19.875　**字数** 486千字
版次印次	2014年1月第1版　2017年1月第3次印刷
书　　号	ISBN 978-7-5605-5786-1
定　　价	36.80元

读者购书、书店添货,如发现印装质量问题,请与本社发行中心联系、调换。

订购热线:(029)82665248　(029)82665249

投稿热线:(029)82668133　(029)82665375

读者信箱:xj_rwjg@126.com